中国"差生"逆袭

一个山区县的发展求索

毕竞悦 谢文哲 李晋西 倪伏笙 ◎ 著

序一 溪村的"热"与"冷"

王铭铭

  1991年初夏，我从伦敦希思罗机场飞往北京，接着从北京飞往厦门。从厦门，我转乘班车，向着泉州方向行进。在家歇息数日后，我乘坐一辆挤满了人和行李的破旧中巴，南跨晋江，转向西北，经南安，翻越一连串丘陵，进入安溪。当夜，我在安溪宾馆下榻。急着要"踩点"，次日我搭乘一辆中巴，经城西大桥向西走。出了县城不远，我注意到一组算得上古朴的聚落。怀着找到更为古朴的村社的愿望，我安坐车上，继续西行。沿途观望，我发觉不少村社因不同时代的"建设"而变得零碎化了，一时没有找到入手点，于是便再搭上中巴往东走。当车再次经过那片古朴的聚落时，我暗自下了决心：我要"认命"，不再犹豫，要将这个地方当作我的田野地！
  第二天我去了那个村子。我向村书记递交了正式的介绍信，相互客气一番后，我便进村游逛了。
  记得在路上我进了一所平凡的民居。那是座村中常见的矮小平房，墙是夯土做的，空间狭小。好客的主人安排我在客厅就座。没有沙发，主人拿来一把矮小的木椅子，我坐了下来。整栋屋子没有地板，只有被人踩实了的泥巴地。主人给我泡上铁观音。我环顾四周，看到厅中破旧的家具和包着尘埃的祖先牌位，还看到一个看起来是好几个家庭成员共居的房间。正聊天，我感觉后腰被轻柔地碰了一下，回头一看，并不是有人叫我，而是一只友善的黑毛猪在用鼻子顶我——估计它是在跟我要吃的。显然，在这村子里，如古时候一样，乡民不仅数世同堂，而且也视牲畜家禽为家庭成员。

我的田野工作就是在那个平凡家宅里开始的……

我将自己所在的田野地称作"溪村",一方面是考虑到这个由几个聚落构成的村子总体而言是位在溪流边上的,另一方面是因为在我的印象里,这个村子代表当时安溪的一般面貌。

溪村处在安溪相对富庶的区位,并且临近县城,但相比于周边的"早发"大村,这个村子相对贫穷。村民当中,有几个赋闲在家的退休干部和教师(他们曾在县城和其他地方工作过),家境好点。不过,能盖得起新房子的人是极少数,几乎都是在外地"打拼"的人盖的。我已经记不得那时村民的平均年收入是多少了,但我还能清楚地记得,溪村不少家庭一碗肉要共享好几天,一张床要睡好几个人,穿着也破旧。

赤贫必然让这个平凡小村的乡贤们感到苦闷,而我这个外来人却在溪村感受到了某种生命的力度与韧性。

与其他村社一样,溪村有着自己的年度节庆周期。在日常时间,村民节约过日子,但他们办起仪式来,却相当铺张。然而不要以为他们是在"浪费",节庆仪式对他们太重要了。他们通过办娱乐神人的隆重仪式,强化共同体意识,维系社区的内外关系,表达他们"对美好生活的向往"。显然,村民虽清贫,但没有因此失去"社会意志"。也因此,比较下的差距令溪村人特别渴望走出困境。隔壁村子多半都重建了祠堂,自己村庄的小小村庙虽然已在数年前复原了,但祠堂仍旧是一堆废墟。对他们来说,祠堂是一个家族的面子,没有它,溪村连一个正常的村社都难算得上。后来我参与了村中老人和乡贤有关重修祠堂的一连串议事活动,深深感受到人们对于"家族振兴"的渴望。我也参加了祠堂的庆成典礼,它热闹得令我激动。

我在溪村的田野工作时期是20世纪90年代前段。这个时段,正是摆在读者面前的这本《中国"差生"逆袭》之"突破困境"篇所描述的。"突破困境"这个概念,甚是妥帖。一方面,一如溪村,当时安溪,许多乡镇还处在相对贫困之中,但与此同时,也出现了"突破"的思想与行动。除了那些起到维系社会整体性和表达"向往"与"意志"的民俗文化形式之外,还出现了若干气韵生动的新风景。比如，溪村东边，便是一家藤铁工艺外资企业，它是新风景之一，村民相当欣赏它，也以家中有人在厂里务工为荣。此外，离村子不远，也建起了一所特别好的侨办学校①，它也是一幅有感召力的新风景。印象中，村中小孩子的理想，就是去那里上学。另外，我还记得，过了蓝溪，进入县城去办事，常能遇见富有活力的小商人，在街上见到有了现代市民气质的时髦青年人。他们也是气韵生动的新风景之一。

* * *

完成了溪村研究之后，因工作需要，我的学术视野逐渐向中国的西部延伸。因精力分散，过去20多年来，我没有再去安溪做严格意义上的研究了。不过，我年复一年去那里探视友人，还是见证了安溪的巨变。

因"巨变"的缘故，如今那些留在安溪本地的人，似乎越来越有"家园自信"了。当地的精英尤为如此。比如，几年前，还健在的安溪乡贤陈木根先生时而到泉州做客，友人留他过夜，他从来都婉言拒绝。我问他为什么，他回答说，"相比安溪，泉州这地方交通太乱、卫生不行，不习惯住"。

四五年前，我被舍不得离开家乡的乡贤谢文哲先生带到县城边上的一座山上。他让我从那远眺安溪县城，我惊讶地发现，小小的山城已经成为一座繁华城市！拓建了的县城还是依山水形势设计，至夜间，闪亮的灯光和青灰色的山影相互映照，构成特别壮观的风景，这风景确实不是"府城"泉州所可以比的，它更为有序而灵动。谢先生是个不爱露出声色的人，但看到我当时表情激动，他的脸上也悄悄露出了某种满足感——他似乎每个傍晚都不厌其烦，沿着蓝溪两岸，选择不同角度，领略家乡景色，享受它的风情万种。

今年5月，我去泉州小山丛竹书院主持"书院重启讲座"，顺便访问了安溪。我们驱车去一座山顶上的茶庄园寻找我印象中的"安溪乡贤"廖皆明

---

① 1991年建成的铭选中学。——编者注

先生。我们留下来吃饭。闲聊间,我听几位乡贤说,安溪现在的房地产价格高得不得了,比泉州都要贵。而廖先生则告知,县城规模将要大大扩大,周边要建起新的三环路,它将给安溪带来一个新的未来。下山后我们在县城闲逛时,我问同行的清华大学新雅书院院长甘阳对安溪有何印象,他不假思索地说,这个地方不是他此前以为的乡村,而是一个堪与广州珠江两岸的城市中心媲美的地方!我们身边的谢先生听后,没有表态,但还是面露满足的神色——他珍爱着家园。

20多年间,安溪人并没有急于升级为"县级市",而是满足于沿用传统的"县"这个称谓。兴许是这点,常使不曾来访的人误认此地为乡野。然而正是这个县,这个曾经的穷乡僻壤,悄然以老县城所在地为起点,顺着山川形势向周边拓展,成为一座放出异彩的新城。

城市化当然并不是过去安溪巨变的一切内容。《中国"差生"逆袭》编写者将这个"国家级贫困县"脱贫致富的历史分为四个阶段来叙述。第一阶段是1985年至1992年,它的起点是安溪被识别为贫困县的时刻,同时也是地方政府在"思想扶贫"下做出开放茶企、引进"三资"等举措的时刻。第二阶段是1993年至2002年,此阶段,安溪主动向大海开放,大力发展茶业、茶文化、乡镇企业和大产业。第三个阶段是2003年至2012年,此阶段,老县城都市化得以展开,安溪成为全国茶业第一县,工业实现转型升级。第四个阶段是2013年至2020年,此阶段,安溪在人民"衣食足"后,进一步重视产业升级,并转向民生建设、乡村振兴及文化保护。在由以上四个阶段构成的进程中,发生过许多事,累积了许多物,其中最引人关注的,莫过于"脱贫致富"了。安溪在第二阶段(1999年)甩掉贫困县的帽子两三年后,实现"逆袭",进入了"全国县域经济基本竞争力百强县"的行列。到了第三个阶段,2008年,安溪已是"全国县域经济综合实力百强县"之一,此后,其排名不断晋级。在这个过程中,安溪得益于解放思想的方针及以民为本的执政理念,其特色经济得以快速增长,地理、交通的局限得以突破。在同一个过程中,安溪地方的家国天下情怀得以重塑,"气韵生动"成为理想,民企数量大幅增加，财富大量积累，地方生产总值、财政收入、居民人均收入增长数百倍。这些使安溪进入"厚积薄发、跨越赶超的历史期"。

在以上背景下，过去几年来，安溪通过接驳动车网络、打通城市交通动脉、升级改造乡村公路，通过构建"大交通格局"绘制了一幅新蓝图。据规划，不久的将来，此地将出现一个产业链条完整、技术优先、人才汇聚的巨大数字产业园，也将建成一个对于区域经济和民生有着关键重要性的水利枢纽系统。2020年3月，廖先生提到的"大三环"工程规划建设正式启动。"大三环"除了交通功能外，还将大大拓展县城的空间，盘活沿线大量土地资源，使安溪县城转变为一个严格意义上的大城市。

《中国"差生"逆袭》这本书，体例像"大事记"，其编写者如同作曲家，用"大事"作为音符，谱写出一曲颂歌。书中以时间为顺序，排列了大量有关"大事"的记录，由此，一幅县域经济体历史转化的恢宏图景得以展现。这个图景的主线条，是由几串上下内外求索的足迹构成的。这些足迹呼应着那些"从群众中来，到群众中去"、给逆袭中的"差生"启迪和帮助的领导干部在安溪的行迹和话语。这些线条出现于上下之间，一方面是信息的自下而上流动，另一方面则是政策能量的自上而下传播。当中，穿插着来到此地任职的"流官"所建立的丰碑。除此之外，那些成为地方干部的乡贤，以及得到感怀的海外侨胞，本地成长起来的铁观音、藤铁工艺等行业的大师和贡献杰出的企业家，事迹样样清新。不同人物的上下求索，总是围绕着地方性经济体的内外关系之轴展开。这个经济体的根基还是安溪这个方位。然而它的走势，是由内而外、由外而内的，与安溪人的主动开放和"走向世界"行动息息相关。

安溪县域经济体如今的壮丽景观，可谓是我20世纪90年代初在溪村周边看到的那些"气韵生动的风景"的放大版。相比当年，现在的安溪企业、文教卫事业都得到了大幅度发展（发展不仅是数量的增多，而且也是质量的提升）。街上的青年人也比30年前多得多了，也更有都市气质了。现在这里高楼林立，满街轿车，新开发的小区周边夜市、酒馆、咖啡馆比比皆是。至夜间，街上热闹非凡，出来吃夜宵、喝啤酒饮料的青年人熙熙攘攘，他们穿着时髦，谈笑风生，绝无可能让我们联想到我在有关安溪的那些著述中所呈现的那种"传统"样貌。

学界称之为"现代"的东西，如今在安溪这座现代化城市中扎下了根，并占据了最显耀的地位。因而，既往我对安溪的叙述局限于"传统"，并不"现实"。《中国"差生"逆袭》给我补上了一堂课，一堂有关"传统的未来"的课。

这堂课有着特殊的重要性。过去40多年来，中国社会变迁日新月异，其走过的道路不是现成的"理论"能充分解释的。然而，40多年来，随着"本本主义"在社会科学界的"复兴"，学者多习惯于拿现成教材上记录的东西来套事实，这就使我们的研究跟不上形势，只好都成了"事后诸葛亮"。《中国"差生"逆袭》一书编写者系统整理了有关一个县域经济体的变迁历程的资料，努力让当代史中的行动和经验自身说话，让行动和经验自身扮演"理论"的角色。若是我的"解读"无误，那么，这可谓是一项以形塑一个有自身思想活力的个案为旨趣的工作。我一向相信，个案的特殊性是通向思想的普遍性的主要道路。在我看来，这样的工作，本应为社会科学研究的基础工作，却常常被我们忘记。从这个角度看，《中国"差生"逆袭》一书所能引起我们的反思相当重要。

然而必须坦言，我没有萌生过编写《中国"差生"逆袭》这样的书的念头。之所以如此，除了个人能力的局限等缘故外，还有个值得说明的心理背景。

作为一位社会人类学研究者，受学科理念的浸染，我总觉得，相比于今日这座山中大城市，20世纪90年代初的那个平凡古朴小村更有魅力，也因此，我总是关注这类小村的命运。我没有因为我研究的地方小而感到自卑。对于我这个游历过东西方各大都会的学者而言，小村在那种平凡、古朴、"有限"中容纳着一股能将我们推回到历史中去鉴知当下现实的力量。这股力量，使我们有可能从远处回看近处，对因追求不平凡或卓越、"现代"或"后传统"、"无限"而出现的"文化失忆",给予某种必要的反思。

我没有放弃对这股力量的价值之信仰,因而,总是谨慎对待那些"无休止的断裂性建设"。然而,必须表明,对学科理念的坚守,并没有妨碍我从自己的角度认识"差生逆袭"的历史本质。

身在一个与总是祈求回到历史原点的"冷社会"有别的、视历史为功业之无休止累积过程的"热社会",安溪"差生逆袭"的历史相当久远,有其渊源。这个县所在的东亚大地,数千年前,农业革命和城市革命早已爆发。安溪所在的山地曾是这些"革命"没有冲击到的"边陲",宛若人类学家笔下的"原始桃花源"。然而,公元10世纪,此地已建县。一旦有了县城,各种"热社会"因素便不可避免地会随着各种势力进入"边陲"了,它们的影响力也会随时间的推移而增强,它们的"在场"更会使"原始桃花源"添上"后原始文化"的因素。

作为时间累积的结果,在安溪大小村社庙宇庆典的隆重与当下的经济繁华之间,也有了某种呼应、映照关系,这一呼应、映照关系的出现,与"热社会"内在于安溪地方这一史实有关。与"原始社会"不同,作为"文明社会"乡土局部的安溪,其由庙宇庆典表达出来的对于蓬勃生命力的向往,既含有持续回归于世界创生时刻的意思,也含有某种"逆袭逻辑"。这个"逻辑"部分地表达于那种以神明播化的地理范围之广大来形容神明的灵力之强大的"传说"之中。有安溪人告诉我说,神明越是灵验,香火便越旺,而香火的"旺",意思是信众众多,信众众多,意思是神明"分香"范围的广阔。如闽南地区其他地方的"超自然力量"一样,安溪"民间信仰"中的神明,多是村社与"角落"的守护者,因而,给人们的印象是,有某种"土俗地方主义"色彩。然而,正是这些有"土俗地方主义"色彩的神明,不仅得到过朝廷的"敕封",而且得到世界性的传播,在东南沿海、海峡两岸和东南亚生根发芽。它们表达一种看法,即,灵力境界的高低,与在上下之间的纵向"敕封关系"有关,也与在内外之间的横向地方-世界关系有关。三四十年来脱贫致富意义上的"差生逆袭"故事,"战略逻辑"兴许可以说正是这个"民间信仰逻辑"

的转化版。

也就是说，诸如溪村那样的社区，既有传统上人类学研究者关注的那种"冷社会"的平凡、古朴、"有限"，又有所谓"热社会"的激荡。我曾花了许多时间和精力摸索这一双重性的文化形貌。出于这一旨趣，我长期不愿接受只包括变迁传奇的一面之词。从上述界定的双重性角度，我们确实能既从小村既有的"冷社会"得到启迪，又能理解那些与这种"存在论"共生的"热社会"文明要素。而我之所以没有特别关注上述"差生逆袭"，本是因为，我担心"热社会"会占据所有空间，连再小的缝隙都不放过，使那个值得珍惜的"双重性"或"平衡性"遭到毁坏。

有理由猜想，在推进《中国"差生"逆袭》所记载的那些转型的过程中，安溪的精英同样也在感受着"冷社会"给他们的祖先和他们自己带来的益处。在向往那些代表现代性的"他者"之同时，他们有的是"乡愁"，而"乡愁"的内容不外乎就是"冷社会"的魅惑力使然的那种情绪。如此一来，他们中，许多人是懂得"高兴就好"的有智慧者，许多人是善于在"内卷"与"躺平"之间寻找平衡的人，必定有能力给予各种历史功业以"冷思考"。

作为一个将安溪当作故土的一部分的人，我热切期待着加入他们的行列，一道思考我们的问题。

比如，当家园变得如此之大，以至于能够容纳大量土地之时，这个引人"乡愁"的地方既有的乡村和山林，是否会一如既往，在一座山中大城市的成型过程中得到珍爱、起到它们本能起到的作用，并跟随被容纳的土地和工商业，得到生命绵续的充分空间？

又比如，"变通主义"既然已给了我们贯通上下内外的智慧，那么，在这种智慧有了成效之后，它还会不会继续给予我们以想象力，为我们提供思想的力量，以贯通前后，"通古今之变"，破除传统/现代对立的观念局限，克服仍旧支配着我们的心灵的"单线现代化"模式之弊端？

在过去千余年中，安溪城乡之间不乏有"差生逆袭"的乡贤，山水之间也不乏有隐者，前者可谓是发展的内在动力之源，后者则有些像"另类"——

他们正是少数能像现代人类学家那样，站在"冷社会"那边对"热社会"加以"冷思考"的知识人。我曾在安溪的"栖居"和后来的游历告诉我，这样的"另类"如果不是还依旧完整存在着，那也至少是作为"性格组合"的要素在安溪人的"人格"中长期起着作用。倘若此说无误，那么，一个值得思考的问题便是：在安溪成为山中的繁华城市之时，这样的"另类"，或者起码是他们的"要素"，会不会为我们未来处理变与不变的关系做出理论和现实的贡献？

对于以上问题，安溪人那些创造历史的行动——必须指出，这里所说的"行动"不仅包括推进"巨变"的那些，而且也包括"永恒回归的神话"——兴许已经给予了解答，而我们尚需要做的兴许仅在于，对这些被我们排挤到社会科学"边缘"的答案加以更为精细的"理论概括"，在于用书写还这些创造历史的行动以理论的本来面目。

我热爱着安溪这片土地，曾经因从这片土地获得珍贵教益而对它感恩在心，也总是与乡民感同身受，享受着这片土地上长出来的果实——这个意义上的"果实"，包括了"巨变"。而我同样热切期待着天下的这片土地，能用它的山水和智慧，充实我们的心灵，给予我们更多的思想启迪，使一种"地方性知识"——无论是一篇"一个山区县的发展求索"（本书副标题）史诗，抑或是古朴小村里流动的那些"永恒回归的神话"——能够成为一个来自生活的思想体系，能够不仅有用于故土，也有用于他乡，乃至能够有用于"人类命运共同体"的整体福利。

2021 年 7 月 4 日
于北京五道口寓所

序二 安溪:"差生"逆袭的宝贵经验

雷 颐

福建之于我,有种特殊的情感。近半个世纪前,我曾在福州义序机场当兵,空军地勤,维修战斗机。青春时光,曾在那里洒下汗水。

在福建当兵,对福建的不少地方自然多有了解,去过不少地方,就是没有去过的地方,也多有听说。南平、三明、来舟、邵武、龙岩、崇安、厦门、泉州、漳州、连城、莆田、惠安……居然完全没有听说过安溪!这固然说明我的孤陋寡闻,亦可见安溪当时在福建政治、经济、文化版图中是如此的边缘化,如此的默默无闻,一句话,如此落后。

离开福建多年后,终于知道了安溪,当然,是与乌龙茶联系在一起的。今天,安溪早已广为人知。从落后到发达,从默默无闻到大名鼎鼎,一句话,"差生"成功"逆袭"。这种"差生"经过几十年努力如何"逆袭"的成功经验,具有研究借鉴的普遍意义。将安溪脱贫致富放在中国改革开放的历史背景中,能更深刻地理解安溪的努力,也更深刻地理解中国的改革开放。

一

当年的安溪有多落后,实在令人难以想象。1986年春,改革开放已经8年,一位中央领导来到安溪青苑村,震惊于这里的落后,在从安溪到厦门的车上久久不讲一句话,最后发出"青苑村离厦门仅100多公里,但两地的差距则有100年"的感叹。安溪隶属泉州市,与厦门、漳州接壤,在这一片繁华地中,竟有如此贫穷之县,确实出人意外。

这一切有着深刻的体制性原因。福建靠海多山,物产丰富,桂圆、荔枝和海产品尤多,却不适宜生产稻米,而邻省江西是著名的产米大省,但计划经济制度且强调"自给自足",福建桂圆、荔枝与海产品,不允许换江西的大米。那时,福建人玩笑地称吃饭为"照镜子",地瓜是他们相当主要的口粮,部队也玩笑地称福建兵为"地瓜兵"。私人倒卖各种物品属于"投机倒把",罪可入狱。然而,在福州的一些繁华地段,尤其是火车站,总有人偷偷地倒卖各种土特产,见到当兵的,尤其喜问"有粮票吗?有粮票吗?"要拿桂圆干、荔枝干、茶叶、竹席等换粮票。买卖粮票,比倒卖一般土特产更要罪加一等。当时,严打投机倒把,禁止私人经商、做小生意小买卖,一旦被抓获就要锒铛入狱。但沿海靠山的福建人千百年就有经商的传统,不少人宁冒被抓的风险也要做买卖,出来后依然卖东卖西。在私人工商业被取缔、严打的时候,许多福建人依然顽强地要经商。正是他们的努力、聪明、能干与勇敢,使经商的传统在严管重压下仍能"苟延残喘"。一旦外部约束条件改变,束缚被解除,重压被移开,他们的商业才能、热情和干劲,必将极大地解放、迸发出来。

历史上安溪并不贫穷,因为物产丰富,更因为紧邻沿海贸易发达的厦门、泉州,因此安溪的商业也颇发达。但在原来的计划经济体制下,商业萎缩,安溪日渐贫困。而且,虽然安溪矿产资源丰富,但矿场、开采权归省上,开矿不仅没有增加安溪的财政收入,也就是说不仅没有使安溪富裕,反而使安溪"收入"的是采矿后的水土流失,环境破坏。特别值得一说的是,安溪是中国的乌龙茶之乡,声名远播世界,尤其是日本、东南亚一带,自清代以迄近代,茶叶贸易曾为安溪人带来了巨大收益。但由于计划经济的体制束缚,安溪长期处于"茶香民穷"的状况。

从1953年起实行计划经济,国家先后建立了粮食、棉花、食油等重要农产品的统购统销制度,并对包括茶叶在内的糖料、烤烟、生猪、木材等其他农产品实行了有计划的统一收购即派购制度。在这期间,还普遍建立了供销合作社和信用合作社。随着计划经济体制的全面建立，国家实行统一收购即派购的农产品逐年增多，包括茶叶等许多农副产品都必须由国营商业公司或者委托供销合作社统一收购，其他商店和商贩一律不准收购。农民自己留用部分如果出卖时，也不准在市场上出售，必须卖给国营的收购商店。国家对茶叶购销体制实行计划经济管理，毛茶收购都由国家经营，中茶公司委托安溪县供销社代理收购、制定乌龙茶收购标准和牌价。由于农副产品定价较低，工农业产品价格形成了相当的剪刀差，茶叶的收购价一直不高。

这种深刻的体制性原因，引起了福建省委的高度重视。1983年9月，时任福建省委书记项南专门提出，为什么铁观音在中国香港、新加坡和日本卖得那么贵，而安溪是福建唯一出口铁观音的县，却只能以那么低的价格卖给国家的外贸部门？并且提出了企业"产供销一条龙，农工商一体化"是改革茶叶管理体制的方向，随后，成立了省、地、县有关部门组成的调查组，力推茶叶管理体制改革。1984年6月，国务院发文调整茶叶购销政策和改革流通体制，由国家计划管理改为多渠道流通，采取议购议销。所有茶叶生产单位和茶农，都可以长途贩运，可以进城，可以加工，也可以批发或批零兼营。这是茶叶流通体制的一次重大变革，为我国茶叶搞活经营、扩大生产开创了崭新的局面。安溪茶叶迎来了新生。

国家管制放松，乌龙茶之乡安溪的茶业发展更加迅猛。1979年之前，安溪只有一家国营的"安溪茶厂"；1979年11月，西坪公社创办"西坪茶叶加工厂"，这是安溪第一家茶叶乡镇集体企业。对乡镇企业的性质，当时也颇有争论，好在1984年，中央四号文件肯定乡镇企业是"国民经济的一支重要力量"，安溪县乘势将西坪茶叶加工厂改称为西坪茶叶加工公司。从工厂到公司，体制上又进一步。

二

这个局面，确实来之不易，有着更宏观、更深厚的背景。这里面，改革初期关于长途贩运是不是"投机倒把"和雇工算不算剥削的争论跟上面提到的安溪茶业发展最为相关，对此略为介绍分析，或有助于读者对安溪改革乃至对整个中国的改革历程加深理解。

众所周知，计划经济年代农村长期"割资本主义尾巴"，不仅国家规定的"统购统销"如粮棉油料禁止农民出售，农民卖一些瓜果蔬菜、土产山货也不能长途贩运，否则就是"投机倒把"。"文革"结束，经济政策首先从农村开始调整，管控慢慢松动。实行包产到户，活跃农村集市，就是相当程度肯定自由交易的权利。但彼时的中国，一方面重新提出活跃市场，另一方面政策仍不允许"投机倒把"及与之紧密相联的"长途贩运"。由于投机倒把是资本主义、将其入罪的观念根深蒂固，所以各地总体上倾向于"严"，在沿途设置关卡，禁止农民长途贩运，禁止农民出售统购统销物资。

改革之初，农民自发地长途贩运自家农产品，一些思想解放的经济学家、理论工作者则自觉地为其鼓与呼，从理论上论证其合法性，为"长途贩运"正名。但权威部门并不完全认同这种观点。1981年3月7日，工商行政管理总局在《人民日报》发表题为《正确区分正当贩运与投机违法活动的界限》的"答记者问"，其核心观点是贩运不能一概说成投机倒把，但也不能说其中没有投机倒把。权威的法律解释竟如此含糊，各级执法部门实际执行中的混乱，造成的冤狱之多，可想而知。

此时，决策部门市场与计划两种观念的博弈时而此强，时而彼强。面对这种局面，时任总书记胡耀邦1982年8月10日批示了"要放宽贩运政策"的材料。针对说农民长途贩运是搞投机倒把的"二道贩子"，他表示，"不对，是二郎神"（解决农村流通困难的"神"）。（见杜润生主编《中国农村改革决策纪事》，中央文献出版社1999年版，第137页）。胡耀邦对长途贩运的肯定，使农村商品经济又趋活跃，并对1983年中央一号文件的起草，决定放宽个体、私营经济起了重要作用。1983年元月，中央一号文件正式允许"农民个人或合伙进行长途贩运"，城乡经济又开始活跃。

但1983年下半年开始，商品经济又被当成了"精神污染"之一，是重点批判、清除的对象，投机倒把连带长途贩运又成为整肃对象，经济又严重波动。经济的剧烈波动，引起有关领导人的高度关注与担忧。在这种状况下，经济难以持续平顺发展，所以中共中央从1984年到1985年出台了几个重要文件和决定，最终决定取消统购统销。计划经济体制最重要的基础、实行30余年的统购统销，终于开始退出历史舞台，农民终于有了支配自己产品的权利。统购统销制度取消，市场更加活跃、商品流通更加畅快，个人长途贩运发展迅速。

由此可见，福建省委当年针对安溪茶产业提出"产供销一条龙，农工商一体化"的改革方向，是有着决策者的长远眼光和政治担当的。

私人茶厂的创办，风波更多。农民魏月德是安溪著名的制茶大家"魏"家之后，他早早承包了村里大量茶园，办起了个体茶厂。由于他的茶好，在闽南渐有名气，一家人忙不过来，就盖了六间新房作厂房，并雇用不少村民。"雇佣"为当时政策所不许，因为按"本本"，雇人就会有剥削，就是资本主义，所以允许不雇人的"个体"但不允许雇人的"私营"。他因"违规"受到了工商管理部门和税务局的处罚。1985年，内销茶敞开供应，心有不甘的魏月德"硬闯"县长办公室，经过一番陈说，县长批准了他的要求，同意他创办安溪第一家私人茶叶加工厂。由此茶加工放开自由经营，到20世纪90年代后，安溪个体办茶厂由一家变成了七八百家。

雇工算不算剥削？雇工多少才算剥削？允不允许雇工？这些在当年引发了重大激烈争论。从1981年5月29日开始到8月30日结束，《人民日报》开展历时三个月的"雇工算不算剥削？"大争论。这次讨论，共发表文章21篇，两种观点互不相让。是否允许雇工、允许私人企业，这是中国改革此时不能不面对、必须回答的问题。这个问题的是与否，关系到中国改革能否深化，或者说，中国改革能否继续。中央书记处政策研究室的经济学家林子力，从马克思《资本论》的一个算例中，推算出一个结论："8个人以下就叫作请帮手，8个人以上就叫雇工，8人以下不算剥削。"这是马克思在《资本论》中划分"小业主"与"资本家"的界线。按马克思的计算，在当时（19世纪中叶），雇工8人以下，自己也和工人一样直接参加生产过程的，是"介于资本家和工人之间的中间人物，成了小业主"，而超过8人，则开始"占有工人的剩余价值"，是为资本家。这就成为社会主义正统的政治经济学标准。"七上八下"于是成为一条铁定的界线。

1987年中央五号文件中，终于去掉了对雇工数量的限制，私人企业的雇工人数才被彻底放开。1987年中共十三大报告明确指出：有雇佣劳动关系的私营经济是公有制的必要的和有益的补充。1988年4月全国人大七届一次会议通过的宪法修正案允许私营经济的存在和发展之后，在《中华人民共和国私营企业暂行条例》中明确规定："私营企业是指企业资产属于私人所有、雇工8人以上的营利性的经济组织。"这样，前后的法规就衔接上了。雇工在7人以下的为个体经济，8人以上的就成为私营企业了。全国人大七届一次会议通过宪法修正案，第11条增加了"国家允许私营企业经济在法律规定的范围内存在和发展。私营经济是社会主义公有制经济的补充。国家保护私营经济的合法权利和发展。对私营经济实行引导、监督和管理"的内容。这是中国实行社会主义改造、消灭私营经济之后，首次在宪法中重新确立私营经济的法律地位，雇工也随之正式合法化。

安溪县县长在1985年批准成立私人茶叶加工厂，的确冒了相当风险，显示了他的见识与担当。

三

获得了茶叶的国内销售权，允许私人兴办茶厂，是安溪脱贫路上的关键一步。但要想真正富裕，还要获得茶叶的出口权。改革开放前，国家对外贸实行专营制度，全国只有12家外贸总公司，一切出口都要经过这12家公司。1983年，乌龙茶在香港的市情报价为每磅（约0.45克）300多港元，但属于央企的外贸公司，在安溪的收购价只有每斤0.8元。从那时起，福建省、安溪县，就一直为改变这种状况而努力；安溪更是尽全力，想尽种种办法。通过不断向各级部门打报告、党报记者向中央领导写"内参",利用著名侨领呼吁的影响力,事情得到高层领导的重视,促成有关部门放权,安溪县终于在1996年底获得了一定配额的茶叶出口权——旧体制终于被打开了一个小小的缺口,一道窄窄的缝隙。缺口、缝隙虽小虽窄,但迅速被冲挤扩大,终使旧体制完全废弃。很快,安溪国企私企纷纷拓展海外市场。

茶叶流通体制的变化,典型体现了中国改革开放上下互动、农民创造高层批准的特点,从中更可看到改革的艰难与复杂。从农民不能按自己意愿种茶,到包产到户;从只有国营茶厂到集体茶厂,再到私人茶厂;从只能让国家收购,到可以国内流通,再到可以出口。问题的核心,也就是改革的核心,就是放权。将权力下放基层,下放给农民群众。

这个放权的过程体现了高层对基层的包容和尊重,而基层是政府体系内部对农村、农民最为了解的群体,对实际问题最为敏感。事实证明,他们也是体系内部最早对不适应实际情况的政策和体制进行反思的群体。基层工作使他们最重视实际,而不是从理论、概念来评价一项政策。安溪人对改革的持续努力,充分说明这一点。而对基层的包容和尊重,从根本上说是对农民的尊重,尊重农民的需要、要求和选择。体现了国家对广大农民意愿的尊重,体现了维护农民利益的根本原则。

制度分为正式制度与非正式制度,非正式制度包括习惯、信仰、人情、社会关系网络等。制度创新确不容易,特别是在新旧交替的时候,两种制度、两种观念、不同利益间的冲突随时存在。在旧制度要改革,而新的正式制度尚未建立起来之前,非正式制度的作用明显重要。安溪县的改革探索,充分利用了诸如安溪籍的党报记者、海外侨胞的作用,通过非正式制度的努力,以渐进的方法平稳达到了正式制度改革的目的。

四

如何以新代旧,不仅需要政治智慧,更需要有担当巨大风险的勇气。安溪的幸运在于，几任领导都有这种勇气、担当。

安溪是山区县，交通不便，基础设施差，严重制约了安溪的经济、社会发展。要脱贫致富，首先要改善交通，改善基础设施。从20世纪80年代末开始，安溪的领导就决定修建高速路。当他们知道有一条规划的高速公路经过安溪的邻县时，心急如焚，因为此路一修，就不可能再有一条高速路经过安溪，安溪此时不修，可能再无机会修建高速了。安溪县领导在没有立项、没有规划、没有报批、没有施工证、没有用地指标的情况下，决定开工修建"安同高速"。这是典型的"五不工程"，不仅贷款不顺，当时就受到上级的严批，如果细究，甚至有锒铛入狱的可能。但安溪领导历尽千辛万苦，冒着政治风险、经济风险、社会风险硬是把路修成。安同高速打开了安溪的山门，为安溪经济迅速发展、脱贫致富打下了基础。用他们自己的话说，是"冒着政治风险赚回一条高速公路"。他们考虑的不是自己的乌纱帽，不是自己的身家性命，而是安溪人民的福祉。

面对严酷局面，安溪领导急于脱贫，公路、大型水电、城区自来水厂改造、城区拓展……亟需大量资金。在资金严重短缺的情况下，安溪领导决定发动捐款。一场接着一场召开各种座谈会，电视台也积极造势，1994年过年前后，安溪形成了捐资热潮。以后很多乡镇道路、村庄道路都是捐资兴建的。

其实，"捐款捐资"并非安溪首创，20世纪90年代全国不少地方都以此种方式筹集资金，但也因种种问题发生许许多多大大小小的"群体性事件"。而安溪捐款捐资却使安溪人的精气神能够上来，能够挺直脊梁，反而让安溪人的自信自豪感体现出来。根本原因在于，安溪早早实行了政务公开，财政透明。所捐款项每一笔的用途都清清楚楚，公之于众，百姓知道自己的捐款是在为自己所用，为自己谋福利。政务公开不仅捐款公开，各种公共财政也尽可能公开。国家拨付的扶贫款项在发放过程中曾出现优亲厚友腐败现象，安溪领导立即实行财政公开，直到最基层，村村公开，村民知道钱怎么花、怎么分配，杜绝了刚露苗头的腐败现象。安溪政务能公开的全部公开，重大决策、重大项目都公开。由于公开，才能获得百姓的理解、支持。安溪的政务公开，引起了中央的注意。2002年，中纪委书记尉健行专门来安溪，调查研究，了解情况。不久，由中纪委牵头召开了全国政务公开交流会，安溪领导第一次走进中南海，在中南海第一会议室介绍安溪政务公开的经验。

事实说明，政务公开、财政透明是最好的"防腐剂"，也是政治体制改革的题中应有之义，也是政治体制改革要攻克的难点。安溪政务公开经验，具有重要意义。

五

中国改革开放是通过立足解决现实问题而不断进行渐进式的经济社会变革。安溪从一个全省最大的国定贫困县，经过40多年的改革，发展成为全国综合实力百强县之一，重要的原因，就是安溪勇于针对现实困境，不断进行自下而上的改革，坚持变中求新、变中求进、变中突破，从而增长安溪发展的内生力，推动安溪与时俱进，跟紧时代潮流。

崇山峻岭、闭塞落后，为了避免地域的边缘化，倒逼安溪开出新路，融入沿海港口经济圈；茶香民穷，茶贱伤农，为了避免发展的边缘化，倒逼安溪从体制和创新上"点铁成金"，兴茶富民；山区大县、农业大县，为了避免实体经济的边缘化，倒逼安溪善于无中生有、工业强县，实现了从农业大县到工业强县的华丽转变……安溪的改革过程，体现了人民的创造性、基层的主动性和高层对基层的包容和尊重。

"县"是中国政治治理体制、结构中承上启下的关键行政单位，正如作者所说，县是"发展经济、保障民生、维护稳定、促进国家长治久安的重要基础"。安溪县改革发展的经验，具有普遍意义，值得总结推广。

中国改革开放是一门值得广泛深入研究的显学，目前更多的是从宏观理论视野来研究，而从一个县域的发展巨变来审视的不多。《中国"差生"逆袭——一个山区县的发展求索》的出版，有助于读者更加生动具体理解中国改革开放的进程。

中国 40 多年的改革开放，是人类历史上规模最大的一次"脱贫"，是一次伟大、深刻的变革。其实，脱贫不仅是物质的，更是"人"的觉醒、解放过程。从根本上说，是让中国人成为一个大写的"人"！

在中国摆脱贫困、实现富裕，开启全面建设现代化新征程这幅壮丽的画卷中，安溪确是一个晶莹的亮点，引人注目。

2021 年 8 月于北京

目 录

序一　溪村的"热"与"冷"　王铭铭　　1

序二　安溪："差生"逆袭的宝贵经验　雷　颐　　11

引　言　　1

第一篇　突破困境　（1985—1992）

第一章　赤贫安溪　7

第一节　沿海开放县的贫困　7

第二节　省政府的调查　10

第三节　青苑村与厦门的差距　14

第二章　聚力治穷　17

第一节　从厦门到安溪　17

第二节　思想脱贫　19

第三节　内外攻坚　24

第三章　老城突围　30

第一节　"破城而出"　30

第二节　"三联单"探索房改　33

第三节　全国首个温泉城　35

第四章　以茶脱贫	37
第一节　茶史悠久	37
第二节　管理松绑	39
第三节　办企兴茶	43
第四节　从南洋到东洋	52

第五章　开放县门	56
第一节　安溪改革开放的启明星	56
第二节　一条短裤打天下	69
第三节　"三资"绽放	73

第六章　乡亲归来	77
第一节　侨台大县	77
第二节　情暖侨心	79
第三节　玉燕返巢	82
第四节　世界安溪乡亲大联谊	95

第二篇　突飞猛进　（1993—2002）

第七章　夯基壮骨	105
第一节　打开山门向大海	105
第二节　争来的"先行工程"	113
第三节　40年终圆"铁路梦"	120
第四节　建成光明之城	123

第八章　兴茶富民	129
第一节　艰难争得茶叶自营出口权	129

第二节　茶业发展"三步走"　　132

　　第三节　3万元建起中国大茶都　　137

　　第四节　茶文化"点铁成金"　　144

第九章　工业强县　　150

　　第一节　乡镇企业异军突起　　150

　　第二节　台企旺旺落户安溪　　155

　　第三节　工艺业从零到大产业　　158

第十章　文化赋能　　162

　　第一节　中国历史文化名镇　　162

　　第二节　《玉珠串》囊括国家三大奖　　167

　　第三节　发展茶文化旅游　　172

第三篇　跨越赶超　（2003—2012）

第十一章　思想跨越　　181

　　第一节　确立"沿海县"新站位　　181

　　第二节　政务公开成为全国典型　　190

　　第三节　"忧患、梦想、担当"大讨论　　193

　　第四节　安溪铁观音兴茶新理念　　198

第十二章　城市繁华　　202

　　第一节　一城"夹"两翼　　202

　　第二节　修建城区二环路　　211

　　第三节　城东崛起新区　　213

　　第四节　满城山水半城湖　　218

第五节　培育城市新业态	226

第十三章　茶界明珠　230

第一节　建设20万亩生态茶园	230
第二节　全国首创茶叶质量监管模式	233
第三节　茶界首枚中国驰名商标	237
第四节　制作技艺入选国家"非遗"	245
第五节　安溪铁观音"走遍"神州	248
第六节　茶产业"接二连三"	252

第十四章　新型工业　259

第一节　全省率先退出石材业	259
第二节　水泥业整合升级	264
第三节　以矿救灾"三赢"	268
第四节　不断成长的三安钢铁	273

第四篇　进位逆袭　（2013—2021）

第十五章　壮大实体　281

第一节　布局园区	281
第二节　对接产业	285
第三节　招商选资	292
第四节　产业聚集	302

第十六章　民生幸福　309

第一节　办好人民满意的教育	309
第二节　构筑大卫生格局	319

第三节　新县城新生活　　330
　　第四节　新时代新生态　　336

第十七章　乡村振兴　　343

　　第一节　精准扶贫的安溪样板　　343
　　第二节　建设美丽茶乡　　353
　　第三节　特色小城镇　　359
　　第四节　电商发展百强县　　364

第十八章　"三铁"扬名　　369

　　第一节　铁观音成为中国文化符号　　369
　　第二节　获评世界藤铁工艺之都　　384
　　第三节　青阳冶铁遗址列入世界文化遗产　　392

第十九章　布局未来　　396

　　第一节　大交通通山达海　　396
　　第二节　大产业蓄积动能　　407
　　第三节　大白濑"渴望"成真　　410
　　第四节　大三环逐梦新时代　　415

结语　安溪气韵生动　　419

后　记　　431

引 言

安溪在哪里？

安溪在福建厦（门）漳（州）泉（州）闽南金三角的接合部，隶属国家历史文化名城泉州市，东接泉州南安市，西连漳州华安县，南邻厦门同安区，北毗泉州永春县，西南与漳州长泰区接壤，西北与龙岩漳平市交界，是一个有着悠久历史和深厚文化积淀、山川秀丽的古老县份。

千百年来，这片神奇飘香的土地以其独特的品性和精神力量，哺育和造就了一代代安溪人。早在四千多年前的新石器时代，就有人类在这里繁衍生息。周时为闽越地，秦以后历经世代更替，唐咸通五年（864）始设立小溪场。五代后周显德二年（955），小溪场场长詹敦仁以民风淳朴、人稠地沃、溪通舟楫，申请置县并获准，取境内溪水清澈之意，命名为清溪县。北宋宣和三年（1121）改称安溪县，沿用至今。历朝县治皆设于三面环水背负凤山的凤城。元、明、清三朝，隶属泉州路（泉州府）；1912年，先后隶属南路区和厦门道；1927年，实行省、县二级地方建制，直属福建省；新中国成立后，先后隶属泉州行政公署、晋江区专员公署、晋江地区行政公署及泉州市人民政府。

经过唐末至五代的垦殖，自宋代以后，安溪迅速进入社会经济发展的繁盛时期。彼时，泉州港与埃及亚历山大港齐名，海上贸易可直达亚、非、欧各州，是当时全国重要经济中心。由于安溪境内煤、铁、锰、锌、石灰石、高岭土等金属和非金属矿藏储量十分丰富，晋江西溪水路可从湖头畅通泉州，因而县内冶铁（银）业、陶瓷业等工商业大量兴起，北宋时期已有官方设置的铁场、银场，拥有当时泉州最完整的冶铁（银）业、陶瓷业生产链条及运输路线，主要产品除一部分县内自销和销往邻近地区外，大部分开始"兴贩入海""远泛蕃国",成为泉州港通向东南亚、西亚、东非海上丝绸之路的重要出口商品生产基地。安溪也是中国著名的乌龙茶之乡,产茶始于唐代,安溪人制茶技艺精湛,安溪铁观音品质优异。当年走向海洋,纳入全球贸易体系之中的安溪茶叶和冶铁手工业经济,生生不息,延续至今,在安溪经济结构中占有重要地位,并在新的时代下绽放新彩。

安溪自古为"龙凤名区",自宋代张读第一个考中进士,历朝历代中进士者90多人,中举人者300多人。明代刑部右侍郎詹仰庇,清代理学泰斗、文渊阁大学士兼吏部尚书李光地,清雍正榜眼及第邓启元,清康熙年间的大数学家陈万策等也都是安溪人。安溪涌现出这么多名家大儒、清官能吏、社会贤达,这在经济条件较好、文化氛围浓厚的中原、江南地区也不多见。

然而,纵观置县以来至新中国成立以前的历史,安溪这个千年古县更多的是饱经各种忧患和灾难。在整个安溪志书长卷上,关于倭寇侵扰、自然灾害、瘟疫流行、匪患肆虐等各种祸乱纷争的记载多见诸史书;20世纪50年代"大炼钢铁"伐木烧炭,破坏原始森林,造成水路枯竭,使这个山区县变得更为闭塞,长期陷入封闭落后、呆板僵化的小农经济桎梏中。恶劣的客观条件和种种天灾人祸,加上山多地少、人口众多,使安溪这个社会经济发展本来就先天不足的山区县,在历经宋元的短期繁盛之后,很快走向衰弱,步入贫困落后,被挤压到难以生存与发展的困境中。明朝中叶,就有安溪人迫于生计,忍痛离乡,外迁南洋,尤以渡海峡迁移至台湾者数量为巨大。而从鸦片战争爆发至新中国成立前,则是安溪灾难最为深重的时期,更有大批安溪人外迁谋生,甚至是举家举族背井离乡,漂洋过海讨生活。

新中国成立后,安溪的历史翻开了新的一页,国民经济得到迅速恢复和发展。20世纪70年代,随着"小三线"建设,安溪开始有了小化肥、小水泥、小煤矿、小水电、小铁厂等"五小工业",改变了长期以来的单一农业结构。特别是实行改革开放政策后,安溪生产力得到进一步解放,商品经济有了新的发展。但是,由于条件差、基础薄、起步慢,小农经济在安溪仍然占据主导地位。1985年,安溪工农业总产值虽然比1949年增长了8倍,但各项经济指标仍落后于泉州地区其他县市，农民年人均收入不足270元，是福建省最大的贫困县，同年，被定为国家级贫困县。

我国县的建制始于春秋时期，因秦代推进郡县制而得到巩固和发展。两千多年来，县一直是我国国家结构的基本单元，稳定并存在至今。古人讲，郡县治，天下安。在中国国家政权结构中，县一级处于承上启下的关键环节，是发展经济、保障民生、维护稳定、促进国家长治久安的重要基础。中国有2800多个县级行政区，一个县就是一个基本完整的社会，县贫困、县落后，县不发展、不稳定，中国国家政权就不牢固，全面建成小康社会的整体进程就要受到延滞。

改革开放初期，延续成百上千年的贫困落后就像一块沉重的磐石，一直压在安溪人的心头。如何消除贫困落后、实现小康富裕，是一道严肃的时代命题，要求安溪人集体作答。

安溪人能不能凭借自己的聪明才智，理清思路，找对路子，发挥优势？

安溪人能不能坚定信心，艰苦奋斗，靠自己的骨头长肉，战胜困难，摆脱贫困？

安溪人能不能在改革开放的大潮中，解放思想，开拓进取，抢抓机遇，逆袭进位？

安溪人能不能在党的领导下，跨越赶超，创造奇迹，在中国县域版图上书写光荣和梦想，骄傲和自豪？

1985年到2021年近40年的安溪历史，就是最有力的回答。让我们走进安溪，感受一个古老县份的新生，见证一个山区县经40年艰难的探索、不懈的奋斗和辉煌的收获。

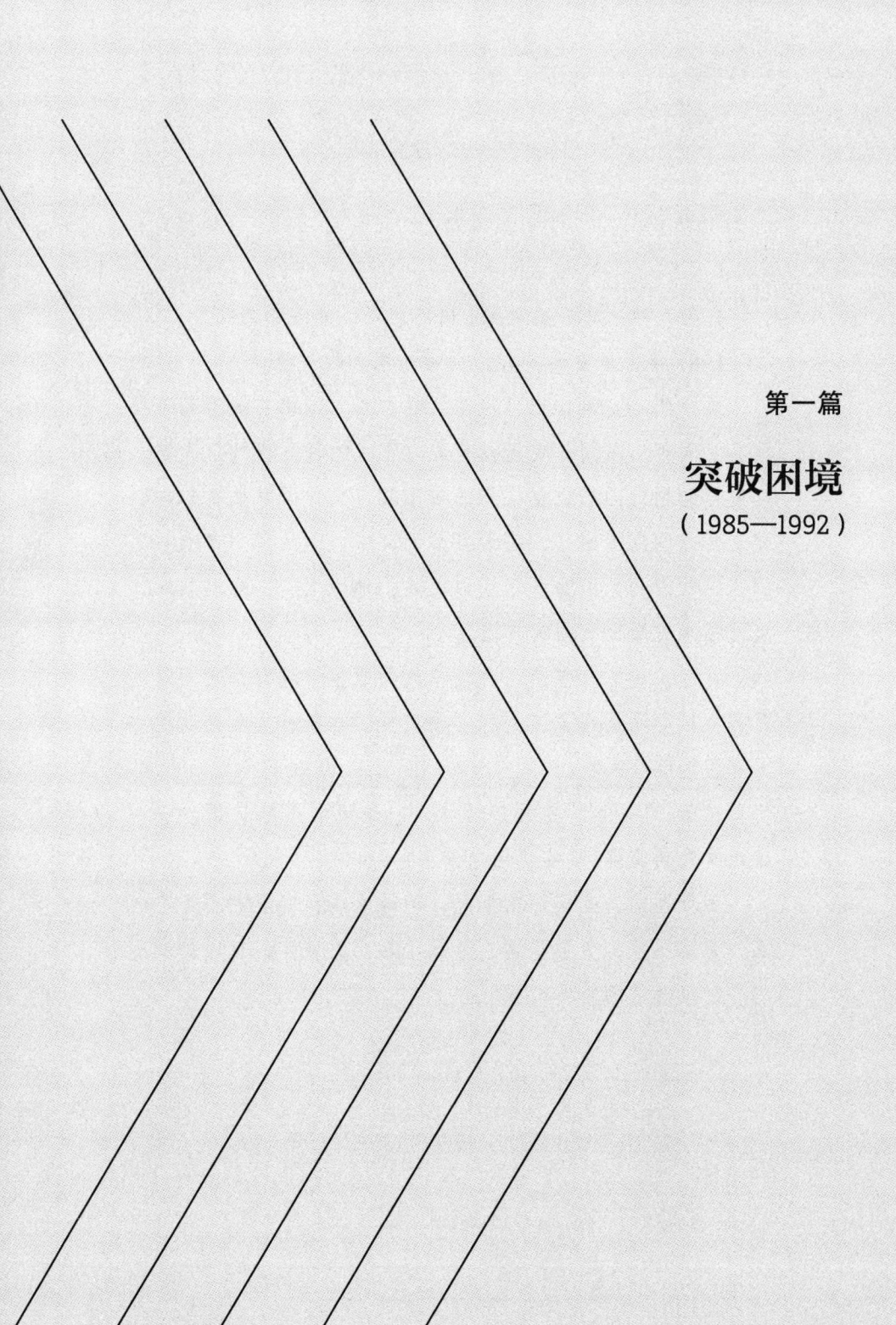

第一篇

突破困境

（1985—1992）

贫困之冰，非一日之寒；破冰之功，非一春之暖。

1985年，是安溪具有特别历史意义的一年。

这一年，安溪作为近海山区县被列入国家首批沿海开放县。同年，在国务院还没有成立正式的扶贫机构前，中央便开始划定国家重点扶持的贫困县，又称国家扶贫工作重点县或国定贫困县，安溪县名列其中。这是泉州市唯一的国定贫困县，因为贫困人口之多，地域之广，安溪同时也是福建省最大的国定贫困县。

贫困，绝非仅仅是一种简单的物质生活状态，它同时是一种社会结构现象，是社会物质生活和精神生活极度贫乏窘困的综合反映。

诗云："一个世界两条道路，一条走向愚昧贫困，一条走向繁荣富强。"安溪向何处去？

困境面前，安溪深刻反思，绝地反击，安溪人不等不靠，坚忍不拔，负重拼搏，开始了思想的破冰、贫困的破冰、改革开放的破冰征程。

第一章 赤贫安溪

第一节 沿海开放县的贫困

安溪自然地理、人文条件十分特殊。安溪县城距离厦门、泉州市区比较近，除漳州市长泰区外，是全省48个山区县中离沿海地区最近的，很多人称安溪为"近海山区县"。1985年1月，党中央和国务院召开长江、珠江三角洲、闽南厦漳泉三角地带对外开放工作会议。中央确立沿海开放县的主要目的是加快吸收侨资、外资的步伐。福建的安溪、永春县虽地处山区，却因海外华侨华人众多，尤其不乏实力雄厚的大实业家，而被定为全国仅有的两个地处山区的沿海开放地区（县）。

但是安溪这个沿海开放县的贫困程度却是令人震惊的。在现代交通体系尚不发达的背景下，安溪实质上更接近山区而非沿海。闭塞的地理环境造就了闭塞的经济条件。由于之前的大炼钢铁运动，水土流失严重，土地贫瘠，粮食产量在全省是较低的。1980年，安溪粮食年产量比全省平均低9%。按单位亩产量计算，比平均水平低5%。全县80多万人口，耕地只有38万亩[①]，人均只有4分多地。安溪山地面积占三分之二，触目皆是山，茂密的原始森林被砍光、植被被破坏后，很多山头都是光秃秃的。作为山区县，安溪缺粮，又没有柴烧，这是少有的。光秃秃的山头，无法涵养水源，水土流失严重，境内原先丰沛的晋江、九龙江各干流、支流，一到枯水期大部分断流，一到汛期，则又山体滑坡，泥沙滚滚，水患严重。

安溪乌龙茶声名在外，1982年被列为福建省茶叶出口基地县，产品大部

---

① 1亩 ≈ 666.67平方米。

分出口东南亚，属于紧俏商品。但由于国家实施茶叶统购统销政策，不准外流，生产的乌龙茶铁观音，一律归外贸收购，价格也由外贸定，得益的是外贸，安溪没有自主权，导致"茶香民穷"。

农业落后，工业也不发达，安溪历史上以手工业为主，基础很薄弱。虽然矿产资源丰富，有潘洛铁矿感德潘田采区，但矿场、开采权归省里，安溪没有财税收入，"收入"的是采矿后的环境破坏，水土流失。改革开放初期，按"小三线"建设要求，安溪虽然发展了17家国营"五小工业"（小水电、小化肥、小水泥、小铁厂、小煤矿）企业，但由于基础薄弱，企业仓促上马，资金、原材料、能源经常出现问题，这些企业常年处于亏损状态。

1978—1983年，安溪的财政收入均不足1000万元。1984年、1985年、1986年连续三年，全县的财政收入有了明显增长，但也分别只有1202.18万元、1427.8万元、1935.61万元，1985年人均财政收入18元。村里的小学没有正规校舍，全县上下，比较像样的医院少之又少。"单衣度严冬、吃粮靠国供、出行路不通、花钱靠打工。"这是对安溪贫困状况的写照。1984年，安溪县五项经济指标为人均工农业产值243元、人均工业产值71元、人均农业产值172元、人均国民收入200元和人均农民纯收入220元，分别为全省平均水平的33%、16%、56%、41%和63%，在全省68个市县中，这五项指标均为倒数第一。1985年全县人均纯收入279元，尚未解决温饱问题的贫困人口达31.37万，占总人口的39.6%。

金谷镇东溪地区是土地革命战争时期安南永德苏维埃政府所在地，为革命做出过贡献。然而，直至20世纪80年代初，这里的百姓依然食不果腹。曾经有一位记者翻山越岭到东溪采访，中午吃饭时，主人辗转六七户人家，才赊借到两个鸡蛋和一把面线，煮了一碗点心。端着饭碗，这位记者眼泪簌簌往下掉，而主人家已是多日未闻到油香味了。

湖上乡的珍地村，虽然盛产石灰石矿产，却也换不来吃饱饭的日子。鸡鸣时分，珍地人就早早出发，点起照明的松火，用扁担挑起沉重的石灰石，翻山越岭，走街串巷叫卖。100多斤的石灰石，只能换回1斤粮食，他们辛劳的汗水同样换不来一家的温饱。

彼时，担任安溪县委书记的刘明益，多年后采访组到他家中采访时，他对安溪当年的贫困，依然记忆犹新："我这个县委书记下乡，几年都是一个干饭，一个咸菜，没有什么汤。项南书记来安溪，住在安溪招待所，县里安排一位副县长负责接待。招待所有个卫生间没处理好，蹲不下去，项南批评我，老刘，你们安溪穷，穷到连一个厕所都搞不好。"

《现代汉语词典》对"赤贫"是这样定义的，指"穷得什么也没有"。闽南话则形容说"穷得臭赤"，"臭赤"就是极端贫困。而安溪，无疑是"臭赤"的真实写照。

第二节　省政府的调查

1984年6月24日,《人民日报》在一版显要位置刊登记者王绍据采写《穷山村希望实行特殊政策治穷致富》的读者来信,真实描述福建省福鼎县赤溪村下山溪自然村群众生活的艰苦状况。该报为之配发了一篇题为"关怀贫困地区"的评论员文章,贫困问题遂引发党中央高度重视和全社会广泛关注。

9月29日,中共中央、国务院发出19号文件《关于帮助贫困地区尽快改变面貌的通知》,拉开了全国性的脱贫攻坚序幕。

1985年1月,福建省委出台1号文件《关于贯彻中共中央、国务院〈关于帮助贫困地区尽快改变面貌的通知〉的通知》,把扶贫工作列为各级党政的一项重要的经济任务和政治任务。安溪县魁斗、蓬莱、尚卿、龙门、西坪、长坑、蓝田、祥华、剑斗、芦田等10个乡镇,同时被确定为贫困乡镇,明确从1985年起,五年不负担粮食统购和农业税。

7月,省政府派出4个由省长和相关副省长带队、省直各有关部门负责人参加的山区调查组,赴全省主要贫困县开展调查,安溪被列为重点调查县份之一。

9月3日,省政府召开全省专员、市长、县长会议,胡平省长在会上做了《认识山区,开发山区,加快山区经济发展》的报告,并在会上正式宣布安溪等11个县为省定贫困县。同年安溪还被定为"老区贫困县"。之后,省委、省政府各有关领导分别挂钩联系一个贫困县,胡平率先表态,由他来联系挂钩安溪扶贫工作。

10月30日,胡平带领省计委、经委、农委、财政厅和省政府办公厅的负责同志,以及地、县领导,到安溪长坑乡(2020年撤乡设镇,改名长卿镇)青苑村开展调查。青苑村地处安溪中西部,全村133户,722人,海拔585米,不高,县城至祥华的公路直穿村庄,交通比较便利,自然条件不算坏。但是,调查组所看到的场景却是群众缺吃少穿,生活困苦,穷得令人心酸。随意走进一户住在公路边的人家,是一对年轻夫妻,三个小孩,一家人面黄肌瘦,男主人叫苏清火，女主人正在煮午饭，穿一件黑色单衣，肩部破裂。胡平揭开锅盖一看，大半锅水里只有稀稀落落的一点米。一问，只有5两米，也没加地瓜杂粮，就这么点米要应付5口人的午餐。另一户叫苏中龙，一家10口，4个劳动力，承包6亩耕地，年产粮食20多担，家养2头猪，据介绍是村里的"小康"之家。调查组到时，一家子正在吃午饭，吃的是芋头南瓜稀饭。当大家觉得他们的情况稍好些时，主人告诉胡平，是今天来了亲戚，才吃得稍好些。还有一户叫苏水浪的，一家4口，一年只有400斤口粮。两个孩子外出打工，家里留下老两口，中午没煮饭，吃的是早上剩下的米汤。屋里除了一张简易的床、一床棉被和两个瓮（其中一个盛稻谷，一个放旧衣服），再无其他家什了。

胡平叫村干部找出上年的年终统计表，只见上面许多项目空白。全村只有28部手推车，没有一台手扶拖拉机，村办工业只有一台碾米机，年产值300元，还有一座25千瓦的水电站。家庭手工业只有简易家具和铁竹木小农具制作两种，年产值1850元。农民主要经济收入是靠上山割茅草砍柴，然后挑到长坑圩场出卖，只有少数农民会在农闲季节外出打些短工，赚点钱补充家用。

一群刚刚放学回家的小学生在村干部介绍情况时，围在一旁观望，身上穿的衣服都是破烂不堪。胡平问其中一个小孩："家里有没有更好一点的衣服？"小孩摇头说没有。又问他："冬天有没有鞋子穿？"他又摇头。新中国成立30多年了，但青苑村还没有一名高中生，只有4名初中生。村里虽有一所小学，但只有70多名学生，还有30多名学龄儿童因交不起学费上不了学。多数学生因家庭困难而辍学，能读到小学毕业的很少，上初中的更是凤毛麟角。由于文化教育落后，全村也没有一个人"吃政府头路"（意指当上国家干部）。30多年来，有15人参军，服役期满也个个退伍回乡务农。

目睹这种贫困状况，调查组所有成员心情沉重。新中国成立30多年了，特别是农村经济改革政策实行好几年了，这里的群众却终年劳累而得不到温饱。地处公路主干线边的青苑村为什么这样贫穷，实在引人深思。

11月16日，由调查组撰写的反映安溪长坑乡青苑村贫困情况的调查报告——《一个引人深思的贫穷山村》在全省上下引起了巨大反响。

1986年12月底，胡平再一次到安溪，到离安溪县城最偏远的乡镇祥华乡调查，并在那里过夜。多年后胡平这样回忆道：

这个村位于内安溪，离县城80千米。这时已近严冬，气温接近零度。我决定在乡政府所在地住一夜。乡里没有招待所，政府所在地极其简陋，只有几间办公室和集体宿舍，"方便"时要走一段路到户外简易搭盖的厕所去，天气又寒冷，很难为情。我一人住在乡书记陈水潮的宿舍里，他与县长陈应辉以及我的随行人员挤在另一个房间烤火取暖交谈，度过了一个不眠之夜。我们第二天用早餐后就上路了。所谓公路，其实是又小又窄的沙石路，汽车碾过，颗粒沙石碰溅发出吱吱声响，尘土飞扬。半小时后到了白玉村，这里快到安溪和华安县交界处，山高林稀。白玉村是这道山沟的最高处，车子停住后，极目远望，荒山秃岭，山上的树早就被砍光了（据地下党的老同志说，这里50多年前山高林密，是游击队隐蔽出没的最佳地方）。我们来到路边一所小学，有四间教室，门窗破旧。这时刚刚下课，几十个孩子站着好奇地面对着我们。那天寒风凛冽，气温3℃，我们一行都穿着厚厚的冬衣。但一一查看，大多数孩子或光着脚丫或穿着破拖鞋，衣衫褴褛，只有一个孩子穿着完整的夹克衫（据说是县里干部子弟）。我走近衣服补丁最多的一个男孩，里里外外翻了翻，大家一起点数，总共有25个补丁。这突如其来的举动，使孩子们都感到惊讶、紧张。这个孩子受到巨大的心理压力，感到深深的羞愧。于是我不忍心再翻其衣服的深处，加上两肩和两袖，密密麻麻的补丁难以计数，我情不自禁地满含泪花。我的官不小，但也是血肉之躯，此情此景怎能不动容啊！接着，我们一行来到学校所在地的白玉村访贫问苦，随机查看了6户贫苦人家。有一个叫詹粉土的，正在做饭。我揭开锅盖一看，一大锅水，主人说下了六两米，人均一两米，桌上仅有一碗腌菜。除了两张破床、一个谷柜外,再也没有其他家具了。蚊帐又黑又烂,被子打满补丁,使得我大为心酸,泪花再闪。詹粉土一年有粮食3000多斤,为什么人均一顿才一两米呢?原来,这里的农民缺钱,大米成了"通灵宝玉",吃的是米,穿的靠米,用的靠米,看病买药靠米,孩子上学交学费靠米,婚丧喜事费用也是靠卖米换钱。我到闽北贫困县看到,农民虽缺衣少穿,却脸色红润,而在安溪则常常遇到"面无血色"的人。①

---

① 《在那历史转折时期——胡平任福建省省长的日子里》,陈联真著,人民出版社,2016年版。

第三节 青苑村与厦门的差距

1986年3月31日至4月3日，中共中央政治局委员、国务院副总理田纪云到福建考察改革开放与脱贫致富工作。原定行程是闽北地区—福州—厦门。4月3日，经省长胡平提议，田纪云在离开福州时改变了直达厦门的路程，驱车抵达安溪县长坑乡青苑村视察。

田纪云考察后神情凝重地发表了讲话：

> 今天看了青苑村，召开了七级（中央、省、市、县、乡、村、村民小组）干部会，加上农民代表是八级。这几年我看过一些经济落后地区，比青苑村差的也有，但只是极个别，如四川凉山。可是在沿海的邻近地方，如此穷困的还没有见过。经济发达的沿海地区，要防止出现被遗忘的角落。让一部分地区、一部分人先富起来的政策无疑是正确的，但绝不能让穷的继续穷下去，更不能让他们越来越穷！这里离泉州、厦门沿海很近，又不是穷山恶水，新中国成立快40年了，还如此贫困，我们绝不能视而不见！总之，在大好形势下，要十分注意经济发展的不平衡性。在罗列领导政绩时，不能一般化地老说人均增长了多少多少，而要高度重视那些增长幅度最少，甚至是负增长的最贫穷的地方，不能"灯下黑"——以平均数掩盖了贫穷，更不能以繁荣掩盖了贫穷。不注意这个问题，我们就要脱离群众，就要犯历史性错误！①

当天下午，田纪云、陈光毅、胡平等驱车离开青苑村，直驶厦门。车上气氛沉闷，田纪云许久都不讲话，最后他意味深长说了一句："青苑村离厦门仅100多公里，但两地的差距则有100年，不能忽视啊！"

此行刘明益也在旁陪同。多年后，刘明益介绍说："当时安溪确实很穷，穷到什么程度，我到长坑青苑村下乡，看到大队部连一张桌子也没有，连一

---

① 《在那历史转折时期——胡平任福建省省长的日子里》，陈联真著，人民出版社，2016年版。

个办公地方都没有。小孩子读书在祖厝，公家可以说是一分钱也没有，百姓更不用讲，更穷了。上任时，前任县委书记朱江水带我到各乡镇跑。到了桃舟乡，靠近永春县的地方，干部很热情，新老县委书记交接班，中午怎么办？大家议论纷纷。圩市上连一两肉也没有，群众想杀鸡接待，被我劝阻了。他们就想个办法，用小溪鱼煮米粉。朱江水当时感冒，吃不下。我问村干部是否有地瓜，说只要煮点地瓜汤就可以。村干部听后，连忙煮了碗地瓜汤。"

1987年9月，胡平调任国家经委副主任后，王兆国接任福建省省长，接过了省长扶贫挂钩安溪的接力棒。王兆国在福建任上三年时间里，曾两次到安溪开展扶贫工作。

第一次是1988年6月11日至13日，王兆国率领省外经贸委、计委、财政厅、交通厅、扶贫办、省政府办公厅和茶叶进出口公司有关人员一行，到长坑乡下林村、华美村、扶地村和尚卿乡科名村，深入村民王孝士、王新春、王贵地等人家中，详细了解他们的生产生活情况，听取时任长坑乡党委书记李建国的汇报，还到湖头慈山学校、金谷镇渊港茶场、洋内村、安溪茶厂、安星公司、凤华公司等参观考察。在6月12日晚上、13日上午召开的省、市、县三级干部座谈会上，王兆国在听取市长陈荣春等汇报后说，昨天看到几户，没有一家吃干饭的，都是吃像米汤一样的稀粥，一家四五口人，只下四五两米，没什么菜，只吃咸酸菜，又没有油，我们看了，说实在，心情是沉重的，新中国成立快40年了，还有这么一些群众没有解决温饱问题。所以，省委、省政府作出决定，一定要把扶贫工作抓好。

第二次是1990年1月27日至29日（农历正月初一至初三），王兆国率省政府办公厅、外经贸委、农办、扶贫办、财政厅有关负责人一行共7人，到安溪和群众共度新春佳节。正月初二，王兆国前往尚卿乡后福、中兴两个老区基点村，看望老区人民，了解脱贫致富的情况；到湖头水泥厂、魁斗瓷厂、佛仔格村、官桥安溪茶厂等地考察，送去省委、省政府对老区人民的春节慰问。在正月初三上午召开的座谈会上，王兆国听取代县长张贻伦的汇报后，对安溪今后的发展提出五条指导意见。一是必须加强党的基层组织建设，教育全体共产党员坚定在共产党领导下，走社会主义道路的信念；二是要稳定发展农业特别是粮食生产，而发展农业，要把林业搞上去，要重视植树造林，绿化荒山。关于茶园改造，强调不要再增加面积，要通过改造，提高产量、质量。"三要把吸引外资办企业，作为发展安溪工业的一项重要工作来抓。"王兆国谈道，安溪三胞（台湾同胞、港澳同胞、侨胞）多，要大力争取三胞到这里来投资办厂，投资大的要欢迎，投资中小的也同样欢迎。像曾星如先生创办的安星藤器有限公司，解决了8000多个劳动力就业，这很不简单，凤华制衣厂也有2000多个工人。"你们要把吸引外资办企业的条件创造得好一点，就能吸引更多的人到这里来投资，可以更多地解决贫困户劳动力就业问题。""四是要做好台胞、港澳同胞和侨胞工作。安溪在台湾的同胞有200多万人，海外华侨有70多万人，这个工作做好了，力量就很大。通过他们来投资办厂，引进技术、设备、人才，发展安溪经济，解决劳力就业问题。五是要把扶贫工作继续抓好。脱贫不要放松，要一抓到底。安溪是全省面积最大、人口最多的贫困县，扶贫工作难度很大，特别是内安溪，山光、地少、人多、交通不便，省、市、县要共同努力，使安溪尽早脱贫致富。"王兆国说。

第二章 聚力治穷

第一节 从厦门到安溪

1986年5月16日,国家成立了正式的扶贫机构——国务院贫困地区经济开发领导小组,并确定了划分贫困县的标准。7月,中央确定了全国331个国家重点扶持的贫困县,又称国家扶贫工作重点县或国定贫困县,按1985年农民人均纯收入计算,农区县低于150元,牧区县低于200元,革命老区县低于300元,即列入国家扶持范围。安溪县名列其中,这是泉州市唯一的国定贫困县,也是福建省最大的国定贫困县。

1986年5月2日,"五一"刚刚过完,时任厦门市委常委、副市长的习近平就带领厦门市政府18个部门21位同志从厦门出发,翻山越岭,对口扶贫安溪。安溪毗邻厦门市的同安县(现为同安区),两地相距不远,但行政关系隶属泉州市。因而厦门对安溪的帮扶,源自厦门市领导帮助周边县摆脱贫困的高度责任感。

5月3日上午8点,一行人一大早就在县干部招待所举行汇报座谈会,会议由习近平主持。

首先由县委书记刘明益汇报。他着重汇报安溪的基本情况、贫困原因以及脱贫工作的打算。刘明益汇报后,副县长陈长昭着重介绍了安溪县工业的情况。

听完汇报,习近平接着分析了当前经济发展的两个趋势:一是开展横向经济联系,二是发挥沿海开放地区的窗口作用。他说,这一次来安溪,就是为安溪提供一些力所能及的帮助,在人才、技术、信息等方面考虑与安溪的协作。协作遵循一个原则,在充分摸清情况的条件下,先易后难,分阶段进行。

之后，厦门方面分成财贸组、外贸组、机械行业组、轻工食品组、建材组和纺织组六个小组和安溪方面进行面对面协商交谈。

5月3日下午、晚上和5月4日上午，各组进行深入实地考察。习近平和蔡模楷在陈长昭、林园的陪同下参观了湖头水泥厂、电冶厂、清水岩、安溪茶厂、铁峰山石板材厂等。参观石板材厂时，习近平说："这是不能再生的产品，要注意环境保护。"

5月4日下午，双方继续开会，会议仍由习近平主持。首先，听取了六个对口组的详细汇报。接着，厦门外贸局局长孟祯、协作办副主任林望硕、供销社副主任章镇华、厦门市机械工业公司副经理赵国范、市政府秘书长蔡模楷等发言，谈各自的意见和看法。最后，习近平作了针对性很强的总结讲话。

习近平讲了两个方面。

首先，这次来安溪时间不长，但收获不小。从学习方面，走了六个厂，特点都是利用当地资源优势，感到安溪发展生产的方向比较明确；从考察角度，个人有了基本的印象，初步的认识；从交流上，部门之间、企业之间建立了联系，为今后发展创造广阔的天地，双方签了一个协议、两个意向。

其次，对今后合作前景谈四点认识。第一，双方彼此之间要进一步全面了解。协作要互相补充，互相服务。厦门的支援和服务要用在最能发挥效益的点上。厦门的支援，还是杯水车薪，起不到造血功能。第二，在开发方面，要建立基地。到外地搞基地，从现阶段看，厦门资力有限，但今后是方向（这一点很超前，后来安溪建思明工业园、湖里工业园，承接了厦门的飞地经济）。第三，关于联合体协作生产的问题，要符合经济规律，目前可以提供一些技术帮助和人才培训。第四，发挥窗口作用，把安溪和厦门的同安同等看待。

1986年以后，习近平又多次到安溪，关心安溪的发展。

第二节 思想脱贫

贫困不仅有自然条件差、天灾人祸等客观原因，更多是与思想封闭、文教落后等相关。受长期计划经济的影响，改革开放之初，安溪群众的思想非常封闭僵化，面对一些改革做法，一些干部群众甚至抵触反对。有的国营企业连年亏损，职工工资发不出去，银行贷款还不了，县政府决定实行承包经营。有些职工听说后就上访，阻挡企业改制，说是国有资产流失。有的乡镇引进沿海企业前来办厂，开发矿产资源，当地群众设卡堵车，怕肥水流到外人田，把投资者吓跑了。有的干部看到身边的人房子建漂亮了、生活条件改善了，就写信举报，要求有关部门查处是否有贪污或不法经营。

1985年，省里将安溪定为贫困县，消息传到安溪，不少干部议论纷纷，担心贫困县名声不好，脸上挂不住。县委书记刘明益在会上明确表态，安溪不能打肿脸充胖子，不能重演"台上拿红旗、台下百姓饿肚皮"的历史旧事。

1986年，合资企业安星公司因经营业绩突出，外商奖励给县政府干部、公司总经理陈清河一辆小轿车。有些干部不理解，刘明益为创业者撑腰："县委书记坐吉普车，安星陈清河有专车，还是进口高级轿车，你们不要眼红，有本事你们像陈清河这样为安溪赚钱，我也允许你们坐专车。"

思想解放开道，改革才能深入进行。

1987年11月2日，中共十三届一中全会召开，新当选的中共中央政治局5位常委，第一次集体穿西服亮相，掀起全国上下的西服热。然而当时的安溪还很传统保守，很多人羞羞答答，不敢穿西装，认为是西方资产阶级腐朽思想的体现。县委书记李天乙特别要求在会议通知中注明"穿西装出席"。这些形式上的变化，旨在改变安溪人的精神面貌和思想观念。李天乙籍贯晋江，思想大胆开放，做事雷厉风行。他深知，对安溪而言，摆脱贫困尤其需要解放思想。

1988年1月13日，深圳蛇口举行了一场"青年教育专家与蛇口青年座谈会"，来自北京等地的3位青年教育专家和蛇口近70名青年出席了座谈会。

蛇口青年就人生价值观等问题与全国专家展开了激烈论战。这次争论后来持续了半年多，甚至引发了轰动全国的"蛇口风波"。这场辩论所涉及的一个焦点问题是关于"淘金者"的争论。蛇口青年认为，"淘金者"赚钱，没有触犯法律，无所谓过错，"淘金者"来蛇口的直接动机是赚钱，但客观上也为蛇口建设出了力，"淘金者"并没有什么不好。这次蛇口辩论肯定了追求正当利益的正面意义，重视个体权利和对私产的保护。而这正是改革开放早期经济发展的重要动力源泉。

类似的思想交锋也发生在安溪。1990年，安溪最早开发的商品房小区——先声小区，在新房分配后，有些人家里装修得很好。有人就反映到李天乙那里，提出去调查。李天乙立刻阻止了这种上纲上线的做法，他在大会上说，脱贫是大家共同的目标，一部分人先富起来把房子装得漂亮点是好事。只有普通人具有了改善生活的动力，整个社会才能走向富强。

传统的自给自足的小农思想，已经跟不上时代的发展。安溪干部在不断解放思想，安溪广大贫困群众作为摆脱贫困的责任主体，更需要解放思想，扶贫更要扶志和扶智，才能激发内生发展动力。

"养牛犁田、养猪过年、养鸡养鸭换油盐"，这是当时安溪贫困山村的生存状况。长坑乡街头，每逢圩日，都有个别贫困户用上级扶贫救济款轮流请客。湖上乡某个村原有一条电话线，但村干部认为电话用处不大，既要派人值守，又要缴纳电话费，不合算，便把电话线扯掉了……"等、靠、要"不思进取的懒汉心理，在安溪农村不同程度存在。因而，在扶贫中，扶贫工作队的一个工作重点，就是深入贫困村群众，开展扶贫扶志、治穷治愚的宣传教育，引导贫困户走自力更生的道路。经过努力，安溪乡村悄然出现一些变化，群众开始主动学文化学技术：为了参加省农科院举办的种植培训，大坪的茶农三更半夜赶了30多千米山路到龙门参加培训；为了学习菌种栽培技术，文盲的父亲周末带着读初中的儿子担任听课"翻译"；一所所农民夜校，挤满了求知若渴的村妇。

一些安溪"先行者"毅然走出重重包围的大山，辗转来到城市，开始他们艰难的创业之路：

刚刚20岁出头的陈发树，毅然爬上一辆满载木材的货车，从安溪祥华老家赶往厦门，开始了他的创业之路。起先从事日杂零售，再后来进军百货，入股矿业、药业等多个行业，缔造了"福建前首富"的商业神话。

原在安溪县木偶剧团工作的柯希平，不甘过温吞水的生活，在改革开放早期，离开单位，果敢下海，成立一家文化服务公司。1989年，他又承包福建省乡镇企业供销公司厦门分公司，正式进军特区厦门。由他创办的厦门恒兴集团，成为集股权投资、冶金矿产、物业资产、贸易、文化旅游等为一体的大型民营企业集团。

草根出身的林秀成，跌打滚爬，于1992年成立福建三安集团有限公司，拥有多家子公司。经过20多年的发展，福建三安集团已成为集钢铁冶炼、光电子高科技、房地产、贸易等为一体的多元化大型企业。随着三安光电成为中国光电行业龙头企业，林秀成本人被誉为中国的"LED大王"。

1982年，西坪镇珠洋村的茶农王荣科，来到汕头，走街串巷贩卖铁观音，举家在特区扎下根，买店买房，并把茶叶生意拓展到广东各地和香港、澳门，成为改革开放后安溪茶进军粤港澳市场的第一人。

男人不孬种，女子也不甘示弱，开始挣脱灶台的包围，走出家庭。福田乡的徐树兰，因兄弟姐妹众多，父母无力负担子女们的教育费用，她没有机会进校读书，早早就成为福前农场的工人。1988年，福前农场实行适度规模承包经营，林木生产第一次实行招标承包经营。28岁的徐树兰意识到这是一个重要的机会，她借债21万元，投标买下了农场300亩山林，开始经营木材生意。此后，她先后创办福前胶合板厂、水电厂、陶瓷厂、生态农牧公司、民宿山庄和矿业等10多家公司。大字不识几个的她，还独自到湖南开发铅锌矿、硼锡矿。

大坪乡的高雪冬，原来在凤华服装有限公司当车工，因工作出色，被推荐到香港劳务。劳务回来的高雪冬，便向亲朋好友借款，租赁厂房，办起佳胜针织服装厂。经过多年的努力，该企业不断发展壮大，成为安溪服装业的龙头企业之一。佳胜公司以出口婴幼儿服装为主，是劳动密集型企业，为安溪妇女提供上千个就业岗位，高雪冬本人也由一个普通的车工，成长为一名优秀的女企业家。

……

在安溪，这些最早"吃螃蟹"者，不仅自己率先脱贫致富，还带出一方群众的出路。榜样的力量是无穷的。他们创业的"版本"，比空洞的说教更有激励作用，影响带动了千家万户立志脱贫。于是，安溪贫困的坚冰逐步融化，群众封闭落后的观念逐步改变，商品经济意识、改革开放意识不断增强，自力更生、艰苦奋斗、勤劳致富、科技兴农的风气，逐步成为社会的主流。

多年后，在安溪县工作过的陈昭扬这样说："我们就是要把安溪的小农意识、平均意识、山区意识，通过不断努力破除掉，树立起无所畏惧、敢拼敢赢的精神，树立起大气开放的形象。"

十年"文革"造成了干部队伍和人才队伍的断档。1980年12月，邓小平在中共中央工作会议上提出干部"四化"，即革命化、年轻化、知识化、专业化。1982年9月，干部"四化"被写入十二大通过的新党章，为改革开放提供了人才保障。

在解放思想的大潮下，安溪县委、县政府也开始大胆起用年轻干部，并提出到1984年，中专学历以上干部要占到三分之二。李天乙在泉州市委组织部任职多年，担任副部长后，分管干部工作，对干部队伍和班子建设比较重视。

李天乙到安溪工作后，倡导县委大胆提拔使用年轻干部，看准了就用。当时走上安溪县直部门局长、主任和乡镇党委书记、乡镇长领导岗位的一大批干部，都是20多岁的年轻人。李建国毕业于厦门大学，当时是安溪县委党校的一名普通老师。有人向李天乙推荐，李建国有气魄，有个性，抓教学有一套。县委派人考察后，认为是人才，直接把李建国提拔到长坑乡任党委书记。1991年，县委又积极向泉州市委推荐，并经市委研究同意，任命李建国为县委常委、宣传部部长。

1988年12月，在泉州市委的批准下，县委利用部分县领导职位出现空缺的机会，把竞争机制引入干部管理体制，在全县公开竞选一名副县长（分管教育、文化、卫生、体育等工作），这是安溪县首次领导干部竞选任用。

竞选过程中，组织部门广泛宣传、动员报名，报名年龄限制在50周岁以下，具有高中以上文化程度并现任机关正局级（科级）或乡镇党政正职领导。竞选采用竞选人演讲（20分钟以内），县五套班子和乡镇书记、科局长现场投票的方式。

担任剑斗镇党委书记不久的陈海基，参加公开选拔后，于1989年2月被县人大常委会任命为副县长。李建国、陈海基个人素质高，具有开拓精神，从政经验丰富，后来都成为厅局级干部。

第三节　内外攻坚

1979年7月15日，著名的50号文件，即中共中央、国务院批转广东省委和福建省委《关于对外经济活动实行特殊政策和灵活措施的两个报告》，为福建带来了前所未有的发展机遇。1984年9月29日，福建省六届人大常委会第九次会议原则通过了《福建省八个基地建设纲要》（试行）。1986年，安溪针对自身特点，结合福建省的富民纲领，提出"以粮为纲、以林为本、以茶脱贫、以果致富"的农村经济发展策略。

安溪县委、县政府成立脱贫致富工作领导小组，建立五套班子领导成员和县直机关单位挂钩特困村、经济薄弱村责任制，实行"五个一"制度，即每个特困村、经济薄弱村有一位县领导、一位乡镇领导、一个县机关部门挂钩，有一个县乡干部挂职，有一个乡镇所、站挂钩，并提出把扶贫攻坚工作的情况作为考核衡量领导干部政绩的重要依据，实行"一票否决"。蓝田、魁斗、祥华、尚卿、长坑等乡镇还严格实行"五定一联"，即定挂钩单位、定挂钩人、定贫困户、定发展项目、定脱贫时限和联结对子扶贫攻坚，做到任务明确、责任到人。

为创造脱贫致富的良好环境，安溪县委、县政府致力基础设施建设。1987年8月4日至6日，县内首批7条扶贫公路92.9千米交付复检验收。扶贫公路的修建采取了以工代赈的形式，即让当地村民参与修建，既解决了剩余劳动力的出路问题，也让老百姓拿到了额外的报酬，提高了生活水平。这一举措调动了群众的积极性，路修得又快又好。由于安溪县的路修得多，拿到的扶贫公路资金也最多。到1990年，全县共建成乡村公路157条，里程超1000千米。

随着政策鼓励发展多种经营，取消对农民发展家庭副业的限制，安溪因地制宜实行"一乡一业"，有条件的村实行"一村一品"，发展农村特色经济。比如蓝田乡的食用菌种植、尚卿乡的竹藤编手工业、白濑乡的劳务输出和祥华乡的铁观音茶叶生产。

蓝田乡距离县城约 70 千米，海拔 620 米以上，1985 年被定为省定贫困乡。之后，蓝田成功引进食用菌栽培技术，开发了香菇、花菇、竹荪、猴头菇、灰树花、姬松茸等 21 个菌系，并在全乡大面积种植香菇、花菇，远销厦门、泉州、福州等地和日本等国。食用菌总产值 1000 多万元，成为该乡的主要经济支柱，占工农业总产值的十分之一、农业产值的一半、农民收入的五分之二。2000 多个贫困户 1 万多贫困人口走上脱贫之路，100 多户农民成了种菇致富户。1998 年摘除了"贫困帽"，被时任泉州市委书记何立峰肯定为"蓝田模式、山区明珠"。

尚卿乡地处安溪县中部，由于长期单一发展农业，经济基础差，1985 年被定为全省 153 个贫困乡之一。尚卿乡在成立乡竹编工艺厂的基础上，大力发展竹藤编加工点，鼓励贫困户加入，生产热水瓶、花盆、花瓶等竹编工艺品，产品畅销日本、新加坡和西欧等 30 多个国家和地区。1986 年，全乡初步形成了以创汇产业竹藤编加工为龙头，水电开发、冶金铸造、化工建材、矿产开采、茶叶生产五业并举，第三产业和配套产业并驾齐驱的区域性经济发展格局。1991 年，全乡有 18 个村（场）从事竹藤编及铁件加工，从业人员 9700 多人，约占全乡劳动力的 73%，人均劳务收入 6700 元。1994 年，起源于尚卿的 10 多家竹藤编公司（工厂）相继将总部迁到安溪县城，加快城区工艺品生产基地的形成。1996 年，尚卿乡被省委农村脱贫致富奔小康领导小组授予"全省脱贫致富先进乡"称号，被市、县政府誉为乡镇企业工作优胜单位。

白濑乡位于安溪县东北部，距县城 40 千米，属乡、场合一体制，前身是国有白濑林场，1984 年以场辖区域建立白濑乡人民政府，辖 5 个村委会和乡办横坑坂茶果场，1996 年被县委、县政府列为重点攻坚的贫困乡。由于山林归国家和集体所有，又进行全面封山育林，白濑群众无法"上山找门路"，贫困交加。针对这种现状，白濑乡立足乡情，重点组织劳务输出：一是海外渔工输出；二是组织 3 个作业组常驻晋江、石狮、南安等地，提供从开山炸石到为工程运石料一条龙服务；三是组织制衣制鞋技工，到泉州、晋江、石狮等地务工；四是组织培训农民，成为安溪剑斗镇和邻近永春县天湖山煤矿的井下采掘工；五是为安溪湖头镇三安、集安等钢铁厂输送工人。劳务收入成为白濑乡农民的主要经济收入之一。

祥华乡位于安溪县西北边陲，境内地势东高西低，属高丘陵地带，平均海拔850米，常年云雾缭绕，雨量充沛，泉甘土赤，十分适宜茶树尤其是铁观音的种植和制作。1986年，时任省长的胡平到祥华乡调查，乡党委书记陈水潮汇报时提出以茶脱贫的方案，得到胡平的赞同，并给祥华拨款5万元扶持款用于购买茶苗。乡党委、政府下达指令性指标，要求家家开茶园，实现人均3分茶园的目标，并由乡里补贴一半茶苗款。在乡里的强力推动下，1991年，全乡茶园面积达到656公顷，茶叶产量461.7吨，产值969.72万元。1995年，全乡茶园面积725公顷，茶叶产量586.8吨，茶叶产值1525.6万元，比1991年增长57.32%。国家茶叶统购统销制度打破后，茶叶价格年年攀升，祥华农民尝到甜头，种植茶树的积极性更高了。

1987年，县里特批一个茶叶加工厂的指标给祥华乡，没有人敢接，吴传家抓住机会给承包下来。凭借着祥华乡天然独特的茶叶品质优势和祖传的过硬精制加工技术，祥华茶厂的铁观音在1989年获得福建乡镇企业局主办的"全省乡镇企业特制乌龙茶质量评比"第一名，1993年在泉州举办的"安溪铁观音茶王邀请赛"特等奖。祥华铁观音从此成为了安溪铁观音发展的最主要核心产区之一，吴传家和祥华茶厂的成功也带动了祥华及周边乡镇老百姓通过铁观音脱贫致富。

1986年，国家启动实施全国范围内大规模的扶贫计划，中央、省、市领导和各级各部门都向安溪伸出援助之手。时任国务院副总理田纪云、乔石，国务院贫困地区经济开发领导小组常务副组长朱荣，两任福建省委书记项南、陈光毅，两任省长胡平、王兆国，省委副书记贾庆林、袁启彤以及泉州市党政领导张明俊、何立峰等，都先后深入安溪走访贫困户，举行现场办公会，有力推动脱贫工作的开展。

1986年，福建省委、省政府下发《关于选调省直机关干部加强贫困县工作的通知》（闽委办〔1986〕17号），决定从省直机关抽调干部组成支援贫困县工作队和讲师团，到全省11个贫困县协助工作，为期三年，每年轮换一次。

1986—1990年，省委、省政府先后派出三批扶贫工作队、扶贫讲师团共267人，泉洲市委、市政府先后派出五批扶贫工作队共71人，前往安溪协助做好扶贫工作，支援山区办好教育。一批批充满激情、学有专长的机关干部、教授专家、教师、医生，带着赤诚而质朴的感情，奔赴安溪，进村入户，下乡进校，扎根山区，坚守岗位，扶贫扶智，在国家和安溪扶贫开发史上写下浓重的一笔。

1986年，安溪全县有中学教师1633名，其中民办教师占27.5%；4351名小学教师中，民办教师占32.6%，也就是说全县每10名教师中就有3名是民办教师。安溪的教育水平可想而知。1986年4月，在团长阚顺瑞、副团长李红（后任福建省副省长）、陈文沛的带领下，由50名来自全省各地的教师组成的福建省安溪县扶贫讲师团，分赴安溪一中、二中、三中、崇德中学、六中、八中、十五中（现安溪茶校）、墩坂中学、温泉中学、安溪卫校、培文师范（现培文高中）等11所学校支教，把最宝贵的青春、最美好的年华，都奉献给安溪贫困山区的孩子。这对于当时师资奇缺、整体素质偏低的安溪教育，无疑是雪中送炭、济困解危。1986年，安溪考入大中专院校的学生只有672人，而到了1990年，达到969人。

1991年以后，省委、省政府采取省直机关下派干部挂职扶贫的方式，被选定的干部分赴省级贫困村驻村挂职党支部第一书记。1991年至2021年，共有70多名省直单位的干部前来安溪驻村帮扶。这些驻村挂职干部来自省直机关不同单位、不同行业。工作中，他们开展横向联系，互通信息，互相支持，有事共商量，有困难共担当，有任务齐心协力完成。围绕如何搞好贫困地区的经济社会发展，他们出点子、想办法，提出各种思路，并推动扶贫项目落到实处。而他们所在的派出单位，用足用活扶贫政策，从项目选择、资金扶持、技术指导、疏通渠道等方面，对挂钩帮扶村给予极大的支持。来自省财政厅的挂职干部方曦，为了中国茶都（安溪全国茶叶批发市场）的兴建，无数次奔忙于省城与安溪之间，为项目建设争取政策与资金。来自省审计厅的蔡奋山，在安溪驻村祥华珍山村挂职三年后，又申请第二次驻村西坪镇龙地村；来自省外贸集团的段军东驻村挂职西坪留山村，为了安心挂职，他把孩子转到安溪上学……

省上的干部来了一拨又一拨，面孔换了，腔调换了，但他们帮助安溪发展的心思始终是一致的，血始终是热的。一次结亲，终生牵挂。省下派扶贫干部把汗水洒在扶贫一线，与安溪人民结下深厚感情。他们离开安溪后，心还留在安溪，以各种方式继续关心、支持安溪发展。

在省里派出扶贫工作队、扶贫讲师团和驻村挂职干部的同时，泉州市委、市政府也没有作壁上观。1986年10月24日，省委书记陈光毅陪同中央政治局委员、政法委书记、国务院副总理乔石到安溪视察魁斗乡尾溪村、安溪茶厂后，即要求泉州市采取措施，"把安溪的速度搞快一些，最快的做法，就是搞劳动力输出"。"晋江一个县从外县雇劳动力4万～5万人，安排安溪1万人行不行，几千人行不行，你安排1万人，1人1户，就是1万户，1万户脱贫。"泉州市委书记张明俊接受任务后，马上安排晋江与安溪对接，明确要求晋江乡镇企业需要劳力时就向安溪招。张明俊对晋江的领导说，安溪的人民是你的兄弟，你富的地方就要帮穷的兄弟一把，一个技术支持他，一个资金支持他，还有一个你把他的劳力雇过来，让他到你这里来赚钱。随后，泉州市委、市政府就此作出决定，在脱贫致富工作上，让晋江、南安沿海带安溪山区，采取山海协作、城乡联营、安排劳力、扩散产品等做法，加快沿海富裕地区带动贫困山区脱贫的步伐。晋江不少乡镇企业纷纷来到安溪，招收大量劳动力到工厂打工。

1994年3月，《国家八七扶贫攻坚计划》公布，中国的扶贫开发进入了攻坚阶段。《国家八七扶贫攻坚计划》明确提出，集中人力、物力、财力，动员社会各界力量，力争用七年左右的时间，到2000年底基本解决农村贫困人口的温饱问题。这是新中国历史上第一个有明确目标、明确对象、明确措施和明确期限的扶贫开发行动纲领。

1996年初，泉州市委、市政府做出"举全市之力，攻贫困之坚"的重大举措，采取市五套班子领导分片联系、市直部门定点挂钩的制度，推出帮助贫困户落实"四个一"（每个贫困户要有一亩高产稳产责任田、一亩茶果竹园、一项养殖业、一个劳动力到乡镇企业或三资企业就业）等有力措施，开展全市性扶贫开发工作。

11月14日，泉州市市长何立峰到安溪白濑乡和魁斗镇凤山村、佛仔格村、镇西村调研脱贫致富工作。调研后，市委、市政府部署沿海发达地区与安溪贫困乡镇、村结对子帮扶，推进山海协作。于是，从1996年开始，毗邻安溪县的南安市，首先与安溪建立了山海协作关系。双方按照"优势互补、互利互惠、长期协作、共同发展"原则，采取"政府搭台、企业和社会唱戏、工商联手、银企联合"的形式，加大对口帮扶力度。南安市政府及参与帮扶工作的14个乡镇政府无偿投入扶持资金350万元、帮扶项目近80项，有力地促进了安溪贫困山区的经济发展。安溪县也逐村召开扶贫现场办公会、协调会，理清思路，扶持发展种植业、养殖业或配套加工业，建立一大批开发性生产基地。

南安充分利用安溪石灰石、石板材储量丰富优势，在安溪设立水泥和石板材原料基地；利用安溪产茶优势，帮助茶农在水头、溪美等地设立茶叶专卖店；利用安溪禽畜养殖业优势，在南安设立专营点。还瞄准安溪山区劳动力富余的特点，组织他们到南安市的一些乡镇企业务工，既解决企业缺工的问题，也解决贫困地区群众增收的问题。双方通过产业开发、商品购销和在资金、信息、劳务等方面开展协作与联合，建立起山海共同发展的牢固关系。

第三章　老城突围

第一节　"破城而出"

"横直三条街，一间小百货，两处饮食店，最高四层楼。"这首打油诗，是1990年以前安溪这座山城的真实写照。安溪山城不仅格局小，而且简陋寒碜，又脏、乱、差。

安溪县城背靠秀美的凤山，而穿城而过的蓝溪形似盘龙，素有"龙凤名区"之称。建县起至民国时期，安溪城郭一直局限在东西长约500米、南北长约750米的区域内，民国期间拆掉城墙后，县城维持原来的格局，变化不大。新中国成立后虽然城区范围逐步扩大，但20世纪80年代初，县城面积也只有0.8平方千米。外地人来到安溪，戏称这是"凤形鸟肚"。

安溪县城要突围发展，就要破"鸟肚"，将城区撑大。1984年，根据安溪县城建设总体规划，县委、县政府决定以蓝溪为中心，沿江开发，布局蓝溪两岸。

最先纳入开发的是城东郊的先声村美寮一带，即先声开发区。先声开发区原为先声大队，整个大队有2000多人，200多亩地，居民主要是菜农。开发建设需要征用土地100多亩，但是村民们不愿放弃祖祖辈辈赖以生存的菜园，征集过程中阻力重重。每当推土机开临菜地，便有不理解的群众携老带幼集体围攻，有的甚至躺在地上。还有的群众一而再，再而三写信告到市、省、中央。一年多过去了，但100多亩项目用地始终无法征用下来。

李天乙上任县委书记后，将先声开发区建设提上重点。政府通过解决户口、让菜农吃上商品粮、赔付补偿款、招工招干等办法，打消了菜农的后顾之忧，从而打破征地的坚冰，统一征地66600平方米。但县政府没有钱，征地款只能打白条，好在得到百姓信任，先声开发区得以顺利开建。

1990年底，只用了一年多时间，先声小区首期建设完成，共建设商品房3幢60套，向社会公开出售。同时配套道路、供电、供水、通信等市政公用设施，一个新型城市小区基本形成。先声小区的成功开发，使安溪城区面积扩大到1.38平方千米。

时任泉州市委书记张明俊来安溪考察见状很惊讶，问："一年没来，（先声）小区怎么建得这样快？"李天乙说："老百姓比较保守，做通思想后，就容易了。"

在先声开发区的售地、售楼款到账后，县政府有了流动资金，之后采用"以地养地"的方式滚动发展，再开发其他区块时，便形成良性循环。此外，县五套班子领导挂钩有关村居，开发进度也比较快。

1991年，启动开发老城对岸的龙湖。当时龙湖是一片由沙滩改造起来的甘蔗园，一条狭窄的柏油公路从当中穿过，成为安溪与泉州联系的唯一通道。

1991年1月28日，安溪县委、县政府成立龙湖开发区指挥部，负责开发长3.1千米、宽0.5千米的区域，开发面积1.55平方千米。

1991年11月19日，美寮开发区办公室正式揭牌，西大桥沿溪至铭选大桥，以及新安路安溪一中环岛至颖如大桥的开发建设序幕也拉开了。

与美寮开发区几乎同步进行的同美开发区，则承担着从北石三角洲、北石格工业区直至同美村童仔寨和蓝田移民街的开发任务，开发范围长3.75千米、宽0.3千米，总开发面积444889平方米。

1992年3月，城西开发区办公室宣告成立，负责原汽车站至吾都、鸿运家园至清溪大桥区域的开发，总开发面积486180平方米，以此扩展城区西部。

在开发后坂小区时，后坂主要居民为谢氏大族，人口众多，李天乙书记找到砖文村村支书谢德全，提出由县里为该村砌河堤，如果村里同意征地开发，就可以变成城区。

谢德全担任砖文村村支书多年，做群众工作有一套，很有威望，他召开全村群众代表大会讨论，细陈其中利弊后，大家都同意开发。因县政府没钱，征地款采用赊账办法，由村里担保，农田、旱地、沙滩、甘蔗地，根据不同的类型给予不同的征地款，让政府先征地，卖地后再将征地款返还村里。

半个月后，砖文村群众把田地里的青苗砍光。政府把地卖给企业。根据当时的规定，县政府的权限可以批地 10 亩。县政府就化整为零，把 50 亩地分成 5 单，每单 10 亩，做了一些广告宣传，动员企业和有关人员来买地，后坡开发区就这样建起来。1992 年 3 月 21 日，后坡开发区办公室挂牌成立，之后大举围溪造堤坝，整理出一片工业用地，建成后坡商住区。

跨江拓展，沿江发展，龙湖、美寮、同美、城西、后坡五大开发区的全面建设，不仅使昔日荒凉寒碜的小城焕发了青春，也给朴实勤劳的安溪人民带来了希望。安溪城区建设的起步阶段进展顺利，为日后的城区拓展打下了良好基础。

第二节 "三联单"探索房改

一、试水房改

1979年召开的全国城镇住宅建设工作会议上，提出了发挥中央、地方、企业、个人四个积极性建设住宅的方针。这一方针的提出和实施，改变了长期以来住宅由国家包下来的单一渠道的投资体制，调动了单位、个人投资建房的积极性，开创了城镇住宅建设的新局面。安溪较早认识到房地产的价值，开始"摸着石头过河"。1979年，安溪就在凤城镇建了一幢商品房向社会公开出售。该幢商品房共4层，合计建筑面积1440平方米，是安溪建设出售商品房的开端。

1980年6月，中共中央、国务院正式允许实行住房商品化政策，自此揭开了中国城镇住房制度改革的序幕。同年10月，安溪设立房地产管理处。1987年11月，成立房地产综合开发公司。

根据国家城乡建设环境保护部关于开展城镇房产产权登记、核发产权证工作的通知，安溪县于1988年10月开展房屋所有权登记换证工作。该项工作先在凤城镇进行试点，对现有的房屋逐幢逐房进行产权收件登记和审查，测绘产籍图，建立档案资料，给产权人（单位）发放房屋所有权证。至1990年底，共办理发放544户房屋所有权证，建筑面积47402.6平方米。

1989年3月，安溪县房地产交易所设立，房产开发、交易、管理逐步走上正常轨道。在进行房屋所有权登记发证的同时，交易所结合处理历史遗留问题，开始办理房地产交易和租赁业务。至1990年底，共办理房产交易121起。

二、公房出售

20世纪80年代，像中国其他地方一样，安溪也实行公房分配。但是县政府资金有限，每年建一栋住宅，只有30多套房子，而需要房子的干部有700

多人，人多房少的矛盾突出。每次分房，好多人去找县委书记。

缓解住房紧张状况，是提出房改的最初动因。1988年1月，国务院召开了"第一次全国住房制度改革工作会议"，同年2月，国务院批准印发了国务院住房制度改革领导小组《关于在全国城镇分期分批推行住房制度改革的实施方案》，开始逐步实行住房分配货币化，标志着住房制度改革进入了整体方案设计和全面试点阶段。正是在1988年，先声小区开始开发建设。安溪县成立县直机关住房改革领导组和房改办公室，制定《县直机关公有住房出售实施方案》，提出一步到位的房改方案，出售公有住房和筹建廉价房，解决县直机关、事业单位的干部职工住房困难，中小学老师、机关干部都可以购买。

县政府建房时，没钱就预收，边收边建。至1990年，全县共出售公有旧房480套，个人筹集资金建廉价房855套。由于土地采用政府划拨方式，地皮比较便宜，成本低。当时的房价是统一的1.7万元一套，一套90平方米，抓阄分配。分房当天非常热闹，分到房子的人兴高采烈。

通过房改，凡在县直机关工作、夫妻户粮关系在县城的干部、职工基本能购到一套住房，大大改善了县城地区干部职工的居住条件。这个房改经验得到国务院房改办的充分肯定，在全国住房改革工作会议上做了介绍。

安溪房改的步伐还在继续。

1991年11月，县政府决定在县城龙湖、北石片区统一建设30栋廉价房，并向社会公开出售500套住房、240间店铺。

1992年11月，出台《关于在安溪城区购买房地产办理手续程序》（简称"三联单"）。"三联单"，即购房发票一单是土地证，一单是商品房证，一单是户口入户证。"三联单"简化了行政手续，购房者可以凭此办理各种手续，而不用在行政各部门之间往返奔波。"三联单"也代表了最初的户籍改革尝试，购房者可以凭"三联单"落户县城。当时许多住房面向乡镇教师出售，解决了许多乡镇教师的户籍问题，他们由农业户口变为城镇户口。

安溪率先实行"三联单"，在当时是个大胆探索，促进了房地产的发展和城乡人口的流动。作为改革初期的过渡产物，2001年11月，"三联单"被取消。

第三节　全国首个温泉城

在房地产起步之后，安溪进一步优化城区基础设施建设，拓宽改造城区中山路、解放路、九三东路、九三西路、大东街、东岳路、河滨路等，改善给水、排水和供电设施，建设农贸市场，整治环境卫生。城区脏、乱、差的环境，渐渐得到改变。1992年，县政府决定开发利用龙门镇的温泉资源，把地热水引进县城。

安溪地下水资源为3.37亿立方米，多年平均最枯水径流也有3亿立方米，境内有地热水10处，多属高热温泉，如龙门镇金狮村上汤有87℃、榜寨村桂埔洋有68℃、剑斗镇圳下村汤内坂有73℃，并且流量比较稳定。福建省地质研究所把龙门温泉作为一个试验课题研究，采用当时国内比较先进的无补偿直埋技术及半循环机械输送与重力相结合的区域供水方案，进行钻探建设，从距离县城20多千米的龙门，引温泉进入安溪县城。这条温泉供水网总长23千米，城关主干管出口水温62℃～67℃，温降仅为0.4℃，输水距离与温降幅度之低均为全国纪录。工程总投资1700万元，采用群众集资和银行贷款相结合的方式，于1993年10月竣工。

1994年春节前，县城住户都开通了温泉，安溪县城也因此成为当时全国闻名的"温泉城"。春节期间，家家户户聚餐之后，还可以泡温泉澡，每吨水只要2元钱。温泉水既舒适又实惠，在热水器尚未完全普及的时代，安溪县城居民已经可以在家随时使用热水了。

温泉引进县城后，提升了安溪的知名度，改善了安溪的投资环境，吸引了外来投资。安溪早期现代小区"新加坡花园"的开发者白振华，便是在安溪县城开通温泉后才决定回家乡投资的。

祖籍安溪龙门的白振华，是新加坡国会议员、龙置地集团执行主席。1992年，邓小平发表南方谈话后，白振华察觉到中国的发展机会来了，于是大举进军中国，首期的投资选在家乡安溪，一半是投资，一半算是回报父老乡亲。他与在新加坡的乡亲联合创办安溪龙门投资开发有限公司。1992年，龙门投资开发有限公司投资安溪县城，建设"新加坡花园"小区。该小区位于城东的岩岭山麓，占地120亩，建有包括店面、公寓、别墅、游泳池和度假会所等配套设施，项目在1993年推出第一期，建有11幢楼房，有店铺60间、商品房640套。2006年3月实施二期建设，建设用地面积22643平方米，建筑面积76433平方米，由6幢高7层至18层的住宅楼组成，共有商品房449套。

"新加坡花园"是安溪较早开发的现代小区，并引进专业的物业管理机构，其设计和管理在当时都属先进，对安溪以后的住房小区建设产生较大的示范带动作用。"新加坡花园"对老家在安溪的海外华人很有吸引力，不少新加坡侨亲买了准备回来养老，或暂借给当地亲戚。

据白振华介绍，"新加坡花园"小区是他在中国投资的第一个房地产项目，投资效益不错。后来，他又相继在江苏、辽宁、山东及天津等地投资，对在中国发展的信心也越来越足。

第四章　以茶脱贫

第一节　茶史悠久

安溪是中国乌龙茶之乡，声名远播世界各地。

北宋蔡襄在《茶录》中提到，泉州七县皆有植茶，茶出于闽中者，尤天下之所嗜。安溪县是我国著名的特种茶类——乌龙茶的主产区，名茶铁观音、黄金桂的发源地，有着悠久的茶叶生产历史。唐末，安溪已有植茶、品茶的记载。宋时，安溪茶开始有了名气和影响。元代，安溪茶业继续发展。明朝，安溪的山地丘陵已经大规模植茶，并且作为商品在市肆上进行交易。清末民初，安溪人在县内外设立的茶号达百余家，拓展了闽南、潮汕两大国内市场。抗战前夕，安溪茶商纷纷到厦门开设茶行，据安溪县志记载，1921年至1945年，"开设在厦门的茶号有泰美、泰发、尧阳、金泰、和泰、奇苑、联成、三阳、锦祥等40多家"。

安溪茶叶外销可追溯至宋元时期的泉州港，从这里出发，通过海上丝绸之路，远销58个国家和地区。明末乌龙茶的创制和清初铁观音的发现培育，更带动安溪茶叶的兴旺。清朝末年，安溪茶叶从厦门、广州等通商口岸销往东南亚各国。凭着对山外世界的向往，安溪人与安溪茶一起走出国门。至1948年，安溪人在东南亚各国开办的茶行、茶庄、茶店共有100多家。其中新加坡30多家，马来西亚10多家，泰国20多家，印尼10多家，缅甸10多家，越南10多家。

安溪不仅种茶、售茶历史悠久，而且对中国乃至世界茶叶种植、制作技艺贡献巨大。明成化年间（1465—1487），安溪发明了人类独一无二的乌龙茶"半发酵"制茶工艺；明崇祯九年（1636），发明茶树整株压条育苗法，开创茶树无性繁殖先例;清雍正年间(1723—1735),发现和培育"茶中之王"安溪铁观音;1920年,茶树长枝扦插成功。1935年,茶树短穗扦插育苗成功,成为当今世界最先进和最广泛运用的茶树无性繁殖法。

1957年,农业部组织全国14个省、市代表和专家,到大面积育苗成功的安溪坪洲村观摩,学习茶树繁育、茶园管理和茶叶制作等技术,此后茶树短穗扦插技术推广到全国各产茶省。1974年,安溪被国家列为全国100个年产茶叶5万担的基地县。1981年,安溪茶厂生产的"凤山牌"特级铁观音,荣获国家经委颁发的唯一的一块茶叶金牌。1985年,安溪铁观音、黄金桂、本山、毛蟹、梅占、大叶乌龙等6个茶树品种,被全国农作物品种审定委员会认定为国家优良茶树品种。安溪黄金桂在国家农牧渔业部举行的全国优质名茶评比会上被评为中国名茶。

茶业是安溪重要的民生产业、特色产业,然而受制于改革开放早期国家茶叶生产体制、流通体制和外贸体制,安溪难以通过茶叶致富,出现了"茶香民穷"的状况。

第二节　管理松绑

一、分田到户

安溪乌龙茶驰名中外，铁观音飘香四海，出口卖价好，换汇多，但广大茶农依然处于贫困状态，原因是什么呢？

民国时期，安溪县内毛茶收购均由茶号经营。毛茶收购一种方式是由小茶号（茶贩）向茶农零星收购转手卖给大茶号（厂商），一种方式是由大茶号自行派员到产区收购。毛茶收购价格操纵在大茶号手中，视产量丰歉、销路畅滞而定，时有涨跌。抗日战争时期，外销断绝，斤茶仅换斤盐，加上茶贩、茶商层层盘剥，名目繁多的捐税，最后以压低收购价格转嫁于茶农，致使安溪茶农无心茶田，茶树凋零，产量锐减。茶号之间也时常互相倾轧，"大鱼吃小鱼"，不少茶号纷纷倒闭。

1952年，毛茶收购由国家经营，中茶公司委托安溪县供销社代理收购，制定乌龙茶收购标准样和牌价（简称"茶叶样价政策"），实行对样评茶，按质论价收购。1954年，县供销社在西坪、长坑、蓝田设立3家茶叶收购站，开展收购业务。1957年，国家将茶叶列入二类商品，实行派购，全县茶叶派购任务1500吨，茶叶收购站扩到8家，收购量达993.2吨。此后，每年在春茶前发放一大笔无息的毛茶预购款。1962年，鼓励茶农增加生产，促进交售，实行奖售办法，茶叶收购站扩大到12家。全县茶叶派购任务1690吨，收购量805.83吨。1982年至1984年，全县茶叶派购任务1920吨。

安溪铁观音茶树抗逆性弱，亩产不高，栽培管理和采制的用工大、成本高，在国家统购统销体制下，收购任务年年加码，但收购价又没有提高，按收购价计算，茶农收益很低。而且国家收购时不区分品种，优质茶与劣质茶差别不大，在年年追加交售任务下，茶农感到压力大，因而发展优质铁观音的积极性不高。

受农业基础薄弱所限制，安溪产制铁观音必须多用工、多吃粮、多花钱。

发展一亩铁观音茶园，从种到初制加工，一般要投资500元，成本较高；加上铁观音茶树容易衰老，如没有特殊的政策照顾，种茶业很难取得发展。在社队集体经济普遍不富裕的情况下，肥料供应、粮食补助等问题难以得到解决，发展铁观音困难重重。

这些问题的解决有赖于体制的革新，首要的是实行家庭联产承包。

改革开放之初，农村最重要的改革是实行家庭联产承包责任制。1979年，安溪对农村进行经济体制改革，也实行了农业生产家庭联产承包责任制。1982年，全县6099个生产队实行家庭联产承包，占总数的98.87%。同年，安溪县被省政府列为茶叶出口基地县。1985年，联产承包已普遍实行，且涌现粮食、经济作物、养殖、工交、商业服务等专业户3939户。1990年，家庭联产承包责任制日趋完善。到1994年，茶园面积已经从1985年的11.3万亩发展到了25万亩。

二、解剖安溪乌龙茶这只"麻雀"

受统购统销制度和出口专营制度的制约，安溪人很难因茶叶而致富。著名侨领李尚大一言以蔽之："安溪茶很香，安溪民很穷。"

"解剖乌龙茶这只麻雀，可作为经贸改革的一个突破口。"这是省委书记项南于1983年9月间分别在漳州召开的省委工作会、厦门经济特区工作会和省调研咨询会上提出的重要改革思路。项南认为，安溪是福建唯一出口铁观音的县，为什么这个茶叶在香港卖那么贵，在我们这儿卖这么贱？为什么铁观音不能去香港、新加坡和日本挂个牌子，直接由安溪人经营？项南指示省外经贸委等部门，研究一下安溪乌龙茶这只"麻雀"，让它从安溪飞到香港去，飞到新加坡去，飞到东京去。这样安溪一下子就神气起来。于是，当年10月18日至11月8日，一个由省、地、县有关部门抽出26人成立的调查组，深入安溪县茶区调查研究，探讨发展安溪乌龙茶致富和茶叶管理体制的改革问题，形成《立志改革，勇于创新——安溪县发展乌龙茶生产的调查报告》及 11 篇附件。

《调查报告》认为，项南提出的企业"产供销一条龙，农工商一体化，科教推一起上"是改革茶叶管理体制的方向，通过对茶叶这一出口商品的探索，可为经贸体制改革寻找突破口。调研组提出了对策措施，建议省、地区有关部门要进行相应的改革，真正加强安溪乌龙茶生产的领导和管理工作，从各方面给予支持帮助，解决茶叶收购基数、价格、茶粮挂钩、茶叶的基金、肥料、燃料等困难。调查组完成调研任务后，11月11日，项南第一时间就在《调查报告》上做了批示，强调"此事很重要，可作为经贸改革的一个突破口"。省政府按照项南的批示，连续召开了三次会议。会后，以省政府的名义印发《关于安溪县乌龙茶体制问题会议纪要》（闽政〔1984〕综174号），提出成立"安溪县茶叶公司"等九条措施。

但是，省政府出台的九条措施，依旧有着浓重的计划经济色彩。茶叶的产供销不是由市场调节，依然是严格执行上级部门的计划：虽然成立"安溪县茶叶公司"，但茶叶的产购销计划由省计委列入省外贸计划下达；茶叶收购按国家有关规定执行，必须确保基数内38400担的收购任务，基数内按平价收购；超基数部分采取议购议销办法，由公司统一经营；原对茶农实行的各项奖售政策及扶持办法，一定三年不变……这样，并没有从根本上解决茶叶流通体制的问题，进而完全释放安溪乌龙茶的生产力。安溪茶业发展的曙光在哪里？

1984年6月7日，国务院下发75号文件，决定从1985年开始，全面调整茶叶购销政策和改革茶叶流通体制，将茶叶流通体制由国家计划管理改为多渠道流通，采取议购议销，以便发展流通，扩大消费，促进生产。茶叶除边销茶（继续实行派购）外，全部放开。内销茶实行多渠道、开放式的流通体制。出口茶签订购销合同，灵活经营。所有茶叶生产单位和茶农，可以长途贩运，可以进城，可以加工，也可以批发或批零兼营。这是茶叶流通体制的一次重大变革，为我国茶叶搞活经营、扩大生产开创了崭新的局面。

国家文件虽然规定，出口茶同内销茶一样全面放开，地方可以委托外贸公司代理出口或自行出口。但由于长期以来形成的利益关系，安溪乌龙茶要获得茶叶自营出口权,自由从安溪"飞到香港去,飞到新加坡去,飞到东京去",还要走很长的路。

三、减免茶税吸引办厂

"文革"结束后,百废待兴,公共财政出现增支减收情况。加上国有企业"扩大企业自主权"改革,扩大企业财权,增加工资、奖金发放,财政收入减少。1979年出现了巨额的预算赤字,赤字占GDP的比重达到3.4%的空前程度。为了调动地方政府增收节支的积极性和保证中央财政收入水平,中央向地方政府下放财权。1979年7月15日,中共中央和国务院决定对广东、福建两省实行特殊政策和灵活措施。广东实行"划分收支,定额上交,五年不变"的包干办法,福建实行"划分收支,定额补助,五年不变"的包干办法,执行中收入增加或支出结余全部留归地方使用。新财政体制一改过去"一灶吃饭"为"分灶吃饭",以此来打破全国吃一口大锅饭的局面,增加地方的财政权限。改"一年一定"为"五年一定",免去了"年年吵基数、争指标"的烦恼。"分灶吃饭"调动了各级地方政府发展本地经济的积极性。

由于安溪县工业基础薄弱,一些工厂曾一度停工、停产,加上企业管理混乱,1985年至1990年连续6年财政净收入中,企业收入为负927.97万元,因此在一段时间里,包括茶叶产品税、特产税在内的农业税类成为县财政的主要来源。但是由于周边县的茶叶税低,安溪许多茶商都跑到周边县去办茶厂。因此,尽管存在着财政赤字,县政府还是决心进行税收改革。

1992年4月9日,县政府发出《关于茶叶产品税、特产税实行评产定税源头征收征管办法的通知》,决定从1992年起,茶叶产品税、特产税实行评产定税、源头征收的征管办法,办厂三年不征流通税。这一举措吸引了周边的茶商来安溪办厂。这种征管办法一出台,得到群众热烈响应,在外办茶厂的纷纷举厂回迁,县域内掀起一轮新办茶厂的高潮。然而随着1994年国家实行分税制改革,县级政府的财税权被削弱,这个税收政策没有再执行下去。

第三节　办企兴茶

一、安溪茶厂

福建是中国的茶叶主产区，计划经济时代，全省只有福鼎、漳州和安溪三家茶厂，安溪茶厂是安溪第一个国营茶厂，也是安溪人的骄傲。当时全国茶叶实行统购统销，由国家统一收购乌龙茶，采取"优先保证出口，按计划保证边销，有余安排内销"的供应政策，乌龙茶产量仅供外销，因此买安溪茶厂的茶要凭批条。

安溪茶厂，1952年由中国茶叶公司福建分公司在安溪西坪镇安美庙创办，1953年1月，迁往官桥镇镇区江苏楼，发展成为全国规模最大的乌龙茶精制厂。它既是全国乌龙茶界最早的农业产业化国家重点龙头企业，也是国家出口创汇的重点企业，产品曾销往世界60多个国家和地区。安溪茶厂生产的"凤山牌"系列产品是东南亚老一代华侨魂牵梦绕的"乡愁"，他们回乡探亲返回东南亚侨居国前，都会托人到茶厂买一些带回，或自饮用，或馈赠亲友。安溪乌龙茶因此亦有"侨销茶"之称谓。

1957年10月，经全国供销合作总社批准，由省供销合作总社投资60万元，选择在官桥五里埔现址兴建安溪茶厂新厂房，实现了半机械化精制加工，年加工能力1500吨。1960年7月，安溪茶厂制定《乌龙茶精制工艺程序》。

1968年9月"文革"期间，成立安溪茶厂革命委员会。1971年1月，安溪茶厂下放为县地方国营茶厂，隶属县工业局。1980年5月，安溪茶厂兴建"安溪县茶叶小包装加工厂"，年生产量约500吨。同年8月，经国家工商行政管理局批准，茶叶包装后的产品注册商标为"凤山牌"。1982年，"凤山牌"特级铁观音荣获铁观音茶行业唯一国家金质奖。1986年投资326万元，对加工厂进行技术改进，年精制能力从2500吨扩大到5000吨，产品80%外销。1987年2月，县政府决定把县茶叶公司所属的18家茶叶采购站和4家分站划归安溪茶厂，使其成为收购、加工、销售一条龙的茶叶企业。

1996年12月，经外经贸部批准，安溪茶厂获得自营出口权，成为国内首家拥有自营进出口权的乌龙茶精制加工生产企业。1999年，凤山铁观音被钓鱼台国宾馆指定为专用茶，被行业内外誉为"国茶"。2000年10月，安溪茶厂被农业部等八部委鉴定为农业产业化国家重点龙头企业，是全国乌龙茶行业中最早获得农业产业化国家重点龙头企业名称的企业。2001年，安溪茶厂生产的乌龙茶出口量跃居全国第四位。

早期安溪茶厂生产的产品，80%用于出口（1955—1983年，中国福建乌龙茶均由厦门茶叶进出口公司出口），日本人奉之为瑰宝。1970年，乌龙茶出口到日本只有2吨，纯属侨销商品。1978年，日本进口乌龙茶178吨，掀起"乌龙茶热"。1984年，因罐装乌龙茶水试制获得成功，为茶叶的饮用另辟蹊径，日本再次掀起"乌龙茶热"。

1985年，内销茶敞开供应，继而放开自由经营。20世纪90年代后，随着市场经济的推行，安溪私人办茶厂如雨后春笋，安溪的茶企也由原来的一家变成了七八百家。由于体制、资金、管理等跟不上，安溪茶厂的经营日益困难，关闭了一年之久。直至2006年，泉州远太集团林文侨接手，成功进行了企业改制，安溪茶厂才逐渐恢复了生机。

2007年底，福建安溪铁观音集团股份有限公司成立，并全资收购安溪茶厂。经过改制后的安溪茶厂，成为安铁集团的全资子公司。安铁集团主要进行市场营销和品牌运营，安溪茶厂相当于安铁集团的生产部门。2009年，安铁集团纳税额1039万元，首次突破千万元大关，此后三年（2010、2011、2012）的纳税额分别达到1900万元、2719万元、2969万元，连续四年居全县茶企税收排名第1位。

2012年6月，安铁集团首次对外宣布进行IPO（首次公开发行股票）预披露，拟投入数亿元资金启动上市计划。但是2013年，因国家政策变化，证监会启动更加严格的核审，安铁集团终止了上市计划。随后，公司陷入困境。2016年1月，伴随着债权人的破产重整申请，安铁集团和安溪茶厂同时进入破产重整程序。在泉州、安溪两级政府的共同努力促成下，2017年8月，重组方和君集团注资 2.2 亿元，安铁集团重组成功，迎来涅槃重生。

二、第一家茶叶乡镇企业

艰难创办社队企业

1974 年，安溪被列入全国一百个年产茶叶五万担基地县。西坪镇是名茶铁观音的发源地，也是安溪的茶叶主产区。为进一步发展茶叶生产，拓展茶叶流通渠道，1979 年 11 月，西坪公社创办西坪茶叶加工厂，这是西坪公社的公办集体企业，也是安溪第一家茶叶乡镇企业。

加工厂借用公社梨山生产队队部为厂房，有员工 10 人，季节工 100 人。曾担任西坪公社农械厂厂长、西坪公社企业办主任的潘水木，被公社选任为西坪茶叶加工厂厂长，负责生产经营管理。

1980 年 2 月，西坪茶叶加工厂迁往西坪巨港茶场，以该场茶叶初制厂为厂房，年产铁观音茶叶 30 吨，实现产值 42 万元，利润 9 万元，纳税 4.5 万元。1980 年 5 月，经县政府同意，西坪茶叶加工厂新建了厂房，添置一批制茶机械，以社队联营、议价销售等方式，进一步激发生产销售活力。

当时，完成国家茶叶收购任务后，加工厂尚余有一定数量的茶叶，厂里便把这些茶叶流向市场。由于收购价和市场价存在价差，西坪茶叶加工厂获利很多，又将利润投入到扩大生产规模中。1982 年 12 月，西坪茶叶加工厂迁往西坪街观音路，兴建新的厂房，加工厂采用以产计股、统一加工、联合经营、按股分红等方式灵活经营，经营效益更加显著。

县委书记刘明益到西坪下乡时，看到加工厂的发展势头很好，鼓励他们大胆干，在全县推广经验。但西坪党委书记吴继华却请求刘书记不要声扬，毕竟当时对乡镇发展集体企业还是有顾虑的。

产值超千万元

1984 年，中央四号文件肯定乡镇企业是"国民经济的一支重要力量"，安溪县同意西坪茶叶加工厂改称西坪茶叶加工公司。1985年4月，公司迁往西坪农械厂，新建厂房、仓库、办公楼1000多平方米，并改进毛茶加工方式，把产品优势变为商品优势。当年，公司加工茶叶300万斤，年产值637万元，实现利润54万元，纳税60万元，取得了较好的经济效益。西坪茶叶加工公司发展高峰时，有工人上千名，解决了农村大量劳动力的就业。

公司重视茶叶质量，建立严格的质量检测制度，对茶叶原料进厂、生产工序、产品出厂等环节层层把关。为了满足消费者的需求，不断改进包装。如，把原来的大包装，改为小包装；又把小包装的硬纸板，改为复合包装和当时比较先进的日本软包装（真空包装），把茶叶分成500克、250克、100克等不同规格，克服了过去"一类产品、二类包装、三类价格"的弊端。公司注重开发新产品和创造名优产品，做到以质取胜、以优取胜、以新取胜，先后开发生产"茗中珍""一枝春""上品铁观音""桂兰香""黄金桂"等系列新产品，深受市场喜爱，并积极参加在北京、福州等地举办的全国各地展会活动，有十多种茶叶产品被评为省优质产品和优秀产品。公司还在福州、漳州等地开设特约经销部，并与北京八闽经济开发公司、广东汕头的八县两市、海南岛土产公司等，建立横向经济联系。此外，还主动与广东外贸公司合作，将茶叶产品销往日本、美国及东南亚等，年出口量均在30吨以上，成为热门的侨销茶。

由于公司特别重视市场开拓，内销外销兼顾，产销两旺，茶叶收购价比国营茶站高出20%，很多茶农都喜欢把好茶卖给西坪茶叶加工公司，为茶农脱贫起到了积极作用。广东等地的客户，到西坪茶叶加工公司采购，都要排队等候。1986年，西坪茶叶加工公司成为泉州市首家年产值超千万元的乡镇企业，受到县政府表彰。

1986年12月，胡平省长到西坪茶叶加工公司调研，西坪茶叶加工公司信心大增。1987年，该公司毛茶收购近280万斤，加工精茶260多万斤，出口茶叶20多万斤，经济效益达到历史最高，年产值2180万元，利润86.4万元，纳税198万元，安排劳动力1035人，发放工资70万元，居全县乡镇企业首位，为全乡脱贫致富做出积极贡献。1988年，该公司开发生产的"南岩牌"特级铁观音、特级色种，获福建省人民政府颁发的省优质产品称号。

1987年12月26日，安溪县人民政府专门发文，表彰西坪茶叶加工公司销售总收入超过2000万元，号召全县学习西坪茶叶加工公司成功的经验，发扬艰苦奋斗的精神，把各地的乡镇企业办好，为脱贫致富做贡献。当天，安溪县政府还在西坪召开了表彰大会。

进入20世纪90年代，由于市场竞争激烈等原因，西坪茶叶加工公司开始走下坡路，之后在激烈的市场竞争中逐渐被淘汰。

西坪茶叶加工公司虽然只存在10多年时间，但其勇于开拓的精神和所创造的业绩，在20世纪80年代的安溪乡镇企业中具有标杆作用，也培养出一批具有市场开拓意识的茶业人才，为安溪茶产业以后的发展奠定了很好的基础。

三、私人茶企闯出来

创办个体茶叶加工厂

改革开放之初，一些地方出现了个体企业，安溪也开始创办了私营茶厂。

安溪铁观音的由来向有"魏王二说"。"魏说"的故事如下：1723年，西坪一个叫魏荫的茶农，在松林头观音仑打石坑的岩石缝里，发现了一棵紫芽、圆叶、歪尾的茶树，采摘后，制成一泡形如铁、色如铁、重如铁的佳茗。魏荫认为这是一棵天赐神树，它源自观世音菩萨的点化，于是一位私塾先生给它起名"铁观音"，魏荫也因此被称为铁观音茶始祖。

魏月德是魏荫的第九代孙，改革开放之初承包了村里的大量茶园，成为松岩村最大的铁观音种植户。魏家茶叶质量虽好，但茶叶由国营茶厂统一收购，品质优势无法显现，反而由于茶树多在山高坡陡的地方，增加了很多采摘成本。魏月德萌生了自己办茶厂的想法。但那时候私人办厂属于禁区，于是魏月德采取自产自销的形式，除去国家下达的统购任务之外，剩余的茶自己找地方销售。由于魏家的茶做得好，在闽南渐渐有了名气，魏月德一家人开始忙不过来。他们就带着村民一起干起来，把新盖的6间房子改成茶叶加工厂。但是"枪打出头鸟"，魏家的"违规"做法受到了工商管理部门和税务局的处罚。

魏月德一气之下，出走到了汕头。当时地处沿海的汕头在政策上更为开放，允许个体户开茶厂，不过需要户籍地的证明。地处山区的安溪观念还没有转变过来，从村里到县里，没有人敢给魏月德开证明。不得已，魏月德"硬闯"县长陈应辉的办公室，细说原委之后，县长批准了他的要求，同意注册安溪县西坪岐山茶叶加工厂。1985年，魏月德创办了安溪第一家个体茶叶加工厂，并前往潮汕地区开拓茶叶市场。

1999年，魏月德的注册商标"魏荫名茶"获得首批绿色食品证书。2008年，安溪乌龙茶（铁观音）传统制作技艺被确定为国家级非物质文化遗产。2009年，魏月德被文化部授予"安溪乌龙茶制作技艺（铁观音制作技艺）代表性传承人"。

茶叶深加工第一人

对许多安溪人来说，廖钨奎这个名字并不陌生。生于1948年的廖钨奎是安溪尚卿乡翰卿村人，他首开安溪乌龙茶深加工的先河，也因此获得中国新产品新技术博览会金奖、安溪县改革开放十大风云人物、省政协第七届委员等荣誉。

1978年，改革开放的春风刚刚吹拂神州大地，许多人还沉浸在传统思想的束缚之中，过着食不果腹的日子，而廖钨奎以敏锐的眼光和过人的魄力，创办安溪第一家民营企业——翰卿竹木器厂，成为安溪第一个"吃螃蟹"的人。那一年，木器厂为当地提供100多个就业岗位，年产值达几十万元。

1982年，为响应县政府"造林绿化茶乡"的号召，在县农委的支持下，廖钨奎贷款10万元，自筹8万元，创办了安溪县第一个种苗场，培育君子兰、茶花、郁金香、百合、水仙等100多种花卉。1983年，省委第一书记项南、省长胡平先后到种苗场视察调研,对种苗场的创办赞不绝口,对廖钨奎勇闯商海的精神和勇气大加赞赏。尚卿种苗场一下成为明星企业,《人民画报》专门采访刊登了廖钨奎的事迹,"花王"称号从此声名远播。

在赚到第一桶金后,廖钨奎继续捕捉商机、找寻新战场。1983 年,他奔赴深圳特区、海南等地兴办茶叶公司,从安溪西坪、尚卿、蓝田等乡镇茶厂每年收购 900 多吨茶叶,从深圳转销出口国外,为安溪 500 多位茶农提供了就业岗位。1984 年 7 月,他与深圳市教育企业服务公司合资 50 多万元,创办"深圳育新种苗场",开设金鱼种苗场。1985 年,他又投资 3 万元购买 5 万多株香蕉良种,无偿供应给尚卿、西坪、蓬莱、虎邱等乡镇农民种植,并订立为期 5 年的产品包销、技术指导合同。

大胆摸着石头过河,并不断在尝试中接受挑战。1990 年,廖钨奎回到尚卿,办起了全省第一家速溶乌龙茶厂,开创安溪茶叶深加工的先河。他成功研制出呈粉末状、香气浓郁的速溶乌龙茶,以及柠檬茶、奶茶、枇杷茶、红茶、茉莉花茶等系列产品,使之成为名副其实的"安溪咖啡"。

凭借茶叶深加工产品的创新,1992 年春季,廖钨奎从北京捧回了"中国新产品新技术博览会金奖"的奖牌。在他的带动下,许多没走出过山门的尚卿人及其他安溪人,开始走南闯北、穿行全国、远游海外,并将"搞商贸创办企业"的思想带回家乡,在尚卿乡乃至安溪掀起一股大办企业的浪潮。

四、飘香的歌

1988 年,在一年一度的全县三级干部扩大会议间隙,副县长李文通主持召开了一个特殊会议。与会人员围绕着一个大胆、新鲜的主题展开讨论——以铁观音之名,在全国范围内举办一场征歌活动,以此提升安溪茶叶的知名度,带动茶产业的全面发展。

当时全国茶叶市场虽然已经放开自由经营,但由于消费者对安溪乌龙茶知之不多(之前外销居多),导致价格很低,一斤茶只卖 5 元左右,茶农生产积极性不高。县政府打算组织一次全国征歌大奖赛，宣传铁观音茶文化，提升铁观音的品牌价值。由于县财政困难，会议研究决定让安溪茶厂出资30万元办活动，4月1日起面向全国开始征集歌词。

在通信条件还不发达的20世纪80年代，要将大奖赛的信息传遍祖国，实属不易。组委会从成立当天起，一直处于忙碌之中。他们通过向各省音乐家协会发出邀请并发布征歌启事的形式，将征歌的消息传播出去。为了使词曲作者挖掘铁观音的丰富内涵，组委会还先后组织了各地词曲作家走进茶乡采风活动，这也才有了后来被传唱不息的"安溪人待客茶当酒""人到安溪不想走"的佳句。

从4月初到8月底，短短5个月，共收到来自全国各地歌词稿件1025首、歌曲2054首。大奖赛在泉州进行初评，在福州进行复评，在北京进行决赛，评委会主席是泉州籍著名音乐家、中国音乐家协会主席李焕之。经过严格评审，选出一等奖2首、二等奖4首、三等奖7首、特别奖3首。

10月，"飘香的歌"大型演唱会在安溪影剧院举行，著名歌唱家关牧村等到现场演唱。演唱会共举办两场，第一场都是招待票，第二场买票进场，全县出现一票难求的局面，1100多个座位座无虚席，在电影院过道加座后，仍有很多人驻足在围墙外聆听。

演唱会期间，县政府同时在县供销大楼举办安溪乌龙茶展销会，展出500多种小包装样品。为了扩大赛事影响，组委会还委托海峡之声广播电台录制获奖歌曲盒式磁带，公开发行5000多盒。此外，还与福建电视台文艺部合作推选《想念乌龙茶》《岩茶把我乡情牵》《请到安溪来品茶》《名茶铁观音》《古老的茶歌》《安溪人待客茶当酒》《香满天下都是情》等7首歌曲，拍摄成电视音乐片《铁观音的故乡》，12月7日至11日由福建人民广播电台立体声播出。海峡之声广播电台和福建人民广播电台将《岩茶把我乡情牵》列为每周一歌播出。

这次全国性的茶歌征集活动开启了茶经济和茶文化紧密结合的探索先河，使得铁观音飘香茶歌唱响神州大地。此后，以安溪铁观音为主题的文艺精品创作更是异彩纷呈。茶歌方面，2002年，由阎肃作词、孟庆云作曲、毛阿敏演唱的《铁观音》，家喻户晓，传遍四方。茶影视方面，由郭宝昌导演的20集古装电视连续剧《婀娜公主》以及30集古装电视连续剧《铁观音传奇》等，先后在中央电视台和各省、市电视台播出，有力地提高了安溪铁观音的知名度。

第四节　从南洋到东洋

安溪乌龙茶是我国茶类中输出比较早的茶类，以各时期输出的主要市场进行划分，可以分成三个时期，即风靡欧美时期、侨销茶时期和日本乌龙茶时期。

宋元时期，安溪茶（彼时是绿茶）即从泉州港出发，通过海上丝绸之路销往沿线几十个国家和地区。明代，安溪发明乌龙茶"半发酵"制作技艺后，茶叶主要通过厦门港输出，荷兰人是最早购用中国茶叶的欧洲人。1596年，荷兰人在爪哇岛万丹建立东洋贸易据点。1610年（明万历三十八年），荷兰商人首次将绿茶转运至阿姆斯特丹，以后又在爪哇、苏门答腊多次购买华茶，然后转运欧洲，卖给英国等国家。当英国东印度公司直接到东方进行贸易时，茶叶便成为荷兰人和英国人争夺市场的商品，并成为欧洲人普遍的饮料。18—19世纪，欧美商人纷纷投入茶叶贸易，往来中国口岸的船舶络绎不绝。由于需求量的急剧增加，生产一时跟不上，有些中国商人为满足市场需求，竟以次充好，掺杂掺假，导致茶叶品质下降而遭到洋行的抵制。与此同时，英国在印度和斯里兰卡属地种植由安溪、武夷山等地引种的中国茶种获得成功，英国遂大力宣传饮用印、斯红茶，攻击华茶不卫生，力排华茶。美国于1883年通过《茶叶法》，1897年颁布《掺杂与不卫生茶禁止条例》，华茶入口几乎全部被拒绝。1899年，厦门口岸输出乌龙茶只有14.39吨。19世纪末，流行欧美达300年的乌龙茶就几乎销声匿迹了。

乌龙茶被挤出欧美市场后，海外饮用乌龙茶的地区转移到东南亚国家，饮用人群主要集中在一些闽粤华侨和部分当地人。东南亚（或称南洋）地区，1000多年前就与我国有贸易往来。二三百年前，这些地区先后沦为荷兰、西班牙、法国、英国等的殖民地。在这期间，列强在华招募华工，闽南地区很多人漂洋过海到古巴、檀香山以及东南亚一带谋生。1875—1880年，从厦门口岸出洋的人数有149167人，其中到东南亚一带的有123444人，安溪人居多。他们携带家乡的乌龙茶到这些地区，或自饮用，或馈赠亲友，有些人认为有利可图，遂做起乌龙茶买卖的生意以慰藉"乡愁"。新加坡、马来西亚是安溪乌龙茶在东南亚较早的销区之一，以后又拓展至印尼、泰国、菲律宾、越南等国。20世纪初，安溪人高铭发、高芳圃、张馨美、林金泰等首先在新加坡开设茶庄。1928年，新加坡茶商公会成立时，会员茶庄有22家，其中16家是安溪人。到20世纪50年代，由安溪人为主经营的乌龙茶遂被称为"侨销茶"。

早已是名副其实的侨销茶，为何至此才出现这一名称？新中国成立后，我国对外贸易实施社会主义国家和资本主义国家两种不同的政策，东南亚这些国家属于对"资"贸易的范畴，但由于这些国家中经营和饮用乌龙茶者大部分是华侨华人，为适当照顾华侨华人的利益，在政策上与对"资"贸易略有区分。因此，乌龙茶被列为侨销商品，"侨销茶"由此而成名。正是这一原因，乌龙茶在这些地区牢牢扎下了根。故而，当殖民主义者大肆攻击、排挤中国茶叶时，乌龙茶在这些地区的销售量不仅没有受到影响，而且有逐步上升的趋势。

乌龙茶始由安溪人少量携带到批量进入东南亚地区，是先辈们经过千辛万苦勤奋经营的辉煌业绩。"二战"以后，随着销区的缩减和咖啡等新兴饮料的崛起，乌龙茶销路面临莫大的困难。1980年，厦门口岸输往港澳及新、马的乌龙茶达1958吨，占当年出口量的73.52%，为1949年216吨的9倍。1990年，也就是茶叶全面放开经营的第6年，全国乌龙茶出口1.1万多吨，东南亚地区约占20%。上述两个百分比的数字表明，安溪乌龙茶被称为"侨销茶"的时代已经过去了，新的销区正在迅速地扩大。

20世纪70—80年代，日本茶叶产量在8万～9万吨之间。由于日本国内茶叶消费量的日益增加，产量无法满足其国内市场的需求，还要大量进口茶叶，这也是中国乌龙茶于20世纪70年代得以进入日本市场的原因之一。1970年，中国乌龙茶出口到日本只有2吨，纯属侨销商品。1978年，日本进口乌龙茶达到178吨，大部分由厦门和香港输入。

乌龙茶风靡日本，还与日本科研部门对乌龙茶的研究并进行宣传不无关系。1977年，东京慈惠会医科大学中村治雄博士经过临床试验发现，经常饮用中国安溪乌龙茶，能有效降低肥胖患者的胆固醇和体重，因而引起人们极大的兴趣，开始把乌龙茶称为"减肥茶""美容茶"，日本市场第一次掀起"乌龙茶热"。1979年进口乌龙茶280吨，仅日本楼兰株式会社一家就与安溪签订经销3吨铁观音茶叶的合同。

正当乌龙茶走俏日本的时候，1980年5月27日，时任国务院总理华国锋去日本访问，进一步推动中日两国友好合作关系的发展，日本第二次掀起"乌龙茶热"。彼时，日本已对传统的乌龙茶泡饮方式进行革命，研制生产出易拉罐装乌龙茶水，出售罐装乌龙茶水的昼夜商店愈来愈多，消费者随时随地都可以买到罐装、塑料瓶装的乌龙茶水。安溪乌龙茶特别是铁观音，在日本茶道中声名鹊起。

在这样的背景下，1985年4月16日，福建省外经贸委研究同意省外贸公司组成"福建省赴日乌龙茶考察小组"，前往日本东京、大阪、横滨、京都、长崎、静冈等地考察乌龙茶市场，在日停留20天。考察小组六人中有四人来自安溪，分别是安溪县县长陈应辉、副县长李文通、安溪茶叶联营公司经理陈仲和、安溪茶厂厂长陈学平。

在福建省外贸公司驻日本办事处的安排下，考察团先后在东京、横滨、奈良等地，广泛接触安溪乌龙茶的日方代理商、经销商，新光、楼兰、伊藤园、三龙、中国贸易、第一贸易、福寿园及家庭食品工业公司等十几家商社，以及超级市场、大百货商店等20多个经销点，对日本经销乌龙茶的品种、等级、质量、价格、包装和供求等情况进行考察，收集各商社的反馈意见。考察团参观静冈国立茶叶试验场时，就茶的品种、土壤、肥料管理、害虫处理等多个方面，与日本茶叶专家进行了深入的讨论和交流。

考察团回国后，向有关部门呈送考察报告称，为增进与日本商人的友谊和相互了解，有必要请他们到产区，特别是到安溪来看看。于是福建有关部门决定"开放安溪，让外商参观"，主要是为了宣传安溪、宣传乌龙茶，发展乌龙茶国外市场，多出口创汇。而邀请日方来参观的前提是，要做好安溪乌龙茶产制技术的对外保密工作。

1986年9月28日，由日本乌龙茶经销商楼兰株式会社社长甘利仁朗率领的六人访华团，获准作为外宾首访安溪。按照预定计划，日方参观了安溪茶厂拣茶、筛分两个车间及金谷渊港茶场和清水岩。日方对访问很满意，回国后即在《日本粮食报》分四次刊登访问安溪的考察见闻《揭下面纱的安溪——铁观音的故乡》。楼兰株式会社访问之后至当年12月，安溪又陆续接待三批日本客商，共34人，取得安溪乌龙茶对日宣传的良好效果，极大促进了茶叶出口。

日本之外，安溪乌龙茶的市场也在不断拓展。1986—1988年，全县出口乌龙茶（精制茶）分别为2479.3吨、2450.25吨、2387.45吨，为国家创外汇991万、980万、955万美元。1990年，安溪茶叶销往世界五大洲39个国家，建立起庞大的销售网络。

第五章　开放县门

第一节　安溪改革开放的启明星

一、陈清河与尚卿竹编厂

安溪竹藤编技艺历史悠久，据《初建安溪县记》和《泉州府志》记载，唐宋时期，畚、筐、焙笼等竹制品，已在百姓中广泛使用。明清时期，安溪农具、茶具、日用器具中，属于竹藤编的相当普遍，有篾箍、筛、笼、篱、笠、席、帘、桌椅、盘、筐、箱、斗箕、蒸笼、灯 14 类 40 多个品种。

改革开放后，安溪藤艺以"技艺精湛、别具匠心、返璞归真、品类齐全"的特点享誉国内外，而这一切，离不开一个叫陈清河的人。

陈清河，安溪尚卿乡人。1956 年初中毕业后，由于家境清贫，为能尽早完成学业减轻家庭经济负担，陈清河选择就读厦门鹭潮美术学校——厦门工艺美术学院的前身。1958 年，学校改名为厦门工艺美术学校，陈清河和两位同学被安排到竹编专业学习。1962 年，陈清河毕业并分配到厦门工艺美术公司工作，曾在 20 天内赶制出刘少奇出访东欧的 30 件国礼。如今在波兰国家博物馆，还留有一件当年的圆形鼓盒竹编工艺品。

陈清河格外关注市场，积极到各大城市寻找商机。由于经济水平较低，当时工艺美术属于奢侈品，销路不好。陈清河花了几百元经费，却没能拉到业务，因此受到处分，被下放回乡。1966 年春，陈清河携其妻杨惠珠一家四口回到尚卿公社中山村。他和妻子从小读书不谙农耕，但有美术工艺创作的特长，于是买了小批量毛竹，为周边茶叶生产队加工焙笼、茶筛、簸箕等制茶工具，挣点微薄收入，解决基本生活。他俩制作的产品比当时市场上的同类产品价廉物美，深受茶叶生产队的欢迎。

1969年9月，中山大队大队长黄春生调任尚卿公社农械厂副厂长。当时的尚卿农械厂规模小，只有打铁、木作两个车间。为了发展社办集体企业，黄春生建议将陈清河夫妻调入尚卿农械厂做竹编。经过公社党委同意后，陈清河夫妇很快到尚卿农械厂报到。

陈清河进农械厂后，首选编织竹制热水瓶壳，销售问题由尚卿供销社负责。每个热水瓶壳当时收购价0.65～0.90元，出售价0.80～1.20元。起初大家对销量非常乐观，但仅几个月后，库存的竹制热水瓶壳不断增加。看到产品滞销，黄春生和陈清河非常着急，专程赶往县城找到安溪县商业局局长温铁联系销售竹编热水瓶壳一事，并得到温铁的支持。从此，尚卿农械厂生产的竹编热水瓶壳销往全县各供销社。安溪县商业局又及时把产品推介给晋江专区百货站，进而销往全国17个省、市，1973年销售额达到3万多元。

随着生产规模的扩大，尚卿农械厂厂房已不能满足生产的需要。1972年8月，在尚卿公社革委会的协调下，向尚卿中学租赁在尚卿东山的土木结构闲置旧校舍作为厂房。与此同时，尚卿公社革委会决定建立尚卿人民公社竹编工艺厂，并打报告向县革委会申请。1972年9月14日，安溪县革命委员会以安革〔72〕153号文批复同意建立安溪县尚卿人民公社竹编工艺厂。竹编厂领导班子由尚卿公社党委任命，首任尚卿竹编工艺厂党支部书记廖壬癸、厂长陈清河、副厂长黄春生，工人30多人，设立3个生产车间，初期的产品仍以热水瓶壳为主。尚卿竹编工艺厂当时称为社队企业，也就是改革开放后称的乡镇企业。

到1972年底，随着塑料热水瓶壳在市场大量出现，尚卿竹编厂开始面临产品销路的难题。陈清河提出，不能单一生产热水瓶壳，必须面向国外，生产外销出口产品。

1973年3月，廖壬癸、陈清河、黄春生等人前往福州，找到福建省外贸进出口公司竹编科科长叶佳炎，请求让安溪县尚卿竹编厂做出口产品。叶佳炎科长不相信安溪尚卿大山沟有能力做外贸出口产品。经陈清河他们再三恳求,叶科长从泉州工艺公司的出口加工份额中拨出100个贯耳花瓶给尚卿竹编厂试做。回到厂里,陈清河和杨惠珠亲自同技术最熟练的工人一起试做,经过20多天的努力,终于做出了100个成品贯耳花瓶。成品送到泉州工艺公司验收,验收结果全部合格,验收人员赞不绝口。此后,尚卿竹编厂又加工了几批外贸产品,均圆满完成任务。因此,1973年8月,省外贸总公司把安溪尚卿竹编工艺厂定为出口厂家,编号为14厂。

1979年9月,十一届四中全会通过了《中共中央关于加快农业发展若干问题的决定》,要求"社队企业要有一个大发展",发展社队企业成为振兴农村经济的重要决策。白手起家的尚卿竹编工艺厂,在陈清河的带领下发展迅猛。1980年,产品获得福建省优质产品称号。同年,出口值达1000万港币,出口值居全省工艺厂前茅,占全省出口总额五分之一。1983年,竹编种类达到8大类400多个花色品种,产品曾多次荣获中华人民共和国对外经济贸易部荣誉证书,成为福建省竹编出口生产重点厂家。尚卿竹编工艺厂还多次被外经贸部评为"出口创汇先进单位",被省乡镇企业局评为"全省先进乡镇企业"。安溪各乡镇在尚卿竹编工艺厂的带动下,相继成立竹编加工点,解决山区贫困群众的就业。

二、第一家三资企业

1979年,国家出台了《中外合资经营企业法》,20世纪80年代又相继颁布《外资企业法》《中外合作经营企业法》,三资企业由此而来,国家鼓励外资投资兴办生产企业。港澳台资企业参照外商投资企业办理。

改革开放后,国家赋予广东、福建"特殊政策,灵活措施"的优惠政策,安溪也被国家列为闽南金三角首批对外开放的县份。县委书记刘明益介绍,改革开放初期,发挥侨台优势在招商引资中的作用,带动安溪的脱贫致富,是安溪县委、县政府的重要举措。

1983年底,祖籍安溪的香港企业家、香港安溪同乡会会长曾星如先生回乡探亲。曾星如先生素来热心家乡的公益事业，关心家乡的发展，安溪县领导出面接待曾星如，双方洽谈甚欢。参与接待的县进出口办公室主任蔡文雄乘机提议，可否合资创办竹藤工艺企业，曾星如对此颇感兴趣。

曾星如长期经营中国商品，是广交会的常客，与陈清河认识多年，看过陈清河参加交易会的竹编产品，非常欣赏。曾星如办事利落，希望陈清河当晚到其龙门镇老家面谈。家住尚卿乡的陈清河于是坐着拖拉机颠簸了3个小时，在当晚赶到龙门曾星如老家。经彻夜长谈之后，曾星如提出三个条件，要陈清河回去后转达给县领导，如果没有异议，春节后准备好合资章程，到深圳进行洽谈。

曾星如所提的三个条件：一是公司由陈清河出任总经理；二是合资双方成立董事会，成员安溪3个、港方2个，由安溪副县长陈秋菊担任董事长（改革开放初期，党政领导兼职，以便更好地协调和调动资源）；三是董事会是领导机构，把握大方向，不介入日常管理，授权总经理负责经营管理。

第二天，陈清河赶到县城，向县委书记刘明益汇报面谈情况。刘明益当场拍板答应曾星如所提的三个条件。办合资企业，这对安溪来说还是"大姑娘上轿头一回"。如何合资？陈清河建议：合资企业不是政府与香港企业合资，县政府需要成立一家公司，以便对接。

为此，安溪县委立即召开常委扩大会，专题讨论设立合资公司的事。会议研究决定成立安溪县竹藤工艺品联合公司，注册资本200万元，法人代表陈清河（经理），公司性质为县办集体企业（如果是国营企业，县政府无权动用企业的利润），公司地址设在城厢镇美法村变电站附近，利用县经委所管的茶叶加工厂（已经停办）的一栋二层旧厂房。为了能及时与曾星如洽谈合资，常委会上，县委书记刘明益要求县工商局要急事特办，三天内办好公司营业执照。会上还明确赴深圳洽谈的小组人员，由副县长陈秋菊带队，业务谈判由陈清河负责。

1984年2月7日（正月初六），尚未过完春节假期，陈秋菊就带领谈判小组赴深圳面见曾星如。谈判超乎寻常地顺利。原本以为要花好几天的谈判，结果洽谈两个小时就顺利签约。由安溪县竹藤工艺品联合公司和香港曾星如物业有限公司各投资50万元（1990年各增至100万元），合资创办"福建省安星藤器企业有限公司"，合作期限10年。

签订了合资协议，接下来就是紧锣密鼓的企业报批程序。当时报批很烦琐，需经市、省外经贸部门层层审批同意，最后还得送外经贸部批准。

报批材料从泉州送到省外经贸委卡住了，省外经贸委不愿向上报批，认为这个项目没希望，因为外经贸部刚刚驳回一个藤器合资项目。原来，创办于1980年的杭州西湖藤器公司，是浙江省第一家中外合资企业，其老板是印尼侨胞，祖籍福建永定区，在西湖藤器公司创办成功的基础上，他想在老家再创办一个藤器企业。手工艺品是当时出口创汇的大户，国内的企业都是要通过中国工艺品进出口公司出口，而合资企业有进出口权，新办合资企业还有三年免税优惠。审核并批准多批出口企业，无疑是增加竞争对手。

"既然省里不愿上报，那就让我们自己去北京呈送吧。"在陈清河的恳求下，省经贸委勉强同意出具批文，让安溪自己到北京去争取。有1%的希望，就要100%去努力。陈清河和县进出口办公室的一位工作人员带着相关材料到北京，在外经贸部对面的招待所住下来。

第一天去外经贸部，负责审批的外资处处长当场拒绝：福建的藤器项目一概不批。陈清河不死心，连续去了多天，处长无奈掏底：不是我这里不批，是中国工艺品进出口公司极力反对。

陈清河多年参加广交会，其间认识了中国工艺品进出口公司李总。打听到李总的家庭地址后，陈清河晚上登门拜访。陈清河恳切地向李总陈情："安溪是贫困大县，这个项目事关安溪几十万人的生活，项目不批下来，我只能一直待在北京。"做通了李总的工作，第二天陈清河马上又到外经贸部找处长，告知李总已经同意。尽管这样，处长还是不敢报批，他说："不行，我还得写报告给分管副部长裁决。"

事已至此，陈清河并未放弃。他想到有位老革命陈乃昌是安溪人，于是便去拜访陈老，请教还有什么办法。刚好外经贸部条法司刘司长是陈乃昌以前的部下，于是他便写个字条，希望刘司长对安溪老区办合资企业给予支持。在刘司长的帮助下，陈清河见到了分管副部长的秘书，最终在报批外资处完成了相关手续。

因合资企业需要进口机械和车辆，外经贸部报批后，还需要国家计委、国家经委、国家工商行政管理局等部委审批。陈清河趁热打铁，完成全部所需的报批。

看似寻常却奇崛，成如容易却艰辛。从 2 月 19 日与曾星如签订合同，到 4 月 19 日国家工商行政管理局发给营业执照，中间的报批手续要盖上近 50 个印章。陈清河不到两个月就完成合资项目的报批，这个速度在当时是难以想象的。

在各级政府、有关部门的支持下，1984 年 4 月，福建省安星藤器企业有限公司成立了。这是安溪第一家、泉州市第二家三资企业，首任董事长由陈秋菊（副县长）担任，副董事长是曾星如（港方），陈清河被任命为董事、总经理、总设计师。

万事开头难，公司在创办的过程中，遇到许许多多的困难。选定的厂址不通公路，机器原料进不来，产品出不去，县政府拿出 3 万元修公路，筑路队日夜加班在约定期限前修通了公路。

三、五年赚回八个"安星"

作为港商投资企业，安星公司拥有自营外贸权，其发展重点是出口海外。广交会是企业获得海外订单的关键。广交会的展位比较紧俏，而且需要提前半年预订。4 月 10 日，陈清河带人赶到广州，在广州春交会 4 月 15 日开幕前，顺利拿到秋交会 18 平方米的展位。

展位解决了，样品设计也要跟上。陈清河马上从尚卿竹编工艺厂借用 10 多名工人，成立样品设计创新小组。同时，派出技术工人到漳州国营竹编厂学习，以便能赶做样品。当年高考结束后，陈清河又从高考落榜生中招收员工，送到厦门工艺品进出口公司培训学习报关业务。

一个个环节紧密相扣，终于在秋交会开幕前赶制出200多种设计新颖时尚的样品。安星公司在广州秋交会上一亮相，就引起海外客户的关注，美国、日本、澳大利亚和欧洲的客户，现场签订了15个订货合同，成交额达54万美元。

秋交会实现开门红，公司提前半年拿到订单业务，并于当年12月出口了1.5万美元，创下了"五个当年"的奇迹：当年投资、当年建厂、当年投产、当年出口、当年收益。这个速度在当时是绝无仅有的。

有了1984年的良好开局，1985年，由于准备充足，广州春交会上，安星公司就获得85万美元的订单。1985年底，仅一年时间，安星公司就收回投资。企业开办前两年实现产值1000万元，创汇298万美元，上缴国家税收39万多元。

安星藤器企业有限公司实行董事会领导下的总经理负责制。在科学高效的管理下，公司管理规范有序，合资双方配合默契，公司边基建、边生产、边招收培养技术人才，企业办得很成功，走上稳定发展的轨道。

面对欧美市场对原生态藤器工艺品的需求，公司以欧美国家为外销主市场。曾星如依托他在香港的公司设立联络处，发挥香港信息灵便、交通快捷等区位优势，架起公司与海外客户联系的桥梁。同时，公司利用广交会这一窗口平台，提前半年准备样品，在每年两季的广交会上吸引客户、获得订单。为了及时获取国际市场信息，公司除了在香港设立联络处，还在厦门、广州、泉州等沿海发达地区设立窗口，及时掌握国际市场动态和客户反馈。

为占据市场制高点，安星公司多管齐下，培养经营管理和技术能手。如，选派优秀青年到华侨大学、对外经贸大学等高校深造，学习外语外贸等专业；选派业务人员到厦门海关、泉州中行等外贸管理部门培训报关、储运、结汇等专业知识；派技术工人到广东及省内的漳州等地去培训藤编技术，利用这批骨干回乡进行滚雪球式传授；采取分期分批招工的办法，通过以老带新，在安溪培养大量的熟练工人。

为引领创新潮流，公司高薪聘请国内外设计师进行产品设计，培养产品创新团队。同时，主动走出去，到美国、日本、德国等国家考察，参观礼品及家庭用品展览会，了解国际工艺品市场动态，及时设计适销产品。有的产品上市后连续多年畅销不衰，有的产品单项成交额累计达到50多万美元，被国外客商誉为第一流品质。

由于重质量、讲信用、守合同，安星公司赢得广大客户以及海关和商检部门的信赖，成为免检企业。尽管当时通信不畅，安星公司依然想方设法对客商的函电做到24小时内签复。对样品采用空邮、快递等快速手段寄送，努力让客户满意。美国纽约一家客商由于及时收到样品，随即一次开出50万美元的信用证，并多次加单，一年时间就成交100多万美元的业务。

因为开局好、成效佳，安星为改革开放初期的三资企业探索树立了标杆，1987年，被对外经济贸易部授予全国对外经济贸易行业先进集体称号，1989年荣获对外经济贸易部颁发的"全国经贸系统先进单位"奖杯。此外，还先后获得全国出口创汇先进企业、外商投资双优单位、海关信得过企业等众多荣誉称号。1991年，因为安星的海外业务不断发展，中国银行专门设立安溪县支行，这是中国银行在福建设立的首家县级支行。

总经理陈清河因在安星公司的突出贡献，1988年获得福建省劳动模范称号，1989年被评为全国劳动模范。2006年，福建省委书记卢展工在安溪调研时，专门接见了陈清河，他说："陈清河是改革开放的例证。"2008年12月，陈清河被安溪县委、县政府授予"安溪改革开放30周年十大风云人物"荣誉称号。

安星公司是三资企业的标杆，五年时间赚回八个"安星"。安星公司的成功，让港商曾星如先生增强了投资信心。他把投资创办安星公司所得红利的一部分用来扩大投资，另一部分用于捐赠公益事业。此后，曾星如加大投资，在家乡先后创办安星服装厂、安星纸品工业有限公司、安星玻璃工艺有限公司、安星丝花厂等多家安星系列公司，注册资金总额4600多万元，产品均以外销为主。一花引来百花香，安星公司的成功，产生龙头效应，促进了安溪招商引资和对外开放。

四、首创藤铁工艺新艺种

在安溪工艺业发展历程中，安星公司曾立下不朽功勋。其中，首创藤铁工艺新艺种，是安星公司对中国工艺业的一大贡献。

竹藤编是劳动密集型行业，科技含量不高，需要在品种创新上下功夫，才能不断适应国际市场的发展变化。1991年春，盯紧国际竹藤编市场信息的陈清河，在菲律宾考察时，发现这里的藤器工艺品使用小部分铁板、铁条、铁叶、铁珠作为把手及装饰，既坚固耐用又美观大方。受此启发，从菲律宾回国后，他立即动手，尝试将竹藤编与铁艺结合，设计了一些藤铁结合的工艺品，如花架、椅子、烛台、桌子等。

针对美国人偏爱葡萄藤篮子，陈清河指导设计人员在竹藤编的基础上，加入铁条、铁叶，用藤皮藤芯编织成篮身，以钢筋为把手，铁线环绕把手，化为葡萄藤，将铁皮剪成葡萄叶，钢珠焊成葡萄串，然后彩绘着色。随着葡萄藤系列篮子的加工生产，藤铁工艺新艺种问世了。这种"刚柔并济"的编织风格，令人耳目一新。安溪工艺业也由竹编、竹藤编，进入藤铁工艺的新阶段。

藤铁工艺新艺种在当年春季广交会上一露面，便引起轰动，受到欧美客商的抢购。陈清河回忆说："3天卖了500万美元，完成安星公司半年的订单。我们对客人提出了'三不'的苛刻条件：不准拍照，不报价，不提供准确的交货期。"

随后，安星公司又持续推出藤铁系列产品，设计生产铁艺与各种材料相结合的家居用品等。此后，每年的广交会，都专门设有藤铁工艺展区，产品热销欧美国家，成为欧美国际市场的潮流时尚。藤铁工艺很快传播到福建全省和广东、浙江、广西等地，成了国家出口创汇的重要产品。安溪，也因此成为藤铁工艺的发源地，藤铁工艺的出口占全国同类产品的40%以上。

材料的跨界融合推动工艺不断创新。从竹编、竹藤编、藤铁，到树脂、陶瓷、马赛克、石材、木、氧化镁等，安溪可以制作数千种系列产品。产品的应用范围也不断扩大，从家居用品、庭院装饰拓展到公园等户外设施，形成完善的配套，极大提高了安溪工艺品的市场覆盖面。

安星公司无疑是安溪改革开放的启明星。到1989年底，5年共创汇2230万美元。安星公司是福建首批港商投资产品出口企业，为福建省的创汇大户之一。在高峰时，安星公司藤器的创汇，比省工艺品进出口公司还多。安星公司成为当时全国著名的手工艺行业龙头企业。

从1984年到1994年，安星公司先后生产竹藤工艺品13类4200余种，产品出口亚洲及欧美48个国家和地区，累计出口创汇6000多万美元。

在中国竹编大省中，以福建、浙江、四川最出名。浙江竹编以动物器皿为主，四川竹编以竹帘、竹扇为主，而发展成为一个大产业的，只有福建，尤其是安溪的竹编，在创新中不断发展，成为出口创汇的支柱产业。

"全国竹藤编看福建，福建竹藤编看安溪"，工艺界这句话，道出安溪竹编业在全国的龙头地位。

五、给企业"松绑放权"

长期的计划经济造成了自我封闭，面对合资企业这一新生企业类型，当时的一些体制、机制以及闭塞的思想观念，都会成为阻碍企业发展的枷锁。

安星公司成立后，在生产经营中，或多或少也受到一些部门的干预或阻碍。针对这种情况，安溪县委、县政府态度很坚决，就是给企业"松绑放权"，认真贯彻执行《中外合资经营企业法》和《中外合资经营企业法实施条例》，人、财、物、产、供、销、工资等一切重大事项，均由公司董事会决定，总经理负责实施，实行经理负责制，行政部门不得作任何干涉。县委、县政府主要领导经常主持召开有关重要会议，或到公司实地走访，协助解决合资企业在筹建中遇到的较大疑难问题，并委派副县长陈秋菊担任公司董事长，亲自抓筹建，召集各有关部门协商解决干部人事、厂房、土地、公路、邮政、资金、贷款等关键性问题，并推荐一些经营管理和技术人才。

各级各部门也大开绿灯，全力支持。对合资企业急用的进口汽车、复印机、外国藤条等物品，在审批上简化手续。为了给安星良好的发展经营环境，县委要求公安部门把安星定为内保单位，给予特殊保护，排除外在的干扰。

当时安溪电力还很薄弱，南线、北线经常停电，县领导要求电力部门为安星拉了一条电力专线，在安溪缺电的情况下，也要确保安星的正常供电。

1985年的安溪，普遍使用的是手摇电话，从尚卿打个电话到福州，要层层转接，花上半天时间。而对外联络的传真机，全县只有3条中继线，一条是县委、县政府使用，一条是县邮政局使用。县政府要求专切一条线，给安星专门管理使用。

安星的业务都是出口境外，其电报或外文信件在全县占有大半分量。为此，县邮政局把凡是海外的信件，全部先运到安星。安星办公室安排4个懂英语人员，专门处理安星的海外信件，然后再把其他信件运回邮政局，避免耽误与海外客户的联系。

安星的出口货运量大，产品要运往厦门或深圳出口。安星专门组建了一支40辆日野货车车队，这个规模比县政府管理科的运输车队还要大。为了保证车辆柴油供应，县政府特批安星自己建立柴油库。

这些对安星的呵护，在当时的年代，无疑是要冒政治风险的。

1986年，曾星如兑现承诺，奖励给陈清河一部奔驰轿车。当时县委、县政府只有两辆吉普车，许多人议论纷纷。为此，县委书记刘明益特地在一次全县干部大会上为陈清河撑腰："县委书记坐吉普车，安星陈清河有专车，还是进口高级轿车，你们不要红眼，有本事你们像陈清河这样为安溪赚钱，我也允许你们坐专车。"有县委书记亲自"站台"，陈清河管理企业也就没有后顾之忧了。

在安溪县委、县政府的大力支持下，公司的用地、交通、能源等问题，都及时得到解决。而独立的经营自主权和畅通的政策，让安星能放开手脚，专心生产经营。

在厦门，海关也给予安星特殊照顾。厦门和平码头，有一半的堆场是安星的产品。安星车队上午5点从安溪运往厦门，途经龙门岭，一路颠簸，下午5点才能到达厦门,然后包船装运到香港,再装上货柜(集装箱)运往海外各地。闽海225、集美号等小吨位船只,都是安星运货的专船。而安星从印尼、越南等运回的进口藤条原材料,也是上岸后直接运到安溪,厦门海关再派人来安溪现场检验,便捷服务企业。

省长胡平一直牵挂安溪的脱贫致富,安星也是胡平亲自抓的挂钩点。1985年11月30—31日,省长胡平专门带领省、市部分负责人来安溪调研脱贫工作,对安星的发展及其在帮助脱贫中的显著作用给予高度肯定。

1986年12月26日,胡平视察安溪,27日从祥华乡返回时,又视察了安星藤器公司在长坑乡青苑村开设的竹藤加工点、尚卿科名竹藤加工点和尚卿竹编厂、虎邱竹藤加工点。28日,在安溪县干部招待所3楼会议室召开扶贫工作会,充分肯定安星的扶贫做法。29日上午,胡平又专门视察安星藤器公司,与曾星如座谈,当场为安星挥毫题诗:"千藤万根应时兴,喜看安溪遍地珍;艺传四海星满天,齐迎陶朱入凤城。"胡平赞誉安星办得很成功,连用"五个好"来肯定:一是经济效益好,二是社会效益好,三是出口创汇好,四是公私合作好,五是有关部门互相配合好。胡平还称赞安星是爱国爱乡的感情结晶,是改革开放中涌现出来的一件"艺术精品"。当天中午,胡平又到安溪文庙出席安星藤器公司开业两周年庆祝活动。

谷牧、田纪云等国家领导人也先后到安星视察,关心鼓励安星的发展壮大。习近平在担任福建省省长时,也莅临安星,对安星公司带动贫困地区脱贫发展的成效给予充分赞许。

六、安溪工艺业的"黄埔军校"

安星藤器公司培育了大量技术人才,他们如同春天的种子播撒在安溪大地,在改革开放的春风里不断繁衍,生根发芽、开花结果,将安溪工艺业做大做强。而陈清河也因此被誉为安溪藤铁工艺业的宗师。

20世纪90年代,大批从安星成长的技术骨干和经营骨干走出安星,办起了藤铁加工点、加工厂，数年后，小苗长成大树，大树汇成森林。安溪永发工艺品有限公司及英发家具装饰有限公司董事长陈明辉、富华工艺董事长叶文土、泉州恒发工艺品董事长黄庆发、恒兴集团董事长吴智贤、集发工艺品董事长黄春火等一批骨干企业的老总，如今都是安溪工艺业的领军人物，推动了安溪工艺业的繁荣发展。从零到一个产业；一家安星，裂变为满天繁星，可以说，安星是安溪工艺业的"黄埔军校"。

1994年，从安星藤器公司"学成"的陈明辉，自立门户创办安溪永发工艺品有限公司，仅仅4年间便成为安溪藤铁工艺行业的龙头企业。企业工艺水平达到世界同行业先进水准，获得"福建省先进乡镇企业""全国外商投资产品出口企业""全国外商投资双优企业"等荣誉。1999年，再次发力的陈明辉，创建安溪英发家具装饰有限公司，主要生产藤、铁、竹、木等系列工艺产品和家具装饰及花园用品，其中又以花园装饰铁件产品最为突出。经过多年探索，如今，英发已成为安溪家居工艺品行业中的领先者。发展自己企业的同时，陈明辉还担任安溪县工艺品同业公会（安溪县家居工艺商会前身）会长，带领行业同人合力将安溪工艺品业推向一个新的高度。

在老家尚卿开办竹藤工艺厂前，叶文土在尚卿竹编厂、安星藤器厂从业10多年。1994年，叶文土与港商合作创办福建安溪富华工艺品有限公司，成为安溪当时拥有自营出口权的第三家企业。三年后，他又置地建厂，赴高校招聘人才，建专业团队。如今，企业投入使用标准化厂房，成立高效专业的研发设计团队，聘请顾问及海外设计师，年产值迅速增长达1亿多元，年利税2000多万元，员工人数达1000多人，并完成对公司外资股份的收购。多年来，富华致力于铁艺的研发和设计，铁件产品是一大特色，产品也从花园工艺品延伸至室内家居。因为重研发与创新，富华每年推出多达四五千款新产品。

黄连福出生于尚卿，因为父亲黄春生的缘故，从小喜欢藤铁工艺，20多岁时就创办聚丰工艺，产品销往日本、澳大利亚和欧美、中东等国家和地区。2005年起，黄连福发现，国内市场购买力越来越强，有可能成为企业未来发展的突破口。基于扎实的市场调查，几年时间，聚丰在国内大城市开店60多家。2008年开始，企业针对国内市场聘请新设计师，成立专门的国内营销团队，将聚丰定位为家居工艺品企业，提倡"将艺术回归生活"，走更为专业的品牌内销线路。几年来，聚丰获得省版权重点企业、"福建省文化出口重点企业"等荣誉，黄连福也因此获评"福建省工艺美术名人"，成为安溪县家居工艺商会新一代"掌门人"。

一根小藤条，造福安溪人。安星公司由竹编创新成竹藤编，并发明了藤铁工艺新艺种，形成安溪工艺品大产业。到2020年底，安溪县拥有家居工艺企业2249家、加工点3000多个，产品有现代家居饰品、公园花园用品、茶文化工艺品、LED应用工艺品和实木工艺家具五大系列。安溪县120多万人口中有15万人直接从事藤铁工艺业，全行业产值达200亿元，产品远销美国和欧盟、东南亚等60多个国家和地区，占海外同类产品市场的半壁江山，成为"海丝"文化的亮丽元素。

第二节　一条短裤打天下

一、合力创业

1985年6月9日，凤华公司签订合资协议，这是改革开放之初安溪县第二家合资企业。当天，公司章程同时制订，向上申报兴办报告。3个月公司批复后，经过租厂房、进设备、购物料，当年9月15日，35名员工在向县外贸公司租借的简陋仓房中，开始了第一批出口服装的制作。

凤华公司开业时注册资本是108万元，由两个股东出资：安溪县对外加工装配公司，占股份45%；香港新兴服装批发公司，占股份55%。参与合资的香港新兴服装批发公司董事长张恒山，当时兼任凤华公司副董事长、总经理，1999年后任董事长。凤华公司的产品百分之百出口，主要由香港公司负责接单销往欧美各国。

参与合资的安溪县对外加工装配公司，是安溪三个内联单位的代表。

其一是安溪县对外加工装配公司，为安溪县对外经济贸易委员会下属单位，是安溪县政府当年为便于招商引资和代办进出口业务而创立的一个服务性公司。当年跑泉州、上福州，迅速办理营业证照，都是这家公司。双方议定的凤华公司董事长谢文坪，是县外经贸委副主任、对外加工装配公司经理。该公司在内联单位的股份中占 30% 的比例。

其二是安溪县对外贸易公司，总经理高金堆，开始任凤华公司董事，1985 年 11 月起任凤华公司副董事长、董事长 10 多年。该公司是凤华公司合资方，它在内联单位股份中占 30% 的比例。

其三是服装皮件公司，实际是叶秀元、张丽美、洪丽珍、林银生、刘宝庆、叶晓晖、陈清江、温小平、温淑惠等人联合组成的社会集资型企业。它在内联单位股份中占 40% 的比例。叶秀元任凤华公司董事、副总经理，是公司运作的现场负责人。

产品销路是企业存活的关键。在香港新兴服装批发公司全力接洽外单的同时，叶秀元等人在 1985 年 6 月底项目获批后，凤华公司正式投产前，即带上样品，赶赴厦门参加第一届富山国际展览城的展销会，获得了一批客户的订单，使凤华实现了开门红。

投产后，凤华公司主要以各式精美的运动短裤打入市场，所产各类运动服装 100 余种 500 多款，款式新颖，色泽鲜艳，独具一格。由于物美价廉，当时这类专业厂家又少，欧美客户纷至沓来。凤华声名鹊起，成为福建第一家打入西欧市场的运动服装企业，被誉为福建省的"运动短裤大王"，是福建服装行业的创汇大户，省政府确认的首批产品出口型企业。1986 年实现产值 581 万元，创汇 157 万美元，获利 120 万元，开工一年即收回全部投资。为更便于沟通信息、了解市场，凤华公司于开工第二年即花费近 20 万元，从当时安溪邮电局仅有的两条泉州专线中，商租一条专线，用来提高通信效率。

二、独资建厂房

股东各方精诚合作，是凤华公司步步向前和平稳发展的基本保证。根据国务院国发〔1986〕25号文件中"国家限制个体户、个人与外商举办合资、合作经营企业"的规定，服装皮件公司系个人集资股，只好办理退股。各合资股东迅速于1986年5月24日再次形成决议：增加中国纺织品进出口公司福建省分公司为股东。各方的出资比例调整如下：香港新兴服装批发公司（1987年11月起更名为香港聚恒兴制衣厂有限公司）占股份55%（不变），安溪县对外加工装配公司占股份22.5%，安溪县对外贸易公司占股份14.1%，中国纺织品进出口公司福建省分公司（1989年9月更名为福建省服装进出口有限公司，1999年12月又更名为福建天成集团服装进出口有限公司），占股份8.4%。上述股东组成和出资比例从此确定下来，合作20多年来一直保持稳定。

随着规模的扩大，原租用县外贸公司的仓房已不能满足生产的需要。1986年9月，凤华公司又向毗邻县外贸公司的城厢建筑公司租用木工车间作厂房。为利于长远发展，1986年5月，公司董事会开始商讨自建厂房。当年7月8日，股东各方正式签订同意投资建房的协议。当年11月，项目获县计委批复动工后，投资300多万元，在县文庙前方东南侧靠西溪边的荒滩、菜地上，兴建起厂房大楼两幢近6000平方米、宿舍楼两幢2000多平方米，及厂门和仓库等，成了安溪县三资企业中独资建厂房的第一家。

三、发展与裂变

1987年11月，凤华公司搬入新建的厂房生产，员工从上年的550人增加到1100多人，年出口销售额从上年的581万元增加到2100万元，创汇555万美元，赢利300多万元。此后经过两三年的发展，厂房又不够用了。1990年8月，经股东商定，于1991年投资500多万元，新建厂房两幢9000多平方米，并加建仓库一幢，及锅炉房和人行天桥等。这批建筑物于1992年底建成，次年全部投入使用，员工增加到2500多人，年出口销售额1亿元，利润总额也不断增长。

为适应生产经营发展对资金增长的需求，各合资股东密切关注，积极配合，三次增加注册资本：1987年11月，从108万元增加到238万元；1990年11月，从238万元增加到700万元；1994年5月，从700万元增加到1200万元。加上向各银行和其他金融单位贷款融资，以及自身的资金积累，凤华公司的资金实力不断增强，各项设施也不断改善。车工从当初的自带脚踏针车到全部专业衣车电动化，物品从手提肩扛到电梯、车载通全厂，并配备自运车队、电脑机绣、锅炉供热、洗水整烫和电脑化的出版、排图以及各项后勤管理，初步形成了现代化的生产经营模式。

为减少进料耗用外汇，也为降低成本，凤华公司所用原辅料及设备的国产化率不断提高。此种采购经营模式，在安溪县及周边县市也带动了印花、机绣、纸箱、织带、橡筋、印唛等上下游产业链的发展。

安溪县后来建成的服装厂家60多个，其中70%以上的老板是在凤华工作过的技术工人和管理骨干。凤华的发展、裂变，对安溪鞋帽服装产业的示范带动，是另一个"版本"的安星。

在20世纪90年代前后，凤华公司曾多年被评列全国最大500家三资工业企业之一，全省八大创汇大户之一，全省全市出口运动服装最具规模的生产厂家和龙头企业之一。

2007年，凤华公司股权改制变更为香港聚恒兴制衣厂有限公司独资制衣企业，现注册资本人民币8000万元。员工700人，安溪本地员工占99%。产品100%外销，年出口额1000万美元，曾多次荣获全国、省、市、县"出口创汇先进企业""纳税大户"等荣誉称号。

第三节 "三资"绽放

一、起步于来料加工

虽然安溪是全省最大的国定贫困县,但开放的县门一旦打开,就再也无法,也不能关上。

安溪对外开放、对外贸易的历史,曾经有过辉煌的记载。宋元时期,安溪对外贸易从泉州港出发,这里生产的铁器、瓷器和茶叶已经是国际市场畅销商品。与安溪建立贸易关系的有日本、朝鲜半岛诸国、暹罗、三佛齐、交趾(越南)、佛罗安(马来西亚)等58个国家和地区。明代,因为朝廷实施海禁,对外贸易略有逊色。虽然如此,民间私商仍活跃在海上,而且向内陆山区纵深发展。泉州舟楫直通安溪湖头,以湖头为货物外运集散地。烟叶也在万历年间自海外引种县内。清代,对外贸易恢复发展,东南亚各国商人到泉州、厦门进行贩运,转销外国。

清初,僧人阮旻锡在其《安溪茶歌》中云:"西洋番舶岁来买,王钱不论凭官牙。"说的是安溪茶叶外销的情景。清同治十年(1871),有侨商筹资20多万法郎创办安溪官林公司农具制造厂;清宣统元年(1909),美英烟草公司在厦门的分公司派人到安溪设立代理经销行,推销纸烟。小麦、棉纱、药材、化肥、肥皂、火柴等洋货,开始涌入安溪,对安溪人的生产生活产生重大影响。

民国时期,军阀混战,民不聊生,对外贸易时断时续。抗战时期,对外贸易中断。抗战结束,海运恢复,对外贸易再度兴起,华侨回乡投资办企业13家。

新中国成立后福建只开辟福州、厦门两个对外贸易口岸,安溪仅提供出口货源和经营管理。"文革"十年,出口商品被当作"封、资、修"加以批判,外贸收购几乎停滞。

1977年以后,安溪成立对外贸易局和对外贸易公司,对外贸易进入恢复发展时期。1981年，成立安溪县进出口办公室和安溪县侨乡建设办公室。1982年，外经贸部把安溪列入茶叶出口基地县。1985年1月，安溪被中央列入闽南厦漳泉三角地区沿海开发区，对外贸易艰难起步。其经营方式是：为国家专营公司收购和调拨货源，收取经营管理费；外商投资企业自营出口；通过外省外地进出口公司和外贸公司代理出口。这三种经营方式是安溪为国家创汇的主要途径。其中，来料加工创汇、自营出口创汇是特色。

安溪对外贸易发展，起步于对外来料加工。1980年11月广州秋交会上，县委书记朱江水、县长张玖龙亲自与香港新光国货有限公司董事长林金辉洽谈在安溪开展加工装配业务，并以安侨第一制衣厂（1988年更名为新新服装厂）与其签订来料加工牛仔裤、睡衣、灯芯绒女上衣2.13万打，工缴费90万港元的合同。同时由香港同胞及海外华侨无偿提供服装机械135台。该厂从1980年至1990年先后同香港11家客商签订合同81项，工缴费总收入136.29万港元。

1981年，县社队企业局建立对外来料加工公司，总厂建于县城，同时在后坂、魁斗、金谷、蓬莱、湖头、官桥、龙门、虎邱、凤城等地设立9个服装加工厂，利用各地闲置房屋组织贫困家庭劳动力发展来料加工生产，共与香港5家客商签订合同11项，收取工缴费85.84万港元。

1981年至1990年，县进出口办配合安侨第一制衣厂、社队企业局加工公司等县内40多家对外加工厂家，与港商签订来料加工合同179项，组织近2000名制衣车工投入生产，实际收入工缴费281.19万港元。加工各类服装、雨伞、毛织衣、拉链、PU革包袋等，产品由香港转口销往欧洲、北美、中东等20多个国家和地区。

自营出口创汇是指中外合资、中外合作和外商独资（"三资"）企业所生产的产品，自行销售海外获取外汇。安溪自1984年开始引进外资创办企业，至1990年共兴办外商投资企业42家，投资总额5581万元。

二、扶贫之星

1985—1990年，全县"三资"企业总产值3.45亿元，出口商品7689万美元，实现利税2479万元，解决万人劳动就业，发放工资6153万元，在安溪脱贫致富的历史征程中功不可没。其中，安星、凤华无疑是两颗最耀眼的扶贫之星。

作为劳动密集型企业，安星实现了与所在地家庭手工业的结合。一方面，公司生产需要采购当地大量的竹子和山藤等原材料，以此增加农民收入。另一方面，公司从1986年起，先后在全县15个乡镇设立70多个加工点，其中有65%以上设立在省定的10个重点贫困乡镇，最远的加工点距离县城70多千米。这些加工点，有的还办了分点，形成遍布贫困乡村各个角落的加工网络，村民可就近加工，或者把原料领回家加工，一些残疾劳动力，也可在家编织领工资。尚卿乡中山村全村445户，贫困户占60%，通过加工藤艺制品，到1988年，该村除14户因家庭病灾未能脱贫外，其余全部实现脱贫，有些家庭还成为"万元户"。

为了加大扶贫力度，安星公司负责原料和产品的免费运输，每年下拨无息贷款130多万元，作为各加工点启动资金或周转资金，还派出技术员进行指导。多方位的帮扶，让更多的贫困家庭增加造血能力。尚卿乡的贫困户陈圣战，一家有12口人，子女多又就业无门，负债8000多元。在安星的帮助下，一家人通过加工藤绳，三年时间就还清了债务，并盖起了新房。

安星公司最高峰时需要1万多名工人，平常也要4000多名。在20世纪80年代，一个月数十元的工资，可以解决一家人的温饱。安星员工回忆，当年安星工人平均年收入1100元，而政府公务员的月工资也才20~30元。优秀的技术工人，一年的奖金最高可达5000元。产品设计创新组成员的一年奖金，都在1000元以上。当时就有这样一句话：一人进安星，全家就脱贫。安星的女职工，成为当时公务员和教师追求的对象。安星10年发展中，带动全县各乡镇藤铁加工点遍地开花，解决了5万人就业，帮助5000多贫困户脱贫。

凤华公司也是一家出口创汇多、安排就业人员多的合资企业。最高峰时，有工人近3000人，这些工人是所在家庭脱贫致富的保证。凤华的服装女工与安星女职工一样，也是当时安溪城乡未婚男士择偶的重点对象。

除了安星、凤华之外，曾经在安溪大地上璀璨若花的众多"三资"企业、各种来料加工厂，在安溪脱贫致富的道路上也是功勋满满，在茶乡史册上写下动人的篇章。这些企业有的后来转型，有的因投资调整退出了市场，但它们永远值得世人铭记。

国家有公派留学，安溪曾经也有公派劳务，承担技术培训的是凤华制衣公司和安侨制衣厂。当然，大部分受聘工人亦来自这两家企业。安溪公派劳务由省市劳务公司对外签约，直接分配下达劳务指标，1986—1990年公派劳务输出745名，续派225名，合计970人，居泉州市各县区之首。这些原在凤华、安侨工作的安溪男女青年，经培训合格后，受聘于新加坡、美国、日本、澳大利亚等国家和香港、澳门、台湾等地区数十家公司，他们吃苦耐劳，辛勤打拼，不仅使自己的家庭迅速脱贫，有的劳务期满回乡后，还将辛苦打拼积累的资金用来自主创业，开办工厂，如前文所叙的高雪冬。

在国家与福建省外经贸部门召开的三资企业会议上，安星、凤华这两家企业，数次受邀介绍经验，也多次得到表彰。1986年，省政府批准这两家企业为省首批享受特优待遇的三资企业；1989年，两家企业一同被授予"全国出口创汇先进企业"称号。

第六章 乡亲归来

第一节 侨台大县

安溪隶属于泉州，安溪人之祖先，乃于西晋时代，避永嘉之乱，自中原迁居而来，至今已有1700多年。唐、五代时期，又有大量中原流民为避战乱，移居安溪。宋代以后，福建山区可耕地有限，沿海地区土地所负荷的人口压力趋于极限。宋代安溪县令陈宓称安溪"僻远而民贫"。因此，明清时期，北方汉民迁居入闽的数量比起前代有所下降。与之相反，明清是福建，特别是闽南向外移民的重要时期，安溪也不例外。清乾隆《安溪县志》中有"邑之业农者困矣"的记载，因此，安溪人背井离乡者多。元初因水旱灾及瘟疫，安溪迁出人口达数千人。明代起，安溪各族姓氏开始移居海外，渡海峡迁移至台湾者尤甚。

《台湾通志》载："（安溪龙门榜头）白氏入台，始自明末。"《安溪县志》载："明万历年间，龙门榜头后裔孙白圭，移住台湾旗后（今高雄）盖寮捕鱼。"台北三大寺庙之一的三峡清水祖师庙，便是清乾隆三十四年（1769）安溪人为奉祀清水祖师而建，其庙宇雕饰繁复而细腻，被公认为台湾艺术之宫，至今台湾已有清水祖师庙1000多座。安溪移民在台湾大量沿用安溪本土的地名，如"安溪村""安溪里""安溪寮"，并传承着祖籍地的地方方言、民间信仰、风俗习惯、戏曲艺术等。台北安溪同乡会资料显示，至2015年，安溪籍在台人数约为278万，占台湾人口的11.8%。

安溪人迁移到南洋各地，亦有200多年历史。至2007年，安溪侨居新加坡（23.85万人，占安溪侨胞总数的24%）、印度尼西亚（30.07万人，占30%）、马来西亚（28.01万人，占28%）、泰国等东南亚地区的侨民，有100

多万人。还有一部分安溪人移居国内各地，主要为江西上饶、浙江平阳、温州、福建厦门、尤溪、福安、福鼎及武夷山等地。

这些各个时期外迁海外、国内各地的安溪人，在当地繁衍人数累计达400多万，已超过安溪本土120万人数。安溪人在世界各地落地生根、开基繁衍、艰苦创业，在无数领域创造奇迹，涌现出了一大批工商巨子、政界精英、名门望族和社团领袖，为当地发展作出了卓越贡献。他们沿袭祖地安溪的组织形式，以同一宗姓人口聚族而居的方式，进一步发展而成制度化的宗族组织，成为海外华人社会最基本的社区群体。

1880年，"水客"（指从海外返乡给同乡传递信件、钱物的人）郭有品在福建漳州设立"天一批郊"（天一信局前身），寓意"天下一家"，专营侨批业务。天一信局堪称中国邮政史上第一家民间国际邮局。在天一信局，安溪籍旅缅华侨吴宗海1910年的家信汇记本中，记录了他每次往家乡寄出侨批的时间和金额。他先后寄回家信137封，汇回银圆5000多块。这些银圆除了用于改善亲人的生活条件外，还捐助村里创办学堂，招收村中贫苦农家子弟入学读书。

安溪虽然侨台资源很多，但是历史遗留问题也很多，比如华侨私房。华侨在老家成分是很高的，好多是工商业者，很多被评为地主。土改时期，很多华侨老家的房子都被没收，财产被重新分配。此外，有的亲人被枪毙或判刑。因此，不少华侨对我们的政府有成见，面对国定贫困县这种情况，如何做通海外华侨华人的工作，让他们愿意帮助家乡脱贫，就是一项艰巨的任务。

第二节　情暖侨心

改革开放也是中国华侨关系改善发展的分水岭。

1982年，福建省人民政府下达〔82〕综569号文件《关于华侨私房若干政策规定》，安溪县于同年底成立落实华侨私房政策领导小组，下设办公室，开展落实华侨私房政策工作。1984年，中共中央办公厅和国务院办公厅、福建省人民政府又先后下达有关落实华侨私房政策的文件。根据中央及省的有关政策规定，安溪从1984年起，在全县范围内全面开展落实华侨私房政策工作，将土地改革及历次政治运动中错征没收的华侨私房退还给侨户。

安溪在清退侨房时，重调查研究，重协商沟通，为此做了大量工作。有的侨眷房屋产权依据不足，承办人员不仅向知情者调查，还到档案馆查阅土地证和税契，保证依据可靠。在清退侨房时，最大的问题是侨户与分得户之间的纠纷。对此，往往由村委会出面解决，帮分得户建新房，使双方满意。

在集体化年代，包括华侨在内的几乎所有人的祖坟都被推平，改造成农田，实行土地承包制后，又被分田到户。小块土地的祖屋和祖坟比较容易退还原有者，但对于大块耕地，原来的土地所有者很难获得集体化之前曾经拥有的土地。为鼓励海外华人回乡创业，安溪采取了灵活的解决办法，往往是划拨一块土地，让他们重修祖坟。这种灵活的解决办法得到了侨亲的认可。

1985年9月6日，国务院侨务办公室第20期《侨务简报》以"完备手续，认真查核，妥善清退——福建安溪县清退侨房的做法"为题，向全国通报推广安溪县清退侨房的经验。1986年1月14日，《华声报》以头版头条的新闻报道安溪县清退侨房的经验。至1990年，全县共处理退还华侨私房444户，3814间，面积113323平方米。

从1982年起，县政府对20世纪60年代初期被精减下放的归侨和侨眷落实政策，安排工作。至1990年，全县共有217人得到落实，其中归侨75人，侨眷142人。全县被下放的归侨家属60人，均恢复为城镇户口。

1986年，安溪县人民法院对1949年以来受过刑事处理的归侨、侨眷进行复查，分别对 76 人作出改判无罪、减刑、免予刑事处分等处理。

落实侨务政策在海外震动很大，县政府收到国内归侨、侨眷、台胞和海外侨胞的许多感谢信。不少台胞、侨胞获悉其在家乡被错没收的房子退还后，特地回到阔别多年的家乡探亲。有的十分感动，还捐资兴办公益事业。

然而改革开放初期，安溪在物质和精神上还比较落后，有的地方存在着村民向回乡亲戚索要钱物的现象。有的公益捐款，也被老家亲戚占用。这造成了侨亲与老家亲戚之间的紧张关系，一些年轻一代的侨亲由于关系较为疏远，对老家带有成见，甚至产生了厌恶之感，不愿回乡探亲。

李天乙就任县委书记后，非常重视侨务工作，仔细了解一些华侨情况。如钟铭选家族，钟铭选父母的骨灰"文革"时期被村庄的红卫兵拿出来撒到田野去；又如没收李尚大李陆大兄弟的祖屋，作为湖头镇政府的办公楼，批斗李氏母亲；等等。

对于几位大侨领，李天乙都亲自做工作。1989 年 9 月，李天乙带队去香港拜访钟铭选家族成员。虽然历史的错误并非李天乙造成的，但他依然真诚地向钟家道歉，并宣传了侨务政策，宣传了改革开放的政策。钟家提出，曾经向侨务部门反映祖屋门口的风水——半月池（半亩地），曾经用于放水养鱼，寓意为有财气，"文革"期间，半月池被填土种水稻，钟家人希望政府把池里的土挖掉，重新蓄水。李天乙回到安溪后，立刻要求镇村将钟家祖屋恢复原状，把半月池清理干净。

钟铭选家族在海外安溪人中深有影响，此事有个圆满解决的结果，海外的华侨都知道了。华侨虽然在不同国度不同地区，但他们都是生意伙伴，做好钟铭选家族的工作，对原来很难攻破的华侨工作产生很大的震动。后来，许多华侨在几大侨领的带领下纷纷回乡。1989 年之前，华侨捐赠总款不是太多，但李天乙香港之行无疑是"破冰之旅"，为之后打下了良好的基础。

在李天乙的倡议下，县政府还加强对捐赠资金的管理，根据国务院的有关规定和《福建省华侨捐赠兴办公益事业管理条例》成立了专门的领导小组，坚持捐赠者自愿，尊重捐赠者的意愿，严格监督管理捐赠资金的使用，确保捐资工程按时按质按量完成。

改革开放的政策是相同的，但不同地区执行的方式、效果不同，侨亲的感受也不一样。很多华侨捐资，实际上是一种心愿，如果他们花钱不甘愿，就会失去信心，一传出去，影响就很大。华侨工作早期要破除成见，大家都互相认可之后，就要建立信任感。对所有侨建工作，县里是盯得很紧，抓得很紧。基层对华侨捐赠工程也都很认真，保证不出现问题。到1998年9月前，县委县政府大院里就只有机要局装了空调，那是为了保护机要档案。当时县委书记陈昭扬为发动捐资去厦门，住在万寿宾馆，对宾馆的人说："你这个老乡的宾馆，住宿费就不能少赚点？"出差去福州，就住农科院的招待所，一个晚上25元；去北京就住武警的招待所，冬天没有暖气，一个晚上50元。许多年后，陈昭扬回忆说："你整天叫别人给你捐赠，你自己去豪华之旅，谁会信任你呢？他捐了100万元的项目，要让他看到有200万元的效果。起码要物有超值，有些不够的县里贴一点。整个工程建设要管得好，让他一定觉得这钱花得值！"

第三节 玉燕返巢

一、钟铭选家族

创建新加坡最早地产商行

钟铭选出生于安溪县新溪里积德乡盐坛村（今安溪县官桥镇善坛村），幼年家庭生活并不富裕，父亲钟志柑在钟铭选很小时候就去世了。钟铭选在家乡读过私塾，1921年往新加坡打拼事业，四年后回国，与堂亲钟清风在厦门开设振华银楼，经营首饰，生意兴隆。事业首获发展后，钟铭选决定扩大经营，令长子钟江海、次子钟明辉，分别前往上海、香港开设钱庄，经营金融业务。抗日战争爆发后，厦门沦陷，钟铭选回善坛故里避居。

抗战胜利后，钟铭选重回厦门开设钱庄，恢复上海、香港的分支机构，并经营侨批、典当等行业。他经营有方，事业不断发展，财力逐渐雄厚，遂成为安溪的一名巨商。1948年，国内政局动荡，钟铭选即确定以新加坡和香港为商业据点，在两地继续发展金融业及其他业务，先后创立了维东、维华、益大、鸿福、凯联、溢元、天德、侨益等公司。在新加坡，钟铭选涉足建筑、房地产、股票、旅游等行业。在香港，钟铭选则以经营房地产和建筑业为主，以金融业为辅，成为香港及新加坡实力雄厚的家族地产商财团。

新加坡许多高层建筑物、私人住宅区、公租房，都是在安溪人手中建立起来的。钟铭选经营的侨益行，则是新加坡最早从事地产发展业的商行之一，其建成地产有：凯联大厦、凯悦酒店、美丽园、武吉知马的永康花园、巴德申的金陵花园和里峇峇利路的太平洋大厦等。20世纪70年代，新加坡有36家经营金融的企业，属安溪人经营的有4家，钟铭选经营的侨益金融有限公司是其中之一。它与另一安溪人经营的同美金融有限公司，同是老字号的信贷组织，对新加坡工商业界的资金帮助贡献很大。

钟铭选具有深厚的桑梓情怀，抗战爆发后他避居安溪祖宅，看到乡亲们生活困难，即出资购买大量粮食济困。三年困难时期（1959—1961），钟铭选从海外进口一批大米、面粉和食油，捐赠给家乡亲人，帮助乡亲渡过难关。村民回忆，当时每人分到手有一斤白砂糖、一斤椰子油，孕妇还可多分得一斤麻油助产，这在凭票供应的困难时期，真是一笔"巨额馈赠"。此外，钟铭选还出资捐建家乡的桥梁、公路、小学和祖祠，助建官桥赤岭芦汀大桥、戏院和侨联会所等。1927年，钟铭选参与由旅厦安溪公会发起创办的"安溪县民办汽车路股份有限公司"，踊跃认股投资，任首届董事，公司成立后，开辟全县第一条公路安同公路（安溪至同安）。1935年春，钟铭选与印尼华侨陈丙丁等人捐资，合献大米550担，并从海外寄回药品创办泉州地区最早的侨办依新公立医院，钟铭选任首届董事长。1985年，钟铭选在香港病逝，享年93岁。

三年捐了三个千万元大项目

钟铭选一生有三位妻子，育有"一斤儿子（16个）""一打女儿（12个）"，这些儿女大多继承父业从商，儿子钟江海、钟明辉、钟正文、钟琼林、钟辉煌、钟炯辉、钟燊南等，在香港、新加坡等地经营房地产业。

1990年，当李天乙书记带上恢复了钟氏祖屋的照片，再次赴香港拜访钟家时，钟铭选长子钟江海深受感动，主动询问家乡有何需求。李天乙摊开了带去的安溪县城图纸，介绍县城建设的情况，说随着县城的扩建，县城孩子上学难，只有一所安溪一中，难以满足百姓的需求，需要新建一所完全中学。钟江海当场表态，作为大房的长子，愿出面与兄弟沟通，商定由三房共同分摊建设费用，如果另两房没有意愿，自己一力承担。

第二天，钟江海答复，钟氏三房都愿意出资，捐1000万港元，在安溪北石兴建"钟铭选纪念中学"（即铭选中学）。钟江海，钟明辉和香港天德集团的钟辉煌、钟琼林、钟炯辉、钟燊南三房各出1/3，并承诺安溪县政府以后有什么事可直接找钟江海。安溪根据项目进度打来电报，钟氏家族不出三天就汇出款项。

回安溪后，李天乙亲自担任钟铭选纪念中学筹建委员会主任，成立筹建指挥部，由县人大常委会副主任陈泗平担任指挥部总指挥。筹委会马上组织征地、施工，工程队严格挑选实力较强、实绩较突出的，或曾被评为省、市、县先进单位的建筑公司。

1990年10月开工。一年后，学校建成，县政府请钟氏家族回乡剪彩。钟氏家族回到安溪，看到新建成的学校，既吃惊又高兴："我们是搞房地产出身的，没想到这么快就把学校建成。"

铭选中学建成后，1991年8月招收初中8个班400多人，高中4个班200多人，大大缓解城区及部分乡镇小学、初中毕业生升学难的问题。首任校长殷炳雄严谨治校，学校迅速走上正轨，办出成绩来，赢得教育主管部门和社会各界的赞誉。办学初期，时任全国政协副主席张克辉、福建省委书记陈光毅、福建省长贾庆林、泉州市长何立峰等各级领导先后莅校视察，对钟氏家族的义举给予高度赞许，对学校取得的办学效益给予充分肯定。

1990年，钟氏家族捐建铭选医院。

1991年，钟氏家族捐建铭选大桥。

1989年、1990年、1991年，三年三个千万元的大项目。钟氏昆仲继承父亲钟铭选回馈桑梓的传统，一次次地捐赠巨资在家乡兴办公益事业。此外，他们还全资捐建厦大钟铭选楼，助建龙门隧道，重建善坛小学，拓宽改造善坛公路，升级官桥医院等。

二、李尚大、李陆大兄弟

为18万户印侨取得国籍

李尚大、李陆大兄弟，祖籍安溪湖头镇，是东南亚著名华人企业家。

李尚大是印尼侨领，为维护印尼华人的权益作出了重大贡献。自1959年印尼政府颁布排华的第10号法令至1965年"九三〇"事件，印尼发生多次排华事件，一大批已放弃印尼国籍而没有返归祖国的华侨，被印尼当局在巨港、占碑、锡江、西爪当格朗、棉兰等地圈地为牢，无法求学、就业，各方面遇到许多困难。1992年起，李尚大多方交涉，并与当地华人社会精英发起成立普莱斯蒂亚·穆理亚基金会（YPM），耗费许多心血和财力，历时五年，终于使 18 万多户的印尼华侨在 1996 年重新恢复印尼国籍。普莱斯蒂亚·穆理亚基金会在雅加达创办的普莱斯蒂亚·穆理亚商学院（IYPM），是印尼的财经高等学府之翘楚，破例不设入学限额让各地华裔子女就学。时任福建省委书记贾庆林获悉后，致信赞扬道："尚大先生能拯救 30 多万华侨，难能可贵，功德无量。"

1989 年，李尚大领衔组织印尼自"九三〇"事件以来的首个华人社团，取名"安溪福利基金会"，任该会多届主席，同时出任新加坡安溪会馆名誉主席。

1998 年，印尼社会政局变化，李尚大遂令次子龙羽和傅志宽等组成印尼国籍协会（IKI），推动修改荷兰殖民统治时期印尼的《国籍法》，使印尼新的《国籍法》（U·U·2006 年 12 号法令）和《撤除种族歧视法》（U·U·2008 年 40 号法令）获得国会通过，并先后于 2006 年 8 月 1 日和 2008 年 10 月 28 日予以颁布施行，为印尼华人和其他少数族群争取了国民基本权利和法律保障。

为家乡发展奔走呼吁

李陆大曾就读于陈嘉庚创办的集美中学和厦门大学，后在集美财经学校工作。在"左"的年代里曾受到不公正处理，20 世纪 50 年代后期离开大陆。1986 年 3 月，经福建省省长胡平批示干预，厦门市有关单位为他平反，恢复了名誉。

与祖国恢复联系后，1985 年 12 月，李尚大回到数十年来未曾回来过的家乡。李氏兄弟感谢政府恢复其祖屋，为湖头镇政府重新建了办公楼。之后，李尚大、李陆大兄弟多次回乡，联合捐资修建慈山学校、慈山财经中专校舍、慈山农业学校、和声大桥……为贫困山区改变落后面貌打下坚实的基础。

为帮助家乡脱贫致富，李尚大发动乡亲们发展种植业，无偿提供种苗和技术指导，取得了成功。为使家乡早日摆脱贫困，李尚大数度亲笔写信给时任福建省委书记贾庆林、省长陈明义，请求将贯穿安溪县的省道 205 线（安溪龙门至湖头48千米）列入"先行工程"。省领导为李尚大先生赤诚的爱乡情怀所动，立即批转省交通厅等部门办理。此段工程建成后，不仅极大便利安溪的交通通行，加快脱贫致富的进程，而且使三明、龙岩及闽北地区到厦门的路程比原来缩短62千米，促进福建内陆地区的对外开放。

1987年起，李尚大为安溪茶业发展奔走呼吁。他亲撰一份20多页的《为我安溪人请命》的报告，利用各种机会向中央、省领导反映，呼吁将茶叶出口权下放给安溪；两次致函时任国务院副总理谷牧，恳切请求解决安溪茶叶出口权问题。经过李尚大等人的努力，外经贸部最终批准，安溪于1996年底拥有茶叶出口经营权，为安溪经济腾飞和茶农收入增长发挥了关键性的影响。

1990年起，李尚大把生意交给儿子李川羽、李龙羽打理，自己一年回国三四趟。李尚大捐资兴学并不局限在安溪本地，所捐项目虽然众多，却从不以自己的名字命名。

1991年2月，李尚大作为印尼安溪福利基金会主席，邀请安溪县领导去印尼、新加坡考察。李尚大、李陆大兄弟带领考察团（考察团成员为李天乙、陈长昭、陈泰山三人）参观了印尼最繁华的都市区，也参观了最贫困的地区。雅加达繁华的地方灯火辉煌，穷的地方衣不遮体，参观这些地方为的是让考察人员明白：当官的要体察民生穷苦，当官一任，要为百姓做事。

1994年11月，国家主席江泽民出席在印尼举行的亚太经济合作组织第三次领导人非正式会议，特地接见李尚大及其家人。李尚大还多次受到习近平等国家领导人接见，参加过中华人民共和国成立47周年庆典。他多次获福建省人民政府授予的"福建省捐赠公益事业突出贡献奖"金质奖章、奖匾、荣誉证书，并受到立碑表彰。

李陆大在香港、台湾及印尼、新加坡创办各种实业，在拥有经济实力后，他即慷慨出资兴办家乡公益事业。30多年来，李陆大在厦门、泉州等地修路建桥、盖教学楼、扩建医院，修缮历史文物古迹，捐资的总数已超过1亿元（有的报道说超过1.2亿元，有的报道说达到1.5亿元）。

李陆大不光慷慨大方，而且重情重义。他在世时，每年春节期间，都在老家安溪举办敬老宴会，开始请湖头镇的李氏中长者，后来逐步扩大范围，从 500 多人增加到 2000 多人。李陆大去世后，他的女儿李鸣羽延续父亲的爱心，继续举办敬老宴，至今不间断。

很多旅居海外的华侨华人，由于亲情和乡情的缘故，资助自己家乡办慈善公益事业比较慷慨，到遥远的地区捐资则不是太积极。而李陆大得知中国扶贫基金会会长项南希望他捐资帮助西部贫困地区的信息后，当即慷慨解囊，并派他的儿子李振羽专程赴北京，给中国扶贫基金会送去 100 万美元。100 万美元就是放在今天也是一个很大的数目。正因为如此，1994 年 7 月，著名书法家赵朴初特地为李陆大题词"扶贫济困功在千秋"。中国扶贫基金会将题词制成牌匾，由项南会长授给李陆大先生的儿子李振羽。

为表彰李陆大对中国扶贫事业的热心和贡献，中国扶贫基金会向中国科学院紫金山天文台郑重推荐，由天文台报请国际小行星中心批准，将该台 1980 年 11 月 13 日在金牛座首次发现的小行星（编号 3609），命名为"李陆大星"。2006 年 6 月，福建省委书记卢展工率福建省代表团到新加坡访问时，首先拜访了李陆大，代表 3500 多万福建人民，对李陆大为福建的公益事业作出的巨大贡献表示感谢。卢展工说，当代福建有两位乡贤在宇宙留名：一位是陈嘉庚先生，一位就是李陆大先生。这是一项崇高的国际性永久荣誉，是名扬宇宙、永垂史册的殊荣。

李尚大、李陆大兄弟经常带着儿孙们回国，让他们知道自己的根在中国，通过言传身教，将无私奉献的慈善精神传递给子女。在两人逝世后，他们的子女秉承父志，继续关心和支持祖籍国和家乡的各项公益事业发展。

三、"安溪陈嘉庚"施金城

倾资创办培文师范

施金城 1925 年生于安溪龙门镇山美村，4 岁时母亲去世，父亲带他到南洋，后来担心他长大忘了祖地忘了根，10 岁时把他带回家乡接受中国传统教育。施金城就读于陈嘉庚创办的集美中学初中57组，毕业后在集美航海学校学习了一年，1947年往海外谋生。他不是富商巨贾，在世界华人富豪榜上找不到他的名字，但他被陈嘉庚倾资兴学的爱国精神所感动，把省吃俭用的钱捐赠家乡兴学，为故园教育事业的发展呕心沥血。

1982年，施金城回到阔别35年的家乡探亲。看到村里的小学生还是在他几十年前就读的旧祠堂上课，祠堂已经破损不堪成为危房，他决心捐资为家乡小学兴建新校舍。

1984年，培文小学新校舍落成后，他进一步了解到家乡小学教师欠缺，便想创建师范学校培育师资力量。但兴建校舍需要150万元，这在当时并非小数目。施金城便采取分期汇款方式，创建培文师范学校。1990年11月，学校建成后举行校舍落成典礼，施金城回乡参加，把校产移交给政府。按理说，捐资可以到此为止，他却说："我在有生之年，将继续完善培文师范的建设。"

1995年，培文师范举行10周年的庆典活动，印尼同乡李尚大在庆典会上讲话："记得我第一次到施金城开设的公司拜访的时候，他的公司摆设很简单，大热天办公室也没有安装空调，只有一台旧的电风扇，为节省电费，没客人来风扇就不使用。我到他公司后，他才启动电风扇。电风扇一开，还发出嗒嗒的声响，可见电风扇实在是破旧了。他完全有能力把公司装饰得舒适一些，他为什么不这样做呢？是为了有足够的资金保证学校建设的需要。这种精神实在是难能可贵的。"

培文师范创办以来，已为安溪、永春、南安、晋江、石狮、惠安等8个县市区培养了3000多名合格的小学教师。培文师范已结出累累的硕果，但施金城不满足已有的成就。他说："我的目标不仅要办好培文师范，还要争取办好培文师专。"1999年2月，福建省政府侨务办公室告知施金城，拟对其捐资立碑。他回复说："除把培文师范按中师标准配套完成后，还要争取在有生之年完成大专工程，暂不谈立碑，待大专事成未迟。"

施金城倾资兴学的事迹，受到各级政府和领导的赞扬，福建省政府多次授予其捐资办学的金质奖章、"乐育英才"匾额及荣誉证书等。全国人大常委会副委员长王光英、卢嘉锡为此分别题词"育新秀谱华章""倾资办学，功在国家"。

捐资超 1 亿元

根据形势的发展，培文师范从 2001 年起不再招生，这意味着培文师范就要关闭了。施金城寝食难安，与有关方面商讨培文师范的出路。经过多方商讨，在 2001 年筹建培文工艺美术学校，但又因生源有限，2002 年，报经泉州市政府批复，由安溪培文工艺美术学校和泉州师范学院联合创办泉州师范学院附属培文实验高级中学，2002 年秋开始向以安溪为主的泉州各县市区招生。

培文实验高中创办后，施金城又捐资建造一幢科技大楼，为学校的发展创造有利条件。至 2007 年秋季，培文实验高级中学已培养出 3 届 997 名高中毕业生，这些高中毕业生 90% 以上被高等学校专科以上的专业录取。该校的艺术体育考生高考成绩突出，2010 年和 2011 年高考，艺术体育考生上本科线达到 114 人。考生陈茹萍被中央美术学院录取，成为安溪县第一位考上中央美术学院的学生。2011 年 8 月，榜头初中学校并入培文高中，使培文中学成为一所完全中学。

此后，施金城、梁丽馨伉俪为支持培文中学的发展，又捐赠巨资建设培文高中的新校舍，建成了一幢教学楼、一幢宿舍楼、一幢学生食堂，使培文中学建成的校舍总建筑面积达到 4 万多平方米。

四川汶川大地震后，国家住建部对国内建筑物抗震设计标准规范进行了修订，培文中学的大部分校舍必须重建。施金城表示不管有多困难，在他有生之年愿倾尽所有，配合完成培文中学的校安工程重建，并将再捐建培文中学教师公寓一幢、图书馆一座，使培文中学的建筑硬件达到省一级达标高中的标准。如今，施金城的这些愿望都实现了。

20 多年来，施金城、梁丽馨伉俪几乎年年回乡，除捐资兴建培文中学外，还捐资兴建安溪实验小学的"忠诚楼"，在县城龙湖捐建"丽馨幼儿园"。此外，还捐资助建官桥医院侨光大厦、门诊大楼和捐赠医疗设备。

进入新世纪，安溪县城区原有的四所公办实验幼儿园人数已经爆满，县政府决定兴建第五所公办实验幼儿园，以缓解县城学前幼儿入学难的问题。施金城获悉后，即决定捐资兴建培文霭华实验幼儿园，这是他捐资创建的第二所幼儿园，于 2011 年 12 月 30 日举行奠基仪式。

2004 年 3 月，福建省政府为施金城立碑。同年 10 月，安溪县政府授予他"捐赠安溪县公益事业重大贡献奖"奖匾。他捐建培文霭华实验幼儿园后，福建省政府又于 2012 年 9 月再一次为其立碑表彰，授予其捐办公益事业金质奖章和"惠泽桑梓"奖匾及荣誉证书。

施金城曾就读于陈嘉庚创办的集美学校，对教育事业倾注了深厚的感情。如同陈嘉庚先生一样倾其所有捐办教育，至 2020 年，施金城共创办了 6 所学校，捐资超 1 亿元。大家称赞他是"安溪的陈嘉庚"。

四、台胞陈沼涛

七十年寻亲

陈沼涛，1917 年出生于台北，祖籍安溪县祥华乡珍山村，台湾财团法人陈沼涛文教基金会董事长，台湾地区著名的社会活动家、慈善家。

在长辈的熏陶下，陈沼涛非常重视家庭的根源，根据先世口口相传和简略记载，他从小就知道自己的祖籍是福建省安溪县，但对故乡和宗亲的情况，却一无所知。1991 年，得知好友杜光润即将回福建省福清探亲，他马上委托杜光润辗转到安溪县寻根。当年 6 月，杜光润造访安溪对台机构，说明来意后，得到县台办的热情接待。台办的工作人员随即找来祥华珍山陈氏族谱，并邀集地方文史专家进行仔细比对，最终确定陈沼涛在祥华珍山的世系，其祖上陈氏曾是翰林世家。

杜光润返台后，将有关寻亲情况告诉陈沼涛，陈沼涛欣喜若狂。当年秋天，75 岁高龄的陈沼涛不顾年事已高，带领家人渡海到安溪谒祖。在副县长陈秋菊的陪同下，陈沼涛走访有关宗亲人士，陈氏宗亲拿来陈氏族谱给陈沼涛看。陈沼涛看了族谱，确知根在安溪，祖在安溪，马上表示想在安溪做点好事。当他得知安溪城区只有一所实验小学后，就表示愿意把此行预备的15万美元用来建一所小学。15万美元在当时是一笔很大的数目。陈秋菊和县人大常委会主任郑梦集及教育局有关领导，立即就去选址。陈沼涛对县政府选定的地方十分满意。

陈沼涛得知县政府仅用八个月的时间就把教学楼建起来，办事效率很高，遂于1992年8月24日第二次回乡。他带领基金会有关人员考察沼涛实小，同时决定再捐资建设沼涛实小综合大楼。

1994年1月18日，沼涛实小举行隆重的落成庆典仪式。陈沼涛亲率财团及家人一行17人，专程回乡参加庆典。落成典礼上，县委副书记陈海基代表县委、县政府讲话，盛赞陈沼涛捐资办学的义举。陈沼涛也在大会上发表热情洋溢的讲话，他说："不是我有钱，而是我有心。同根同源同血脉，隔山隔水不隔情，孩子们有书读是我毕生最大的心愿。"

带妻子的照片回乡

1994年10月，第二届世界安溪乡亲联谊大会在安溪召开。陈沼涛专程从台北回乡，参加沼涛中学的奠基仪式，并留下4万美元作为建校启动资金。1995年5月，沼涛中学初中教学楼、实验综合楼动工兴建。

继沼涛中学初中教学楼、实验综合楼投入使用后，陈沼涛又捐资建设沼涛中学高中教学楼、办公楼、学生宿舍、食堂餐厅和300米跑道的运动场，为学校添置各种实验仪器、电脑和打印机等。1997年11月16日，沼涛中学各项工程基本竣工，并隆重举行落成庆典。

陈沼涛在家乡选择文教事业作为捐赠对象，是有其深意的，因他认为一个地方培养人才最为关键。1995年，当陈沼涛的儿女陈世镇、陈世上、陈世锦和陈寿美、陈美华、陈丽美、陈美珠精心为父亲操办八十大寿庆贺活动时，陈沼涛反对子女们的做法，决定在家乡再捐建一个项目，说这是最好的庆贺。当他得知安溪县图书馆尚无独立馆舍时，就动员子女们捐建一座图书馆大楼。

1996年4月,沼涛图书馆主体大楼竣工。6月22日,总投资24万美元、总建筑面积3800平方米、可藏书50万册的图书大楼落成并投入使用。

1997年11月,陈沼涛回乡到沼涛图书馆察看时,看到馆内设置的"陈沼涛文教基金会赠书专柜"上摆放的《诺贝尔文学奖全集》《大英科技百科全书》《世界文明史》等图书时,非常兴奋。这些书都是精装本,每本重量以斤计,从台湾运到安溪,邮费与书价等值。为了节省邮费,陈沼涛煞费苦心,每次回乡时率同子孙每人携带一袋,漂洋过海"搬运"到沼涛图书馆。

2003年12月25日,沼涛中学举行建校十周年庆典活动,由于担心陈沼涛的身体,安溪方面事先未告诉他庆典事宜,仅邀请他的儿子陈世锦及其他董事参加庆典活动。当学校负责人在厦门机场接机时,坐着轮椅的陈沼涛突然出现在他们面前。之前,陈沼涛的女儿曾交代学校说,父亲陈沼涛年事已高,行动不方便,以后学校有什么事,千万别再邀请他回来,由儿女们处理。陈沼涛听到之后,说:"只要我还能走得动,即使还有一口气,我自己爬也要爬回来看看。"陈沼涛一生非常简朴,但他对家乡的捐资,累计超过1000万元,成为泉州市捐资较多的台胞之一。

安溪县原政协主席苏宇霖撰文回忆,自1991年至2003年,陈沼涛曾先后23次回到家乡安溪,每次回乡都有一项特别的举动,就是要带着自己已去世的妻子王品的相片回来。陈沼涛将他妻子的照片装在一个十分精致的相框里,随时装在袋子里,随时放在桌子上。2003年沼涛中学建校十周年时,陈沼涛就这样把他妻子的照片放在自己的座位前。陈沼涛曾说过,随身携带妻子的照片回来,就是要让她和我一起,能回到自己的故乡去看看。

2007年,陈沼涛逝世后,三子陈世锦被推选为陈沼涛文教基金会董事长。陈世锦义无反顾地继承父志,挑起关心家乡文教事业的重任。

五、永远的丰碑

钟铭选家族,李尚大、李陆大昆仲,"安溪陈嘉庚"施金城,台胞陈沼涛,只是心系家乡脱贫致富、发展进步的数百万海外安溪乡亲的缩影。他们慷慨捐资办学校、建医院、修桥梁、造公路、赈灾民、兴实业等，有的乡亲虽然自己并不富裕，事业刚刚起步，但为了家乡发展，他们义无反顾。

台湾著名企业家、台塑集团创办人王永庆，生于台湾台北，祖籍安溪县长坑乡，被誉为"经营之神"。2004年6月3日，王永庆首次踏上故乡的土地，回到祖籍安溪县，参观了县城，品尝了饮誉海内外的家乡名茶铁观音，实现了他多年来一直盼望回乡的夙愿。他到安溪特教学校（现更名为"安溪明德特教学校"）参观时，看到校舍条件不尽如人意，当即决定捐资1000万元人民币，支持家乡特教学校兴建新校舍，为残疾学生提供条件优越的学习和生活环境。新校舍于2005年12月开工建设，2007年11月26日举行落成剪彩和学校揭牌仪式。

王永庆在台湾以财团法人的方式成立"明德基金会"。为感谢王永庆的义举，安溪将特教学校命名为安溪明德特教学校。新校舍可容纳350名残疾少年儿童在这里学习和康复训练，是目前福建省规模最大的县级特教学校。

马来西亚著名实业家、慈善家林梧桐，1918年出生于安溪县蓬莱镇，19岁前往马来西亚，是云顶高原有限公司创始人。林梧桐情系桑梓，热心社会公益事业。1984年，林梧桐回乡捐资兴建安溪代贤中学和附小校舍。2000年，捐资创建代贤中学高中部。2004年，泉州市人民政府批准将安溪代贤中学更名为安溪梧桐中学。2000年，林梧桐捐资在安溪县城创建安溪梧桐体育馆，结束了安溪没有体育馆的历史。

截至2017年，海外安溪乡亲捐资兴办270多所中小学和幼儿园；捐资设立80多个教育基金会，捐资总额达6亿多元。同时，捐建桥梁160多座，捐建公路和水泥路220多条。

安溪县多家医院也凝聚着海外乡亲的爱心，除了前面提及的，还有陆大、官桥、蓬莱、魁斗、龙门、龙涓、西坪、虎邱等医院。

此外，海外乡亲还热心捐建体育场馆等文体项目，捐资修缮安溪文庙、安溪清水岩、安溪城隍庙、安溪太王陵、安溪东岳风景区等文旅设施。

1985年，安溪被中央和省政府列为贫困县后，至1990年，海外安溪乡亲共捐资1亿多元，在家乡兴办各种公益事业。正是有了这些资金的注入和公益事业的兴办，贫困安溪才渐渐有了血色，奠定了后续快速发展的基础条件。

海外乡亲不仅热衷于家乡的公益事业，还积极呼应家乡的发展战略，踊跃投资兴业。1993年，祖籍龙门镇的新加坡侨胞蔡金顺，投资413万美元，创办集安水电（安溪）有限公司，在蓬莱镇创建吾狮水电站。1994年，蔡金顺再次投资984万美元，在湖头镇设立集安锰铁（安溪）有限公司、创建集安炼铁厂和石灰石矿，经营冶炼和采矿业，是全县外资重点企业和纳税大户，为福建侨资明星企业。

至1990年，海外乡亲创办"三资"企业42家，吸引外资1000多万美元，解决就业1万多人，为家乡脱贫发展作出巨大贡献，在茶乡大地上矗立起一座永远的丰碑。

第四节　世界安溪乡亲大联谊

一、唐裕首倡

唐裕，祖籍安溪蓬莱温泉村，被誉为"民间和平大使"。他出生于印尼，自幼在新加坡接受教育，是新加坡"船王"和印尼"航运巨子"，鼎盛时期拥有200多万吨位的船队，唐裕铸造的经商传奇，至今仍为人津津乐道。在中印尼两国复交、中新两国建交两桩历史性事件中，唐裕都起到了穿针引线的作用。1998年8月25日，荣获"印度尼西亚共和国普拉塔马勋章"。进入21世纪，唐裕仍未停止奔波，继续发挥"民间和平大使"的独特作用。

随着旅外安溪乡亲与安溪祖地联谊的不断加深，海外乡亲盼望有一个世界性的安溪乡亲组织。1991年7月9日，在新加坡安溪会馆执监委联席会议上，作为新加坡安溪会馆主席的唐裕提出，以庆祝会馆成立70周年为契机，举行世界安溪乡亲联谊会，得到所有与会乡亲的热烈响应。于是，在9月15日召开的执监委联席会上，决定成立"新加坡安溪会馆成立70周年会庆暨世界安溪乡亲联谊会筹备工作委员会"。

10月27日，筹备工委会宣布，会馆庆典定于1992年10月15日至17日在新加坡莱佛士城会议中心举行，并发函邀请世界各地安溪乡亲前去参加会馆庆典活动及出席首届世界安溪乡亲联谊会。

1992年10月16日，世界各地安溪乡亲共有1000多人出席第一届世界安溪乡亲联谊大会。国家主席杨尚昆、国务院总理李鹏等领导人为大会题词。会上决定成立"世界安溪乡亲联谊会"组织，并推选唐裕任会长，同时决定第二届世界安溪乡亲联谊大会于1994年10月在安溪本土举行。

二、史无前例的筹备工作

第二届世界安溪乡亲联谊大会要在安溪举办，预计有超过2000名的海内外安溪乡亲与会。如此规模的联谊大会,在安溪历史上是从来没有举办过的。对于财力不足、交通不畅、环境设施不完善的安溪而言,困难重重。然而安溪县委、县政府信心十足,决心克服一切困难办好联谊大会。随后,安溪迅速成立"第二届世界安溪乡亲联谊大会筹备工作委员会",由县委书记陈昭扬任主任,县长陈长昭、县人大常委会主任郑梦集、县政协主席陈泰山、县委副书记陈海基、县委常委陈晓光任副主任。筹委会下设办公室、秘书组、宣传组、联络组、项目组、综合治理组六个办事机构。筹委会成立后,立即着手开展各项筹备工作。

1994年3月10日,唐裕和筹委会领导前往北京,举行第二届世界安溪乡亲联谊大会筹备恳谈会,邀请中国扶贫基金会会长项南、国务院特区办主任胡平、全国侨联主席庄炎林、台盟中央副主席张克辉等中央有关部门负责人和新闻媒体记者参加恳谈会,并发布第二届世界安溪乡亲联谊大会将于当年10月在安溪举行的消息。

4月1日,安溪县委、县政府召开动员大会,陈昭扬先就举办第二届联谊大会的目的和在安溪举行的重大意义做了阐述,同时对联谊大会的筹备工作进行部署,号召全县人民努力做好各项工作,确保联谊大会于10月16日至18日如期顺利举行。

为让第二届联谊大会增辉,唐裕和郑梦集等在6月又一次前往北京,邀请国家领导人为联谊大会题词。国务院总理李鹏题词:"加深乡谊,共同发展";全国人大常委会副委员长田纪云题词:"祝贺第二届世界安溪乡亲联谊会召开";全国人大常委会副委员长王汉斌题词:"团结海内外安溪同乡建设安溪";全国人大常委会副委员长王光英题词:"乡情海外,造福故里";国务院副总理邹家华题词:"乡情联四海,繁荣共五洲";副总理李岚清题词:"世界千秋秀,乡谊万年青";全国政协副主席王兆国题词:"侨情永固,报效桑梓";全国政协原副主席方毅、谷牧、杨成武,以及国家有关领导项南、胡平、陈光毅、吴仪等分别为大会题词。福建省领导贾庆林、陈明义、陈营官、张明俊等也为大会题词。

唐裕对举办第二届联谊大会非常关心，多次来往于新加坡和北京，向中国领导人汇报在安溪举办联谊大会的事宜。6月19日，田纪云副委员长接见唐裕及安溪县领导班子，详细听取联谊大会筹备工作和安溪经济建设情况的汇报。唐裕代表海内外安溪乡亲，邀请田纪云副委员长主持联谊大会开幕式，田纪云副委员长愉快地接受了邀请。

第二届联谊大会决定在安溪举行，得到各级党政领导的重视和支持。全国人大常委会副委员长彭冲视察安溪时，对如何办好联谊大会提出了要求。国务院侨办国际交流司司长邱苏达专程从北京到安溪，了解联谊大会的筹备情况，对如何做好世界性会议筹备工作，尤其是会议期间有关海外政策和原则性问题作出指示，提出明确要求。

省委、省政府和市委、市政府都把第二届联谊大会的举行作为一件大事来抓，并多次派出领导到安溪指导，确保联谊大会取得圆满成功。为了让世界了解安溪，向世界宣传介绍安溪的成就，联谊大会筹委会决定编辑出版《第二届世界安溪乡亲联谊特辑》，赶在联谊大会之前出版，赠送与会旅外安溪乡亲。由安溪县方志委编辑出版的《安溪县志》（1994）和由安溪县侨务办公室编辑出版的《安溪华侨志》，也赶在大会之前出版，赠送回乡的各地安溪乡亲。

参加第二届联谊大会的海内外安溪乡亲有2000多人，如何妥善安排他们的住宿，成为一个大的问题。县城条件较好的中国旅行社、茶叶大酒店、三德大酒店、天龙大酒店、安溪宾馆以及条件一般的商业宾馆、粮华宾馆、新华宾馆、金丰大酒店、龙泉大酒店、大富豪酒家、华光大酒店、协成酒店、敬民宾馆、远方酒家、港源温泉大厦、人口基金楼、南星服务社等即使全部住满了，还是容纳不下。只好安排一部分乡亲住到泉州华侨大厦和金星酒家，还有一部分则安排在官桥侨光大厦、金谷华昌酒店、金谷侨联、湖头侨联以及慈山学园等地住宿。

为了做好大会的接待工作，筹委会设立车辆调度、医疗保健、安保服务三个中心。大会共设1个主会场，3个分会场，4个宴会场所，36个住宿点，50个参观点。

三、四海乡音同呼唤

秋高气爽的10月，安溪侨乡迎来了2000多位海内外安溪乡亲和嘉宾。其中新加坡代表团351人，马来西亚代表团450人，印尼代表团144人，缅甸代表团16人，美国、澳大利亚、日本、泰国、文莱等共267人，国内香港80人，台湾145人，其他地区嘉宾和安溪乡亲代表428人，中央、省、市领导200多人。

10月16日晚，在安溪影剧院举行专场文艺晚会《相聚在安溪》，在安溪文庙举行南音演唱会，热烈欢迎旅外乡亲回乡参加联谊盛会。文艺晚会演出16个节目，最后全体演员合唱《第二届世界安溪乡亲联谊会会歌》："海天浩渺，云水苍茫，明月万里共故乡。风声久远，清溪流长，血脉情缘永毋忘。千枝万叶连根树，荣茂故土，缘过大洋。四海乡音同呼唤，展我雄风，振我家邦。"在文庙举行的南音演唱会，节目也很丰富，各乡镇南音社的演员，共演出19个悦耳动听的精彩节目。

10月17日上午，第二届世界安溪乡亲联谊大会开幕式在县城影剧院隆重举行。出席大会开幕式的有：中共中央政治局委员、全国人大常委会副委员长田纪云，中国扶贫基金会会长项南，国务院特区办主任胡平，全国人大常委会委员、财经委员会副主任委员迟海滨，全国人大常委会委员、华侨委员会副主任委员林丽韫、黄长溪，全国台联会会长张克辉，全国侨联原主席庄炎林，省领导贾庆林、游德馨、陈营官、张明俊、潘心城，世界安溪乡亲联谊会创会会长唐裕，以及来自世界各地的2000多名安溪乡亲代表。

上午10时，中共中央政治局委员、全国人大常委会副委员长田纪云隆重宣布：第二届世界安溪乡亲联谊大会开幕。会场高奏中华人民共和国国歌。接着田纪云发表了重要讲话。他说：

1986年，我曾经到过安溪县，走访了安溪的几个村庄，看望了不少农户。那时候的安溪非常贫困，许多群众衣不遮体、饭不饱肚，许多适龄儿童不能上学或中途辍学。我看了之后心里很不平静，作为一个共产党人，面对农民兄弟的贫困状况深感难过与内疚，觉得自己的工作没做好，对不起人民。从安溪回到北京，我建议党中央、国务院要下决心在全国范围内进行大规模的扶贫工作。时隔八年，我又一次踏上安溪这片土地，我深为在这里发生的翻天覆地的变化而感到欣慰。看到安溪经济建设有了较大发展，群众生活有了明显改善，人的精神面貌发生了很大变化，我感到特别高兴。近年来，安溪发生的变迁，是安溪人民在国家扶持下坚持改革开放、艰苦奋斗、自强不息的结果，同时也是侨居海外的安溪乡亲情系故土、铺路搭桥、引进投资、兴办各种公益事业的结果，充分反映了海内外安溪人团结一致、艰苦创业的精神风貌。在此，我向勤劳、智慧、纯朴的安溪人民表示衷心的祝贺，希望你们继续坚定不移地走改革开放之路，同心同德，艰苦奋斗，开拓进取，把安溪建设成为一个繁荣、富庶的新侨乡。①

福建省委书记贾庆林、泉州市委书记丘广钟、安溪县委书记陈昭扬、联谊会创会会长唐裕、马来西亚安溪总会署理会长廖兴汉、台湾安溪乡亲代表高玉树，也分别在会上发表了热情洋溢的讲话。开幕式后，田纪云副委员长在省、市、县主要领导和海外乡贤的陪同下，亲自为世界安溪乡亲联谊大厦破土奠基，并一起种下了象征世界安溪乡亲友谊永存的常青树。

当天中午，3000人的大型庆典宴会分成三个场所进行。下午，大会继续举行，大会主席陈昭扬做了《安溪的历史与展望》的专题报告，全面系统地介绍安溪。旅外安溪乡亲代表曾星如、胡金钟、林荣木等也先后发言。

当天晚上，安溪县城举行了全县有史以来规模最大的文艺踩街活动。踩街队伍浩浩荡荡，前导是摩托车队，接着是联谊会会徽和李鹏总理的题词。踩街队伍共分五个部分。第一部分是鼓乐迎亲，有彩旗队、西乐队、花队、

---

① 《第二届世界安溪乡亲联谊大会联谊特辑》。

腰鼓队和民间舞蹈《大鼓凉伞迎亲人》。第二部分是名茶之乡，有民间舞蹈采茶灯及三个主要产茶乡镇和安溪茶厂的彩车。第三部分是民间文艺，有各乡镇和安溪艺校的南音队，及大鼓队、西乐队、水车阁、装阁、水操队、舞狮、舞龙、戏曲武术和迎亲队表演等。第四部分是校园风采，有各学校的彩旗方阵、腰鼓队、小号演奏、呼啦圈表演、儿童拍胸舞、伞舞、线鼓和钱棍、保安擒拿术和百人腰鼓队列表演等。第五部分是金凤腾飞，有各乡镇和单位的彩车和现代舞。旅外安溪乡亲怀着喜悦的心情，观看了规模盛大的踩街活动。全县各地的男女老少也赶来观看，观众达10万多人。

10月18日，参加联谊大会的旅外安溪乡亲，有的在县城参观综合展览馆，参加招商发布会和经济贸易投资洽谈会，或参观城隍庙、东岳寺；有的前往清水岩风景区参观旅游；有的参观龙门隧道及安溪茶厂；有的则回到自己的祖籍地探亲寻根谒祖。

会议期间，旅外安溪乡亲共与家乡签约22个项目，投资总金额6.51亿元，其中利用外资6217万美元。

18日下午召开本届联谊会理事会，听取大会秘书长陈海基做筹备工作报告，决定第三届世界安溪乡亲联谊大会于1997年仍在安溪举行。

第二届世界安溪乡亲联谊大会，是海内外安溪乡亲的空前盛会，出席的人数之多、规模之大、规格之高、影响之大，在安溪是史无前例的。18日晚上，安溪县政府举行盛大的欢送宴会，县长陈长昭在宴会上致欢送辞，向海外安溪乡亲道别。

10月17日晚上，第二届世界安溪乡亲联谊大会隆重举行的消息在中央电视台《新闻联播》节目中播出。《人民日报》、中国新闻社、《福建日报》、《福建侨报》、《港台信息报》、《泉州晚报》、《厦门日报》、《开放与传播》等多家报刊也分别做了报道。

四、清溪流长乡谊固

1997年11月15—16日，第三届世界安溪乡亲联谊大会再次在安溪本土隆重召开，来自世界11个国家和32个地区的1000多名安溪乡亲参加大会。时任省委副书记习近平出席大会，并为安溪题词"人杰地灵景泰民安"。

1999年11月10—13日，第四届世界安溪乡亲联谊大会在马来西亚吉隆坡云顶游览胜地举办。

2002年11月7—10日，第五届世界安溪乡亲联谊大会在新加坡举办。

2004年11月16—19日，第六届世界安溪乡亲联谊大会在安溪召开，来自世界14个国家和地区的1000多名安溪乡亲参加大会。

2008年11月18—21日，第七届世界安溪乡亲联谊大会在安溪召开。开幕当天，第七届世界安溪乡亲联谊大会百亿投资工程项目介绍会暨投资项目签约仪式在县政府会堂举行，12个项目进行签约。同日，一批新办企业及项目举行了奠基、剪彩、揭牌仪式。

2012年12月11—13日，第八届世界安溪乡亲联谊大会在新加坡名胜圣淘沙举办。

2015年9月8—11日，第九届世界安溪乡亲联谊大会在缅甸仰光举办。

2017年12月，第十届世界安溪乡亲联谊大会在安溪召开，来自世界各地的1000多名安溪乡亲欢聚一堂。会上，共有9个项目参加集中签约，总投资86亿元。加上当年前十个月全县新引进的132个项目，以及元旦集中开工的项目，合计项目数达160个以上，总投资超350亿元。所有这些项目、投资，为安溪今后实体经济发展提供了坚实的支撑。

第二篇

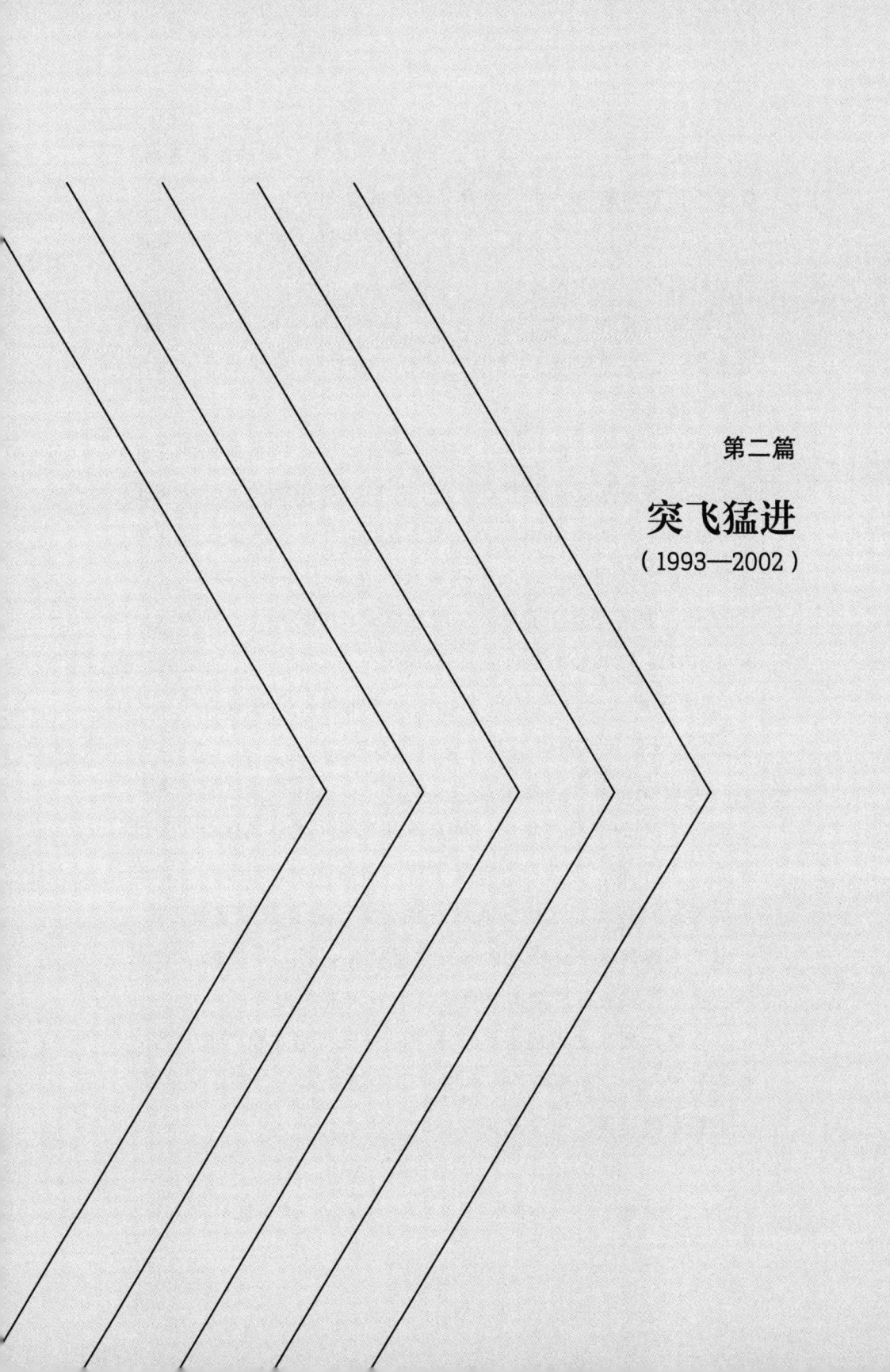

突飞猛进
(1993—2002)

1992年春，邓小平南方谈话明确了未来中国的改革方向，提出了改革的路径，在国内掀起改革的热潮。

久困于穷，冀以小康。积贫积弱的安溪，迎来加快发展的黄金机遇期，进入突飞猛进的发展阶段。

把基础设施建设作为突破口，以龙门隧道的开通为契机，凝聚民心，奋力拼搏，"靠自己的骨头长肉"，安溪终于从困境中走了出来。

围绕经济建设这一中心，安溪县着力探索特色县域经济发展之路，实施茶业发展"三步走"战略，兴茶富民，让山田里的"蚯蚓"长成大海中的"蛟龙"：1994年，安溪由国定贫困县降为省定贫困县，进入福建省经济发展十佳县（市）队列；1997年，安溪甩掉全省最大贫困县帽子；2002年，安溪首次进入县域经济基本竞争力全国百强县……

"安溪赶上来了"，《福建日报》为此刊发专题报道并配发评论：这是安溪人用自己的双手拼出来的。

2000年，时任福建省省长习近平，在《必须高度重视县域经济发展》[①]的专题文章中，对安溪县域经济发展成就给予高度评价："几年来，全县人民自强不息，团结奋斗，艰苦创业，立足实际，发挥优势，挖掘各种特色资源，培育扶持支柱产业，走出了一条具有安溪特色的脱贫致富之路。"习近平还指出："安溪县发展县域经济所走的特色道路有一定典型意义。"

在这场摆脱贫困的全民攻坚中，安溪人培育出"靠自己的骨头长肉"的安溪精神，这种精神让人们看到一个沸腾的安溪，一个热血的安溪，一个充满自信的安溪。

---

① 国务院发展研究中心主办刊物《管理世界》增刊——《中国县域经济发展之路——福建安溪模式的研究与启示》。

第七章　夯基壮骨

第一节　打开山门向大海

一、持一张照片硬闯交通部

1991年春节假期刚过，北京城内依然寒风凛冽，东城区建国门内大街，交通部的大门前来了一位特殊的访客。接待室的办公人员一问，顿时傻了眼，这位来访者不知道自己具体要找哪个部门，就拿出一张两人合影，一个劲儿地说要找照片里的主角之一、交通部部长钱永昌。拿张照片就要找部长，也算是一件奇事了。

这位冒失的来访者，正是当时的安溪县县长陈长昭，而那张照片里的另一位主角，则是安溪籍著名侨胞唐裕。"持一张照片硬闯交通部"的好戏，完全源于百万安溪乡亲几十年的一个夙愿——打通龙门岭。

龙门岭，安溪与厦门的分界线，这座海拔750米的高山，是一道不可逾越的屏障。抗日战争期间，它曾把日军的侵略部队完全挡在门外，保卫了安溪县城的一方平安。但在和平年代，它却变成了阻挡茶乡人快速前进的拦路虎：山那边，是繁荣发达的厦门经济特区；山这边，却是全省最大的国定贫困县。

此前，安溪通往厦门只有一条公路——安同公路，由厦门安溪公会发起成立的安溪民办汽车路股份有限公司募建于1928年，是安溪历史上的第一条公路。安同公路从海拔110米的龙门圩后观林山，连续上坡十多千米，翻越龙门岭至海拔745米的东岭格，然后急转直下至厦门同安县，全程61千米。由于建设时间早，公路陡峭难行，坡陡弯急，九曲盘旋，等级标准低。唐裕先生用四个字形容这条路——"车比路大"。

改革开放后,许多心系桑梓的旅外安溪乡亲很想返乡投资兴业,帮助家乡致富。然而,重山险阻令他们谈路色变,车毁人亡的惨剧也时有发生。仅1987年一年,龙门岭、东岭就先后发生3起交通事故,1名回乡的新加坡侨胞和4名乘客死亡,29人受伤。曾有一位侨亲回来考察投资办厂,但还没到安溪,车便翻在山路上。大难不死的侨亲就此打道回府,只留下一份遗憾和感慨——从前只闻蜀道难,现今才知,龙门岭之难,不让蜀道。

安溪的产品想运出去,海外乡亲想回乡探亲或投资办厂,均被这条山路所阻。龙门岭、东岭成为制约安溪对外开放和经济社会发展的天然屏障。"跃过龙门,奔向大海",成为数百万海内外安溪人魂牵梦绕的一桩心愿。

二、寻找最优建设方案

1988年,县委、县政府正式把改造安同公路作为安溪摆脱贫困、发展经济的一项重要工作摆上议事日程。同年6月,省长王兆国来安溪考察工作,县领导在汇报工作时请求省长对安同公路改建给予支持。

与此同时,海外侨亲们也为这条"归乡路"献计献策,多方奔走,寻求支持,其中的领头人便是唐裕先生。1990—1991年间,他多次往返北京,向商业部部长胡平(原福建省省长),两任交通部部长钱永昌、黄镇东等有关领导,反映海内外安溪乡亲希望国家支持改建龙门岭公路的强烈愿望。正因如此,才发生了"一张照片硬闯交通部"的故事。

1991年初,陈长昭拜访钱永昌部长之后,同年9月20—25日,唐裕先生又陪同县委书记李天乙一行到北京,就安溪县乌龙茶出口、蓝田水电站、龙门线公路改线工程等问题,向国家有关部门进行了汇报。

安同公路改线项目的推动并不顺利。一方面,道路工程款项过于巨大,在20世纪90年代初,近乎一笔天文数字。另一方面,当时泉州市对于改造安同公路存有顾虑,担心产生"虹吸效应",导致安溪的人才和资源大量流向厦门。故而，虽然书记、县长先后到北京汇报，但安同公路改造工程并没有立刻得到批复。

1990年3月，在政协七届全国委员会第三次会议上，福建籍全国政协委员陈乃昌（安溪籍）、柯雪琪、蔡载经、李登嵩四位委员，向大会提交1894号提案，即关于"厦门特区与安溪县间的龙门岭东岭路段亟应改线，以利三胞的经济、贸易、旅游的交往的提案"。在京的安溪籍老干部以及关心安溪的老领导，也通过各种途径向中央有关部门提出建议。交通部高度重视，随后函示福建省交通厅统筹考虑，提出实施意见。

1991年12月17日，省计划委员会以闽计交〔1991〕150号《关于安溪龙门岭公路改建工程计划任务书的批复》批准立项，同意对龙门岭公路进行改建，改建工期三年，计划总投资2500万元。

1992年2月8日，交通部以交计发〔1992〕236号《关于下达1992年老、少、边、穷地区公路建设项目补助资金的通知》，给予龙门岭公路改建补助700万元。10月8日，省公路局向安溪、同安两县下达龙门岭公路改建工程任务的函，同意安溪、同安两县开始施工建设，预算总投资2500万元。

没想到，新的问题又出现了。1992年，李天乙到新加坡考察，把即将改建龙门岭公路的消息告诉给心系此事的侨亲们。侨亲们高兴之余，提出一个重要建议——改线并不是最优方案，因为货运难题依然无法解决，集装箱还是进不了安溪。最好的办法是学习国外的隧道技术，打通龙门岭。

1992年9月2日，李天乙、李锦裕等到新疆招商，转道北京，召开在京乡亲座谈会，与会乡亲一致提议开凿隧道，彻底解决龙门岭公路问题。综合海内外乡亲的意见，县委、县政府决定放弃此前花了100万元设计费的公路改线方案，下决心重新设计，以隧道工程为主，拉近安溪与厦门的距离。

9月19日，县委书记李天乙、县长陈长昭、县人大常委会主任郑梦集等，和县交通局有关人员，一行15人从龙门桂林村到马鞍格实地勘察地形，初步认定从马鞍格贯通隧道是最佳方案。但这个方案势必增加巨额投资，于县情而言，是完全无法负担的。

9月21日，县委召开县五套班子联席会议，研究龙门岭公路改建工程事项。会上不少人提出意见，建议采用原方案或延缓实施。经过激烈的讨论，会议最终决定安同公路改建采用沿溪隧道方案。随后，派人与同安县联系，得到同安县委、县政府支持。10月13日，同安、安溪两县政府联文向省交通厅申请变更省道205线安溪至同安改建工程设计，采用沿溪隧道方案。11月11日，省交通厅发文批复同意省道205线龙门岭改建工程变更设计，采用隧道方案。唐裕先生为隧道起了一个响亮的名字——"龙门隧道"，寓意安溪借此"鱼跃龙门"，一飞冲天。

11月30日，县委、县政府发文成立安溪县省道205线龙门岭改建工程指挥部。

1993年1月3日，安同公路改建工程在龙门圩举行开工典礼，正式拉开改建工程大会战的序幕。

3月11日，省交通厅在省公路局召开龙门岭改建工程变更设计定测验收审查会。会议同意龙门岭改建工程采用隧道方案，改建里程约35.5千米，以二级线路标准建设，总投资13000万元。其中安溪县建设15.28千米（包括隧道1座998米），投资8000万元；同安县建设20.15千米。交通部共为工程拨款700万元，安溪、同安各分得一半。

3月23日，龙门岭改建工程被省交通厅列入"先行工程"交通繁忙路段建设计划，安溪段获省补助900万元。隧道工程由福建省公路工程一公司投标承建。

三、一场全民参与的重大社会事件

工程开工了，但上级的拨款尚未到账，港商曾星如雪中送炭，捐出3万元启动资金。

为了解决资金困难，1993年5月11日，在副省长刘明康的特批下，安溪县发布《关于动员购买龙门隧道工程和蓝田水库电站建设集资券的通知》，动员全县购买龙门隧道工程和蓝田水库电站建设债券。虽然对于债券还是一知半解，但全县人民热情高涨，债券很快售罄。

在努力筹措资金的同时，县委、县政府时刻紧盯工程进度和质量。县委书记陈昭扬、县长陈长昭等县主要领导坚持每月数次深入工地检查督促，进一步加强对工程建设的领导。

在各方努力下，工程进展顺利，很快进入龙门岭隧道贯通的紧要关头。但账面上2000多万元的资金缺口难题，也摆在领导的面前……这对于当年财政收入只有6000万元的安溪，可谓是天文数字。春节临近，亟待支付的800万工程款再不支付，工程势必受到影响。

县委、县政府广泛听取各界的意见和建议，决定面向全社会筹资。1994年1月25日，县委、县政府向全县干部群众、侨胞、台港澳同胞和各界人士发出捐款倡议书。2月8日（农历腊月廿八），安溪县举行各界人士迎春茶话会。会上，陈昭扬向300多位各界人士通报，除交通部补助和省、市交通先行工程定额补助以及发行建设债券外，建设资金仍有巨额缺口。参加迎春茶话会的各界代表踊跃表示："安溪人可以用自己的双手搬掉贫困这座大山，也一定能用自己的努力打通龙门岭。"

当场，安星藤器有限公司总经理陈清河代表安星公司捐款36.888万元，并代表其子陈志东及全家捐资33.888万元；凤华制衣有限公司总经理叶秀元捐款30万元，并代表公司捐款20万元。正值事业起步阶段的厦门华都商场经理陈发树捐资33.88万元、三安集团林秀成捐资38.9万元、厦门恒兴集团柯希平捐资10万元……谁都没想到，一场茶话会下来，与会各界人士当场认捐400多万元。

受到第一场茶话会的鼓舞，县委、县政府连续在泉州、厦门举办两场座谈会，共募捐到160多万元。县有线电视台也及时宣传造势，整个春节期间，不间断在电视上滚动播出捐款名单。1994年春节，安溪大地，喜庆的过节气氛、拜年问候的寒暄、热点新闻的传播，各种因素汇聚在一起，掀起一股捐资热潮。

在安溪工作过的领导也纷纷解囊。乡贤林海水捐款 100 万元人民币；远在美国留学的陈志坚（现为美国国家科学院院士），在电话中得知消息后，让母亲为其代捐 2000 元。商业部部长胡平闻讯也捐了 2000 元。

城乡地区的中小学生、幼儿园小朋友，则捐出长辈和亲友们给的压岁钱。今后浪出版公司创始人吴兴元，当年正就读安溪铭选中学初三年级，他对自己和同学们踊跃捐款的场面记忆犹新。受此深刻影响，从他 2006 年创办后浪出版公司开始，公司稍微有点积累就给家乡捐赠图书，十几年来已经累计超过千万元以上，受赠学校遍及安溪城乡各地。

身患胃癌晚期的退休老教师吴铁枝看到捐款的电视报道后，也颤悠悠地拿出病床枕头下的 380 元，让亲人代为捐款……

为龙门隧道工程募捐的消息传到海外，海内外安溪乡亲深为感动，纷纷通过各种渠道向工程捐资。其中，侨胞钟江海捐资 100 万港元，其弟钟明辉捐资 100 万港元；林木荣捐资 100 万元人民币；新加坡龙门（私人）投资有限公司捐资 100 万元人民币；台胞林中堂捐资 33 万元人民币，台胞苏参、林长青、林青溪、林玉质、周锦隆等各捐资 11 万元人民币……海外乡亲共为工程捐资近 800 万元人民币。改建安同公路的愿望，化成了安溪人众志成城、聚沙成塔、集腋成裘的一种力量。

至 1995 年 5 月 1 日，共有 1048 个单位和 53295 位安溪海内外乡亲和各界人士，为省道 205 线安同公路改建工程安溪段捐资 22029519.33 元，及时解决工程建设的资金缺口问题，使工程顺利渡过难关。

多年后，回想起当年的情景，陈昭扬依然激情满怀："回想起当年的龙门隧道建设，还是蛮激动的，因为我看到一个沸腾的安溪，看到一个热血的安溪，看到一个充满自信的安溪。开凿龙门隧道最大的收获，是让安溪人看到只要我们自己挺直脊梁，任何困难都可以克服，任何目标都可以达到。"

陈昭扬认为，这个活动并不是简简单单地捐钱，更重要的是，它是一场安溪全民参与、全民热议的重大社会事件，它激起安溪人的自信和自豪。安溪人在捐资中找到自尊，并将这种自尊注入自己的精神中。

四、靠自己的骨头长肉

在全县人民踊跃捐资，解决龙门隧道工程资金问题的同时，安同公路改线的进展也在不断激励着安溪人民。

安同公路安溪段路基工程所处地形复杂，山高、坡陡、沟深，勘测、设计、施工难度大。路基工程在沿龙门溪上游V形河谷的崇山峻岭中穿行，有的地段要削搬上百米高的大半座山坡，有的地段要填20多米深的土石方，挡、护构造物量多、难度大，总计开挖土石方130万立方米，砌筑挡护构造物12万立方米。

施工前期，很多工段，大到施工器具，小到工人们的日常生活用品，都要从几十里外的乡村肩挑扛运。各种大型施工器材需绕道大坪至小坪的乡村公路，再通过临时便道转运至隧道口两端。路基工程主要以人力为主、机械为辅进行施工。全体施工人员顶风冒雨，风餐露宿，不分酷暑严寒，日夜奋战，抢时间赶进度，克服和战胜了种种难以想象的困难。如，铁四局路基施工的水泥，在用汽车运至指挥部后，换用拖拉机运至婆者岭村落，最后全靠人力挑、抬至施工现场；铁十六局为了3千米的路基施工，组织修建9千米的施工便道。为了早日竣工，先后有6位民工为工程建设献出宝贵的生命。

县委、县政府还抽调大坪、虎邱、城厢、凤城、参内、蓬莱、金谷、湖头等8个乡镇的干部群众800多人，参加施工突击大会战。

在改线工程建设过程中，厦门市委、市政府，同安县委、县政府均以极大热忱紧密协作，并建设了同安境内20千米的改线公路。

1994年3月，唐裕专门写信邀请国务院总理李鹏为龙门隧道题名，李鹏总理亲笔题写"龙门隧道"四个大字。

1994年10月，第二届世界安溪乡亲联谊大会将在安溪本土举办，为了让从厦门来安溪参会的领导和侨亲们顺利通过龙门隧道，1994年8月8日，龙门隧道实现了小断面贯通。为确保临时通车安全，省里和市里专门派人来考察隧道工程安全问题，当时恰好发生五级地震，但隧道里连一块小石子都没掉落，证明了工程的质量。

1995年4月20日，比预定工期提前近一年的龙门隧道工程胜利竣工。5月1日，县委、县政府举行通车典礼，现场大家齐声高唱闽南语歌曲《爱拼才会赢》，都激动得流下眼泪。

龙门隧道长1006米，高7.35米，宽10.5米，从安溪龙门至厦门同安车站，比旧线路降低高程410米，减少里程10千米，缩短行车时间1个多小时。

开凿龙门隧道，是"靠自己的骨头长肉"的安溪精神的最集中体现。1996年4月8日，《人民日报》头版头条刊发了该报福建记者站副站长江宝章的长篇通讯《靠自己的骨头长肉》，并加了编者按：

这篇通讯报道，读了令人振奋不已，同样是安溪的山山水水，安溪的男女老少，从"等靠要"到自己干，从固守山窝到打开山门，形成了排山倒海之势。从"七五小有进步"到"八五大有变化"。安溪两个"五年"两个样，再一次证明：自力更生、艰苦奋斗是加快脱贫致富的必由之路；物质可以变成精神，精神也可以变成物质；人民，只有人民，才是创造历史的真正动力。

第二节 争来的"先行工程"

一、一个星期跑三趟福州

要想富，先修路，这是人尽皆知的道理。然而，因为财政资金有限，许多地方在"等靠要"中错失了发展的良机。

改革开放初期，福建的道路交通等级低、路面窄，严重制约全省经济社会发展。加强基础设施建设，解决交通问题，成为实施福建开放开发战略的关键问题之一。1992年8月，福建省委、省政府在省财政十分困难的情况下，毅然实施道路交通"先行工程"，决定在2000年之前，完成全省8000千米的省道建设。公路"先行工程"是福建公路建设史上规模最大、投资最多、一次性拓建改造公路里程最长的巨大工程。

安溪作为福建的山区大县和贫困大县，道路交通同样严重落后。至1991年，安溪县内只有公路170条，通车总里程为1525千米，平均每百平方千米拥有公路不到50千米，并且等级低，多为沙土路。

道路交通不改善，安溪经济难发展。安溪县在争取"先行工程"项目中，不等不靠，主动出击，发挥海内外安溪人的力量，大力争取省、市将安溪境内的省道纳入省公路"先行工程"项目。其过程一波三折，历尽辛苦，将安溪人爱拼敢赢的精神风骨发挥得淋漓尽致，也为安溪的快速发展赢得先机。

安溪县境内省道的改造，最大问题也是资金问题。而只要争取被纳入省公路"先行工程"的项目计划，就能较大程度解决资金问题。按照省交通厅"先行工程"的申请要求，应由市级政府上报省政府。凡纳入省公路"先行工程"项目计划的，每千米建设共补助120万元，其中省补助60万元、市补助60万元。

当时安溪将动工的省道主干线，主要包括306线泉安公路安溪路段14.56千米；省道205线县城至龙门段20千米、县城至湖头路段28千米，共48千米。考虑到市财政有限，泉州市当时也有多条省道主干线需要拓建，市里只答应把306线泉安公路安溪路段14.56千米纳入泉州市"先行工程"项目。

而随着安同公路改线的实施，省道205线安溪至龙门、安溪至湖头路段，成为安溪通往厦门和闽中的繁忙主干线，是福厦高速公路的一条主要分流干线。该路如果能全部改造，可使三明、永安、南平等地经安溪县往厦门，比由永春往厦门的线路缩短62千米，从而分流出闽中、闽北地区往厦门的车辆，大大缓解福厦路的交通压力，成为促进内陆与沿海的山海协作和协调进步的黄金通道。同时，省道205线也是安溪打开山门、对外开放的关键性工程，有助于安溪脱贫致富，在安溪整个经济发展中具有举足轻重的地位。

尽管资金缺口巨大，但205线改造拓宽势在必行。为了启动安溪县城至湖头路段的改造，县长李建国利用宗亲关系，争取到侨亲李尚大先生1000万元的低息贷款（利息用于公益事业），使安湖公路顺利开工建设。

省道205线改造资金巨大，而安溪财力有限。县委、县政府积极主动向上争取，为了让省委、省政府将省道205线安溪至龙门、安溪至湖头路段改建工程列为省公路"先行工程"，连续向泉州市委、市政府和省委、省政府打了报告。

1994年10月，第二届世界安溪乡亲联谊大会在安溪举办。陈昭扬抓住时机，硬挤上了省委书记贾庆林陪同海外嘉宾从厦门前往安溪乘坐的中巴。陈昭扬沿路给贾庆林介绍安溪交通的落后状况，最后请求说：贾书记，您就帮帮安溪吧，让"先行工程"帮我们把省道205线这条路建成了。贾庆林听完后很受触动，当场就答应下来。

联谊大会上，与会的乡亲一致决定第三届世界安溪乡亲联谊大会于1997年继续在家乡安溪举办。他们纷纷请求尽快把旅外乡亲回乡的省道修建好，也为今后进一步开展商贸合作提供良好的交通条件。

联谊大会成功召开后的第二周，陈昭扬趁热打铁，多次赴泉州、福州找有关部门"游说"。最频繁的时候，曾一个星期连续跑了3趟福州，向省委、省政府和省发改委、省交通厅递交申请报告。当时福厦国道泉州路段正在拓改，安溪到福州要绕道德化、永泰，去一次福州要7个小时，陈昭扬都是白天去晚上赶回来，接着准备材料、补充材料。第三次去福州是星期五，在回安溪的路上，同车的县计委主任陈耿忠接到一个电话，说省发改委通知他，已经把安溪205线工程列入省先行工程。"你不知道当时多高兴，我说车停一下，我买瓶啤酒庆贺一下。我们当时如果有所畏惧，稍微循规蹈矩，真的什么事都做不了"。回忆起当时申请先行工程的艰难过程，陈昭扬依然一脸喜悦。

二、李尚大的"陈情书"

在龙门隧道工程建设中，海内外安溪乡亲踊跃捐资支持工程建设。安溪省道205线拓改工程也引起海内外安溪乡亲的关注和支持，著名侨领李尚大就是其中一位。李尚大除了向安溪县路桥公司提供低息贷款1000万元支持省道205线安溪至湖头路段建设外，还利用自身的影响，于1994年11月26日，上书福建省委书记贾庆林、省长陈明义，吁请省委、省政府将205线安溪龙门至湖头路段纳入省"先行工程"计划。

> 尊敬的福建省委书记贾庆林先生
> 尊敬的福建省长陈明义先生：
> 　　……
> 　　安溪人穷志不穷，对故乡有割不断的情意，虽流浪多远多久，仍是心系家乡、祖国。从这次安溪世界乡亲联谊大会在安溪本土召开的表现，证实了安溪人无比的真情热爱家乡。此次有二十几位缅甸的安溪人，因为办理回国手续困难，迫不得已徒步从边境偷渡回来参加此次的联谊会。他们住、吃都非常简单俭省，看到安溪有了进步，都激动流眼泪。最后要离开时，还捐献了三万元人民币，这种真挚爱乡的情意，是胜我甚多的。
> 　　此次安溪世界乡亲联谊大会的召开，是得到了中央、省、市各方面

的支持，并获得您老亲临主持指导，开得非常成功，令久离家园的安溪人感到无比的安慰。尤其看到现任的安溪县领导，在那种百般困难中与实地工作人员同甘共苦的奋斗精神，是极难能可贵（的）！深令我们相信海外的安溪人爱自己的家乡的心情是很强大的，有信心将安溪脱贫致富。

  此次我们的老长官项南先生对安溪有极大的寄望，他花了两个晚上的全部时间，在慈山学校对安溪县领导开导。安溪县世界安溪乡亲联谊会是开得很成功，安溪县的名字全世界皆已闻名了，以后不需要为安溪县宣传，而要脚踏实地去做，先把安溪搞活搞富起来，先决的条件就要把以前的缺点改善。龙门洞已开了，县境内的公路一定要抓好，如果能把县交通搞好，则地下的矿藏可以开发，生产事业可以兴办起来，则安溪可以脱贫走上康庄大道了。为此，改善安溪交通乃当前主要的急务。贯穿安溪县的省道205线是连接沿海和三明、龙岩及通闽北的交通主道。现时车流量大，已不能适应发展之需求，而其中安溪龙门到湖头路段48公里，正是安溪发展主要的地区。此路段如不能改善，则无法吸引外资，一定要把现有的乡级公路改建为二级标准公路，这是安溪最急迫的。假如此段工程建成后，三明、龙岩及闽北地区到厦门的路程可比原行的路程缩短62公里，这是（对）促进福建省的内陆地区对外开放，有极大的意义与作用。

  现下全县的领导上上下下各阶层均以极艰苦的创业精神抓紧对此路的改造，公路拆迁工作可以在今年十一月底完成，赶在春节前完成路基、路肩、排水沟的砌筑工程。这种任劳任怨、刻苦奋斗的精神令人钦敬。但是所需之资金一亿余元，对贫穷的安溪是非常大的负担，是难上加难的。为此，我海外安溪人自告奋勇，不揣冒昧向二位领导呼吁，叩求扶助，伸出援手，并将该路段列入省先行工程，以确保工程顺利进行。我也当向海外乡亲们再为穷苦的安溪尽一份力量，如蒙准所请，乃为安溪县领导们有力的鼓励与鞭策！

安溪县太穷太穷了，令人流眼泪，这是原福建省领导项南先生及胡平先生曾经说过的。安溪唯一的财富铁观音茶，已被外贸剥夺完了，这是事实。尊敬的福建省领导，您们一定会同情并有责任救救安溪，支持上面的要求，把省道205线列入先行工程，扶助安溪脱贫。我安溪人世世代代会感念您们的。敬祝

钧安

李尚大 拜启于印尼

九四年十一月廿六日

信中，李尚大为"穷苦"家乡安溪"陈情"的恳切话语让人至为动情。贾庆林、陈明义对李尚大的来信十分重视，分别做了批示，"请省交通厅研究，将龙门至湖头路段纳入'先行工程'予以支持，如不能列入，也从其他方面想办法予以一定的支持"。

1995年1月19日，福建省交通厅答复省委办公厅督查处，已认真落实省委对安溪道路工程支持的批复。

经过多方努力，在省委、省政府的关心下，安溪县205省道龙门至湖头段的拓建顺利实施。至1996年，安溪县道路"先行工程"建设任务已经基本完成。

1992—1996年，安溪的省道公路进入大规模、高标准建设时期，先后对省道泉安（泉州—安溪）公路、安同（安溪—同安）公路、安湖（安溪县城—湖头）公路，共78.3千米路段，实施"先行工程"建设。工程均采用山岭重丘区二级公路标准设计，完成后可以通行大型货运卡车，彻底改变山区落后闭塞的现状。

安溪"先行工程"项目总投资26800万元。这其中，除了省"先行工程"的补助款外，有2300万元来自群众捐资，9400万元通过发放债券、贷款等方式筹措。

在县委、县政府的大力争取下，安溪争取到先行发展交通的黄金时机。

1997年始，安溪的省道建设进入再完善和延伸阶段，对县域内总长达142.8千米的省道进行完善、拓改和新改建。至2007年，县内4条省道总长277.7千米（含重叠路段23.8千米），实际省道总长度253.85千米。

随着省道的拓建改建，安溪昔日的羊肠小道变天堑为通途。更为重要的是，在争取及实施先行工程的过程中，安溪从未放弃自身的努力，发扬"靠自己的骨头长肉"的精神，全县上下一心，把发展安溪、建设安溪的理念，妥妥地落实到每个安溪人的心坎上。

三、条条大路通乡村

20世纪90年代初，安溪全县440多个行政村没有一条水泥道路，"往往是车子走到半路就过不去了，得下车爬山"。由于境内山峦重叠、溪谷纵横、地形复杂，安溪乡镇长期物流不畅，致使丰富的自然资源难以得到有效开发。

随着龙门隧道的开通和多条省道的拓改，安溪随之兴起一股基建热潮。1996年，安溪提出三年村村通道路的计划，以改善广大农村生产生活环境为重点，加强内安溪乡村的基础设施建设，特别是公路建设，完成内安溪11个乡镇主干公路142.8千米柏油路面铺设。至1997年底，已完成县城至各乡镇主干公路柏油化，实现村村通公路。

村村通公路最大的问题依然是资金，县财政1千米路补贴3万～5万元，但这仅是杯水车薪。为此，县委、县政府采取了乡镇竞争的模式，把任务布置下去，由乡镇自己想办法。各乡镇一改从前"等靠要"的状况，积极响应，没有一个乡镇向县里摆困难、提要求。当时乡镇干部的主力都是二三十岁，很有干劲，为了修路，有的干部一个月才回一次县城的家。

由于修路符合每个人的切身利益，因此获得安溪群众的一致支持，群众在道路建设中，有钱出钱，有力出力。许多农民自觉服从线路规划，把刚刚修建好的新房拆掉，新开垦的茶园铲掉，少要甚至不要一分钱补贴。

所以，只用了一年时间，1997年安溪就实现了行政村村村通公路。安溪湖头至安溪县城的道路，1994年以前是7米宽的柏油路，1997年变成20多米宽、双向四车道的水泥路。

1998年，安溪又投资2500万元，完成境内省道206线（原205线）、207线（原212线）的拓宽改造，总长15千米、宽14米的水泥路面硬化；2002年5月，投资4000万元拓改剑感公路。2004年，镇境通往周边乡（镇）的公路及村级道路硬化率100%。2005年10月，安溪实现通建制村公路混凝土路面硬化率达100%。

道路通畅了，其他基础设施跟着改善，安溪人由此更长了志气，不再喊山高，不再叫路远。路通百业兴，道路交通的改善带动当地经济的发展，安溪经济发展迈上快车道。

第三节　40年终圆"铁路梦"

福建由于特殊的地理位置，在新中国成立后相当长的一段时间里推行"内陆发展战略"，将建设资金投放至三明等内陆地带，铁路也深藏于山区腹地。因此，邻近厦门的安溪一直没有铁路。

1958年，一个振奋人心的消息传来：国家决定投建漳平—泉州铁路，这是福建省第一条由铁道部、福建省共同出资兴建的地方铁路。不久，数千名筑路工人从四面八方会聚到安溪、漳平交界处的深山密林。1958年冬，该铁路的大深至福德路段开始修建，此后经历了停工复查和补充勘测，一直到1970年才基本建成。1971年，福德至剑斗路段动工修建，1978年竣工通车，全长20千米；1979年，剑斗至湖头路段和天湖山铁路支线开始动工修建，1990年基本建成。2600多名工人，用整整32年的时间，铺筑了漳平到安溪剑斗40余千米的钢轨，平均每年只前进1千米多。

作为架设在漳泉肖铁路线中的一座路桥，安溪尾厝铁路大桥曾是华东地区最高最长的铁路桥，它长425米，高65米，从1958年项目立项到1970年大桥建成并开始承担货运功能，历时12年。直到1978年，尾厝铁路大桥才开始承担客运功能，最终于1993年通过专家鉴定，可不限速运行大型机车，前后耗时35年之久。

1992年，随着"开发湄洲湾、建设大泉州"的战略构想的落实，拉开铁路建设新的一幕。计划投资15亿元的漳泉铁路湖泉肖段（湖头—泉州—肖厝港）建设方案，得到国务院正式批准。福建省政府成立漳泉铁路招标领导小组，公开招标确定施工单位和分标段施工的办法。值得一提的是，之前建设的路段是三级线路，而湖泉肖段的标准提高为二级线路，年运量计划达到1200万吨。当年9月，省、市领导登上安溪岩顶隧道口为湖泉肖段开工仪式剪彩，安溪沿线群众的热情再次被点燃："铁路梦"快变成现实了！

然而，动工之初就遭遇重重困难。首先是计划投资15亿元的巨额资金，除铁道部和福建省共同投资外，还向日本海外经济协力基金贷款。这些资金用来改善十分复杂的地质环境，开挖近千万立方米的土石方，以及建设全长6000多米的数十座大、中、小桥梁，8900多米的涵洞，5700多米的隧道……在争取到部分贷款后，铁路工程建设指挥部便按照"分段承包、边建边投"的方法全面动工。

修筑铁路的过程更艰辛。"这条线路的桥梁、隧道比例高达18%，给施工造成很大难度。"郑宗仕是漳泉肖铁路工程建设指挥部副总指挥，对当年修筑隧道、桥梁时的情景印象深刻：岩顶隧道的地质条件较差，施工时发生多次塌方。一开始，工人们借助木板滑行，顶着沙石掘进。后来，决定用钢管顶着隧道顶部，先把隧道其中一段固定，然后一段一段进行"接力"，这也是福建省第一次在隧道挖掘中使用钢管棚处理方式。

岩顶隧道还采用了全国铁路单线隧道较少使用的无轨运输。过去，隧道修筑中留下的洞渣和土石一般是工人用矿山车推出来的，效率很低。这次，建设者们提出了一个大胆的建议：把大卡车和装载机开进净宽只有3.9米的隧道运废渣。卡车利用避车道掉头，装载机也采用侧向装沙的方式，这种方式大大提高了工作效率，加快了施工进度。

为了节约成本，施工单位把预制工厂直接搬到湖头镇。设备、材料都由工人在湖头加工好，直接铺上大梁、轨枕，省下不少运输费用。虽是地质差、难度大，但漳泉肖铁路施工进度却一再地提前。它每前进一步，除了凝结建设者们的心血和汗水，也离不开沿线群众的无私奉献。

"征地的皮尺拉到哪，沿线的群众都自动搬出来，不少人都住在茅草棚中。"谈起当时沿线群众的支持，郑宗仕不禁感慨万千。当时，安溪被铁路征用的土地有2400多亩，正茶果飘香，青苗茁壮。砍掉果木对农民来说是极大的损失，但他们没有一丝怨言。"修铁路是我们盼了30多年的愿望，是造福子孙的伟业，不拆旧泥墙，怎么造新楼？"城厢镇的谢金山亲手砍下自己栽种的龙眼树。

金谷镇李联大、李联聪五兄弟好不容易建起房子，没想到铁路却从要这五座房子中穿过，五兄弟没有向政府叫过一声难，自行拆迁，家人借居工棚，他们领到的补偿金甚至不够拆迁费。

1998年7月，湖头至肖厝段干线完成工程验交，同年12月开通运营。2001年，漳泉肖铁路正式通过国家验收。经过40年的努力，茶乡人圆了"铁路梦"。

漳泉肖铁路打通安溪、泉州与省外的交通大动脉，成为拉动地方经济发展的新引擎。漳泉肖铁路指挥部副总工程师张美从介绍："这段铁路的修通，安徽的优质煤可往南运到泉州，解决工业用煤的需求……公路运输每千米每吨要好几毛钱，铁路运煤每千米每吨只要2分钱，比当时的一根油条价格还低3分钱。"

从2007年开始，漳泉肖铁路每年货运量均在1000万吨以上，省外运抵泉州的货物超过100万吨，运送到全国各地的瓷砖、石板材达30多万吨，奠定了铁路运输在闽南地区重要物流大通道中的地位。

为推动革命老区建设，2016年6月，国家发展和改革委员会批复了《新建兴国至泉州铁路宁化至泉州段可行性研究报告》，同意建设兴泉铁路（连接江西省兴国县与福建省泉州市的国铁Ⅰ级单线客货共线电气化铁路）。2017年3月，兴泉铁路福建段全线开工建设，兴泉铁路在安溪东设站。届时，安溪，又将多一条出省铁路，茶乡的立体交通网络也更加完善。此是后话。

第四节　建成光明之城

一、全省第一个中外合资水电项目

新中国成立前，安溪县没有一座电站。新中国成立以后，安溪虽然建设了一些小火电厂和水电厂，但直至1990年，全县发电量也只有13596万千瓦，满足不了生活用电的需求，更无法为全县经济社会发展提供用电保障。

安溪境内溪流分别属于晋江西溪及九龙江北溪两大水系，全县流域面积在100平方千米以上的溪流有12条，多年平均水资源量达33.63亿立方米，水力资源蕴藏量30万千瓦，丰富的水力资源为安溪的电力事业发展提供了优越的条件。

改革开放以后，安溪一方面全县缺电十分严重，另一方面丰富的水力资源没有被充分开发。20世纪80年代，通过改造扩建一些原有的水电站，开发建设一批装机容量百千瓦以上、具备蓄水调节功能的水电站，使丰富的水电资源没有被白白浪费。与此同时，安溪县开始规划长坑溪水电资源的开发，计划在蓝田建设2.5万千瓦的水电站，该计划1988年列入泉州市与巴西的合作项目，并受到巴西方面的重视。

晋江西溪第二大支流长坑溪上游在安溪蓝田乡，水力资源十分丰富，可开发建设大型的水电站。但因资金短缺，长坑溪水力资源一直没能得到开发。而蓝田水库电站的工程造价，也由1983年的3100万元涨到了1993年的1.2亿元。

1990年12月9日，巴西圣保罗州能源和卫生局局长加斯托·塞萨·比伦巴克率4人考察团，专程前来安溪县蓝田乡进行实地勘察，并认可了在蓝田境内长坑溪上游建设装机容量2.5万千瓦的蓝田水库电站的计划。该计划项目预计总投资8035万元，年发电量可达9200多万千瓦时以上。巴西方面与泉州市签订了初步协议，可惜后来因为种种问题，合作没有成功。

与巴西项目合作失败后，县委、县政府没有放弃，决定自己投建蓝田水电站，并邀请有关单位对蓝田水电开发工程进行设计。

1992年8月12日，"福建省安溪蓝田水库电站指挥部"成立，由县委书记陈昭扬任总指挥，副县长林开聪任常务副总指挥，廖文明任副总指挥，许自强任副总指挥兼总工程师。后由副县长林田平接任常务副总指挥。9月27日，省计委批准蓝田水库电站工程立项建设。11月进场公路开始施工。

安溪蓝田水库电站的开工建设，受到省、市政府的高度重视。1993年3月13日，泉州市十一届人大四次会议通过决议，将蓝田水库电站工程列为全市1993年的17个重要项目之一。省政府也批准将蓝田水库电站列入全省22个农村电气化县骨干工程建设项目之一。

建设蓝田水库电站需要上亿元的资金。当时安溪县正处于摆脱贫困的攻坚阶段，资金非常困难，自己拿出上亿元的资金，是绝对不可能的。最终，县政府采用了发行债券的办法。经上级批准，委托中国银行安溪支行代为发行蓝田水库电站建设债券1000万元，最终实际发行911万元。1993年，县政府还争取到2000万元的老少边专项贷款，支持重点建设项目蓝田水库电站建设。

虽然有上级拨款，县政府也发行了债券，但资金依然有缺口。马来西亚侨亲林木荣获悉后决定与家乡合作开发蓝田水库电站，投资支持家乡的水电建设。1994年6月26日，林木荣委派公司代表林成华，前来蓝田洽谈合资事宜，并于8月17日签约。由林木荣的万能投资有限公司出资4800万元人民币（后来实际投资为5280万元），占投资总额1.2亿元40%的股份，中方为安溪县水电开发总公司。安溪60%的股份，需要出资7200万元，依然是不小的数目。于是安溪请泉州亿力工程有限公司出资2400万元，占20%的股份，参与投资建设蓝田水库电站。至此，蓝田水库电站成为福建省第一个中外合资水电项目。

经过两年多的奋力拼搏，电站拦河坝工程终于在1995年上半年竣工，6月下闸蓄水。至此，库容2226万立方米的蓝田水库宣告建成。水库电站以发电为主，兼有灌溉效益。10月，电站第一台机组装机1.25万千瓦投产发电，开始并网运行。1996年4月，第二台机组装机1.25万千瓦投产发电。至此，电站两台机组装机2.5万千瓦全部投产发电并网运行。水库电站投产运行后，实现了当年投产当年盈利的目标。

蓝田水库电站是安溪当时历史上建设规模最大的水电工程，也是当时全县库容最大的水库和装机容量最大的水电站，它在安溪电网中担任补偿调节和调峰作用，提高了系统的供电质量，为安溪跨入全国水电农村电气化县作出巨大贡献。

蓝田水库电站的外方投资者——马来西亚万能投资有限公司董事长林木荣，后来由于海外经营的需要，退出了投资，由另一位侨亲承接。

1998年12月，蓝田水库电站被国家计划委员会、国家经济贸易委员会、对外经济贸易部选为"改革开放20年利用外资成果展"项目。

二、实现水电农村电气化

蓝田水电站的建设产生了良好的效应。之后，海外侨亲蔡龙海、蔡柳枝、傅新春等人，投资4200万元，创办新泉水电（安溪）有限公司，开发蓝田溪第二级电站，两台机组装机容量8000千瓦的翰苑水电厂，于1997年在尚卿乡建成发电。

1991—2000年的10年中，安溪新建成的水电站，装机容量达7万多千瓦，是新中国成立后30年建成的水电装机容量的3倍。至2000年，全县水电装机容量超过12万千瓦，比1980年增长了5倍。

为加快电力建设步伐，县委、县政府出台办电优惠政策，大力引进民间资本多形式办电，并对部分电力设施进行改造、扩建。2001年，安溪被列入"十五"国家重点建设的水电农村电气化县之一。在2001—2005年的第十个五年计划期间，安溪县的水电农村电气化建设进入新阶段，集中力量新建和扩建一批较大的水电站，先后建成开发祥华梯级五级电站，白濑溪一、二级电站，福田乡后溪水电站，虎邱镇罗岩百丈磜水电站，官桥镇向阳水电站，以及城东水闸桥水电站等一批电站。水电站的开发建设，缓解了安溪电力不足的问题。至 2003 年，全县小水电装机容量 22.2 万千瓦，发电量 6.1 亿千瓦时，总用电量 8.57 亿千瓦时。2005 年 3 月，安溪正式跨入全国水电农村电气化县行列。

在开发建设水电站的同时，安溪县还新建和改造了一批输变电站和输变电线路，全县供送电能力基本能够满足经济社会发展的需要。1992 年 9 月，新建的 110 千伏城关变电站，由原 110 千伏井溪（湖头）线开断接入，联入省电网。1998 年 10 月，新建的 110 千伏官桥变电站投入运行。1999 年 6 月，城关变电站进行二期扩建；官桥变电站扩建，增容 5 万千伏安。2002 年，为满足三安钢铁厂和龙涓乡用电需求，开工建设 110 千伏三安变电站，并对 35 千伏龙涓变电站进行扩建。此后，又在各乡镇建设 110 千伏变电站。

2000 年，安溪开始实施农村电网改造，农改工程涉及全县各乡镇 546 个单项工程，全县有 6 千伏～10 千伏线路 2015 千米，0.4 千伏线路 3541 千米。至 2007 年底，全县拥有 6（10）千伏配电线路 3039.61 千米，0.4 千伏线路 4942.6 千米。

水电农村电气化县的实现，既促进县域经济的发展，又为广大茶农插上致富腾飞的翅膀。茶农纷纷购置各式电动制茶机械——烘干机、摇青机、揉捻机、空调恒温器、抽湿机，甚至使用太空食品加工法的冷冻干燥设备，极大地推动茶叶加工、贮藏工艺的改进。茶叶机械不仅解放劳动力，减小劳动强度，而且能降低成本，使茶叶质量大大提升，全县茶叶售价从每公斤 30～50 元提升到 100～200 元，茶农的经济效益显著提高。

充足的电力资源，为快速发展的工业提供用电保障，也亮化了城区的环境。流光溢彩的安溪，成为美丽温馨的光明之城。

三、挺直脊梁打基础

安溪的脱贫致富，薄弱的基础设施是制约瓶颈。20 世纪 90 年代以来，县委、县政府确立了"八五打基础，九五立支柱，十五迈大步"的发展方向，狠下决心，集中力量，加大基础设施建设力度，使安溪的投资环境发生根本性的改变。

除了在道路交通、电力等领域取得重大突破外，还在城建、供水、通信等方面拉开架势，夯实基础。

城区建设方面，全面实施旧城改造计划，拓展城区道路，安溪城区面积由1985年的0.8平方千米，拓展到2002年的10平方千米。一批工业园区、住宅小区相继建成，生产、生活等服务设施逐步配套。

供水建设方面，到2002年底，完成城关水厂一二期工程和一批乡镇供水工程建设，城区日供水量由5000吨增加到5万吨，满足城区15万人的生活和工业用水。

通信建设方面，2002年，全县程控电话装机已达25万门，全县24个乡镇、460个村居，全部开通程控电话，移动电话基本实现覆盖，互联网开始进入家庭。

……

据不完全统计，在"八五""九五"（1991—2000年）的十年中，安溪县多方筹资，共投入50多亿元用于基础设施建设，不仅从根本上改变了安溪落后闭塞的恶劣环境，更可喜的是它使安溪人的精神面貌发生了深刻的变化。

"靠自己的骨头长肉"是20世纪90年代安溪人最响亮的一句口号。当年，县委、县政府提出对内要练好内功，对外要树好形象，要破除安溪的小农意识、山区意识，树立起无所畏惧、敢拼敢赢的精神，树立起大局开放的形象。

在打基础中，安溪人找到脱贫的立足点，没条件也要创造条件艰苦创业，依靠自身的力量改变贫困的命运。提起这段历史，县委书记陈昭扬回忆说："打基础这件事，如果需要有一个前缀词，我觉得应该叫作'挺直脊梁打基础'。因为没有钱，要靠什么呢？100万人口都等、靠、要，那就是100万人的丐帮，100万个乞丐。但是如果安溪100万人的精气神能够上来，能够挺直脊梁，就是百万安溪百万军，是百万雄师。如果不认清这一点，一直等着有资金再来做，那永远做不下去。"

陈昭扬说："当年安溪穷是穷，但骨头敲下去，响出来的都是铜铁声。"

挺直了脊梁，安溪人不再自卑，而是充满了豪迈与自信。

第八章　兴茶富民

第一节　艰难争得茶叶自营出口权

在改革开放初期，进出口业务由国家特许的国营外贸公司垄断，外贸对于经济的拉动作用并不明显。很长一段时间里，茶叶属于我国的战略物资，出口更是受到限制。

安溪是茶叶出口大县，虽然有外国茶商与安溪直接联系，安溪却不能出口茶叶给他们。1983年，福建省委书记项南主持的一项调查报告指出，1983年以前茶叶收购价每斤为0.8元人民币，但同一时期香港市情报价安溪铁观音每磅（约0.45千克）300多港元。这种与市场严重脱节的状况，严重束缚了安溪茶产业发展的活力，造成"茶香民穷"的困境，出现茶农毁茶抛荒等现象。

安溪茶叶出口权问题，关系到全县几十万茶农的脱贫。多年来，安溪一直在努力争取茶叶的自营出口权。《福建日报》记者李宇思从20世纪80年代起，就多次写内参或在报刊公开发表文章，为安溪茶农呼吁。

在这个问题上，李尚大、唐裕等海外侨胞同样给予巨大支持。20世纪80年代以来，李尚大四处奔走呼吁，为安溪脱贫请命。他曾亲笔整理了一份长达20多页、名为《我为安溪人请命》的材料，呈送中央、省、市领导及有关部门，呼吁将茶叶出口权下放给安溪。

1987年7月3日，省长胡平对李尚大关于改革安溪茶叶出口专营体制的建议做出明确批示，为安溪日后争得茶叶自营出口权打下了基础。

1987年10月，李尚大获悉国务委员谷牧即将出访新加坡，便专门准备了一份反映材料。10月24日，李尚大为此专程从印度尼西亚前往新加坡，拜会出访的国务委员谷牧、福建省委书记陈光毅一行。

"安溪茶很香，安溪民很穷。"1988年2月5日，李尚大再次致函国务委员谷牧，请求帮助，给予安溪茶叶出口权。1988年2月23日，李尚大致函福建省委副书记贾庆林，对外贸公司垄断茶叶出口的情况提出意见。为争取安溪的茶叶出口权，十多年来，李尚大给中央及省、市领导写了数十封信，言辞恳切，读了无不使人动容。在给中央领导的一封信中，他写道：

> 福建省委第一书记项南先生1983年在省市县联席会议上，专题讨论安溪茶叶体制改革，正式指示安溪茶叶不合理之制度必须改革，不应有的束缚必须解除。这是福建省最高的指示，行文已经四年了，丝毫未见改善。部门垄断，既得利益牢不可破，令人痛心。
>
> 我自1986年初次回乡于今前后已四次回国，为安溪脱贫呼吁。……要救安溪人，从茶叶着手，是最实惠、最直接、最有效的。我们旅外的安溪人，为安溪脱贫乃具一片赤诚，毫无私念。假如政府当局不能及时采取改革，则数百年安溪茶叶的信誉，将从此烟消云散，所有安溪茶叶市场也将被人所取代，永无法翻身……
>
> 我们这些老弱的老华侨，还会擦着眼泪扶着拐杖回来。但是孩子们、孙儿们看了不合理的，他们就不一定肯第二次回去。为了我们的下一代，我恳求你能伸出援手，救救我的安溪！

出口经营权的背后，意味着巨大的经济效益，有关外贸公司无视中央的改革精神，不想轻易让出利益，将茶叶出口权紧紧攥在自己手中，搞茶叶出口垄断。它们一方面强调安溪缺乏外贸经验，另一方面许诺拨给安溪钢材、彩色电视机、汽车。但这些小恩小惠对安溪脱贫而言，于事无补。

安溪茶农砍茶树，茶企倒闭。为了争取获得茶叶自营出口权，安溪县委、县政府也多方力争。1996年，县长曾荣华代表安溪县人民政府，在北京饭店与中国土产畜产进出口总公司谈判。中国土产畜产进出口总公司是国营企业，财大气粗，态度强硬，只答应补贴200万元。曾荣华算了一笔账，安溪茶叶一斤5元钱，采茶工一天2元，还有化肥、人工等成本，茶农越种越亏钱。曾荣华当场拒绝了中国土产畜产进出口总公司的补贴建议，他说，当时安溪产茶3000万斤，就算茶价一斤补贴1元，补贴3000万元能解决什么问题？安溪要的是茶叶出口政策。

1996年，新华社记者余瑛瑞和《福建日报》记者李宇思（安溪湖头人，后任该社泉州记者站站长）一起深入安溪，联合采写内参。陈昭扬对余瑛瑞说："我们的茶农，就像汪洋中的一只小船，他没办法掌握自己的命运，随时都有覆灭的危险。1993年的特级铁观音，还是茶叶公司收购，实际上市场已经是上百块，这种垄断带给我们茶农的只能是贫困，所以安溪一定要争取茶叶出口权。"

余瑛瑞在写给中央的内参中写道：

> 今年乡里非铁观音茶园，已出现大面积毁茶套种其他经济作物或抛荒。南斗村一位原承包400多亩茶园的承包户，千方百计找人转包，条件只要替他交税。其他茶叶主产区也不同程度地存在此类问题。据估计，全县25万亩茶园中，套种其他作物的达6万多亩，抛荒5000多亩，毁茶几百亩。安溪是国家级贫困县，安溪是中国乌龙茶之乡，如果不扶持，乌龙茶就会绝种。

全国人大常委会副委员长王汉斌和对外贸易经济合作部部长、党组书记吴仪，看了新华社内参后，都批示外经贸部派人到安溪茶乡调查，促成有关部门放权。不久，外经贸部专门派人来安溪调研。调研组提交的报告客观反映安溪茶业存在的问题，充分赞同安溪的合理请求。

历经十多年的大力争取，1996年底，安溪终于获得每年3吨的茶叶自营出口权。虽然配额不多，但安溪通过努力，逐步突破了体制藩篱。此后，随着国家放开茶叶市场经营，安溪国营茶企、私营茶企纷纷拓展国外市场，让安溪铁观音香飘四海。

第二节　茶业发展"三步走"

安溪是因茶脱贫致富的典范。2002年9月，习近平在接受中央电视台"省长访谈"专题采访中，高度赞赏安溪茶业富民的做法。安溪茶农王奕荣作为全省科技兴农的代表，也应邀参与节目的现场录制，并送给习近平一罐安溪铁观音。节目中，习近平开心地说："香！我就用你这茶待客，替我们福建的茶做广告了！"习近平还对王奕荣说："老王，你要把技术传给茶农，让茶农种好茶，卖好价，让安溪茶农富起来。"

习近平对安溪茶农的关心鼓励，也一直成为安溪茶产业发展的精神动力。

茶业是安溪的民生产业，也是安溪脱贫致富的支柱产业。20世纪80年代以来，以茶脱贫一直是安溪县持之以恒的富民策略，是县委、县政府的"一号工程"。进入90年代末，县委书记洪泽生提出安溪茶产业发展的"三步走"战略，即：第一步"创名牌，拓市场"；第二步"保名牌，抓质量"；第三步"建市场，组集团"。"三步走"战略的实施，让安溪茶产业迎来第一次升级，茶叶品质大幅提高，兴茶富民，成效显著。

一、创名牌，拓市场

为了创名牌，安溪通过采取"改造、淘汰、集中"等措施，即改造低产、低效、低质的"三低"茶园，淘汰劣质混杂品种，改植换种铁观音，集中连片发展，建设"两大基地"（10万亩铁观音基地和6万亩绿色食品基地），推动全县茶业"优质、高产、高效、低成本"发展。

同时，调整茶叶品种结构，大力种植铁观音、黄金桂、本山、毛蟹、大叶乌龙等国家级良种，并引进新选育的省级良种杏仁茶、凤圆春、丹桂等，全县茶园优良品种占95%以上，逐步实现茶园良种化。在此基础上，安溪还实施"增产提质栽培技术工程"，提高鲜叶原料的持嫩性和内含物，为生产优质茶叶产品奠定良好的基础。

通过实施两大茶业基地建设，调整茶叶品种结构，推进安溪茶产业的升级，中低产茶园改造成效显著，制茶技术水平和茶叶品质有了较大提高。

1998年，全县涌现出11个万亩茶园乡镇、8个千亩村，茶叶平均单产进入全省、全国先进行列，全县乌龙茶总产量分别约占全国乌龙茶总产量的1/4和全省的1/3，名列全国产茶大县。

在建基地、创名牌的同时，安溪县率先走出去开展茶文化宣传，拓展国内国外茶叶市场。国内市场方面，以茶文化为载体，以"巩固闽粤，发展京沪，开拓东三省，辐射全中国"为目标，开展茶王赛、茶叶品尝会等形式多样的宣传促销活动，大力拓展内销市场。国外方面，大力争取茶叶自营出口权，并利用茶叶出口配额限制逐步取消的有利时机，发挥安溪原产地优势，不断扩大日本市场份额。同时，充分运用侨力，扩展东南亚和欧美市场。

二、保名牌，抓质量

质量是茶叶的生命，也是茶叶品牌的核心，县委、县政府高度重视茶叶质量，成立"茶叶质量管理领导小组"，从涉茶各环节抓好茶叶质量安全。

——从生产源头抓好产品质量。在实施两大茶业基地建设中，深入开展茶农技术培训计划和推广"合理修剪、深翻改土、园间覆盖、配方施肥、病虫防治、适时采摘"等技术，提升茶叶产量和质量。

——注重制茶工艺与设备的引进和革新。充分发挥安溪与台湾人缘亲近、茶缘深厚的优势，引进台湾先进的制茶技术及茶叶加工机械设备，提高茶叶的制作水平，使全县的茶叶品质有了新的飞跃。如，引进和推广茶叶包揉机，以及空调"做青"设备，形成了以机械制作为主、以手工操作为辅，逐步实现乌龙茶初制规程化。

——大力抓好生态茶业。在各茶叶主产乡镇，建立茶树病虫测报站，定期做好茶树病虫害预测预报，及时指导防治茶树病虫害工作。大力推广使用生物农药、生物肥料，加大农药市场整治力度。针对炒青中使用燃煤不足的情况，引进台湾的电力炒青设备，解决茶叶加工制作中的污染问题。

安溪县严格管控茶叶质量安全的做法，受到福建省政府的充分肯定。后来，省政府把国家茶叶质量监督检验中心（福建）建在安溪，这不仅可以便捷服务安溪茶产业发展，也让茶界和消费者对安溪茶叶有信任感。

——充分发挥证明商标的法定效力。证明商标是国家新出台的一种特定商标，专门用来证明产品的原产地和特定品质，具有较强的法律效力。"安溪铁观音""安溪黄金桂"证明商标于2000年4月获得国家工商总局批准，5月正式组织实施。

有一阶段，某台湾知名茶企在北京经营茶业，使用安溪铁观音名称，但企业在安溪并没有茶厂。县长曾荣华指派安溪有关部门前往北京与该企业交涉，该茶企不久就到安溪设立分厂，建设茶叶生产基地。地理商标在维护市场竞争和消费者权益上发挥了作用。

三、建市场，组集团

2000年，安溪在城区建成"中国茶都"，通过四五年的努力，培育出一个规模大、档次高、功能全及设施配套、辐射力强的全国茶叶专业批发市场。以中国茶都为龙头，感德、剑斗、龙涓、长坑、西坪、祥华等茶叶主产乡镇，也先后建成各具特色的茶叶贸易市场，健全安溪茶叶县内市场网络，对外畅通安溪茶叶流通渠道。

培育一批龙头企业，是茶产业品牌带动的必由之路。中国茶都建成后，县委书记洪泽生提出要鼓励扶持龙头茶业企业发展。2000年11月，国营安溪茶厂改制为安溪茶厂股份有限公司，并以其核心企业，组建成立了福建省安溪铁观音集团，由凤山茶叶采购公司等5家子公司和10多家半紧密型、松散型企业组成。福建省安溪铁观音集团成立后，加强规范管理，形成一个"市场牵动龙头、龙头带动基地、基地连接农户、产加销一条龙"的格局，实现生产、加工、销售、科研等环节紧密衔接，协调发展。后来，因市场环境发生变化，福建省安溪铁观音集团又实行股份制改革，成立"福建安溪铁观音集团股份有限公司"，改制为民营企业。

在市场化发展中，一批安溪人创办的品牌茶企，如八马茶业、华祥苑茶业、日春茶业、三和茶业等，在县委、县政府的鼓励扶持下，不断发展壮大。

安溪八马茶业有限公司前身为创办于1993年的安溪县西坪溪源茶厂，2006年迁往龙门镇，改制为安溪八马茶业有限公司，拥有西坪和龙桥两个茶叶精制厂，总建筑面积6万平方米，年茶叶加工能力6000吨，其中，龙门茶叶精制厂是国内现代化水平最高的乌龙茶铁观音精制厂，国家唯一乌龙茶GAP（良好农业规范）示范基地。

八马茶业创始人王文礼是国家级非物质文化遗产乌龙茶（铁观音）制作技艺代表性传承人。受过高等教育的王文礼，面对茶叶市场新业态，他摒弃传统的销售渠道，在沃尔玛、大润发等大型商场开设了200多个茶叶专柜，逐渐打开国内广阔的市场。同时，积极向海外拓展，成为日本知名茶叶饮料商三得利、伊藤园等大公司的主要供应商。近年来，八马茶业又大力开发线上渠道，陆续入驻京东、天猫等各大主流电商、购物平台，并连续多年"双十一"蝉联天猫全网乌龙茶类目销量冠军。

发展连锁经营，是八马茶业的又一发展策略，八马茶业在全国各大城市的门店达2000多家。八马茶业聘请国际著名形象设计机构进行整体策划，从标准化的产品系列展示、高雅的店面装潢入手，打造出企业的高端品牌形象。目前，八马茶业已是农业产业化国家重点龙头企业、中国茶行业标志性品牌、中国连锁品牌质量50强。

由肖文华创办的华祥苑茶业股份有限公司，在安溪建设最高环保规格的有机茶园基地和铁观音茶叶庄园，公司荣获行业、省级与国家级重大荣誉60多项，成功塑造出以"中国儒士精神"为核心的茶文化品牌。

由王启灿、王启联兄弟创办的日春茶业，采用"真不二价"销售和100%直营连锁的模式，先后在北京、上海、深圳、广州、西安等地设立销售分公司，门店覆盖了全国大部分重点城市，公司成为茶界的龙头企业。

祥华人吴传家1987年创办的安溪县祥华茶厂,在铁观音传统制作工艺基础上大胆创新,成功研制出轻发酵、清香型铁观音,推动安溪铁观音产品的多元化发展。1999年,祥华茶厂的"祥华牌"铁观音,被国务院国谊宾馆指定为专用茶。

三和茶业成立于1995年,董事长吴荣山从经营茶馆做起,创新茶叶营销和茶文化推广相结合的营销模式,举办"三和中国工夫茶道世界巡礼",积极走出国门,到欧洲各国去宣传推广中国茶文化。

……

这些产业基础好、带动能力强的龙头企业,拉长了安溪茶叶产业化链条,助力安溪做大做强安溪铁观音品牌。

茶业"三步走"发展战略的深入实施,使安溪茶叶无论是生产规模、产品质量,还是销售渠道、市场占有率,都迈上一个新台阶。

第三节　3万元建起中国大茶都

一、"中国茶都"的命名

经过10多年的持续宣传，20世纪末，安溪铁观音的品牌逐步树立，安溪的茶叶年产量已达到3万吨，各地慕名来安溪采购的茶商络绎不绝。如何方便各地茶商来安溪采购茶叶，如何让广大安溪茶农实现与市场对接，是县委、县政府当时考虑的重要议题。

通过调研，县委书记洪泽生认为只有掌握和占领市场的主动权、制高点，才能在激烈的竞争中永远立于不败之地。安溪作为产茶大县，必须拥有自己的茶叶市场。

"要抓紧规划、筹建全国性茶叶市场，搞活流通。"1999年全县三级干部会议上，洪泽生指出，要充分发挥茶乡优势，力争茶业产业化有新的突破。4月，县委、县政府决定成立茶叶批发市场筹建领导小组，由省驻安溪工作队队长、省财政厅挂职副县长方曦任组长，县委助理调研员谢志攀任副组长。为了建设茶叶市场，领导小组随即组织有关人员南下广东，北往安徽芜湖，西往云南昆明，深入国内茶市调研考察。经过反复论证，决定打造一个"以经贸为主，茶文化为轴，集茶叶贸易、信息交流、茶文化研究传播、茶旅游、茶科研、茶质量检测为一体的全国最大茶叶市场"。

1999年7月，安溪全国茶叶批发市场项目列入泉州市2000年重点工程项目。同时，上报省计委，省计委于2000年4月批准立项。

在"中国茶都"规划设计过程中，所有细节都被反复推敲，上至市场多大，下至店铺多少，就连给市场命名都经历了一波三折。当时全国各地的茶叶销售区多以市场或批发市场命名，县里也普遍认为"安溪全国茶叶批发市场"既通俗又好记。但也有人表达不同意见："全国茶叶批发市场"缺乏辨识度，人们很难把它和安溪联系起来。因为安溪盛产乌龙茶，自古就有"闽南茶都"之说，由此有人建议以"中国安溪茶都"命名。经过多次讨论，县委、县政府研究后,初定为"安溪中国乌龙茶都",并于1999年10月1日举行"安溪中国乌龙茶都"奠基仪式。

安溪茶叶批发市场的建设思路是,主楼不卖,政府作为公益专用,如一楼、二楼作为办公和服务中心,三楼建成茶文化厅,四楼作为大型会场专用。其他的楼盘是一二三楼连起来卖,设计上考虑闽南农村实际,茶农购房,喜欢"有天有地",既有店面可以经营,又有套房可以居住,上下连成一体。市场的这个设计理念,后来的运作证明是很成功的。

2000年4月初,省旅游局同安溪县政府商议,决定2000年12月在安溪举办"中国茶都(安溪)茶文化旅游节暨首届铁观音乌龙茶节",并确定开幕式在茶都广场举行。受这个活动的启发和鼓舞,安溪县决定将市场名称由"安溪中国乌龙茶都"改为"中国茶都"。但是"中国茶都"难以注册,便以副名"安溪全国茶叶批发市场"进行注册。同时,安溪县还邀请广东省原省长梁灵光、著名书法家梁披云、中国书法家协会主席沈鹏,分别题写"中国茶都"和"安溪全国茶叶批发市场"。

2000年5月,在北京举办的茶博会上,安溪全国茶叶批发市场的模型——安溪中国茶都,开始宣传茶都项目。"中国茶都"的名字引起全国茶业界轰动,人们褒贬不一。但是,"中国茶都"的命名无疑是成功的,它在无形中彰显了安溪人的胆略与气魄,不止在业界,更重要的是在全国范围内提高了安溪的知名度。

2000年6月28日,时任福建省省长习近平到安溪进行调研,实地考察中国茶都工程,高屋建瓴地提出,安溪建设中国茶都设想很好,要把中国茶都建成茶业之都、文化之都。

二、3万元开办经费

安溪县决定高定位、大手笔、高起点建设中国茶都,但具体落实下来,选址、资金、销售都是棘手的难题。

项目立项后，紧接着要进行选址。地处城厢镇员宅村的一片沙滩地，无疑是块"风水宝地"，它地处安溪县城的南大门、省道305线旁，依山傍水，安溪火车站近在咫尺，地理环境优越。经1993年初步开发，其中已有100亩作为花卉苗圃用地和简易企业工棚，另外150亩也已转让给两家房地产商和两位安溪籍侨、台商，土地转让金达930多万元，县开发区办已收取其中的515万元。为了及时定址，筹建组同原业主多番协商。1999年6月，这两位侨胞、台胞和两家房地产商，均表示愿意原价无息收回土地款，让出土地供政府开发茶叶市场，选址难题迎刃而解。

当时安溪刚摘掉国定贫困县的帽子不久，最大的困难是资金缺口，县财政收入不足3亿元。曾荣华主持召开的县长办公会上决定，县财政只拨出3万元作为开办经费，用于添置筹建组和售楼部的办公用具。3万元相对于上亿元工程款，无疑是杯水车薪。

工作组意识到，单靠政府或某个部门的投入无疑是不现实的，必须创新项目的运作方式，才能从根本上解决面临的资金难题。1999年11月，县委、县政府批准成立安溪全国茶叶批发市场开发有限公司，由副县长方曦担任公司总经理。在方曦的斡旋下，新成立的公司向电力公司借款100万元、向泉州市财政借款200万元，以协商方式收回的150亩土地评估作价1628万元，凑合2000万元作为注册资金。

公司成立以后，马上聘请房地产和建设部门对茶都一期工程进行建设成本测算，采取保本开发、让利茶商茶农、预售商铺的办法进行融资。安溪县人民政府研究下发《关于印发安溪全国茶叶批发市场招商优惠办法的通知》，出台对投资开发者、购房置业、入都经商者的优惠办法，以及综合配套服务保障措施。如，对购房置业的，实行开发成本价售房优惠办法，并享受安溪县工商银行提供六成房款3~15年的银行按揭。设立服务窗口，协助办理各项证照。购房者子女就学，凡已落户者，按城关地区常住户口学生就学规定办理入学手续。

同时，通过中央电视台一套、七套，广州电视台（广东安溪茶商多），福建省、市、县电视台，以及《人民日报》《经济日报》《福建日报》《泉州晚报》等新闻媒体，通过厦门"9·8"投洽会、泉州"9·9"商交会、世界安溪乡亲联谊会，通过北京、上海、广州茶博会等各种大型活动，通过派出人员、出动宣传车到各乡镇，密集宣传推介茶都等，多形式扩大影响，促进售楼招商。

2000年1月25日，利用旅外乡亲大量回乡过节的时机，正式启动售楼。春节一个月，公司通过预售楼房，融资2000多万元，又向银行贷款600万元，筹集首笔到位的建设资金。就这样，依靠"预售店铺、银行按揭、适当规模贷款、滚动发展"的办法，凭着一张效果图和一座模型，中国茶都开工了。

从2000年3月5日施工队进场，到12月15日一期工程全部完成，总面积10万平方米的建筑，仅用了280天。

12月17—19日，由泉州市政府和福建省旅游局主办、安溪县政府承办的中国茶都（安溪）茶文化旅游节暨首届安溪铁观音乌龙茶节开幕式、茶都市场开业庆典，同时在茶都广场隆重举行。12月18日上午，全国政协副主席张克辉、全国政协常委胡平等各级领导，以及海内外茶业界、文艺界、商业界、兄弟县（市、区）代表1000多人出席。

开业期间，茶都举办"安溪茶王大茗战""万人烛光大品茗""国际茶道大献艺""中华茶韵大展示""茶都文化大踩街""安溪茶宴大品尝""闽南风情大表演""茶园风光大畅游"等丰富多彩的活动，并举行茶文化研讨会、茶叶订货会、投资经贸签约仪式、安溪乡镇企业产品展销会，以及一批工程的奠基剪彩仪式，共签订投资项目47个，协议投资总额16.3亿元人民币，协议利用外资1.037亿美元；签订茶叶订货项目59个，合同金额1.65亿元；这一系列活动过程中，先后有60多个国内外旅行社和旅游公司与安溪签订旅游组团项目，活动取得显著成效。

中国茶都开业后，安溪又先后举办海峡两岸茶文化交流会和第一届、第二届中华茶产业国际合作高峰会等大型活动，进一步扩大中国茶都的知名度和影响力。

三、交易额每三年翻一番

中国茶都不单要建起来，更要活起来。2001年春茶上市，安溪茶农开始会聚到中国茶都交易大厅进行毛茶交易。

然而春茶交易的旺季一过，茶都一度冷清下来。茶都管理者又一次面临考验，假如市场短期内无法繁荣起来，茶商不愿进场，店铺无法销售，资金回笼运转将十分困难。培育市场、繁荣市场成为首要任务。

公司分析了市场冷清的原因，主要是知名度不高，外地采购商家来得少，本地商家信心不足，没有形成有效的人流、信息流，自然也就缺乏资金流。为此，县委、县政府一方面对一部分尚未卖出的楼房，统一设计、统一装修后出租；另一方面，充分发挥茶业行业协会作用，通过减免税收等优惠政策，吸引茶商入驻，仅一个月时间茶店就全部租出。获得茶王称号的茶企和个人，如八马、魏荫等，入驻在面向广场中间的好位置，作为形象店。对入驻的茶店，公司半年免租金，一年减半；对卖茶的茶农，都要求进茶都销售。对入驻市场的经营者，全方位为他们做好服务。此外，加大宣传力度，在东南电视台等各种新闻媒体进行宣传，提高茶都的市场知名度。

不仅如此，为解决茶叶淡季人气不高的问题，每星期都会在茶都广场上映两场电影，邀请南音演唱队和安溪艺校歌舞队在广场开展经常性演出活动，以吸引人气。对外地客商到茶都举办产品展销促销活动，无偿提供场地，提供水电、桌椅等。对到三楼多功能大厅举行文艺汇演、联欢会、报告会等活动的部门和单位，不但不收场地费，还提供灯光、音响、茶水等。通过市场导向和行政手段招商，茶都店铺很快全部入驻。

随着人流量增多，秋茶上市，逐步引来外地采购商，本地的商家也逐步入驻，市场开业的第一年交易额就达2.78亿元。2002年上半年，一期剩余店铺全部售完，收回全部投资，实现了无负债经营。先期入驻商家尝到甜头，形成一股入驻茶都的热潮。

在茶都一期店铺热销的影响下，茶都二期工程尚未封顶，店铺就已全部售罄。县委、县政府决定乘势而上，于 2003 年建设茶都三期工程。从 2000 年一期工程到 2003 年三期工程，茶都建设四年迈出三大步：总占地 250 亩，总建筑面积 18 万平方米，总投资 5 亿元，建有商住两用店铺 1800 间（套），茶叶交易大厅两个，交易摊位 3000 个。2003 年 7 月 11 日，"中国茶都——安溪全国茶叶批发市场"获国家工商总局正式注册，成为国内唯一冠以"中国"并获注册的茶叶批发市场。

茶都交易量、交易额每三年翻一番，2001 年交易额 2.78 亿，2003 年交易额达 5.6 亿，2006 年达 11.2 亿，在全国同类市场建设发展史上是绝无仅有的。

为顺应形势发展，县委、县政府成立中国茶都管理委员会，出台一整套管理措施和办法，统一协调和管理市场的各项服务工作。如：成立茶文化研究中心、茶文化博览馆、茶叶精品展厅、文化广场、电子商务网站、茶叶科技咨询中心、茶叶质量检测中心和客运站、酒店等配套服务设施，为入驻商家提供茶叶产销信息、技术培训等各项服务。

中国茶都开业后，逐步步入良性循环：不到 3 年就纳税 1000 万元，被中国茶叶流通协会授予"全国重点茶市"。2006 年被商务部列为农产品市场"双百工程"，同年被国家旅游局评为"全国农业旅游示范点"。2007 年，中国茶都茶叶交易量 1.43 万吨，交易额超过 13.2 亿元。中国茶都是国内同类市场中投资最多、规模宏大、品位高雅、配套功能完善的茶叶专业市场，2012 年 6 月，中国茶都安溪茶叶批发市场被国家工商总局授予"全国诚信示范市场"荣誉。

中国茶都品牌形象的确立，又促进了中国茶都自身功能的逐步升级。到中国茶都观光旅游、品茗购茶的国内外安溪铁观音爱好者不断增多，全国茶叶主产区的茶商纷纷到中国茶都设店卖茶，市场活跃。而人流、信息流和资金流的良性流动，更是让中国茶都熠熠生辉。

中国茶都产生巨大的辐射带动作用，不仅助推安溪茶业迈向市场化，而且培养、强化了安溪人的市场意识、经商意识，带动形成安溪 10 万茶叶销售大军，带旺了全国茶叶市场。2000年以后，安溪茶叶市场迅速扩展，形成广东、闽南、长江流域和北方四大市场，其产品热销日本、东南亚等40多个国家和地区，茶业作为安溪县的民生产业地位得到确立并巩固。

中国茶都的成功运作，引起国内茶业界的极大关注，前来参观者络绎不绝。国内许多产茶县，纷纷仿效安溪建设中国茶都的做法，建造茶叶批发市场，带动了全国茶产业的繁荣。

第四节　茶文化"点铁成金"

一、不断创新的安溪茶王赛

安溪素有斗茶传统。"斗茶",亦称"茗战",始创于唐末福建茶区民间,比赛茶叶质量的好坏。其技巧性强,趣味性浓,为生活增添乐趣,很快为文人士大夫所接受并推广开来。因此,斗茶被认为是中国古代茶艺的最高表现形式。

唐代饮茶开始兴起。陆羽《茶经》云:"盛于国朝两都,并荆、俞(渝)间,以为比屋之饮。"唐人品茶,重品沫、品色、品味。唐人冯贽《记事珠》称"建人谓斗茶曰茗战",说明晚唐时闽人已有了斗茶的习俗。宋元时期,泉州作为当时最大的海外贸易港口,当地权贵、社会名流、文人墨客斗茶兴致极高。北宋苏辙在《和子瞻煎茶》的诗中称:"闽中茶品天下高,倾身事茶不知劳。"北宋时曾任过泉州知府的蔡襄,写过一部《茶录》,是宋代极有影响的品茶专著。茶坊、茶肆等,则是当时泉州市民阶层进行社会文化交往的场所。

安溪"茶王赛"可上溯于明清,当时安溪境内遍植茶树,茶叶日益商品化,品茗、斗茶开始流行。

清雍正、乾隆年间,安溪茶农发现并培育了名茶铁观音;道光十年至光绪六年(1830—1880),乌龙茶良种如本山、毛蟹、黄金桂、梅占、大叶乌龙等品种,也相继在安溪培育成功。茶农对茶叶品质越来越讲究,每逢新茶登场之时,茶农们挑选自制的上好茶叶,兴致勃勃地聚集到一起斗茶,轮流品鉴所有参赛者泡制的香茗,评出高低,场面十分热闹。后来,民间斗茶逐步演化成茶王赛。

改革开放以后,随着安溪茶产业的兴起,茶王赛成为县、乡镇、村居常见的茶事活动,通过层层选拔、筛选,评选出金、银、铜等奖项的茶王。1982年5月,安溪政府举办茶王赛,王木瓜所制茶叶荣获铁观音第一名。

1993年11月8日，由县人民政府与泉州远太公司联合举办的安溪"四大名茶"（铁观音、黄金桂、本山、毛蟹）茶王赛在泉州举行，茶王以500克1万元起价进行拍卖，开了安溪茶王拍卖先河。

1995年，安溪铁观音的发源地西坪镇隆重举办了茶王赛，并现场拍卖茶王，新加坡安溪侨亲魏荣南以500克58000元的价格竞买走金奖茶王。当时黄金的价格500克还不到3万元，各级媒体赞誉"安溪铁观音，名贵胜黄金"。

安溪县对茶王赛的主题、内涵、机制等，不断进行改革和创新，采取"政府搭台、企业唱戏"的方式，茶王赛逐步发展成为由县、乡镇、村居组织的大型茶业赛事。各层级举办的茶王赛，往往参与者踊跃，竞争激烈。各个品种的"茶王"，对获奖者除了颁发奖牌和奖金给予鼓励外，有的还敲锣打鼓，八抬大轿迎送"茶王"，巡回宣传，无上荣光。而茶王赛上的拍卖活动，不断刷新安溪铁观音的成交价格纪录，不但提升了安溪铁观音的知名度，也促使茶农刻苦钻研制茶技术，"粗茶一担不如好茶一斤"的质量意识深入人心。

近年来，安溪茶王赛更是融合了茶艺、茶歌、茶舞表演和文艺踩街、茶王拍卖会、产品展销会、专家论坛等丰富内容。特别是利用微博、微信、抖音等新兴媒体和自媒体平台，直播斗茶大赛，演绎全球网络品茗会，把全球的"铁粉"吸引到斗茶活动中，共同聚焦茶王的诞生过程，一起分享茶香盛宴。

二、茶王赛办到哪茶店开到哪

初期，安溪茶王赛大多在县内茶叶主产区举办。随着名气的扩大，茶王赛便开始走出安溪，在全国各地举办。

继1993年11月在泉州举办安溪"四大名茶"茶王赛并首开拍卖先河后，为进一步扩大效应，1995年5月，安溪县政府又在厦门举办一场茶王赛。

1996年11月9—11日，安溪茶王赛首次走出福建，在广州中国大酒店隆重举办广州（安溪）"四大名茶"茶王邀请赛暨产品展销会。

1996年5月，当确定在广州举办活动后，副县长陈水潮立刻带队赶赴广州，发动茶商、茶企捐款，筹措活动经费，选择举办地点，联络合办单位。因人生地不熟，筹备小组住快捷宾馆，吃快餐，四处联络，不放过任何一个有希望的合作者。由于当时安溪铁观音还没有多大名气，一时很难找到合适的合作单位。最后经乡贤帮忙，才联系到海珠区政府。筹备小组多次主动上门和海珠区经济合作局沟通，双方同意合作举办活动，并确定了中国大酒店作为活动会场，秋交会后举办茶王赛。

广州茶王赛取得前所未有的成功。茶王赛期间，广东省原省长梁灵光等领导、茶业界人士及海内外客商1000多人参加盛会，活动现场座无虚席。第二天，中央电视台晚间新闻报道了这场活动。

广东惠州市政协主席在接受记者采访时说，从来没有喝过这么香的铁观音，从来没有听说过这么高的茶叶价格，从来没有观看过这么精彩的茶艺表演。正是这"三个从来没有"，让安溪铁观音的宣传效应充分体现。茶王赛后，广东地区的安溪铁观音茶价上浮20%以上，甚至影响到香港、澳门和东南亚的价格。

广州茶王赛的成功举办，带给安溪县走出去举办茶文化活动的信心。1998年11月，安溪县在上海华亭宾馆举办上海（安溪）"四大名茶"茶王邀请赛暨产品展销会。1999年6月，在北京钓鱼台国宾馆举办安溪"四大名茶"茶王邀请赛。同年11月，在香港举办安溪铁观音茶王邀请赛暨产品展销会，香港部分全国人大代表、政协委员，香港特区议员、官员及海内外嘉宾700多人参加盛会。

……

1999年，北京市民对安溪铁观音还很陌生。为了做好钓鱼台国宾馆茶王赛预热宣传，安溪县首先在北京举办一场新闻发布会。有记者向安溪县县长曾荣华提问：什么是铁观音？铁观音怎么煮茶叶蛋才会香？连记者都对安溪铁观音不了解，普通百姓更不用说了。

1999年6月11—12日，北京（安溪）"四大名茶"茶王邀请赛暨产品展销会在钓鱼台国宾馆隆重举行,全国政协副主席罗豪才、全国人大常委会原副委员长王汉斌等中央、福建省、泉州市领导,多个国家的驻华大使及海内外嘉宾400多人参加盛会。《人民日报》等50多家新闻媒体到现场采访报道。

活动期间,县委书记洪泽生在与钓鱼台国宾馆管理局领导交谈中,得知外交部每季度举办一次联谊会,各国大使、国外大公司和一些国家部委领导都会参加。洪泽生便想利用联谊会搞一场安溪铁观音茶艺表演。日本大使提出一个要求,说日本的一个茶艺队也要参与联谊,体现中日文化友好交流,外交部也同意了。但联谊会的宣传横幅,挂的还是"安溪铁观音茶艺表演专场"。

北京茶王赛和联谊会效果显著,产生多重效应。活动后,国谊宾馆、钓鱼台国宾馆、人民大会堂都联系安溪茶艺团去表演茶艺,并分别向安溪订制铁观音专用茶。安溪茶厂的凤山牌茶叶和茶具从此进入钓鱼台国宾馆每个客房。北京马连道茶城经营安溪铁观音的商户一下子多了起来,北京市民喝安溪铁观音的也越来越多。

洪泽生回忆说,在北京举办活动后,北京不少领导来福建,都会委托买点安溪铁观音带回去。福州西湖宾馆也打电话给洪泽生,希望安溪茶企能提供专用茶。洪泽生任泉州市副市长后,带队到俄罗斯参加经贸活动时,看到俄罗斯的官员也以喝安溪铁观音为荣,内心颇感欣慰。

茶王赛等各种茶事活动,提升了安溪铁观音的价值,让安溪人民勇于走出家门,抢抓机遇,拓展市场。茶王赛举办到哪里,安溪人的茶店就开到哪里,形成了"无安不成市、无铁不成店"的茶业奇迹。有人这样形容:有钱人喝铁观音,没钱人喝洋参。洋参比铁观音价格便宜,安溪铁观音价格的稳定上涨,增加了广大涉茶人员的收入,推动了安溪社会经济的进一步发展。

三、茶文化宣传队

安溪是中国乌龙茶之乡,也是中国茶文化艺术之乡,在千年的产茶历史中，培育出积淀丰富、多彩多姿的安溪茶文化。铁观音工夫茶艺就是其一。

铁观音工夫茶体现在种植、加工制作和冲泡品饮等环节，尤其十分讲究品饮技巧和艺术。

1994年10月，第二届世界安溪乡亲联谊大会召开之际，安溪铁观音茶王赛等茶事活动列入大会的主要议程。为了更好地宣传安溪茶文化，服务茶产业发展，县政府要求创编一套安溪茶艺，把名茶品尝活动与安溪传统泡茶技艺有机地结合起来，让世界各地安溪乡亲和来宾们进一步了解安溪茶文化。

接受任务后，县茶叶局蔡建明、文化馆李波韵等人组成工作小组，几经研究讨论，创编出一套具有安溪茶乡风格，融传统茶艺与现代风韵为一体的安溪铁观音茶艺表演样式，分为16个流程：神入茶境，展示茶具，烹煮泉水，沐霖瓯杯，观音入宫，悬壶高冲，春风拂面，瓯里酝香，三龙护鼎，行云流水，观音出海，点水流香，敬奉香茗，鉴赏汤色，细闻幽香，品啜甘霖。同时，宣传教育部门从华侨职校等学校挑选12名女学生参加排练，组成安溪茶艺表演队。这支茶艺表演队在当年10月第二届世界安溪乡亲联谊大会上首次献演，即引起各界关注。

此后，安溪铁观音茶艺的表演流程又经过不断提炼，缩减为8个流程，即：烫杯——白鹤沐浴；落茶——乌龙入宫；冲茶——高山流水；刮沫——春风拂面；斟茶——关公巡城；点茶——韩信点兵；看茶——赏色嗅香；品茶——品啜甘露。简单易学，高雅实用，传达出"纯、雅、礼、和"的安溪茶道精神。原省长胡平观看后，欣然题词："探索千年茶文化，寻觅观音古神韵。"1997年，《解放日报》主编丁锡满在观看安溪茶艺表演后激动地说，"从来没看过如此精彩的茶艺表演"，认为在他所观赏到的茶艺表演中，安溪茶艺表演最到位、最流畅。1999年5月，文化部"中华茶文化"摄制组到安溪专题拍摄茶艺表演，并在世界150多个国家的中国大使馆进行播放。

2005年9月，安溪县茶艺表演队正式更名为安溪县茶文化艺术团，成为当时全国唯一拥有正式编制、财政全额拨款的茶文化艺术事业单位。茶文化艺术团在创编安溪铁观音茶艺的同时，还创编了"绿茶茶艺""红茶茶艺""日本茶道"等古今中外的特色茶艺。古雅清丽的古乐声中，美丽典雅的安溪茶艺小姐款款有序，用她们行云流水般的动作，展示令人心醉的茶趣和茶境。

小茶艺，大作为。此后，安溪茶文化艺术团每年都献演120场次以上的节目，成为安溪茶文化的宣传队、茶文化的传播者及茶产业的推动者。联合国教科文总部文化事务主管官员阿丽丝，在观看安溪茶艺表演后，高兴地说："我今天遇到一件最美好的事，就是纯、雅、礼、和。"

安溪县茶文化艺术团先后应邀赴香港、台北等地区，以及日本、法国、科威特、韩国、比利时、意大利等国家进行文化交流，被新闻界誉为"中国茶文化的精品"。

在茶文化艺术团的带动下，全县已有上百支少儿茶艺表演队、企业茶艺表演队，常年开展茶艺普及宣传，成为宣传推广安溪茶文化的骨干力量，为安溪铁观音拓展市场、提高知名度和美誉度，发挥了积极作用。

全县不少中小学校还把安溪茶文化列入校乡土文化教材，从小抓好茶文化教育。安溪县沼涛实小的"茶都小博士"少儿茶艺队，参加全国少先队体验教育成果展示，获得优质课题一等奖。八马茶业、华祥苑茶业、三和茶业等茶企的茶艺队，还先后在厦门金砖国家领导人会晤、中印东湖会晤等大国外交茶叙中提供茶艺服务。

第九章　工业强县

第一节　乡镇企业异军突起

一、实施"一乡一业""一村一品"

　　福建省高度重视乡镇企业发展，改革开放之初，省委书记项南就提出，经济发展，乡镇企业要打头阵。1983年之后连续多年，省委、省政府分别在晋江县陈埭镇、长乐县金峰镇、莆田县江口镇等多个地方召开全省乡镇企业现场会，有力推动全省乡镇企业的发展。

　　安溪乡镇企业的前身，大多是农村手工业和社队企业。随着联产承包责任制的全面推行，农民的生产积极性空前提高，农业生产迅速增长，为农村非农产品的发展提供良好的物质条件，也使大量农村劳动力从土地的束缚中解放出来，农村商品经济进一步发展，出现乡办、村办、联办、户办等各种形式的企业。1980年，全县社队企业823个，从业人员18000多人，比较有名的乡镇企业有尚卿乡竹藤编工艺厂、西坪茶叶加工厂等。

　　1985年安溪县被确定为国定贫困县后，县委、县政府充分运用中央、省给予的扶贫帮扶优惠政策和灵活措施，坚持"以改革促发展，以开放促开发"的原则，发挥"山、侨、台"和"茶、林、果"优势，依托资源，外引内联，大力发展乡镇企业，促进贫困山区的经济发展。

　　在1988年2月召开的全县三级干部会议上，县委、县政府提出实施"一乡一业""一村一品"的农村经济发展战略，要求各地因地制宜，选准投资少、见效快、有市场、家家户户都能干、有助于尽快解决群众温饱的"短、平、快"项目，采取短、中、长期结合的办法，兴办各类经济实体，大力发展乡镇企业。此后，芦田、剑斗、蓝田、祥华、长坑、蓬莱等乡镇，纷纷兴办茶叶加工厂；官桥、龙门等乡镇，纷纷兴办石材加工厂；尚卿兴办竹藤编工艺厂；城厢、参内等乡镇，兴办水暖阀门加工厂，初步形成各具特色的产业。

至1991年，全县创办"一乡一业""一村一品"企业达8000多家，其中乡镇办企业230家、村办870家、联办351家、户办7258家，年总产值达1.87亿元，占全县工农业总产值的43%。

1992年，国务院下发的〔1992〕19号和〔1993〕10号文件，充分肯定了乡镇企业的重要作用，为乡镇企业创造空前良好的外部环境。安溪县把握发展机遇，连续多年实施"乡镇企业年"活动，出台各种政策，鼓励大力发展乡镇企业。全县内半县以种养加工为主，外半县以工商企业为主，形成各具特色的县域经济。内安溪山地广阔，资源丰厚，气候适宜，引导发展种养型企业，积极鼓励发展茶业、种植业、畜牧业和食用菌生产。外安溪乡镇特别是工业卫星镇，重点发展藤铁、冶炼、建材、服装鞋行业和"三来一补"加工工业。

这个阶段，安溪县学习借鉴晋江县等沿海县（市）发展乡镇企业经验，采取"四个一"（一个收费窗口、一个纳税申报厅、一张收费卡、一条龙服务）措施，全县各机关、单位建立服务承诺、限时办结制等多项制度，改善工作作风，优化投资软环境。同时，先后颁布实施《安溪县鼓励外来投资优惠办法》等多项优惠政策，树立"人人都是招商主体、人人都是投资环境"的理念，营造优质、高效的服务环境。在解放思想的带动下，安溪呈现出多种经济成分企业齐头并进的局面。

二、培育特色支柱产业

在发展乡镇企业中，安溪一方面是打基础，夯实基础设施建设；另一方面是立支柱，努力培育支柱产业。全县除了大力发展茶产业、藤铁工艺业这两个富民支柱产业外，立足各乡镇实际，发挥资源优势，培育出一批带动性强的支柱产业。

食用菌生产是蓝田、龙涓等内安溪乡镇的特色产业。蓝田乡是省定贫困乡，地理位置偏僻，距离县城70多千米。该乡立足丰富的竹林资源和光温资源，以发展香菇为主，开发了香菇、花菇、竹荪、猴头菇、灰树花、姬松茸等21个菌系，菌类种植成为该乡的主要经济支柱。蓝田食用菌开发公司拥有12条食用菌生产线，产品销往海外，2000多户贫困户10000多贫困人口由此走上脱贫致富之路，被时任泉州市委书记何立峰赞誉为"蓝田模式，山区明珠"。

龙涓乡立足资源特色，兴办以陶瓷业和水电为主的乡镇企业。1992年，龙涓办有福昌电瓷厂、福都陶厂、三乡铸造厂和7家小水电厂。1994年，龙涓改进陶瓷加工工艺，开发生产瓷坐垫、瓷凉席、瓷枕巾、瓷靠背巾等仿玉瓷珠编织品，产品畅销国内外市场。福昌电瓷厂以生产工业用瓷为主，1990年3月，该厂获机械电子工业部颁发的低压电瓷产品生产许可证，为全省乡镇企业低压电瓷行业首家获证单位。2000年，全乡有陶瓷加工厂50多家，产品有日用陶瓷、建筑陶瓷、低压电瓷和工艺陶瓷等。

安溪花岗岩资源储量达3亿立方米以上，主要集中在官桥、龙门两个乡镇，年产荒料40万立方米，所开采的石料，可以加工成为板材销售。安溪花岗岩的主产石材是"安溪红"G3555花岗岩，岩体完整性、连续性好，观感好，耐酸碱耐腐蚀，是良好的天然建筑装饰材料。1986年创建的官桥铁峰石料公司，为安溪县最早创办的乡镇企业石料公司。1993年，官桥镇有石材加工企业100多家，年产值1.45亿元，成为安溪县第一个亿元镇。1998年，该镇石材加工企业增加到246家，年产值500万元以上的石材骨干企业9家。2000年，官桥被中国特产之乡组委会命名为"中国石材基地镇"。2001年，安溪全县石材加工企业380多家，年生产石板材1500万平方米、各类石材制品20多万件，产值12亿元左右。"安溪红"板材成为福建省红色系列石材产销量最大的品种之一。

安溪的石灰石主要集中在湖上、剑斗、感德等乡镇，地质储量在2亿吨以上。依靠丰富的石灰石资源，安溪水泥业发展迅速。1979 年，湖上乡湖上村贷款创办石灰厂，成为安溪县第一个企业产值超百万元的专业村。1983 年，该村又集资 200 多万元兴办水泥厂，安排就业人员 210 多人，实现年产值超百万元。该乡的珍地村，先后创办了村办石灰厂、选矿厂和水泥厂，20 世纪 90 年代末实现企业产值超千万元。至 1999 年，该乡共创办 20 多家企业，企业总产值 2.69 亿元，比 1991 年 1.25 亿元增长 1.15 倍。

剑斗镇是安溪水泥企业较集中的乡镇。1992 年以后，剑斗镇新建了三兴石凤、三兴三厂、岩都、协成、剑兴、剑祥、华建等水泥厂和选矿厂，水泥产量占全县的一半，剑斗也因此成为泉州市的工业基地和泉州市能源基地。

2001 年，安溪县水泥企业和熟料生产企业达 18 家，年产水泥 300 万吨，年创产值 4.5 亿元，加上关联行业，产值近 7 亿元。全县涌现出三元岩水泥有限公司、三兴石凤水泥有限公司、龙山水泥有限公司、湖头水泥有限公司等龙头企业，安溪成为闽南地区主要水泥生产基地。

感德镇是安溪乡镇企业较发达的乡镇。1976 年，该镇创办的感德水泥厂，是全省第一家乡镇企业水泥厂。1987 年后，感德镇办起安溪潘田铁矿，实行乡村联营。位于该镇洪佑村的三安铁合金联合公司，创办于 1988 年 10 月，由三明钢铁厂与安溪侨发贸易有限公司联合创办。1992 年后，感德镇三资企业、乡镇企业、股份制企业蓬勃发展。主要企业有中外合资企业新德水泥厂、感德水电站、龙通水电站、桃舟水电站、感德冶炼厂等。至 1998 年，全镇共新建电厂 8 座，采矿厂 8 家，选矿厂 6 家，茶叶加工厂 13 家，其他企业 114 家。

湖头镇也是安溪乡镇企业的重镇。1992 年以后，湖头镇先后建成三安钢铁厂、集安炼铁厂、龙山水泥有限公司、兴莲服装有限公司、恒盛造纸厂和丰成纸业有限公司等规模较大的企业。

1987 年和 1988 年，为了促进安溪经济的发展，扩大与其他工业基地及厦门的经济交流，安溪的湖头、官桥和剑斗三镇，被省政府指定为卫星工业区。在乡镇企业发展中，安溪把工业小区建设作为筑巢引凤的载体，各乡镇沿着省道、县道规划工业区,工业园区的水电、交通、通信等配套建设比较完善。至2002年,全县建成工业小区40个,凤城、城厢、龙门、官桥、湖头等乡镇,成为工业园区较集中的地方。

城区工业园、德苑工贸园、龙桥工业园、湖头工业园,这4个规模较大的工业园,后来整合成安溪经济开发区,成为全县经济发展的重要载体。2006年,经省政府批准,安溪经济开发区升格为省级开发区,又极大地推动了四大工业园的建设步伐。

1993—2001年底,全县新办各类企业4256家,乡镇企业总数1.18万家,从业人员12.2万人,形成茶业、竹藤、建材、冶炼、食品、服装鞋帽、包装印刷等支柱产业,逐步由劳动密集型向科技型、外向型跨越的发展态势。骨干企业不断增多,三安集团、永发工艺、聚丰工艺、凤华服装、八马茶业等,成为行业龙头企业。

经过多年努力,异军突起的安溪乡镇企业,已成为县域经济发展的重要支柱。2001年,时任福州市委书记何立峰带领福州所辖各县区书记、县长前来安溪参观。"安溪以前很穷,现在都发展到这个程度了。一个山区县能有这样的发展,不管招商还是特色产业,还有其他,都很有成效。"何立峰对安溪当时的经济发展赞誉道。

第二节 台企旺旺落户安溪

一、引来"金凤凰"

栽好梧桐树，引来金凤凰。台湾旺旺集团福建总厂落户安溪，就是安溪不断优化投资环境的结果。

旺旺集团成立于1962年，前身为宜兰食品工业股份有限公司，1983年创立旺旺品牌，20世纪90年代初期即赴大陆投资设厂，生产的旺仔牛奶、旺旺小馒头、旺旺碎冰冰、旺仔QQ糖等，都成为市场热销产品。该公司与日本三大米果制造商之一的岩冢合作，共同开发米果市场，事业迅速发展，成为台湾100大企业之一，其后又成为世界500强企业之一。经过多年发展，旺旺的足迹已经遍布亚洲、非洲、北美洲、中南美洲、大洋洲、欧洲的60多个国家和地区。

2000年，旺旺集团打算在大陆扩大生产线。得知消息后，安溪极力争取。安溪龙门镇邻近厦门，又是闽南厦漳泉和闽中、闽西的中间地带，区位优势明显，对食品企业具有地理优势。然而，旺旺集团对企业的落户提出比较苛刻的条件，要求当地政府提供标准厂房，并且给予税收等优惠政策。

建设标准厂房需要1000多万元，而当时龙门镇的财政年收入不到100万元。龙门镇党委书记许锦青向县委书记曾荣华汇报此事，曾荣华说："我们要算大账，旺旺是知名企业，现在投入1000万，几年后的税收就超过现在投入的成本，更重要的是可以产生品牌效应，带动其他企业和上下游产业链的发展。"曾荣华答应，龙门镇的资金困难由县里帮忙解决。因当时县财政也比较困难，县财政局便向县电力公司借款800万元支持龙门镇。

前期问题迎刃而解。2001年10月5日，台湾旺旺集团独资在安溪县龙门镇龙榜工业区（今为安溪经济开发区龙桥工业园）投资250万美元，创办泉州瑞麦食品有限公司。2002年6月，第一期兴建的3条生产线正式投产，生产加工各类奶制品、休闲食品、糖果、饮料等系列产品。后又扩大投资，总投资额达到 2312 万美元。2003 年，泉州瑞麦食品有限公司创税利 152 万元。2007 年，公司纳税额已达 650 万元，取得良好的经济效益。

公司创办伊始，只是租用 62 亩的工业厂房。2007 年 10 月，该公司投资 1000 多万元，将 62 亩的厂房用地全部购买下来，坚定信心在安溪长期发展。

二、建成福建总厂

2008 年 3 月，旺旺集团决定扩大对瑞麦食品有限公司的投资，再增加投资 2062 万美元，扩大生产规模，增加 5 条生产线，使公司的产值再增加 1 亿元以上。

旺旺集团为何没有选择在厦门、泉州、福州这样的大城市投资，而是选择在安溪？原来，为了使投资得到稳步发展，旺旺集团每年都要对全国百余家企业所在地的投资环境进行评估。在 2007 年的评估中，安溪县的名次跃居第一。

泉州瑞麦食品能在安溪迅速发展，重要原因是安溪县投资环境不断优化。县领导和对外经济贸易合作局等有关部门负责人，经常帮助企业排忧解难，推动公司不断发展。

2008 年 9 月，旺旺集团公司总部副总裁林凤仪，率领旺旺集团公司米果事业部、糖果事业部、休闲事业部、生产总处、酒店事业处、瑞麦食品工厂等各部门负责人，前来大陆考察投资环境。当安溪县领导了解到旺旺集团有意扩建项目和扩大投资时，为争取旺旺集团的系列扩建项目，县委书记尤猛军、县长陈灿辉亲自到上海，与林凤仪等旺旺高层洽谈。县外经局、龙门镇等，也千方百计地争取该集团的扩建项目。看到县政府的努力和安溪人的诚意，看到安溪投资环境的改善，旺旺集团最终决定在安溪建设旺旺集团公司福建总部，扩大投资，使生产线由原来的 5 条增加到 16 条。

2008 年 11 月，旺旺集团公司福建总部举行奠基仪式。这是该公司在福建区域设立的唯一总部。旺旺集团公司在安溪扩大投资之后，公司生产的食品质量优美，款式新颖独特，深受客户和消费者的欢迎。

2010年，旺旺集团继续扩大生产规模，增加投资1亿元。2012年，旺旺集团福建总部总投资10亿元的糖果厂、包材厂两个项目建成投产，年产值5亿元以上。

2020年，旺旺集团又在安溪基地新增3条出口欧美的薄饼生产线，新建母婴食品生产车间，设立闽西南营销（安溪）分公司，扩大公司发展规模。

2020年，旺旺集团安溪基地总产值超6亿元，实现纳税7857万元，是安溪县的纳税明星企业。

旺旺集团在安溪的扎根，是安溪成功招商的典范。在旺旺集团的带动下，龙桥工业园形成了以旺旺、八马、闽华、泰兴等企业为代表的产业集群，成为安溪"工业强县"支柱企业。

第三节　工艺业从零到大产业

一、培育骨干企业

20世纪80—90年代，在陈清河和尚卿竹编工艺厂、安星藤器公司的带动下，大批技术骨干和经营骨干成长起来，他们纷纷办起藤铁工艺企业，如同春天的种子播撒在安溪大地，在改革开放的春风里不断地生根发芽、开花结果。

县委、县政府把发展竹藤编列入经济发展规划，鼓励各地采取多种形式创办藤铁工艺企业，也培育出一批工艺业骨干企业。

谢万年，星辉工艺股份公司董事长。谢万年高中毕业后，1980年进入尚卿竹编工艺厂。他十分熟悉工艺流程。1987年，他租用家乡尚卿尤俊村村部，作为安星藤器来料加工点。1996年，谢万年与香港明辉贸易有限公司合作，在尤俊村创办星辉工艺品有限公司，是安溪工艺界第二家股份制公司（首家为安溪县竹编厂），原始入股村民15人，谢万年股份占46%，其他人占54%，是安溪县工艺界股份公司中人数最多、时间最长的企业，企业产值稳定在5000万~7000万元。

黄连福，聚丰工艺家居有限公司董事长、安溪县家居工艺商会现任会长。1986年，黄连福从安溪第十四中学职高班毕业后，回到父亲黄春生担任厂长的尚卿竹编工艺厂工作。1988年，年仅19岁的黄连福不安于现状，瞒着父亲偷偷创业，与同学廖振芳等5人合伙，租赁老家中山村祖厝创办工艺厂。5个合伙人最终只剩下黄连福一人。他创办的聚丰工艺厂，一开始为外贸公司代工，后来成为省工艺品进出口公司第42厂。广交会上，聚丰工艺先是挂靠在省外贸公司的摊位，后来拥有自己的公司展位，乃至大半层的展厅。1995年，聚丰工艺与香港理安公司合资办厂，拥有自营出口权，可以由深圳口岸出口。1996年，企业产值2000万元，成为尚卿乡最大的工艺厂。经过30多年的发展，聚丰工艺的产品远销美国、加拿大、法国、德国、意大利、日本等50多个国家。近年来，聚丰工艺又看准国内巨大消费市场，主攻生产铁木文化创意工艺品、原生态实木家具、北欧实木家具，在国内拥有60多家品牌家具旗舰店，成为工艺品行业、家具行业双标杆企业。

吴知贤，恒星工艺有限公司董事长。1975年高中毕业后在尚卿竹编工艺厂工作，20世纪90年代初开始创业办厂，1998年在西坪镇创办安溪恒星工艺有限公司，产品以竹藤编、木、铁为主，主销欧美等国家，是安溪家居工艺行业的龙头企业。

黄春火，福建安溪集发工艺品有限公司董事长。1999年创办集发工艺，主要生产藤、铁、竹、木、树脂等工艺品，产品畅销欧美地区，是安溪家居工艺行业的龙头企业。

黄庆发，福建省恒发家居饰品有限公司董事长。年轻时在安星藤器公司工作，2000年，创办恒发工艺品有限公司。如今，公司已成为集藤、铁、木家具和饰品、园林等工艺品生产的龙头企业。

唐艺森，安溪新唐信家具有限公司董事长。大学毕业后跨入工艺行业，2006年创办新唐信家具公司。作为新生代工艺人，他注重企业的设计创新，把经营利润的10%用于创新研发。公司高薪聘请欧洲设计研发团队，拥有包括外籍人士在内的近100人研发团队。他们及时捕捉国外最新的流行趋势，设计出来的样品不仅迎合市场审美品位，而且因为设计的独特性，公司可以把定价权掌握在自己手里。新唐信公司每年都有五大系列专利产品和5000多个不同地域风情的新产品，均居同行业前列。创新引领发展，新唐信后来居上，出口值居安溪工艺业之首。

……

安溪工艺业的发展，离不开县委、县政府的大力支持，也与这支富有创新、创业、创造精神的工艺人才队伍密不可分。

二、行业抱团发展

1985年，省定贫困乡尚卿乡，根据竹藤编加工投资省、产值高、效益佳的特点，鼓励兴办各种形式的工艺企业，并兴办卿华工艺园，竹藤编加工厂和加工点遍布全乡。1996年，该乡获评"全省脱贫致富先进乡"。

1999年，尚卿创办的竹编工艺厂达到120多家，该乡的百鸿集团，是泉州市第一家竹藤工艺集团。

随着工艺企业不断发展壮大，工艺企业比较集中的尚卿乡，因交通条件所限，集装箱开不进来，而制约了企业的进一步发展。一些企业开始走出尚卿，到安溪县城发展。

黄连福是尚卿工艺界第一个到县城办厂的。1997年，黄连福在县城购地，用158万元自有资金先付一半的土地款，办出土地证后，向银行抵押贷款，投入100万元建起厂房，将聚丰工艺搬迁到县城。

从尚卿走出来的黄连福，影响和带动更多的尚卿企业走出来。1998年，位于安溪城郊的吾都工业区，原是外商购买，荒废多年没有动工，政府决定收回。黄连福发动谢万年、叶文土等尚卿乡亲，抱团前来办厂，吾都工业区因此成为藤铁工艺专业园区。后来，在县城的德苑工业园区，一些工艺企业也相继落户其中。

20世纪90年代中期，竹藤编工艺发展为藤铁工艺，产品结构由过去单一的竹藤类发展到竹、藤、金属、陶瓷、人造花、钣金等系列品种，产业体系也由尚卿、西坪向县城周边的凤城、城厢、参内拓展，形成以县城大公司为中心，尚卿、城厢、参内等乡（镇）为主要生产基地，西坪、龙涓、龙门等乡（镇）为主要配套发展区域的藤铁工艺产业联合体，走上产业化发展道路。

安星藤器公司创办后，安溪工艺产品就一直出口海外，每年两届的广交会展销，是安溪县工艺企业出口海外市场的一个重要窗口。多年来，由于缺乏有效的组织，许多工艺企业单兵作战，为了在广交会上抢展位，互相抬高展位价格，使每平方米展位从最初的2000元飙升至1万多元，加大了生产成本。与此同时，有的企业通过互相压价来争抢客户，原本一套20元才可保本的产品被压到12元。无序竞争造成当时安溪工艺品出口价格比90年代初期下降了40%。此外，企业技术员、业务员被高价挖走，产品被仿造，个别企业采取种种不良的办法拉订单……所有这些恶性竞争，影响了安溪工艺业的健康发展。

为更好地管理和服务工艺业，1998年安溪县成立了工艺品同业公会，陈清河任第一届会长。同业公会建立制度，规范行业生产和竞争秩序。1999年、2000年的第85届、86届广交会上，在县工艺品同业公会的组织下，全县竹藤工艺企业实行统一租馆、统一布馆、统一宣传、统一展出的"四统一"办法，同时包下会刊的宣传版面，集中介绍安溪藤铁工艺，取得很好的效果。比起第84届广交会，场地租金平均下降了29.2%，第85届、第86届广交会出口订货金额分别增加了49%和61%。

2000年初，县委书记洪泽生提出启动实施竹藤工艺"百亿工程"发展战略，以中国将加入WTO为契机，鼓励创办工艺企业，引导企业增资扩营，推动工艺业走上产业化道路。

为顺应文化产业发展趋势，2015年2月，安溪县工艺品同业公会召开第三届第一次会员代表大会，表决通过将公会名称变更为安溪县家居工艺商会。

从1998年到2021年的20多年间，商会会员也由原来的几十家增加到近400家。20多年来，安溪县家居工艺商会充分发挥桥梁与纽带作用，团结广大会员单位，携手将安溪工艺产业做大做强。

第十章 文化赋能

第一节 中国历史文化名镇

一、保护湖头古民居

一位哲学家曾经说过，对国家和社会而言，政治是骨骼，经济是血肉，文化是灵魂。而对一个地方来说，文化是根，也是魂。

湖头镇自古以来就是闽南重要的交通枢纽和商品集散地，有"小泉州"之称。除了经济发达之外，湖头自古崇文尚墨，贤仁辈出，是"一代名相"李光地的故乡。明清时期，湖头曾出现"四世十进士七翰林"的科举盛况，先后出现1位宰相、4位总兵、99位举人，入仕100多人。

李光地（1642—1718），康熙年间官任文渊阁大学士兼吏部尚书，是清朝杰出的政治家和思想家。湖头镇至今遗存着以李光地故居（新衙、旧衙）、贤良祠、景新堂、问房大厝、五房小宗和李氏家庙等为主的60多座明、清古建筑群。这些建筑群体现了闽南建筑特色，反映当地民风民俗，是饱含历史文化信息的古民居博物馆。

李光地一生为官50年，由于清正廉洁，只在家乡留下两座大平房，这就是新衙和旧衙。新衙，又名昌佑堂，始建于康熙三十七年（1698），建筑面积3120平方米，五进庭院，双护厝，东西巷道，四周绕围墙，门庭宽阔。东巷北端入口处，建报官亭和报房，门亭联为"赞元重万国，高志局八区"。二进厅堂悬挂明清职官像。大门一联为"相门知理学，府第传乾坤"。走进新衙，庭院幽深，厅梁上悬挂着康熙御书的"夙志澄清""夹辅高风"等多方匾额，可见康熙帝对李光地的赞赏。

旧衙，位于湖头街街后，现属湖三村，住着李光地长子李钟伦的后裔。他们人丁繁兴，科第盛出。整座建筑形似殿宇，简朴大方。它纵深五进，两边护厝、斗梁、门窗上面雕刻着各种人物、山水和禽兽等图案，正厅及廊宝墙上嵌有几十块汉白玉，镌刻着康熙皇帝手迹，其书法遒劲雄健，如行云流水，彰显出古厝不平凡的来历。传说，旧衙不是李光地自建，而是满洲人宁海将军拉哈达所赠，这无形中增加了古厝的历史传奇色彩，又成为满汉和睦的象征。

贤良祠，原为李光地读书处，位于安溪俊民中学校内，始建于康熙二十四年（1685），其地榕树成荫，又名"榕树书屋"。雍正十一年（1733），为表彰李光地，改易今名。贤良祠为三进四合院式，占地约1000平方米。现一进已废，二进为祠堂，厅堂外环墙嵌大理石，镌刻康熙御书《太极图说》《巡子牙河建坝诗》等诗文，三进为藏书楼。祠右有石构碑亭，立碑一方，镌刻雍正《谕祭文》，赞扬李光地"学问优长""一代之完人"。祠前后有小桥流水，南面为临水轩、荷池，夏日荷塘月色，柳树千条，意境幽美。贤良祠于1990年由族侨依古例重修，碑刻十分丰富，是研究康熙书法和清初历史的重要实物资料。

李光地故居建筑群是李光地文化的重要组成部分。然而，由于这些建筑物多为木质结构，历经风吹雨打和蚁虫侵蚀，又加之年久失修，存在着较大安全隐患。此外，新衙和旧衙长期居住着李光地后人，由于人口密集、家居习惯和卫生设施不到位等原因，致使李光地故居卫生状况不容乐观。

李光地是安溪的一张文化名片。改革开放以来，安溪县重视李光地故居和湖头历史遗迹的保护，挖掘古镇历史文化，修缮李光地故居、贤良祠、成云洞、李光地读书处，并鼓励李氏后人及海外侨亲对多处古民居进行整修。1989年，侨胞李尚大、李陆大昆仲捐资修建新衙；1995年，李陆大捐资整修贤良祠；李氏宗亲还筹资修复溪后渡大厝、宗城新厝、霞东大厝等祖祠……

1999 年，湖头镇被评为福建省首批"省级历史文化名镇"。2014 年，湖头镇被住房和城乡建设部、国家文物局公布为第六批中国历史文化名镇。

湖头镇现有 1 处 4 点（新衙大厝、旧衙大厝、贤良祠、问房大厝及其附属建筑）为全国重点文保单位，2 处 9 点〔李氏家庙、景新堂、二衙大厝、三衙大厝、四衙大厝（含宗兴堂）、世家大厝、六房小宗、湖头大成祖宇〕为省重点文保单位，12 处县级文保单位及 70 点暂未定级文保单位，以及 9 座历史建筑和 66 座明清古建筑群（顶五房小宗、四房小宗、上东小宗）等，拥有丰富的文化资源，保存着明清时期的地域历史文化。

2020 年，县长吴毓舟高度重视湖头古民居保护工作，专门成立湖头古镇公司，聘请国内知名设计团队，编制湖头历史文化名镇总体规划和古镇旅游发展总体规划，坚持边修缮、边利用、边运营的思路，完成并向上申报李光地宅和祠（新衙、旧衙、贤良祠）修缮设计方案，启动相关文旅项目，创新运营机制，加强文创产品设计，推进古镇文化产业开发。

二、弘扬李光地文化

李光地是"康乾盛世"的名相。作为杰出的政治家，李光地在平息三藩之乱、统一台湾、治理水患、澄清吏治、奖掖学术和选拔人才等方面，作出不凡的贡献。作为杰出的思想家，李光地的经学成就、理学思想和民本主义的政治思想，在清初思想史上具有重要地位，也为他赢得"理学名臣"的美誉。

李光地一生著述甚多，其中，清道光九年（1829）李惟迪辑《榕村全书》一百七十六卷，除《榕村语录续编》二十卷未收入外，包含了李光地绝大部分著作，这是研究李光地思想和文化的珍贵资料。

为深入挖掘研究李光地事迹，弘扬李光地文化，1992 年，安溪县筹备举办"李光地学术研讨会暨李光地诞辰 350 周年纪念活动"，由县委常委、宣传部部长李建国牵头负责活动的筹备。当年9月，该活动在安溪县隆重举办，来自全国的清史研究专家、学者、媒体记者及海内外各界嘉宾600多人参加盛会。学术研讨会收到论文62篇，内容涉及政治、军事、哲学、史学、文学、音韵、训诂、科技、民俗等方面，充分评价李光地的历史功绩，研讨会成为当时福建学术界的一大盛事。之后，出版了《李光地传论》（许苏民著）和《李光地研究》学术论文集。

为保护修缮以李光地故居为核心的湖头相第府衙群，2006年，安溪县、湖头镇投资450多万元，把住在新衙里的李光地后裔60多户300多人口，进行集体搬迁并安置，并对新衙及周边环境进行修复、整改，以再现当时相府的气派和风光。

2008年，结合第三次全国文物普查，安溪县对湖头镇相第府衙群的文物点进一步挖掘、考察、鉴定，增加了20处县级文物保护点。省文物局局长郑国珍深入湖头，对湖头的省级文物保护单位作进一步考察，决定把湖头的贤良祠、新衙、旧衙、问房四个省级文物保护单位作为"李光地的宅和祠"，申报为国家级重点文物保护单位。2013年5月，李光地的宅和祠（贤良祠、新衙、旧衙、问房）经国务院核定，公布为第七批全国重点文物保护单位。

李光地是安溪的一张文化名片，安溪大力弘扬李光地文化。投入2亿元，建设文贞公园，内容包括阆湖博物馆、喷泉广场、李光地雕像、主题雕像、休息亭、水榭长廊、谕祭文石碑、文贞石碑坊、观景亭、民俗舞台等。文贞公园不仅成为人们休闲、健身、娱乐的重要场地，而且常举办各类表演、展览等活动，成为介绍湖头、推介湖头的重要文化窗口。

此外，编辑出版《李光地手稿》，委托社科院历史研究所重新整理、校注出版李光地著作《榕村全集》。利用中纪委专题宣传李光地家风家训的契机，把李光地的优秀家风家训与文明创建、廉政建设有机融合，古为今用，传承历史文化，加强青少年学生的思想道德教育。

2012年12月，安溪县又与厦门大学历史系、集美大学文学院联合主办

"纪念李光地诞辰370周年暨'李光地文化'学术研讨会",共同研讨李光地与儒家思想、李光地思想与两岸关系等主题。

文化赋能,古镇新生。湖头历史文化名镇为安溪发展增辉添彩。

第二节 《玉珠串》囊括国家三大奖

一、保护发展高甲戏

高甲戏是闽南著名剧种之一，在闽南地区有着非常深厚的民间基础。它起源于闽南地区迎神赛社，从民间社火、游艺歌舞中汲取灵感，逐渐形成一丑一旦的"二小戏"初级演出形态。一百多年来，其表演程式不断丰富，具有艺术性、民间性、明快性、趣味性等特色。后来，高甲戏吸收京剧的武打套路、锣鼓经，积累了一些武戏的剧目。在发展行当艺术过程中，高甲戏的丑行艺术获得很大的发展。如今，在各剧种中，很少有像高甲戏这样拥有如此丰富多彩的丑角艺术。

高甲戏是闽南的文化瑰宝，也是海外侨胞的乡音。早在20世纪80年代，安溪县就制定传统文化保护发展纲要，明确把茶文化、高甲戏文化、南音文化、民俗文化等作为建设重点。

高甲戏属于小剧种，受制于闽南语音，很难进行大范围推广。但安溪在经济还十分困难的情况下，大力扶持安溪高甲戏剧团的发展和精品创作。

安溪县高甲戏剧团成立于1955年10月，前身为"艺声""民主"两个民间剧社。建团以来，一直坚持面向群众、面向山区、面向基层的服务方向，发挥了积极作用。改革开放之初，受市场经济大潮冲击，戏剧生存艰难，为了确保剧团发展，县政府每年从财政拨出专项经费给剧团，还帮助剧团建了综合大楼和职工宿舍，在农转非、工作调动等方面给予支持，对文艺人才的稳定和引进做了大量工作。

安溪县十分注重培养后备人才。为防止县剧团演员出现青黄不接的问题，县政府同意在安溪华侨职业中专学校创办职业高甲戏表演班，县财政每年拨款8万元、侨亲李尚大慷慨捐献15万元作为办班经费，后经省文化厅和省艺校的验收，同意吸收其为省艺校泉州戏曲班安溪分班，为安溪演艺界培养了一批生力军。1990年，县政府还专门给剧团下达招工指标，表演班包分配，学员毕业后直接录用为剧团演员。

好的剧目离不开优秀的剧作家。著名剧作家诸葛辂1949年从北大政治系毕业，入伍到解放军文工团当兵，后随军来到安溪，在安溪县高甲剧团当编剧，创作了《千古长恨》《兰溪风云》《青龙掩》等剧作，但在历次政治运动中受到打击，伤心回江西老家务农。改革开放之初，县政府派人专程到江西，用真情把诸葛辂请回安溪，并为他解决住房、子女就业等实际困难。

1982年，诸葛辂创作了讽刺喜剧《凤冠梦》，该剧由著名导演吕忠文导演，1983年参加省第十五届戏剧会演，获剧目创作、导演、表演、舞美、音乐等六项金奖，外加集体"龙套"奖（特别奖）。同时，该剧荣获1982—1983年全国优秀剧本奖。1985年，《凤冠梦》应邀在北京中南海怀仁堂演出，创造了"闽南一台高甲戏，一夜倾倒北京人"的奇迹。

一出精品剧，救活一个剧团。1986年10月，应新加坡牛车水人民剧场的邀请，安溪高甲戏剧团赴新加坡，进行为期一个月的文化交流演出，盛况空前，场场爆满。

1987年，诸葛辂再次创作了高甲戏《玉珠串》，由吕忠文导演，该剧参加泉州戏剧创作剧目会演，获得了领导、专家、群众的一致好评，为以后高甲戏的精品创作打下基础。

二、精心打磨戏剧精品

1995年春，省委宣传部、省文化厅、省剧协决定推荐《玉珠串》晋京，代表福建省参加文化部文华奖、中宣部"五个一工程"奖、曹禺戏剧文学奖三项奖的评选演出。

得到消息后，安溪县文化局、县高甲剧团群情沸腾。然而此时遇到一个突出困难，就是资金缺口高达80多万元。1995年3月6日，县五套班子召开月汇报会专题研究。会上，大家都认为《玉珠串》能够代表福建省高甲戏剧种晋京演出，这不仅是安溪的荣光，也是全市、全省的荣光，关系到弘扬闽南优秀传统文化、提高安溪知名度的问题。但是，作为贫困县，一时要拿出80多万元的资金也是比较困难的。县委书记陈昭扬说：经济要快速发展，主要靠人，人要靠教育，像《玉珠串》这么好的艺术精品，我们必须让它成长起来，为社会服务，为提高人的素质服务。"我们县经济上贫困，精神上不能贫困。"于是，会上作出决定，拨出30多万元专款支持《玉珠串》排练。

此时，还有50多万元的资金缺口，怎么办？侨亲李尚大闻讯后，慷慨捐资10万元，港胞胡国瓒先生捐资5万元。在他们的带动下，马来西亚、印度尼西亚等国家和台湾等地区的海外安溪乡亲陈金水、李德报、高镗等纷纷捐资支持。一些乡镇、县直机关、企事业单位和企业界人士也给予支持。北京、福州、厦门等地的安溪乡亲从四面八方发来贺电、寄来贺信鼓舞士气。新加坡安溪会馆主席唐裕、其子唐庆铭，分别担任《玉珠串》顾问和名誉团长。唐庆铭先生为了《玉珠串》的宣传，数次打电话到北京帮忙联系演出的有关工作。在社会各界和海内外安溪人的共同努力下，终于筹足资金，保证了《玉珠串》顺利晋京演出。

经过数个月的精心排练和反复打磨，1995年11月初，《玉珠串》剧组全体成员冒着初冬的寒气启程赴京。到北京后，为了节省开支，全体演职员50多人全部住在经纬旅店的地下室（仅有男女洗手间各一间），条件非常简陋，但大家毫无怨言，一心只想把戏演好。11月7日晚上7时30分，《玉珠串》在北京市工人俱乐部隆重上演，许多在京的福建籍老乡闻讯后从数十千米远的地方赶来观看家乡戏。慕名而来的中央电视台1996年春节戏曲晚会总导演龙未央看完演出，当即邀请剧团于11月9日到该台文艺部签订合同，由安溪高甲戏剧团为春节戏曲晚会编排一出开场戏。

1996年是鼠年。在中央电视台春节戏曲晚会上，由安溪县高甲戏剧团排演的高甲戏曲舞蹈节目《老鼠嫁女》，以杨柳青年画为素材，格调活泼诙谐，热闹喜庆，把老鼠演绝了。这也是这场晚会参演的唯一县级剧团。之后，福建省电视台也邀请该团排演《回娘家》作为1996年春节晚会节目之一，厦门电视台则邀请该团在1996年元宵晚会上演出《老鼠拜年》作为压轴戏。

三、既获赛场又赢市场

《玉珠串》成功演出在中国剧坛引起极大震动,受到戏剧界和观众的一致赞誉。1996年,《玉珠串》以其独特的思想性、艺术性、观赏性,荣获中宣部"五个一工程"奖、文化部文华新剧目奖暨文华剧作、导演、表演三个单项奖和曹禺戏剧文学奖。在参加全国三项大奖评选的作品中,同时获得这三项大奖的只有两部作品。

小县演大戏。安溪高甲戏剧团精品不断,好戏连台。1997年以后,剧团连续16次应中央电视台邀请,创作《老鼠嫁女》《送珠》《群丑献艺》《金龙戏珠》等作品,参加中央电视台春节联欢晚会、春节戏曲晚会等各种大型文艺演出。

剧团获得诸多国家级荣誉,但县委、县政府并不满足于此,认为文艺精品必须服务基层、服务群众,才有长久的生命力。为此,安溪高甲戏剧团不仅应邀到香港、台湾和韩国、马来西亚等地以及兄弟县、市演出,还深入全县24个乡镇和偏远山村、厂矿、学校巡回演出,所到之处,场场座无虚席。两年时间,《玉珠串》下乡演出400场,受到省、市有关部门的特别嘉奖。

安溪县在10年之中两次晋京演出,为一个经济上的困难县,却生产出富裕的精神产品开出先例,令人鼓舞。《玉珠串》的成功创排,也为全国诸多剧种和剧团提供了宝贵经验。

2018年,《玉珠串》入选国家艺术基金2018传播交流推广资助项目。同年,《玉珠串》被拍成经典戏曲电影,为全国观众奉上一部集思想性、艺术性和观赏性于一体的精品力作。

2019年,安溪高甲戏剧团首次跨省巡演《玉珠串》,奔赴浙江、江西、广西三省区的温州、建德、金华、东阳、绍兴、抚州、南宁、柳州、赣州等九地市,行程6000千米,所到之处,反响热烈,当地媒体纷纷对演出作了报道。经典艺术作品,是不受时空限制的,它将永远散发出艺术魅力。

安溪县高甲戏剧团始终坚持以创作生产艺术精品作为生存和发展的道路,

围绕各时期中心工作，创作排演优秀节目。2016年，创作新编高甲戏《憨生别传》，荣获福建省第26届戏剧会演剧目二等奖。2018年12月，创排高甲戏《李光地》，获福建第27届戏剧会演一等奖。2020年，创作排演现代题材高甲戏《莫耶·延安颂》，向中国共产党成立100周年献礼。

在县委、县政府的支持下，安溪高甲戏剧团在县城的黄金地段拥有占地16亩的团址，开办安溪艺校、宾馆等项目，发展第三产业，增强了剧团自我发展的能力，走出一条"以团带校，以校辅团，创精品立根本，抓产业促发展"的县级剧团特色发展新路。

2020年，在县委、县政府支持下，安溪高甲戏剧团又准备投资1.5亿元，建设一个现代化的新剧场，更好地以文化惠民。

安溪高甲戏剧团成为茶乡安溪的一支文艺轻骑兵。2018年，被中宣部、文化部、国家新闻出版广电总局联合表彰，获"第七届全国服务农民、服务基层文化建设先进集体"称号。

第三节　发展茶文化旅游

一、清水岩获评国家 AAAA 级景区

安溪是著名侨乡和台胞重要祖籍地。在闽台四大民间信仰中，清水祖师、保生大帝、广泽尊王等民间信仰，都与安溪有着密切关系。

位于安溪蓬莱镇蓬莱山的清水岩，是清水祖师信仰的祖庙。清水祖师俗姓陈，法名普足，是宋代一名高僧。清水祖师生前在安溪以蓬莱清水岩为道场，弘法修行，造桥修路，行医济民，做善行义举，圆寂后四次受宋廷敕封。在历代官方及民间的推动下，清水祖师的"大爱"精神逐渐与安溪地方文化融合成一种善文化体系，在闽南及海内外广为传播，凡有安溪移民聚居的地方，必有清水祖师庙。

清水岩始建于北宋，历史悠久，其"帝"字形建筑，更是国内独特。清水岩的文物古迹中，宋代 29 处，元代 1 处，明代 8 处，清代 5 处，尤以宋代"岩图"碑最为珍贵。

安溪县加强清水岩的保护和利用，多方筹集资金，用于清水岩景观、景点建设，不断完善景区的基础设施。为提升景区品位，先后聘请福建省城乡规划设计研究院、天津大学规划设计院，编制清水岩风景区总体规划，以清水祖师文化为特色，以山、石、林、泉为基础，以文化观光和生态休闲游览为主要功能，融参观礼佛、林海观光、高山休闲为一体。

2003 年以后，又将清水岩风景区面积由 1.3 平方千米扩展至 11.1 平方千米，景区景点增加至 60 余处。

清水岩风景区注重标准化管理，获得 ISO9000 质量管理体系认证和 ISO14000 环境管理体系认证。2002 年，清水岩风景区被评为国家 AAAA（4A）级旅游区，2003 年被评为泉州十八景之一，2004 年被评为省级文明风景旅游区示范点。

在加强景区建设的同时，安溪县注重弘扬传承清水祖师文化。1998 年 12

月，安溪县首次在清水岩召开清水祖师文化学术研讨会，邀请海内外100多名专家学者从不同角度挖掘整理清水祖师的文化内涵，出版《闽台清水祖师文化研究文集》，赴台设立清水岩办事处，先后20余次组成"安溪县清水祖师文化访问团"赴台参访交流，加强清水岩祖庙与世界各地分炉分庙的联系。

在2008年全县三级干部会上，安溪县提出建设"以蓬莱为核心的中部旅游区"的构想，以清水岩为龙头，以蓬莱镇为核心，辐射带动周边乡镇的文化旅游。策划实施清水岩主体工程扩建，包括清水祖师文化大观园、清水岩旅游购物一条街、清水岩朝圣用品加工小区、清水岩景区夜景绿化工程、清水岩游客服务中心、生态茶园观光等系列项目，打造综合型核心旅游区。

在县委、县政府的重视和推动下，清水岩名胜风景区的品牌影响日益扩大，先后被列为全国重点文物保护单位、全国首批涉台文物保护工程、中国华侨国际文化交流基地、中国书法家创作培训基地。清水祖师信俗也被列入国家级非物质文化遗产。

近年来，安溪清水岩充分发挥清水祖师信俗的桥梁纽带功能，积极开展对台民间文化交流。两岸清水祖师文化交流渐入佳境。2014年，安溪县清水岩成功举办海峡两岸清水祖师文化节暨首届世界（安溪）清水祖师文化联谊会。2017年，台湾台南四鲲鯓龙山寺成功举办第二届清水祖师文化节。2018年，在安溪县清水岩举办第十三届两岸青年联欢节暨2018两岸青年人才文创设计邀请赛，同时，还举行安溪县台湾青年就业创业服务中心、安台青年交流服务中心授牌仪式。

2021年1月，安溪清水岩获准设立国家级"海峡两岸交流基地"，以不断健全两岸清水祖师文化交流常态化新机制，拓展两岸清水祖师文化交流新途径，丰富两岸清水祖师文化交流新载体，全力把安溪清水岩打造成为与台湾同胞交流往来的"第一家园"。

据统计，在大陆，清水祖师的分炉有1000多个。在台湾，清水祖师信众有1000多万人，约占台湾总人口的45%。台湾清水祖师庙有近600座，其中151座与安溪清水岩祖庙有着密切联系。

清水岩每年吸引了300多万海内外信众前来观光，并带动了金谷镇威镇庙广泽尊王信仰、感德镇玉湖殿保生大帝信仰、虎邱镇洪恩岩显应祖师信仰等文化旅游的发展。

二、建设凤山公园

凤山，亦称凤冠山、凤髻山，是历代安溪县治的"主山"，它见证着安溪千年置县的历史。相传，昔日的"小溪场"，有凤来仪，长栖高梧，那山就叫凤山。《泉州府志》载："凤山在县治北，县主山也。一峰特立，分为两翼，若凤翥然，一名凤髻山。"

凤山树木茂密，景色迷人，古迹众多，为文人雅士所向往，留下不少千古名句。据《闽书》载：山顶有庵曰通元观，有池曰凤池。时任同安主簿朱熹按事安溪，登临该山此庵，题句壁间："心外无法满眼青山，通元峰顶不是人间。"明正德十六年（1521），知县龚颖改通元庵为朱文公书院。朱熹还标题安溪八景，其中一景即"凤麓春阴"。

安溪县委、县政府于1991年开始规划建设凤山森林公园，规划区总面积179.7公顷，修复或新建凤山东岳寺、城隍庙、廖公祠、詹敦仁纪念馆等文物景点，丰富公园文化内涵。

东岳寺位于凤冠山南麓，始建于唐末至宋初，今存建筑为清康、乾年间文物。寺宇依山而建，错落有致，构造独特，重修后的寺宇焕发异彩，蔚为壮观。

安溪城隍庙始建于五代后周显德三年（956），是福建省最早兴建的城隍庙之一，庙中供奉清溪显佑伯主，俗称城隍伯主，在海内外有着广泛影响，在新加坡、马来西亚、印尼等东南亚国家和台湾地区有300多座分炉。安溪城隍庙旧庙位于县治东（今富民街），因历尽沧桑，旧庙的建筑物仅存二至四殿。1990年1月，旅居新加坡侨亲陈美英女士倡议择地于东岳寺东侧，依照原庙规制，兴建安溪城隍新庙，并由陈美英女士独资兴建一至三殿。新庙重建工程 1992 年 1 月完工。此后，新加坡韭菜芭、杨桃园两地侨亲捐资续建四、五殿，继而又有诸多分炉的信众陆续捐建配套设施。新建的城隍庙成为凤山的一大新景观，每年清明前后举行的安溪城隍春巡习俗极具特色，它以历史悠久、程序严格、仪式隆重、队伍庞大而闻名，是海内外信众热情参与的盛典。

廖俨系安溪开县前身小溪场的首拓先贤。《安溪县志》载有"未有清溪县，先有廖长官"之称，被世人视为开发安溪第一人。后周显德三年（956），在邑署头门内偏西建廖公祠，塑以土像，以颂廖长官功绩。1992 年，为纪念开发安溪的先贤，在县委、县政府的重视和支持下，旅居印尼侨亲廖荣光首倡巨资，海内外乡亲出钱出力，重建廖公祠，并易为"廖长官文史馆"。根据城建规划总体要求，"廖长官文史馆"选在凤山公园内，占地面积 7900 平方米，1994 年竣工。

詹敦仁是安溪县首任县令，民众怀念他的开县之功，曾为其立生祠。宋咸淳八年（1272），敕赐庙号"灵惠"。1998 年 5 月，为纪念安溪开先县令詹敦仁，由詹氏族人集资 1025 万元，在凤山公园南麓动工兴建纪念馆，2004 年建成。纪念馆占地面积 4666.7 平方米，建筑面积 1649.8 平方米，馆宇重檐歇山式建筑，中国书法家协会主席沈鹏题写馆名。

为加快凤山公园的建设步伐，2000 年 2 月，县委、县政府联合下发《加快凤山公园建设的实施意见》，并成立凤山公园规划建设领导小组，统筹指导建设。围绕完善城区综合配套服务功能，以举办"中国茶都（安溪）茶文化旅游节"和争创国家卫生县城为契机，按照"人民公园人民建，建好公园为人民"的宗旨，加快推进公园总体规划，为城区居民群众创造良好的生活休闲环境。

在前期建设的基础上，重点抓好公园路网、茶叶大观园、公园阁亭、公园入口处及片区改造等项目工程建设。茶叶大观园邻近东岳寺，占地面积 11 亩，分为茶树品种观赏园、茶作坊、凤苑三大部分，游客一走入茶叶大观园，国内外各种名优茶树尽在眼前，如同阅览一部茶叶百科全书。

凤山公园建设基本形成规模后，2001年4月，县委、县政府将风景区确定为"凤山风景旅游区"，并由凤城镇组织成立"凤山风景旅游区管理委员会"。2002年2月，风景区被国家旅游局评为国家AAA级旅游区。2002年以来，安溪县又聘请泉州市园林古建筑设计院，对风景区进行规划修编，扣紧茶乡旅游主题，结合凤山自身特色，把茶乡民俗馆、名茶传说石雕、朱文公石、孔子龛、百草庵等纳入探源规划建设内容，并新建一批亭台楼阁，提高景区的整体文化品位。

历经20多年来的持续拓建，凤山公园已成为集茶文化、森林、休闲为一体的休闲旅游区，大大提升了安溪县城的文化品位。

三、建设茶文化旅游线路

旅游业是朝阳产业，也是拉动第三产业的龙头。随着经济社会的发展，安溪百姓对旅游等休闲生活有了更多的追求。安溪具有丰富的人文和自然景观资源，茶文化、生态文化、侨台文化、名贤文化等，都是安溪发展旅游业的独特优势。

1997年，县委、县政府聘请省旅游学会、南京大学编制《安溪县旅游业发展规划（1997—2010）》和《清水岩风景名胜区总体规划》。是年，县政府颁发《关于加快旅游业发展的决定》，提出旅游业发展的方向、任务和措施，确立旅游业在全县国民经济和社会发展中的地位。

2000年以来，随着中国茶都——安溪全国茶叶批发市场的投入使用，全县旅游龙头初步形成，产生明显的带动作用。安溪县加大力度筹集旅游发展资金，加强旅游景区的设施建设，不断丰富文化旅游内涵。

西坪镇是中国乌龙茶之乡、世界名茶铁观音发源地。早在清朝时期，西坪就是远近闻名的茶市和商品交易市场，更是海上茶路的重要起点。西坪对茶界有着诸多贡献，茶树无性繁殖的压条，长穗扦插、短穗扦插，均是西坪人民发明的。西坪茶园达3.7万亩之多，拥有优质的铁观音生产基地1.5万亩，以茶为生或涉茶的人口占 90% 以上，茶园数量与茶叶年产量均居全县之首。以西坪的茶文化旅游为重点，安溪县投入资金，修建一批涉茶旅游景点。同时，通过常态化举办茶王赛等各种茶文化活动，吸引闽粤周边游客前来茶乡观光体验，带热大坪、虎邱、芦田、感德等产茶乡镇的茶文化旅游。

2000 年以后，泉州市政府、福建省旅游局和安溪县政府联合举办的中国茶都（安溪）茶文化旅游节暨首届中国安溪铁观音乌龙茶节等各种大型茶文化盛会，也极大地助推了安溪茶文化旅游的发展。以茶乡风光为特色，突出茶文化和绿色生态旅游，重点开发茶叶系列品种和茶文化旅游项目，使游客既能品茗铁观音，又能观赏茶歌、茶艺、茶舞表演；既能泡茶、温泉浴，又能了解乌龙茶的品种、初制、精制和发展历史；既能品尝安溪特色风味的茶叶套餐，又能购买以茶叶为主的特产；既能享受茶文化带来的高雅，又能享受古迹的熏陶。

经过多年的宣传和培育，安溪茶文化之旅成为中国三大茶文化旅游黄金线之一和富有福建特色的旅游专项线路。

在旅游市场拓展上，安溪县采取"走出去、请进来"的办法，运用媒体宣传、拍摄专题片、各种交易会和节庆活动，整体推介安溪旅游业，培育出"古迹之旅""茶都观光之旅""红色之旅"等一日游、二日游精品旅游线路，旅游观光、购物、美食、娱乐等旅游配套形成体系，安溪茶文化旅游成为富有闽南特色的旅游线路。

第三篇

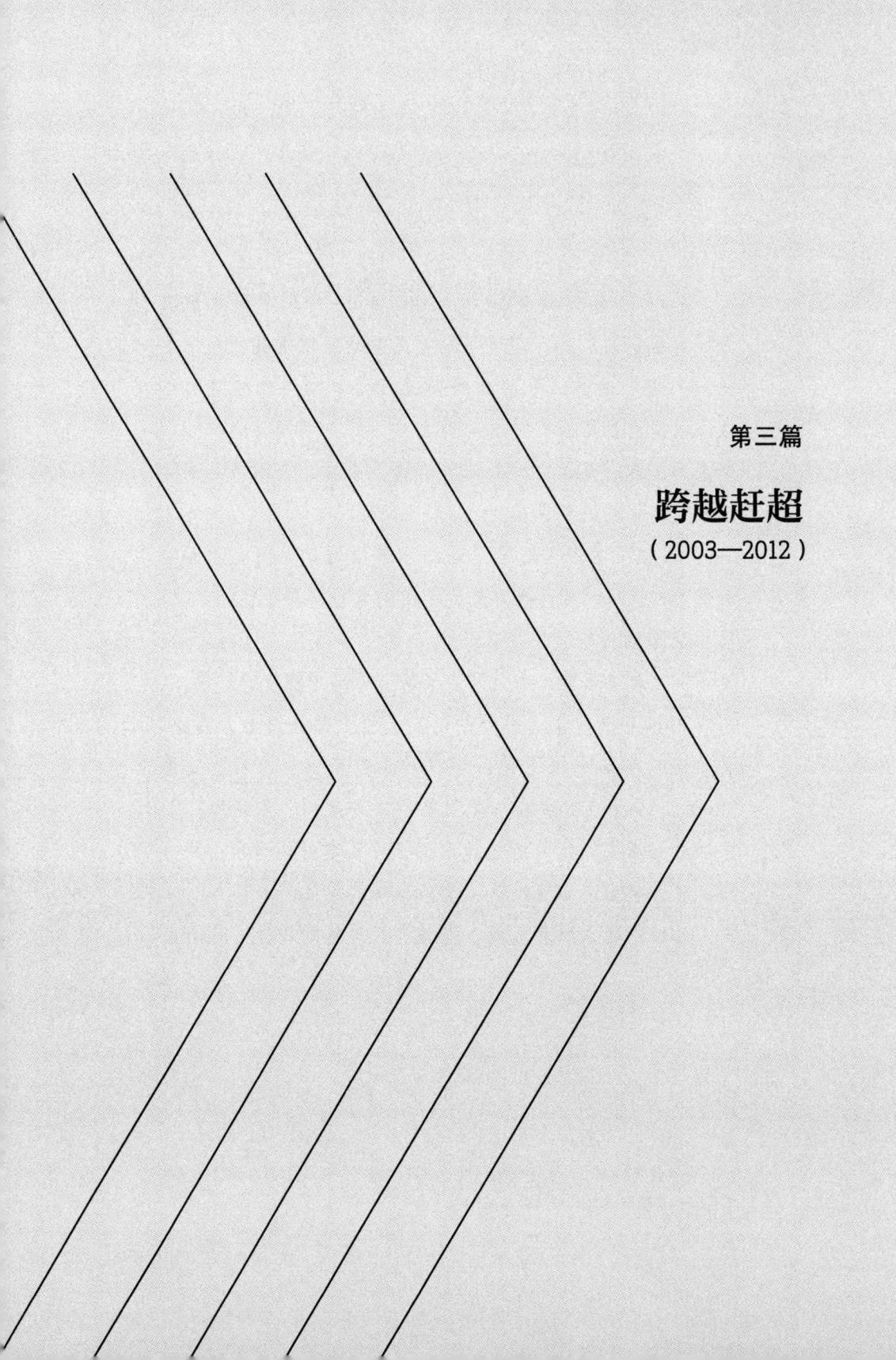

跨越赶超
(2003—2012)

经过15年的艰苦努力，2001年11月，中国终于成为世贸组织新成员。习近平在《必须高度重视县域经济发展》一文中指出："积极推进与国际经济和县外经济的接轨。以提高区域对外精准力为主要目标，用好县域内外两个市场、两种资源，为县域经济进入全省、全国乃至国际经济大循环创造条件。"①

"入世"使安溪迎来了新的发展空间，也使安溪面临着更大的挑战，如何融入更大范围的竞争，需要目标站位、思想观念的进一步更新。进入全国"百强县"行列之后，安溪没有裹足不前，而是开启了新一轮思想解放的征程。

2004年2月1日召开的全县三级干部会议上，县委、县政府对安溪未来发展目标进行了重新审视，明确安溪"沿海山区县"的站位，提出要"立足泉州、依托厦门"，主动融入海峡西岸经济区建设，把安溪建设成为"山川秀丽、特色突出、工贸发达、文明和谐的现代山水茶乡"。

站位一变，境界全新。安溪步入跨越赶超历史时期。

---

① 国务院发展研究中心主办刊物《管理世界》增刊——《中国县域经济发展之路——福建安溪模式的研究与启示》。

第十一章　思想跨越

第一节　确立"沿海县"新站位

一、融入沿海经济圈

随着龙门隧道的开通，以及"八五""九五"计划的实施，安溪基础设施不断完善，产业支柱初步形成，城乡同步发展，迎来了朝气蓬勃的春天，实现了贫困脱帽—基本小康—进入县域经济基本竞争力全国百强县的三大历史性跨越。

为适应经济全球化和我国的新形势，2003年，福建省委、省政府提出和实施海峡西岸经济区的战略构想。福建省和泉州市明确把海洋经济、港口经济作为发展的战略支撑点。安溪邻近厦门、泉州两大港口城市，要实现持续快速发展，必须主动融入港口经济圈，力争成为港口经济板块的一个组成部分。

站在新的发展起点，面对日趋剧烈的区域竞争，安溪清醒地意识到，必须重新对自身的未来有个科学的目标定位，方能更准确地选择适合自己的发展道路。2004年2月，县委、县政府在全县三级干部会议上，提出安溪发展新定位：立足泉州，依托厦门，把安溪建成山川秀丽、特色突出、工贸发达的现代山水茶乡，致力于构建政通人和、安居乐业、环境良好、资源节约、充满生机活力的现代山水茶乡。

新的发展定位提出后，全县干部群众组织讨论，激荡思想，达成共识，并在大县城建设上，推进旧城改造和新区建设相结合、完善功能与凸显特色相结合、政府引导与市场推动相结合，全力打造"山在城中、城在水中"的城市新形象，一个具有茶乡特色的山水茶乡矗立在世人眼前。

长期以来，受地理环境、交通条件的制约，安溪都是以"山区县"的面貌示人，以"山区县"自我界定、自我划线，从"山区县"的角度谋划发展。这在很大程度上制约了空间的突破、区位优势的发挥和产业的发展。

2007年2月，在全县三级干部会议上，县委书记尤猛军代表县委、县政府，进一步阐释，提出安溪必须彻底摒弃"山区县"的思维，确立起"开放、开明、开拓"的沿海意识和站位。尤猛军说，从"海西"的角度看，整个福建都是沿海；从时空距离看，安溪更是沿海，与厦门、泉州均处"一小时经济圈"。安溪要跳出"山区县"束缚，确立"沿海县"发展定位，主动融入港口经济圈。为此，要做到三个"主动"。第一是主动融入。就是要跳出安溪看安溪，跳出山区看安溪，树立全省、全市一盘棋的思想，考虑发挥安溪的作用。第二是主动对接。就是要在产业、市场、技术等方面，与厦门、泉州等沿海地区实现产业对接，壮大安溪的实力。第三是主动作为，不局限于山区县这个小框框，要以沿海县的大意识主动作为，确立起敢为人先的气魄，以全新的思维、全新的视野来谋划安溪的工作。

2008年12月，尤猛军在县委十一届五次全体（扩大）会议所作的工作报告中，明确安溪要在海峡西岸经济区和泉州现代化工贸港口城市建设中，主动融入、主动承接、主动作为。落实在具体工作上，要围绕"冲刺全国百强"的目标，调高安溪发展的任务、要求、指标，在项目策划、城市建设、基础设施建设等方面，把安溪的发展放在"海西"大局中谋求突破、谋求提升。各乡镇也要立足"沿海县"这一站位，找准自己的优势、主动作为，来推动安溪经济全面快速发展。

站位一变，天地全新。围绕"沿海县"这一站位，全县的经济发展格局、发展布局随之进行调整。理直气壮的安溪人，将安溪发展带入崭新阶段。

二、建设安同快速通道

一次特殊的县长办公会

"要是能修一条安溪至厦门等港口城市的高等级公路，那该多好啊！"改革开放初期，安溪旅居新加坡的侨亲唐裕经常这样感慨。

1995年，龙门隧道通车后，缩短了安溪连接厦门经济特区的距离。但随着经济社会的发展，新的问题开始凸显。龙门至厦门同安云埔段，地处山沟冲积鸡爪形地带，弯道多，随着车流量日益增多，原路基变形下沉严重，成为事故多发路段。吃够交通落后苦头的安溪人，渴望再次突破"瓶颈"。

2002年，安溪县两会召开前一天，代县长尤猛军吃过晚饭后，与县政府班子部分成员在茶都附近的河滨路散步，边走边聊安溪发展的突破口。副县长廖皆明提到，随着车流量的剧增，拥挤的安同公路经常堵车，影响了安溪到厦门的通车速度，建议"进一步打开山门，主动接受厦门经济特区的辐射，这是今后安溪发展的出路"。尤猛军沉吟了一下，说，安溪能否以高速公路的标准，建一条直达厦门的快速通道，为安溪发展插上腾飞的翅膀。尤猛军的一番话，引起大家的热议。"不然，我们就近找个地方讨论一下项目的可行性。"尤猛军说。

于是，几人当即通知县政府班子其他成员到城东水闸桥边的茶都小公园，召开县长办公会，讨论建设快速通道的设想。会议结束时，已是晚上十点，而第二天县人代会就要开幕了，因安同快速通道的项目事关重大，尤猛军立即赶到县委大楼，向县委书记曾荣华汇报了这一设想，得到曾荣华的支持。县政府办公室连夜加班，在《政府工作报告》中增加了建设安同快速通道的计划。第二天召开的县人代会开幕式上，当尤猛军代表县政府作《政府工作报告》，讲到以高速公路的标准建设安同快速通道的设想时，全场掌声雷动。

安溪到同安的快速通道，路段三分之一在安溪、三分之二在厦门同安，因而争取厦门支持很重要。在安溪籍企业家陈发树的热心协助下，安溪县邀请了厦门市市长张昌平前来安溪考察。在龙门隧道口，尤猛军向张昌平详细介绍情况。看到安溪修建高等级公路的决心，张昌平明确表态，厦门市要全力支持建设安同快速通道："我给别人优惠政策，人家还不做，你们是冒着风险，不计较个人得失，这个项目我们要支持。"这次考察后不久，张昌平就带领厦门交通委主任林金平和同安区委书记陈昭扬来安溪正式签约，约定由双方共同建设 17 千米的安同快速通道。

安溪路段起点为龙门镇溪坂村跳头，经龙门镇溪坂、溪瑶、内瑶、碧水电站、潮顶、后溪，终点为安溪县与厦门市同安区交界的双溪口处，全长 6.82 千米。

一波三折的建设过程

2004 年 6 月，安同快速通道建设启动后，县政府授权县路桥建设发展公司采用 BT 模式（建设-移交，政府利用非政府资金进行非经营性基础设施项目建设的融资模式）进行招标，因投资风险大，不少公司望而却步。最终该工程由安溪籍企业家柯希平创办的厦门恒兴实业有限公司先行垫资投建，核工业长沙中南建设工程集团公司承建，总投资 3.89 亿元，工程项目按照山岭重丘区高速公路的标准进行设计。柯希平为家乡发展冒着风险垫资建设，此举开创了福建省县级自筹资金建设快速通道的先河。

2004 年 7 月 29 日，安同快速通道（安溪段）开工建设，但建设过程却是一波三折。

安溪行政上隶属泉州管辖，但民间与厦门的联系更密切。当时泉州正着力建设海湾型港口城市，财力上也没有资金支持安溪建设高等级公路。另外，担心从泉州港出口的闽中物流，会因安同快速通道分流到厦门港，影响泉州亿吨级大港建设。故而，当时的泉州市有关部门领导对安溪建设安同快速通道的做法是持保留意见的。但是，安溪为什么要冒着被"处分"的风险建安同快速通道？

尤猛军回忆说，安同快速通道对安溪发展太重要了，可以为安溪插上腾飞的翅膀，使安溪的发展迎来质的飞跃。当时省政府正规划一条经过安溪邻县的高速公路，安溪如果不抢先行动，今后不可能再有一条重复的高速路过境安溪。为此，安同快速通道（安溪）路段静悄悄开工，也没有怎么宣传。

安同快速通道（安溪段）开工后，安溪多次邀请泉州市四套班子领导到安同快速通道项目现场和龙门隧道考察，让泉州市的领导认识到这条路对安溪发展的分量，争取得到他们的理解与支持。

安同快速通道已经开工了，但2000亩的用地指标还没落实。为了尽快拿到"路条"，县长尤猛军与副县长廖皆明一起到福州向省国土资源厅汇报。厅长黄琪玉的爱人是安溪人，黄琪玉对安溪山区的交通状况比较了解，感同身受。黄琪玉表态：安溪这一项目建设是为海西建设谋长远发展，为百姓谋福利，我们尽量支持。为了这个项目，黄琪玉还多次到北京，向国土资源部争取通过交通战略储备的途径，为项目取得2000亩用地指标。

在项目推进到一个阶段时，因厦门市主要领导调整变动，原有的重点建设项目均暂停。安同快速通道安溪段总投资近4亿元，前期已投入不少资金，如果不能继续推进，对安溪将有极大的不利影响。为此，安溪县积极主动与厦门市联系，邀请厦门市委主要领导到安溪视察。在龙门隧道口，尤猛军向厦门市委主要领导介绍安溪对接厦门的思路和安同快速通道施工进度情况。厦门市委主要领导说：这个项目很好，同意加快速度建设。一度停滞建设的安同快速通道，加快了建设步伐。

2007年10月，安同快速通道安溪段6.82千米竣工验收。

"赚回"一条高速路

随着海峡西岸经济区建设的推进，福建的高速公路建设迎来加快发展的契机。通过厦门的力量，厦沙高速（厦门至福建沙县）通过了交通部立项，纳入福建省高速交通网。先行一步的安同快速通道作为厦沙高速的重要组成部分，最终被纳入福建沿海大通道工程。

但好事多磨，安同快速通道试验路段并入高速路网时，又遇到波折。原来，按照省高速交通路网的规划，安溪至厦门的高速路要建设六车道。如果这样，安同快速通道原本的四车道就要改成六车道，这样意味着原有的工程将全部炸掉改建，安溪之前的投资将血本无归。得知省交通厅厅长在泉州考察，尤猛军就力邀厅长等领导来安溪考察。在安同快速通道龙门路段，厅长了解到安溪是山区，高速路建设六车道不现实，这样不仅半个山头要削平，破坏生态环境，还会增加巨大投资。交通厅厅长同意安溪的建议，并修改了建设标准，安厦高速建成四车道。此后，安溪原来投建的17千米安同快速通道试验路段，顺利被省高速公司溢价收购，安溪前期投入的资金，本钱和利息都拿回来了。

后来，安同快速通道试验段与两条高速（沈海、泉三）连接起来，里程从17千米延伸到80千米，成为沈海跟泉三高速的连接线。再后来，安厦高速又进一步延伸进厦门岛内，再修建17千米，整条高速路97千米纳入交通部规划，等于安溪不花一分钱"赚回"一条97千米的高速路。

安厦高速公路起于泉州南安泉三高速公路金淘互通，经安溪县进入厦门市同安区。主线道路在同安云埔再分成两路，一路折西进入漳州长泰，一路继续前行连接沈海高速公路厦门进出站田厝，由田集高速公路连接线贯通厦门岛，最终与厦门机场相连。安厦高速成为福建省海峡西岸经济区"三纵八横"高速公路网布局中"三纵"的重要组成部分。

2012年，是一个值得载入安溪县史的年份。这一年，安溪结束了没有高速公路的历史。12月31日，从南安金淘经安溪至厦门的高速公路通车，安溪到厦门车程缩短到40分钟，安溪从此步入"高速时代"。此后，莆永、厦沙及泉三高速安溪连接线等高速公路陆续建成，境内设有11处落地互通，安溪24个乡镇均可在20分钟内上高速。安溪所有的山门仿佛同时打开，一通百通，八面来风。

大通道，意味着大发展，安溪全面进入"高速时代"，承启东西、连接山海的区位优势更加突出，融入了泉州、厦门"一小时经济圈"，与厦漳泉大都市区实现同城化发展，安溪到省城福州和闽西的车程也均在两个小时左右。发达的高速路网使安溪实现了从"山区县"到"沿海县"的巨大转变，有力推动安溪综合实力在全国百强县的位次不断攀升。

三、破解乡镇"边缘化"

按照"适度超前、功能完善、协调配套、高效便捷"的要求，安溪全面打通对外连接通道，融入沿海经济圈。除了新建安厦高速外，还大力拓改境内的省道、县道，进一步改善交通条件。

在实现"村村通公路"的基础上，2003年，安溪实施省委、省政府启动的"年万里农村路网建设工程"，争取政策支持和资金补助，开展农村路网建设。2005年，全县436个行政村通村公路全面实现砼路面硬化目标。

在道路交通建设中，一些边远偏僻乡镇主动作为，以交通的突围破解乡镇日益被"边缘化"困局。地处安溪西南边陲的龙涓乡，在交通建设中奋起直追。

龙涓乡是安溪面积最大的乡镇，因交通不便，缺乏加快发展的区位优势，该乡经济建设一直徘徊不前，难以有较大突破。曾经有一辆集装箱货车开进龙涓后，却难以找到倒车的地方，吓得那位外地司机连声惊呼："再也不敢来龙涓了！"

2003年，龙涓乡半林村通向外界的，依然是一条蜿蜒曲折、坎坷不平的泥土路。交通不便、信息闭塞，严重制约着半林村的发展，以致村里被上门收购的茶青价格，竟不及龙涓镇区的一半。2003年5月，半林村联合龙房村，发动当地乡贤和群众踊跃捐资，很快筹集370多万元，修建一条全长13.6千米的水泥路，圆了世代半林人、龙房人的梦想。

从半林村修路开始，龙涓乡所有行政村公路硬化建设的资金，就全部改由乡政府统一管理，并接受群众的监督，确保每一分钱都用在刀刃上。

2006年，安溪县两会召开期间，面对公路改造和境内主干公路持续"降级"可能带来的"边缘化"危局，与会的17名龙涓籍县人大代表联名提案，强烈要求"拓宽县道344线龙涓段"，谋求龙涓经济建设重大突破。县委、县政府同意了龙涓乡的请求，但明确龙涓乡必须自筹工程建设的大部分资金。

县道344线途经龙涓、虎邱等乡镇。其中，龙涓路段需要拓宽改造的有18.8千米长，总投资几千万元。面对资金难题，龙涓乡党委、政府没有退缩，成立344线拓改工程建设领导小组，下设宣传、资金筹集、现场施工、监督4个组，由该乡的县人大代表和社会各界代表人士组成，全程参与工程建设。陈明辉、李小平、杨连回等乡贤带头慷慨捐资，还多方联络各界朋友，以一身赤诚的爱乡豪情，感染了龙涓乡众多社会贤达。福黎村肖聪明老人听到杨连回的倡议后，便动员在外经商的儿子肖朝清捐款10万元……

"要修路，就修一条像样的。困难越大，越能见证我们龙涓人的力量！"这是当时很多龙涓人的心声。为了344县道的拓改，龙涓人舍小家为大家，主动配合工程建设。如，县道344线经过玳堤村的路段有2.8千米长，需要搬迁的房子有40座，其中大厝10座，2层以上的楼房中，须全拆的有4栋，另有3座多年的老屋需要全拆。虽然涉及面广，但拆迁工作却非常顺利，不仅如期完成，还做到拆迁、捐资双模范。

7万龙涓人民以一种建设家园的信念，一种排山倒海的气势，拉开了龙涓历史上最浩大的工程建设序幕。2006年10月9日，尤猛军到龙涓乡考察工作。在听取乡党委、政府关于县道344线龙涓段拓改工程的情况汇报后，对龙涓精神给予高度肯定：龙涓乡这条路的成功，靠的是龙涓精神，而这种精神，源于龙涓乡7万干部群众一条心的高度凝聚力。2007年7月30日，尤猛军在《安溪乡讯》上刊发署名文章《可贵的龙涓精神》，赞誉龙涓人破解"边缘化"困局，迎难而上，负重拼搏的精神风采。

龙涓精神铸就康庄大道。2002—2007年，龙涓乡硬化行政村水泥路累计达115千米，总耗资数千万元。这对当年仍然背负2000多万元债务的龙涓乡而言，压力可想而知。在困难和问题面前，龙涓人没有坐等靠要，而是咬紧牙关，埋头苦干，不仅还清了先前拖欠教师的700多万元工资，还实现了乡村公路提级，村村通水泥路。

拓改工程竣工后，伊富龙工艺品有限公司、中闽魏氏、华祥苑茶业有限公司、品仙茗茶等多家企业纷纷落户龙涓，龙涓也因此成为安溪茶业的后起之秀和铁观音茶叶庄园的发祥地，迅速走出一条特色经济发展路子。

龙涓乡举全乡之力攻交通之艰的精神，也影响和带动了安溪其他乡镇的道路拓改。各乡镇道路主动与省道、县道对接，破解乡镇边缘化的困局。

大道通衢连四海。经过多年建设，安溪已初步形成以省道206线、207线、307线和308线为骨架，以通乡镇县道为县境内干线，以行政村公路为县境内支线，以通自然角落公路为辅助延伸的多层次公路网络。而伴随着县域内公路越来越长、越来越宽，安溪各乡镇的经济建设也大大提速。

第二节　政务公开成为全国典型

一、你"点题"我"公开"

2002年4月15日，中共中央政治局常委、书记处书记、中央纪委书记、中华全国总工会主席尉健行，在中纪委常委、秘书长吴定国，福建省领导梁绮萍，泉州市领导刘德章、施永康等陪同下，实地视察安溪的政务公开工作。尉健行在听取县长尤猛军汇报的过程中，就安溪推进政务公开、打造阳光政府的做法连续提问，对安溪打造阳光政务的做法和成效给予高度肯定。

安溪县政务公开的探索已经施行多年。为了规范村务，让群众满意放心，1996年，安溪开始推行村务公开民主管理制度试点。1999年，全县所有乡镇、村（居）实行政务公开和村务公开制度，82.7%的国有企业实行厂务公开制度，医务、警务公开也在系统范围内全面展开。2000年，安溪全面推广政务公开制度，并向党委系统延伸为党务公开。2000年3月，根据省委、省政府的部署，安溪县将勤政监察拓展为机关效能建设。同年，安溪县被全国政务公开领导小组确定为全国政务公开重点联系县。

2001年，安溪在全省率先实行"点题"公开制度，即由群众通过热线电话、来信来访等形式，将关注的热点、难点、疑点问题向相关单位提出，然后由公开主体单位依题公开所提内容，县政府和各乡镇政府在政务公开栏中增设"回音壁"，对群众提出的问题，一一予以公布和答复。同年，仅县政府大院内的33个县直部门，就根据群众要求增加公开内容200多项次。如县五套班子成员的经费开支情况，原来只公开汽车燃修费、电话费、差旅费、接待费等事项。后来有老干部提出，领导干部还应公开出国（境）考察、家属调动、计生等内容。对此，县委、县政府高度重视，将其作为公开的内容之一，定期公开。这一办法的实施，受到中纪委和省、市的高度重视。2001年9月和10月，安溪先后两次被确定为六省市政务公开工作座谈会、全国部分省市政务公开工作经验座谈会重点发言单位。10月30日，省委副书记、纪委书记梁绮萍到安溪调研，充分肯定安溪县的政务公开工作。

2002年，安溪政务公开内容更加贴近民生，实行扶贫资金使用情况公开制度和农村最低生活保障资金发放逐人公开制度。为建立有效的制约和监督机制，严格公开程序，确保公开的内容真实有效，县委、县政府制定出台《安溪县公开办事制度责任追究暂行办法》，构建县、乡、村三级联动的立体监督网络，把严密的组织监督与广泛的群众监督结合起来。规定每季度第一个月的10日为全县统一检查日，定期开展明察暗访，形成一级检查一级、一级向一级负责的监督机制。实行办事公开《整改通知书》制度，发现公开工作中存在的问题，由县纪委发出《整改通知书》，限期整改。

2003年，安溪政务公开工作进一步创新和深化，建立健全政务公开的责任、审议、评议、反馈、备案5项制度，改变以前只有事后公开的做法，注重抓好事前和事中公开。

2003年9月25日，在全国政务公开工作电视电话会议上，县长尤猛军在北京主会场做《贴近群众抓公开，立足创新促深化》的经验介绍。

2004年，安溪再次被全国政务公开领导小组确定为全国政务公开联系点。

2005年，安溪在全县24个乡镇建立村级财会代理服务中心，取消村（居）会计，每季度提供村财收支明细表供村务公开所用。深化"点题公开"和"答题"机制，通过政务网、公众信息网、点题意见箱、民意测验等方式，开辟便捷的"点题"通道。

2007年2月，安溪被省推行公开办事制度领导小组命名为"推行办事公开制度省级示范单位"。9月3日，在全国政务公开工作先进单位表彰暨全国政务公开示范点命名电视电话会议上，安溪被全国政务公开工作领导小组评为"全国政务公开工作先进单位"。

二、建设"审批超市"

20世纪90年代以来，安溪紧紧抓住效能建设这条主线，强化"抓效能就是抓环境"的意识，以推进行政审批制度改革入手，加强对行政许可项目的后续监管，不断创优投资环境。

1998年，安溪率先在全省开展勤政监察工作。2000年3月，安溪将勤政监察拓展为机关效能建设，在全县机关事业单位建立各类便民办事机构43个，实行政务公开、挂牌上岗制度，开展效能督查。

按照建设"审批超市"、实现"一条龙"服务的构想，2007年4月，安溪县行政服务中心建成投运，县效能办在行政服务中心管理处内设立效能监察室，负责对中心的运行、管理进行实时监控，实行审批时限预警，接受服务对象的投诉。全县共分两批计35个县直单位进驻中心，涉及411个审批项目和41个服务项目。

安溪县机关效能投诉中心按照有诉必理、有案必查、有查必果、有违必纠、快办快结、优质高效的原则，做到投诉件件有回音、事事有着落。为使投诉件办理有一套完整、规范的工作流程，投诉中心建立了"一表两函一书"（即投诉登记表、交办函、转办函、效能告诫书）制度，对投诉件的处理要求当日投诉、当日报批、限时办结、及时反馈。

2007年7月，开通全省统一机关效能投诉电话"968168"，实行24小时受理电话投诉，健全效能投诉处理机制，加大重点投诉件的办理力度，提高效能投诉办理质量。

与此同时，行政服务中心还实行窗口"首席代表"、投资项目"并联审批"和重点审批事项"绿色通道"等审批新机制，减少审批环节，缩减审批时限，为招商引资工作提供良好的环境。

为保证在建重点项目按序时、进度高效优质地推进，县纪委、效能办还会同有关部门组成项目督查组，坚持每月开展一次项目督查，通报督查结果，并重点监督检查项目建设中落实节能减排、节约集约用地、生态环境保护等政策的情况，及时发现问题，及时解决问题，为项目建设保驾护航。旺旺集团增资扩建安溪项目，又将其升格为福建区域总部，就是县委、县政府抓机关效能建设促经济发展的成果体现。

第三节 "忧患、梦想、担当"大讨论

一、广东增城取经

海峡西岸经济区纳入国家发展战略后，福建省进入快速发展的新阶段。全省各地都在迅速谋思路，寻出路，求发展。

面对海西经济区的发展机遇，已经由全省最大的贫困县发展为全国综合实力百强县的安溪，正进入加快发展的时期。与自己的过去比，安溪变化巨大，但与晋江等沿海地区比，安溪还有极大差距，依然是泉州市的"第三方阵"。随着新一轮区域竞争的到来，安溪的发展瓶颈也日益凸显出来。

2009年，晋江市市长李建辉调任安溪县委书记。此时，适值全球金融危机发生不久，以出口为主的安溪藤铁工艺产业受到较大影响，一业独大的茶业也遭遇提升的瓶颈。

李建辉在晋江工作多年，可谓"晋江经验"的参与者，晋江创造的县域经济发展奇迹，其核心在于紧紧咬住实体经济发展不放松，不断赶超发展。李建辉认为，安溪要加快发展，就要学习"晋江经验"，树立忧患意识，善于查找不足，敢于创新发展，勇于梦想。勇于梦想，就是赶超发展，善于勇于弯道超车，不走寻常路。

安溪工业基础比较薄弱，未来发展面临挑战。时代要求安溪与时俱进，站在新的发展起点上，开启新一轮思想解放的征程。

茶产业是安溪的民生支柱产业，经过多年的快速发展，进入一个高位盘整期。

到任后经过密集的调研，李建辉对安溪未来的发展，提出了"忧患、梦想、担当"的战略性思考。全县各级各部门围绕"忧患、梦想、担当"展开大讨论，激荡思想和灵魂。此后，县委、县政府又以"懂得忧患、敢于梦想、勇于担当"的使命感和责任感，引领全县在生产性产业、城市建设和生态旅游、茶业建设等领域创新发展。

学有标兵，赶有方向。增城是广州下辖的一个县级市，曾经是个典型的贫困山区农业县。2000年，增城的财政收入与安溪相当。然而，增城凭借解放思想，因地制宜，走出一条适合自身发展的道路。2002年以来，县域经济连续八年领跑广东省所有县市，并跻身2009年全国县域基本经济竞争力第九名，"增城模式"一时声名鹊起。

虽然远隔千里，但增城的发展引起李建辉的强烈关注。他分析发现，安溪和增城这两个表面上毫无关系的县级城市，内里却有着惊人的相似：论区位，安溪虽身处山区，但仍是海西经济区前沿，毗邻全省三大中心城市，恰似增城，既有位于广莞深黄金走廊上的区位优势，也有靠近粤北山区的"区位劣势"；论基础，两地都是以传统农业起步的县级城市，都正在探索工农结合、城乡统筹发展之路；论思想解放，增城一颗荔枝拍到数万元，看似普通的"迟菜心"竟然也能卖出人参价，而同样依靠敢想敢拼，茶树一度砍了当柴烧的安溪铁观音，身价堪比金枝玉叶，安溪全县也实现了从贫困山区县到县域经济百强县的大翻身……

但不可否认的是，在综合竞争力、发展后劲、城市规划建设和管理、城乡一体化发展、改革创新等一些方面，增城已经走在全国前列，值得安溪学习。

2009年12月，安溪县领导干部异地研修班先后分两批在增城举办，包括县领导、县直有关部门以及各乡镇党政主要负责人等在内的140多名县中层以上干部，从各自岗位奔赴增城，学习考察阵容之强大，在安溪史上罕见。

短短两三天的研修，间或参观与听课，学员们宛如接受一次思想解放的洗礼，盛装着先进理念与昂扬激情满载而归。

2010年2月8日，辞旧迎新之际，安溪召开了"进一步解放思想，推动安溪新一轮跃升发展"务虚会暨年终工作会，县领导、县直部门和乡镇主要负责人悉数到场，结合本职工作，用一整天的时间，交流增城学习考察的收获体会。

上午，有100多位参会者发言，不仅讲在增城学习一个月后的体会，也讲多年来形成的思考，大家的讨论非常热烈。下午，县一级领导谈增城学习考察的收获，李建辉最后总结。李建辉的讲话贯穿了"忧患、梦想、担当"大讨论的思想主线：第一，要有强烈的机遇意识。安溪面临着千载难逢的历史机遇，没有抓住机遇，会留下遗憾，会于心不安。第二，要有强烈的跃升意识，有大气魄大胸襟，敢于梦想。第三，要有强烈的开放意识。解放思想第一就是要开放，让各种人才、资金、资本能充分地涌入安溪。第四，要有强烈的责任意识。增城背后的力量是人，人背后的力量源泉就是责任，就是对家乡的爱。第五，要有强烈的实干意识。发展是干出来的，业绩是干出来的，只要是为了发展，就应该放手去干。第六，要有强烈的人本意识，一切为人民，一切依靠人民。

除了去增城学习，县委、县政府还分批组织县直部门、乡镇主要领导赴厦门、晋江等地参观考察，拓宽发展思路。

思想解放不停步。2013年1月，随着安厦高速公路的开通，不久之后，沈海高速复线、莆永、厦沙、泉三高速安溪连接线也建成投用，安溪的高速互通口数量增至11个。交通变化，带来了时空之变，更让安溪经历着一场新思维大碰撞。

县委书记朱团能主持召开安溪县"进入高速时代，安溪如何加速发展"务虚研讨会，组织全县干部围绕道口经济、回归创业、城市发展、产业聚集、高效服务等主题，畅谈思路想法，大家集思广益、互相启发。经济社会的发展，既要"低头拉车"，也要"抬头看路"。在安溪，一场场这样的务虚研讨会，就是"抬头看路"，把握发展的大方向。

通过讨论，领导干部自觉思考"如何进一步解放思想，将学习成果转化为现实生产力""如何抢抓机遇加快发展，推动安溪奋力实现后发赶超""推动传统产业集群发展，加快新兴产业提速增效，做大做强实体经济"等问题，谋划茶乡新一轮科学发展、跃升发展。

思路提升，境界全新，安溪出现了你争我赶的发展态势。城镇化"12810"构想（即，一个中心城区和南翼新城、湖头新城两个新城；蓬莱、感德、剑斗、尚卿、长坑、龙涓、西坪、大坪等 8 个中心城镇；其他 10 个小城镇）成形，国际信息技术产业园、温泉世界、宝龙城市广场、金融行政服务中心等一批大项目相继落地推进；龙门镇被列入省级小城镇改革试点，湖头镇被列入泉州市级小城镇试点，感德镇提出打造"中国茶业第一镇"，西坪镇提出打造"茶业原乡"……全县上下发展氛围浓厚。

二、"倒逼"干部成长

学习借鉴先进地区的经验做法，就要在发展思路、发展理念和发展内涵上找差距、寻突破，更重要的是提升干部的素质。

党员干部是安溪新一轮跃升发展的中坚力量。提升党员干部队伍素质，成为落实"忧患、梦想、担当"大讨论成果的重要举措。2010 年，安溪县围绕"党员干部受教育、科学发展上水平、人民群众得实惠"的总体要求，以"海西应先行、泉州走前列、茶乡新跨越"为实践载体，在全县 1056 个党组织、28900 多名党员中深入开展学习实践活动。通过个人自学、领导讲学、集中研学、专家辅学、远教助学和工作实践等多种形式，学习必读篇目和应对金融危机、领导科学发展能力的知识，交流心得体会。以考促学，组织 1300 多名乡镇基层干部，对党建知识、科学发展观、基本县情进行闭卷测试。

为了培育锻炼优秀年轻干部，安溪县还加大干部的交流和异地挂职力度，选派一批优秀年轻干部到"急难险重"的基层一线、项目工地去锻炼，选派优秀年轻干部到泉州、晋江、石狮等沿海发达地区挂职学习。

此外，安溪还邀请华佗 CEO 论箭首席专家严介和、北京大学经济学院院长刘伟、中国商业对外贸易总公司党委书记陈联真等专家学者，到安溪讲学授课。通过大规模培训党员干部，拓宽安溪干部的视野境界，提升思维层次，尤其是谋划工作、落实工作的能力，使他们敢于正视困难，敢于迎难而上，用李建辉的话说，就是"倒逼""压担子"。

尤猛军担任县委书记时，要求县委宣传部改版原由县侨联主办的《安溪乡讯》，将其扩版办成"准"县委机关报，副部长谢文哲兼任《安溪乡讯》社长。在谢文哲主持下，2016年成功改版《安溪乡讯》，每周出版两期（周二、周五）四开四版报纸，每期印刷15000份，发行到海外各安溪同乡会社团和机关各单位、各乡镇、村居，以及城区各商家。李建辉到任后，交代县委常委、宣传部部长刘锦川和副部长谢文哲，要争取把《安溪乡讯》改成《安溪报》，同时继续扩版报纸，办成对开大报，扩大发行范围。刘锦川、谢文哲向李建辉汇报，由于新闻出版部门对县一级办报管理很严，改报名、扩版几乎不可能，以及没有办报专业人才。李建辉对他们说，你们没有商量余地，就是卷着铺盖去北京、福州做工作，你们也要去努力。后来，刘锦川、谢文哲通过全国政协副主席罗豪才的帮助，费尽周折，果真把报名改了过来，并扩版成今日的《安溪报》。2011年5月1日《安溪报》正式扩版后，办报质量不断提升，已成为安溪经济社会发展的"编年史"和海内外安溪人沟通乡情、联络乡谊的"集体家书"。多年后，李建辉对谢文哲说，没有我当年这样"倒逼"你们，压担子给你们，《安溪报》的事业能做成吗？到莆田工作后，去《湄洲日报》《莆田乡讯》调研时，我还特别讲到《安溪报》改版的事，希望他们正视困难，勇往直前。

企业家是推动安溪县经济向前发展的主力军。2009年，针对安溪企业界经营管理人才参差不齐的现状，安溪县与厦门大学举办了首期安溪企业总裁班，发挥厦门大学的优势，量身打造培训学习现代企业管理知识。2010年，安溪县又与北京大学合作，举办北京大学安溪企业总裁高级研修班，51名来自茶乡的民营企业家步入北京大学校园深造。"乡巴佬进京学习"成为报章轰动一时的新闻。

与著名高校合作办学，为安溪企业家搭建一个"问道名师、问策名企"的高端平台。安溪县委、县政府因势利导，将企业界从"爱拼才会赢"引向"爱学才会赢"，激励他们成为高素质的现代企业家，推动新一轮经济腾飞。

2020年11月，李建辉回忆这场从上至下的"忧患、梦想、担当"大讨论时说："每个发展阶段，面对挑战，都要有新理念、新格局，安溪的梦想就是要赶上沿海县。"

第四节　安溪铁观音兴茶新理念

一、新理念由来

改革开放以来，历届安溪县委、县政府始终把茶产业发展摆在重中之重的位置，举全县之力，集全县智慧，深入实施"茶业富民"发展战略。

进入"十一五"时期，如何在持续发展中实现新的突破，迫切需要新的茶业发展理念来引导。2006年8月，在全面总结安溪茶业发展历程的基础上，根据全国茶业新形势和消费新需求，县委、县政府提出了"安溪铁观音·和谐健康新生活"的发展理念，作为新一轮兴茶方略。

8月8日，县委书记尤猛军接受《海峡都市报》和《安溪乡讯》的联合采访。在这次采访中，尤猛军总结安溪千年茶叶产销历史，指出安溪要立足新站位，树立新高度，主动融入全球民生潮流，应以"安溪铁观音·和谐健康新生活"理念，作为引领安溪茶业新一轮发展的方略。

8月11日，《海峡都市报》"茶周刊"用两个版面，图文并茂刊发了此前记者的专访文章《尤猛军：安溪铁观音·和谐健康新生活》，并配发评论文章。文章指出，"安溪茶业发展新理念，将'和谐健康新生活'定位为主要诉求，体现的正是安溪茶人追求当今世界民生潮流的人文理想。安溪茶业具有典型的代表性，集中体现着中华茶文化的丰富内涵，深刻反映安溪茶业在'和谐健康新生活'新理念引领下的生动实践，对社会主义和谐社会建设，具有积极而深远的意义"。

专访文章及评论见报后，"安溪铁观音·和谐健康新生活"的兴茶新理念，随即在社会各界引起广泛关注，全国各大媒体、新闻网站、茶叶专业网站纷纷转载。全县各乡镇、涉茶部门和广大茶叶从业人员第一时间组织讨论，畅谈安溪兴茶新理念。

2006年、2007年的县人大会议，2007年、2008年的全县三级干部会议，兴茶新理念都被写入报告。

兴茶新理念的内涵，体现在"绿色""健康""和谐""新生活"这几个关键词上。

"绿色"，是这一理念的本质要求。安溪铁观音对生长环境要求十分严格，只有生长在安溪特有的蓝天、青山、碧水之中，才能保持安溪铁观音茶叶的纯正品种、天然花香和独特气韵，这是其他茶类和其他地方的铁观音茶叶所无法比拟的。安溪铁观音的制作对气候条件、立地环境和茶农制作技术非常讲究，一泡好茶犹如一件艺术品，是天、地、人、种各要素密切配合的天然结晶，以它的可遇不可求和不可重复而充满魅力。因此，构建平衡协调的生态体系，追求人与自然、茶与万物共生共荣，保持安溪铁观音的独特天然品质，是这一理念的本质内涵。

"健康"，是这一理念的核心内容。安溪铁观音顺应"茶为国饮"的时代潮流，推广"健康"理念。构建保健养生的品质体系，追求科学时尚、引领潮流，是这一理念的内涵。

"和谐"，是这一理念的追求目标。安溪铁观音无论是种植、加工，或者是品饮、赏艺，都传承着中华"和"文化的精髓，体现的是人与人、人与自然、人与社会的和谐。弘扬安溪铁观音的和谐文化，构建平和平静的茶文化体系，追求和睦共处、平等博爱，促进社会和谐，是这一理念始终不渝的追求目标。

"新生活"，是这一理念的发展方向。安溪铁观音普遍被认为是保健康乐、社会联谊、净化心灵、传播文明的纽带。品饮安溪铁观音是极好的生活享受、文明的生活时尚，是人们追求"科学、休闲、文明"现代生活的一个重要载体。

经过大力宣传，"安溪铁观音·和谐健康新生活"茶业发展新理念深入人心，甚至茶农家里闹矛盾时，都会以"和谐健康新生活"的说法来劝解。

安溪兴茶新理念，获得茶界和社会各界的赞誉。中央电视台报道了安溪在"安溪铁观音·和谐健康新生活"兴茶新理念指引下，实施"茶业富民"战略所取得的成效。中国工程院院士、中国农业科学院茶叶研究所研究员、博士生导师、中国茶叶学会名誉理事陈宗懋，高度评价安溪兴茶新理念。他说："安溪县提出和谐健康新生活这一理念，是全国茶业界落实科学发展观的先人之声，对全国茶业解决提升发展层面问题，有普遍的借鉴意义和指导作用。"全国政协委员、中华供销总社杭州茶叶质量检测中心主任、研究员骆少君说："安溪县茶业发展新理念，是一个很好的展望，其对生态、健康的诉求，是对茶叶消费者的人文关怀，也是对茶叶质量管理和监检部门的支持。"

二、引领茶叶消费新潮流

为深入挖掘安溪铁观音和谐健康内涵，继承弘扬中华茶文化优秀传统，推进中华茶产业与经济社会的繁荣发展，安溪县通过举办高峰论坛、开展"安溪铁观音神州行"等系列活动，扩大传播安溪铁观音和谐健康理念。

2006年11月7日—9日，由中国茶叶学会、华侨茶业发展研究基金会、中华茶人联谊会主办，安溪县政府承办的中华茶文化安溪铁观音和谐健康高峰论坛在安溪隆重举办，来自国际国内茶业界、医疗保健界、文化艺术界、新闻界等的专家学者以及知名人士欢聚安溪中国茶都。

论坛以"安溪铁观音和谐健康"为主题分阶段进行。与会专家学者围绕"中华茶产业发展与新农村建设""中华茶产业发展与'三农'问题破解""中华茶产业可持续发展之路""中华茶文化的和谐社会功能""安溪铁观音和谐健康新生活内涵""安溪铁观音的民生功用""安溪茶礼与社会风气""安溪茶艺活动与休闲文化""安溪铁观音的保健养生功效"等热门热点问题，分别从科学、社会和人文等角度作深入探讨，进一步扩大中华茶文化的影响。

11月8日下午，举行电视互动节目，由中央电视台著名主持人马东主持，围绕"健康""文化""发展"三个关键词展开专题对话，并连线安溪铁观音国内主销地区，互动交流，品茗论道。

11月8日晚，安溪举办了一场由中央电视台著名导演郎昆执导的"风华国乐"专场音乐会，融合安溪铁观音茶文化，宣传中华优秀传统文化。

在这次高峰论坛上，来自国内外人文科学、自然科学、食品、医疗保健等社会各界的60多名专家学者，以及国家、省、市有关部门领导，纵论中华茶文化，研讨安溪铁观音和谐健康内涵，就国际茶产业研究学界的最新成果，以及安溪铁观音的主要特征、品质定位、保健功效、和谐功能、质量安全等内容进行广泛交流。高峰论坛期间，共收到来自国内及美国、日本等国专家学者的论文78篇，组委会从中遴选出59篇，结成《安溪铁观音与和谐健康》论文集出版发行。

这次高峰论坛，既有专家学者的高端纵论，又有电视传媒的互动参与；既有安溪铁观音原产地的实地考察采访，又有安溪铁观音主销区域的普及宣传。通过多种形式的宣传，让安溪铁观音"和谐健康"的文化内涵日益深入人心。

此后，安溪县还广泛依托各种大型的茶博会和展销会宣传安溪铁观音和谐健康理念，并持续组织开展"安溪铁观音神州行"考察交流采风活动，前往全国30多个城市，举办形式多样的茶文化宣传活动，进一步提高了安溪铁观音的知名度、美誉度和市场占有率，引领了茶叶消费新潮流。

除了广泛宣传外，安溪深入实施兴茶新理念的"五大工程、五大体系"，即实施"生态、健康、文化、品牌、素质"五大工程，构建"平衡协调的生态体系、保健养生的品质体系、平和平静的茶文化体系、公平公正的市场体系、永续发展的产业体系"五大体系，全面推动安溪茶业新一轮发展，成为全国1000多个产茶县的一面旗帜。

随着安溪茶业的不断发展，兴茶新理念也在不断丰富内涵，题意从一茶一县的小和谐，跃升到"闽茶一家，两岸互动"的区域茶业大和谐上。安溪县委、县政府主动融入海峡西岸经济区，提出构建闽茶大文化圈、打造闽茶大品牌和建设闽台茶叶大市场等设想，推动福建茶产业由"产茶大省"加速迈向"产茶强省"。

第十二章　城市繁华

第一节　一城"夹"两翼

一、大县城龙头带动

加快城镇化进程是县域经济发展的重要战略任务。习近平在《必须高度重视县域经济发展》一文中提出："县城是区域城镇化体系的核心，是城镇体系中最具辐射力和带动力的片区，它对于整个县域城镇化的发展具有龙头带动作用。同时，要不失时机地重点加快组群中心城镇建设。"①

进入21世纪，城市化是安溪新一轮经济发展的重要一极。随着改革开放的深入推进，安溪社会经济发展取得长足的进步，城市建设转向集约型、效益型，可持续发展已成必然。

经过10多年的改造，安溪城区呈发散式向东西南北四个方向拓展。城区面积由20世纪90年代初的1.38平方千米拓展至2000年的6.8平方千米，人口由2万增加到8万。

2001年，安溪县提出大县城"东拓南进，主辅双城"的发展战略。向东，通过东二环路等路网建设，将参内、魁斗等东部乡镇的部分区域纳入城区规划进行开发建设；向南，依托安溪—厦门公路，把城区向南面的官桥、龙门延伸，使城区与龙桥工业园联为一体。通过东拓、南进等一系列举措，逐步撑大安溪县城"骨架"，安溪开始由城镇向城市转变。

---

① 国务院发展研究中心主办刊物《管理世界》增刊——《中国县域经济发展之路——福建安溪模式的研究与启示》。

围绕大县城建设，安溪坚持扩容与提质并重、外延扩张与内涵提升并举，深入实施"东拓、西进、南扩、北提"战略，先后启动实施了一大批旧城改造和新区建设项目，完成了安溪县城到南安仑仓的道路拓宽和城区二环路、新安中路等一批道路建设；建成城东水桥闸、河滨路、十里诗廊、龙津公园、金钱山公园和城区夜景等一批市政工程。

旧城区的路网建设也日益完善，由三横五纵构成，横向（东西走向）有新安路、新安西路、兴安路（三段路为同一条路，只是路段不同），八三一路，中山路三条横路；纵向（南北走向）有解放路、大同路、凤山路、新华路及民主路等五条纵路。

此外，环绕河滨两岸的有河滨东、西、南、北路。至2010年底，城区道路增至91条，总长122.6千米，面积2.39平方千米（不包括小巷及小区道路），比1991年增长20.6倍。

2003—2005年，县委、县政府两次聘请城市规划专家，对此前的城市总规进行调整编修，进一步明确组团式城市空间结构。同时做深做细总规、控规、详规、专项规划，完善供水供电、污水处理、学校医疗、文体娱乐等基础配套，增强城市居住、工作、交通、休闲、娱乐等功能。丰富城市业态，重视发展商业地产，培育现代商贸、金融保险、信息咨询、物流配送等第三产业。提高城市品位，突出茶乡特色，塑造铁观音茶文化特色的城市形象主题，建立健全物业管理、城市卫生、道路交通等方向的长效机制，推进精细化管理和人性化服务。

大县城拉开架构后，安溪先后启动市场、学校、住宅和市政配套等工程建设，不断完善大县城功能，大县城的集聚、辐射和龙头带动能力进一步得到提升，"山在城中、城在水中"的现代山水园林城市已初具雏形。

从"现代山水茶乡"到"现代山水园林城市"，安溪通过不懈努力，已完成时代嬗变，交出合格答卷。

二、两翼新城齐飞

没有城市化，就不可能有安溪的现代化。怎样把面积 73% 以上全是高山峻岭的安溪建设成现代化新城呢？这是历任安溪主政者一直思考的问题。

思路决定出路。在新型城镇化建设中，从"山区县"旧框框中解脱出来的安溪，着力于海峡西岸经济区建设的大局，以突出安溪的区位优势为突破口，开始探索主城和辅城相辅相成的城市发展空间格局。

2006 年 7 月，县委书记尤猛军在县委全委会上提出，"十一五"期间，安溪的"大县城"发展战略，要着力将县城打造成全县的政治、商贸、旅游、休闲、文化中心，并提出"一城两翼"的城镇化构想。一城，指县城，以建设中等城市的目标提升和拓展中心城区；两翼，指湖头新城和南翼新城。尤猛军说，城市化没有任何模式可以模仿，因为安溪的山地地理条件太独特，我们只能选准适合安溪的道路，推进城市化。

2009 年 5 月，国务院发布《国务院关于支持福建省加快建设海峡西岸经济区的若干意见》。同年 8 月，围绕"沿海县"新站位，县委书记李建辉在县委十一届六次全体（扩大）会议上指出：中央力挺海西建设，给我们带来历史性、战略性的机遇……城镇是经济发展的载体和平台，要按照"128"城镇布局，全面提升城镇化水平。

南翼新城

位于安溪县东南部的龙门镇和官桥镇，毗邻厦门经济特区，是安溪经济社会发展重要的区域之一。

2010 年，龙门镇列入福建省第一批小城镇综合改革建设试点镇，以此为契机，安溪打破过去的行政区域界限，把龙门、官桥作为南翼新城整体规划。县委、县政府对龙门、官桥的基础条件、优势潜力、发展方向等要素进行审视，决定将该区域作为安溪承接沿海发达地区的前沿阵地和"厦门的后花园"。同时，把南翼新城作为海峡西岸厦漳泉同城化的协同发展区。

思路决定后,安溪县聘请美国易道公司和泉州市规划设计院,按高起点、高标准对总体规划进行编制。总体规划在2010年5月通过省专家组评审验收,8月经泉州市人民政府审批通过。规划按照"一心两轴五团六区"的空间布局,整个城镇以新城行政商务中心为核心,以城市发展轴和生态绿轴为两轴,划分为新城商贸组团、新城行政商务组团、北部组团、中部产业组团、南部居住组团等。

南翼新城与厦漳泉三城距离均在60千米左右,厦沙高速和福诏高速在此交会并设有两个互通口,交通便捷。根据规划,南翼新城规划区的镇域由目前安溪县龙门镇域、官桥镇域两部分组成,规划区范围总面积约261平方千米。其城市总体发展目标,即立足龙门、官桥自身的发展特色与优势,发挥城市对区域的支撑带动作用。新城人口规模近期20万人,中期25万人,远期27万人。

产业是新城建设的支撑。以产业园区为载体,南翼新城着力引进带动性大的龙头企业,培育新产业、新业态、新模式。2011年以来,南翼新城重点建设中国国际信息技术(福建)产业园,厦门泉州(安溪)经济合作区湖里园、思明园,弘桥智谷电商园,安溪高端装备制造产业园,南方食品城等多个园区,重点培育信息技术、休闲旅游、商贸物流、新能源新材料和食品制造五大产业,将南翼新城打造成中国云谷、海西最大的户外运动基地和海西规模最大、风格最齐全的温泉胜地。

一手抓产业发展,一手抓城镇建设。南翼新城不断完善配套、提升品位、集聚人气,推动产城融合。在基础设施方面,完成省道206线白改黑、环城东路、环城北路、莲苑路及龙翔路建设,打通城市外环;完成污水处理厂、污水管网和自来水管网的建设和接入工作,逐步完善建成区统一供排水;完成依仁溪人工湖和依仁溪景观带改造,打造10千米的沿溪景观带,完成蓝溪10千米防洪堤建设;完成龙门、官桥高速出入口景观改造建设。在社会配套方面,龙门医院门诊大楼完工投入使用,与联美集团合作建设养老养生项目;南翼新城第一小学、南翼新城第一幼儿园和安溪第二十二、二十三小学建成投入使用；龙门中学操场完成建设；完成龙城、龙翔、龙腾、龙榜、龙昇、龙泉、龙狮等小区配套建设，总建筑面积超 50 万平方米；投资达 25 亿元的天湖旅游（高尔夫球场）、35 亿元的连捷温泉等项目相继落成，提升南翼新城的城市品位。

2012 年，南翼新城成为第三批国家级发展改革试点镇；2014 年，被住建部等七部委评为"全国重点镇"并被列入福建省"小城市"培育试点乡镇。

经过多年建设，南翼新城已开始发挥城市对区域的支撑带动作用。县委书记高向荣表示，南翼新城已成为闽西南厦漳泉协同发展格局下厦门、安溪两地创新接力的探路者和试验区。安溪的目标是融入厦门产业链、创新链、要素链，走出一条合作共建、双赢发展的新路子。

湖头新城

湖头镇位于安溪县西北，距离安溪县城 35 千米，是安溪的交通枢纽和商贸重地，也是福建省首批历史文化名镇。2007 年，安溪县政府聘请天津市城市规划设计院厦门分院和华汇环境规划设计顾问有限公司，完成《安溪县湖头镇发展规划》编制，将城市定位为现代化工贸城市。

2010 年，湖头镇被确定为泉州市综合改革建设试点小城镇。为加快湖头新城的建设步伐，安溪成立湖头新城建设和发展协调领导小组，县长陈灿辉任组长。他提出湖头新城的建设，要围绕"以资源经营城市、以产业支撑城市、以文化涵养城市、以品牌提升城市、以生态塑造城市"的发展理念，明确功能定位，合理划分工业发展区、生活居住区、商业购物区、文化娱乐区等，进一步完善新城总体规划和发展规划，编制湖头生态文化区和李光地主题公园概念性规划，以及环湖头公路、河滨路自来水、污水处理、电力等项目专项规划。

2011 年，湖头被列为省级试点镇后，安溪对湖头发展的总体规划进行调整修编，完成了《安溪县湖头镇综合改革建设试点镇总体规划》。根据规划，湖头镇规划区总面积 101.2 平方千米，镇区规划区面积约 16 平方千米，其中，镇区建设用地面积 13.7 平方千米。县委、县政府又先后完成交通、市政、教育、卫生、景观风貌等多个专项规划编制。

湖头镇党委原书记林志煌回忆，湖头新城规划确立后，按照"产城融合、以产兴城"的发展路径，事关新城建设的路桥、水电、工业、旅游、教育、文化等一大批项目，紧锣密鼓实施：

投资近 10 亿元的环城路高速路口至湖头光电园段建成通车；投资 1300 万元建成连接河滨路两岸的文贞大桥；投资 1 亿元扩建湖头自来水厂，一期日供 5 万吨自来水；完成铺设污水管网 10 千米，日处理 2 万吨的生活污水处理厂建成使用；投入 6000 多万元对全镇路灯进行 LED 灯安装和改造，夜幕下的湖头流光溢彩；建设新城农贸市场，可满足新城人的生活交易需求；建成泉州市首个乡镇级垃圾无害化处理中心……

新华都商业广场、弘桥城市广场、湖景新城、天地珑城、国金置业·美湖佳苑等一批高品位城市商住楼盘相继落成。文化、教育、医疗等公共事业也极大改善提升。

位于湖头大寨山的尚大公园，是为纪念著名侨领、实业家、慈善家李尚大先生而建的。尚大公园项目包括市民休闲广场、老人活动中心、青少年活动中心、生态健身休闲区、南北大门、环公园公路，为湖头群众提供一个休闲的好去处。

以尚大公园建设为带动，湖头实施"村村建公园"项目，依托现有的宗祠寺庙，规划建设 30 个村级公园，给群众文化休闲空间，至 2012 年已经建成 16 个小公园。

为提升湖头的人居环境，2010 年，湖头投入 1.5 亿元建成河滨路景观带，极大提升湖头新城品位，改善湖头新城环境，发挥调节水源、防洪防涝等作用。

为实现打造安溪北部教育文化中心的目标，湖头投入 3 亿元用于改造、重建部分中小学。仅 2012 年，湖头就投入 1.2 亿元用于推动教育发展，先后重建 3 所小学，改造提升 2 所中学，其中俊民中学通过省二级达标验收。

湖头是安溪北部中心城镇，为改善安溪北线乡镇的医疗条件，2012年，在侨亲李陆大先生的支持下，占地50亩的二甲医院陆大医院正式落成投用。400张的床位规模，是湖头以往住院床位的5倍，惠及湖头、湖上、白濑和感德数十万群众。

湖头是第一批省级历史文化名镇，文化积淀深厚。湖头镇积极挖掘，精心策划项目，有效提升湖头特色文化品牌，形成了李光地、泰山岩朝圣、湖头美食等文化品牌。泰山岩系安溪三大历史名岩之一，始建于宋绍兴年间，是"显应祖师"的圆寂地，在海外有众多分炉分庙。湖头新城建设中，湖头镇投入资金2000多万元，完成泰山岩朝圣观光区主体工程和扩建工程建设，使泰山岩文化区建设成为省级森林公园。2012年，以泰山岩为龙头，湖头又新建道教景区"三平观"，占地面积200亩，总投资3500万元，成为湖头的朝圣胜景。

湖头米粉制作技艺是湖头独具特色的非物质文化遗产。安溪县积极开发湖头的美食文化，申请湖头米粉的商标保护。2009年，国家质检总局正式批准对"湖头米粉"实施地理标志产品保护。2012年，湖头镇共有米粉加工户1000多户，从业人员1万多人，行业产值4亿多元。2010年，为集中展示湖头的美食文化，湖头镇投资8000万元，建设占地120亩的中华美食文化博览园，集美食文化展示、特色小吃品尝、休闲商务活动为一体，把美食文化与旅游有机结合，打响湖头小吃品牌。

湖头历来是安溪乃至闽南金三角地区的建材冶炼基地。以三安钢铁公司为引领的钢铁产业一枝独秀，以三元集发水泥有限公司为主导的水泥产业是湖头的传统产业。2011年底，为做强做大园区经济，县委、县政府开始在湖头布局光电产业园，成立福建泉州（湖头）光电产业园管委会，启动光电园的建设和招商引资，引进湖头籍著名乡贤、三安集团董事长林秀成回归创业。2012年，湖头光电园被省政府确立为省级高新科技园区。短短一年多时间，光电产业园就吸引集聚了包括三安光电、信达光电等在内的15家企业强势入驻，形成"衬底—芯片—封装—应用"一条龙的光电产业集群，湖头也由传统工业重镇开始迈向科技新城。

2012年，湖头工农业总产值首次突破100亿元，同比增长27.2%，其中规模以上工业总值90亿元，同比增长40.5%；财税收入方面，全年完成2.9亿元，同比增长30%，是2008年的近4倍。

三、打造城乡融合样板

安溪积极探索，改革和完善中心城镇建设发展管理体制，加快新城基础设施和公共服务建设，增强产业支撑和人口吸纳能力，打造城乡融合样板。

土地少是制约很多县域发展的瓶颈。安溪注重盘活存量建设用地，用好、用活闲置土地。此外，安溪还设立了小城镇建设用地专项指标。中心城镇的建设用地，在符合规划、落实项目、节约集约的情况下，国土资源局在年度土地利用计划指标安排上予以优先保障，按批次报批农用地转用和土地征收的，在规模限制上适当放宽。在新一轮土地利用总体规划修编时，优先统筹安排八个中心城镇的建设用地。并根据建设需要，探索规划区内的集体用地转换为国有用地的先行先试政策。

在土地制度改革方面，安溪鼓励经批准的集体非农业建设用地使用权依法合理流转，鼓励农民利用原合法取得的建设用地依法转换、置换城镇用地。对企业依法取得的集体建设用地在符合规划、保持土地所有权不变的前提下，其使用权允许依法转让、出租和抵押；对进镇区落户的农民，可根据本人的意愿，保留其承包土地的经营权，也允许依法有偿转让；对涉及信息服务及仓储物流等工业生产配套用地执行工业用地政策，对现有工业用地，在符合规划、不改变用途的前提下，提高土地利用率和增加容积率的，不加收土地价款。乡镇政府严格土地承包合同管理，禁止进镇区农民的耕地撂荒和非法改变用途。对进镇区农户的宅基地适时置换，防止闲置浪费。

目前，我国乡镇政府的财权与事权不匹配，乡镇政府的发展积极性不高。针对这种情况，安溪在小城镇土地出让收入和城镇建设维护费扣除上解、提取各项基金和各项税费后，返还30%以上给所在地乡镇政府，专款用于小城镇基础设施建设。同时，争取国家、省的优惠扶持政策，把山区中心城镇建设列入山区基础设施建设的重点补助项目，还通过多个小城镇捆绑建设项目的方法向银行争取贷款。这些办法使乡镇有钱做事。

安溪还利用"藏富于民"的优势，推行特许经营，吸引社会资金参与中心城镇建设。把小城镇建设作为吸引民间投资的一个重要载体，采取独资、合资、股份制、转让基础设施经营权、以资源（土地）合作建设等各种方式，吸引各种社会资金投资参与小城镇公共基础设施、住宅小区和服务性领域的建设和经营，允许投资经营自来水、污水处理、垃圾处理等市政公用设施。

城镇建设，规划先行。安溪把规划建在村镇上，从高校毕业生中招聘优秀专业人才，充实到村镇规划建设人才队伍。同时，抓好城镇规划建设管理人员的培训工作。由县政府牵头，组织县规划建设局、县国土资源局等相关部门，邀请省、市有关专家定期对各乡镇镇长、分管领导、村镇建设管理人员、村主要干部进行培训，培训内容包括小城镇建设与管理、小城镇规划编制和报批、建设项目审批流程等相关专业知识，进一步提高人员的业务水平和办事效率。

安溪还把城市住房制度改革的经验引入城镇，发挥市场机制作用，推进城市房产开发向城镇延伸，支持城镇商品住房消费，促进城镇房地产市场健康发展。鼓励和引导农民购买商品房，树立适度、梯次住房消费理念，激活城镇住宅市场。

第二节　修建城区二环路

安溪县城狭小。2000年以后，随着经济社会的快速发展，县城交通压力日益增加，特别是省道206、306线在城区中心交会，制约着行车速度，并严重影响到道路交通安全。

建设城区二环路，快速疏散过境交通车辆，缓解城区交通压力，是安溪县经济社会发展的内在需要，也是推进安溪大县城建设的举措，对于扩大城区规模，完善城市功能，增强县城的发展后劲和辐射带动功能，对于加快安溪城镇化步伐，改善投资环境，带动公路沿线工业区开发建设，培植新的经济增长点，对于促进第三产业、旅游事业的加速发展，具有重要意义。

2001年11月，安溪县成立县城二环路建设工作领导小组，副县长陈长华任组长，开始二环路建设的前期工作。2002年，泉州市计委批复同意安溪县城区二环路建设项目的可行性研究报告。

2002年12月，由交通部第二设计院设计、安溪县城市建设投资有限公司组织实施的西二环路项目正式开工。项目东起中国茶都（安溪全国茶叶批发市场），北至魁斗镇大岭村与省道308线交会，西接芹坑口直通省道206线，途经城厢、凤城、魁斗等3个乡镇12村（场）。横线从城厢镇光德村经德苑工业园至员宅村，长8.2千米；纵线从魁斗镇大岭村经城厢镇中标村至芹坑口大桥，长6.93千米。

西二环路项目全长15.16千米，道路宽34米，按照市政一级道路设计，总投资1.8亿元，架桥8座。其中，公铁顶进立交桥施工技术难度在省内取得突破，庆山高架桥墩高创泉州市公路桥梁史之最。

2003年12月，西二环路竣工通车。西二环路连接起德苑片区、同美片区、龙湖片区、城南片区、城西片区，相当于将县城扩大了两倍多，达到15平方千米。

为了实现城区与西二环路连接，县政府原准备拓宽县城南门大桥至中国茶都3千米长的路段。但因该路段两旁已有密集建筑，改造拓宽空间不大，与西二环路的连接也不直接。那么，从何处建路，实现连接？时任县委常委、宣传部部长廖皆明曾担任城厢镇党委书记，对砖文、土楼、员宅等村的地理非常熟悉，在他的建议下，县政府经过调研，决定新建顺接南门大桥、终点连接二环路的建安大道。建安大道南北走向，道路宽50米，全长1.3千米，成为连接城区的主要市政大道。2006年，建安大道开通后，新城区路网以建安大道为主轴线，呈"南展北仰，东跃西连，主辅双城，一线展开"之势。

2007年，安溪开始建设东二环路，连接魁斗镇、参内乡与西二环路；东二环路开凿了两车道的石狮岩隧道，修建晋江西溪、祜水等5座大桥。2010年底，东二环建成通车。东、西二环路正式闭合成环，大城区交通网进一步形成。

随着东二环路通行车辆的增多，石狮岩隧道已不适应交通需求。2017年，县政府又投入1.9亿元，建设石狮岩隧道左道，工程长2670米，其中隧道为1760米，洞内净宽10.5米。2019年1月石狮岩隧道左道建成通车，极大改善原有石狮岩隧道右洞的通行条件，进一步完善县域综合交通路网。

东、西二环路的建设，工程资金来自市场和民间资本，形成"政府主导、市场运作、资源开放、多方共赢"的融资体制。

城区二环路的修建，满足了广大人民群众对于便捷交通出行的要求，又极大拓展了安溪县城的空间。它的建成，使安溪城区面积由原来的6.8平方千米猛增至30平方千米，盘活沿线土地2万亩，带动沿线工业区、商贸、住宅小区建设，为安溪之后十多年的快速发展提供强有力的支撑，安溪不再是"凤形鸟肚"，而是蓄势待飞的蛟龙。

第三节 城东崛起新区

一、大县城东拓

2010年之前,安溪县城范围主要在凤城镇和城厢部分区域。2001年,安溪开始提出大县城发展战略,随着大县城"东拓、西进、南扩、北提"发展战略的推进,城东的参内乡因毗邻旧城区而被纳入大县城的东拓范围。

参内乡位于安溪县城东部,距县城6.5千米,面积近50平方千米,辖12个村1个社区。因为交通闭塞,参内乡在县城周边的乡镇中发展比较落后,基础设施也比较薄弱。

面对周边地区的快速发展,参内乡破解被"边缘化"的愿望十分强烈。2004年,参内乡向县委、县政府上报了一份呈阅件,提出开发参洋片区的设想。乡党委书记林清贵主动向曾荣华、尤猛军请缨:"我们参内也要搞开发建设。"

一张白纸好画蓝图。2005年,安溪成立了城东开发区领导小组,下设办公室,县委副书记余军(省挂职干部)任开发区领导小组组长,着手城东开发的规划。参洋片区(指参内乡的参山、大厝、祜水、美塘四个核心村),规划面积6800亩,规划发展以高附加值、高效益、低(无)污染为主的轻工产业,配套发展会展商贸等行业。

按照"一次规划,分期实施,滚动发展,扎实推进"的原则,安溪县政府邀请省城乡规划设计院和美国易道公司,对园区的控制性详规城市景观进行规划设计。

县委、县政府高度重视城东的发展,几任县委书记、县长在全县三级干部会议上,都提到加快城东的发展。2006年,尤猛军首先提出:"东拓要突破。所谓'东拓',就是要着力抓好参洋组团建设,向东拓展城区空间。"2011年,李建辉进一步明确了城东的发展定位:"要高起点打造城东茶叶新城。推进茶博汇、茶博园等项目建设,加快茶机具产业园规划建设,办好第二届海峡两岸茶机具博览会，全力打造安溪茶业发展的核心区、集中区和全国各种茶类及其衍生产品的集散地，使其成为名副其实的中国茶业'义乌城'。"2012年，朱团能就城东的项目建设提出："打造一座茶业城，就是要加快城东茶业新城建设。重点要推进茶博园、茶博汇、茶企总部、茶机具产业园、茶学院等项目建设。"2018年，高向荣要求，要加快完善城东的路网建设："要加速推进参洋东西大道、石狮岩隧道左洞及官桥莲苑大道、湖头环城路等项目建设，抓紧启动城东新城至动车站参岭隧道建设。"

县城东拓，交通先行。城东路网建设完成后，东二环贯穿整个参洋，岩岭隧道双线机动车道和单线人行道实现三洞双向通车，1号基路、参洋大道、参洋大桥、东西大道等构成"开"字形的路网。交通骨架外联内畅的参内，与城区实现同城化。

同时，金安高速和双安高速互通口设置在参内乡罗内村，5分钟可直接抵达城东；兴泉铁路安溪东站落户参内的洋乌内村，距离城东新区不过1.5千米，又撑大了城东的骨架。

为呼应大县城东拓战略，城东新区"大干快上"一大批大项目，助推区域在全县大局中不断提级晋位。2019年，参内固定资产投资居全县第三位，财政总收入和一般预算收入居全县第四位，参内已从较小乡镇跨居全县第一方阵。

城东片区的开发建设，更大程度地发挥参内的区位优势，与凤城、城厢形成功能互补、定位清晰、特色明显的大县城体系。

二、打造茶业新城

2005年，启动参洋片区开发建设以来，安溪县建设围绕城东茶业新城这一主题，加强区域发展的科学谋划，有序有力地推动安溪城东新区的开发建设。

当时的参洋片区，基础设施薄弱。如何在短时间内拉出开发建设的架势，县长陈灿辉认为，要改变"小打小围、零散招商"的方式，引进有实力的开发商进行成片开发建设。2006年4月，安溪采用整体出让的形式进行招商，整体出让1600亩用地，引进福建省隆恩建设集团有限公司进行开发建设和招商引资工作。福建省隆恩建设集团成立于2003年6月。集团分公司分布在省内的厦门、福州、泉州等地，以及省外的江苏、安徽、湖北、重庆、湖南、广东、海南、河北等地，主营房地产开发经营，包括建筑、安装、装饰、市政、路桥、水利水电设计与施工管理，有较强的实力。在隆恩集团的带动下，仅一年多时间，就有50多家外来企业入驻。

2007年，随着东二环的开工建设，城东新区又迎来新一轮发展的时机。2009年，参洋片区开工建设的工程有：河滨北路参洋段、参内大街、河滨北路圆潭至参内段改造工程等。同年，中国茶博汇（海西茶业基地）正式投建。中国茶博汇规划面积3000亩，起步区682亩，总建筑面积73万平方米，总投资15亿元。2009年7月，中国茶博汇（海西茶叶基地）被农业部列为"全国农产品加工创业基地"，吸引一批知名企业落地，进一步提升茶产业的整体竞争力。

中国茶博汇是安溪县"十二五"茶业重点工程，也是全国最大的茶产业专业市场之一，以茶产业为主线，衍生并涵盖了生产加工、贸易物流、会展商贸、教育培训、电商文创、文化旅游、办公居住等多项复合功能。2010年以后，安溪县在中国茶博汇连续举办了7届中国茶都安溪国际茶业博览会［前两届名称为海峡两岸（安溪）茶机具博览会］。"会展推动、实体店经营与电子商务经营并驾齐驱"的新型专业市场发展模式，其强大优势开始显现，产业发展与城市建设逐步融合。

安溪县作为全国产茶第一大县，需要有高层次的茶业人才支撑。在安溪县的大力争取下，福建农林大学与安溪县积极探索应用型人才培养创新模式，双方联办的福建农林大学安溪茶学院，是安溪境内第一所公办全日制本一批院校。安溪茶学院落户参内乡，占地1200亩。2012年5月，福建农林大学安溪茶学院正式成立。目前，学院（校区）建筑面积近20万平方米，已入驻本科、硕士、博士生人数近4000人。安溪茶学院的创办，极大提升了安溪城东乃至安溪的城市品位。

城东茶业新城吸引茶文化旅游的开发建设，溪禾山铁观音文化园、年年香茶庄园、绿色黄金茶庄园、冠和茶庄园、华祥苑、中闽魏氏等一批茶业项目相继建成投入使用，成为展示安溪茶文化的窗口。

三、坚持"产城融合"理念

抢抓大县城东拓的机遇，城东新区建设一直围绕"产城融合"的理念，不断完善要素保障，吸引一大批商业、住宅和企业的重点项目入驻，以产业带动城市发展。

企业是城东新区发展的支撑。城东新区重视培育特色产业，除了引进一批品牌茶企外，还重点引进高科技企业。三净环保科技有限公司等高科技企业相继落户安溪城东。

位于城东罗内村的卫浴工业园区，总规划用地面积约1000亩，项目总投资约10亿元，规划打造集水暖卫浴、机电阀门的研发生产、物流配送、产业配套等为一体的专业园区，建成后预计可实现年产值25亿元以上。目前，园区已入驻企业20家。

城东片区是安溪大县城一体化的重点区域，七匹狼、万达、恒大、阳光城、中骏等地产龙头纷纷入驻，恒禾湾美、阳光城·丽景湾、恒大御景、万达等商业地产成片开发后，住宅小区供不应求。相继竣工的泉州白濑水利枢纽工程参内安置区、员潭安置小区、参山丽苑安置小区（一、二期）、参洋安置统建区、洋中学苑安置区等安置小区规划配套完善，引领人口向城东集聚，促进农村人口向城镇人口转化。

随着人口的剧增，万达、红星美凯龙、中国茶博汇、隆恩博汇商城等超级商圈汇聚，城东的人潮、商潮涌动。红星美凯龙是中国家居连锁第一品牌，该公司总投资5亿元建设安溪红星美凯龙家居生活广场，建筑面积5.3万平方米，于2015年开业，是安溪县规模最大、建材品类最齐全的大型建材家具卖场。

安溪万达广场是万达全国首个县级项目，占地200亩，由房产和商业中心两部分组成，总投资4.35亿元，涵盖了大型购物中心、商业步行街和高级住宅等多彩业态，辐射安溪县各乡镇消费人群。其中，房产建筑面积42万平方米，商业中心建筑面积14万平方米，涵盖百货、影院、餐饮等，2018年12月正式营业，成为安溪吃喝玩乐购一站式、体验式的购物中心。

城东新区也是安溪教育配套最为完善的片区，从幼儿园到大学（安溪茶学院），一站式配备。3所小学、3所幼儿园，以及占地面积240亩的省一级达标学校安溪一中城东校区建设完成后，城东完成优质教育资源全覆盖。

经过不断开发建设，城东新城的配套日臻完善，经济社会各项事业齐头并进。2020年6月28日，经福建省政府研究批复，参内正式撤乡设镇，城东新区发展掀开新的一页。

第四节　满城山水半城湖

一、城东水闸拦河成湖

晋江是泉州的母亲河，也是福建的第三大河流。安溪位于晋江西溪上游，境内溪流众多，水量充沛，是晋江的发源地。流经县境的晋江西溪水系，在县城的西部两水合一，称作蓝溪，水面自然展阔，激流扬波，覆滩为湖，逶逶迤迤。湖水穿城而过，如龙盘旋，呈"S"形自西而东奔流，若白色的游龙环城骧伏腾跃，波光粼粼，十分好看。

明嘉靖《安溪县志》载："水流北地湾，安溪出状元。""北地湾"即现在的圆潭湾。此记载寄托了古代安溪人的一个梦想，用现在的话说，就是将蓝溪水截留在（漫过）圆潭湾，安溪的山水风景会更好，会出更多人才。

蓝溪犹如安溪县城的美丽玉带，如何围绕蓝溪做文章，实现其蓄水、发电、防洪等功能，提升县城文化品位，这是历届县委、县政府一直在思考的问题。

早在1996年，县委书记陈昭扬就有建设城东水闸桥水电站的初步设想，水闸桥既可蓄水发电，又可拦河成湖，对改善安溪的城区环境具有重要意义。然而，城东水闸桥的配套设施，还有河滨路两岸的岸堤和排污管道的铺设等工程，总投资需要2亿多元，对当时财政收入仅有1.5亿元的安溪来说，无疑只是一个梦想。

几年后，城东水闸桥水电站的建设正式提上县委、县政府的议事日程。安溪县成立城东水闸桥工程建设领导小组，县主要领导担任组长，成员包括凤城、城厢、参内等乡镇和财政、计划、水电、外经、环保、土地、建设、城建办、电力公司等单位的主要领导。

按照规划，城东水闸桥拟抬高水位，形成一个长7.5千米、宽200～350米，水面面积达180万平方米，水体670万立方米的河道型人工湖。一开始，安溪县在全国乃至新加坡、马来西亚等海外进行城东水闸桥建设的招商引资。

其间，也曾有外商前来洽谈签约，但都因项目投资大等无果而终。

显然，在财政乏力时期，指望政府对经济社会建设进行大规模投资是不现实的。但另一头，安溪的民间资本雄厚，如一片汹涌澎湃的水流，急于寻找投资的空间。为此，县主要领导找到安溪民营企业家谢渊渊等人，探讨引入民间资本建设城东水闸桥的可行性。

谢渊渊从事水电开发时间早。1993年，他就与朋友合资投建了城厢镇兴口水电站，这可算是民间资本投资经营安溪水电水利的开始。1996年，他又参与投建龙涓乡水云波水电站，1998年参与投建祥华乡三级水电站，这些项目都是民间资本运作的成功模式。

尤猛军回忆说，当时召开县长办公会，研究决定引入民间资本建设城东水闸桥，政府不出钱，但出台三个支持政策，允许民营企业经营获利：一是配套水闸桥电站发电，二是出让大龙湖采沙权，三是开发大龙湖水面旅游。

2001年8月，以谢渊渊、柯希平、城厢镇砖文投资公司、双安水电站、香港吴为民先生等为大股东，多方筹集资金8700多万元，成立安溪县城东水闸桥电站有限公司，谢渊渊任公司董事长兼总经理，城东水闸桥的建设开始进入实质性进展阶段。此项工程被列为2001年泉州市重点建设工程项目。

2001年10月，城东水闸桥电站正式奠基开工建设。

城东水闸桥电站项目进展顺利，其间得到各级领导的支持。省领导张家坤、刘德章、汪毅夫，泉州市领导廖小军、洪泽生、潘燕燕，县领导曾荣华、尤猛军等多次前来关心指导。县长尤猛军不论刮风下雨，基本上是每周必到建设工地，察看工程进度，帮助协调解决施工过程中遇到的困难。

除了丰水期工程不得不暂停施工，城东水闸桥电站建设几乎是日夜进行，实际施工时间只有11个月。每天参与施工的工人达800多人，投入的工程机械车辆上百部，建设场面尤为壮观。2003年5月1日，城东水闸桥竣工剪彩。剪彩仪式十分隆重，县五套班子领导及各界人士上千人出席参加。合闸蓄水之时，沿溪两岸，围观群众人山人海，足见此项工程受关注程度之高。

建成后的城东水闸桥桥长258米、高21米，兼有蓄水、发电、防洪、旅游等多项功能。水闸桥电站年发电量3000万千瓦时，可创税收200多万元。不过，比起经济效益，其社会效益更加突出。从城东水闸桥一直到清溪大桥，形成一个人工湖——总长约8.7千米，平均宽度约300米，水域面积达121.89万平方米的宽阔大龙湖。

一位著名作家以"满城山水半城湖"为题，作文盛赞安溪优美生态。美丽的大龙湖，犹如一个巨大的天然空调，调节着整个县城的"体温"。据专家测算，大龙湖形成后，安溪县城夏日平均气温降低了1.5℃～2℃。而大龙湖的形成，不仅改善了县城人居环境，也提升了城市品位。

城东水闸桥电站的建成，其重要意义还在于为安溪发展经济探索出一个积极可行的资本运作投资模式，通过民间资本运作，实现了政府、企业和百姓的多赢。

通过市场运作和民间资本的聚合，安溪县政府不用投资一分钱，却实现了推动建设、促进发展的目的。在短短的几年间，安溪县完成了城区二环路工程，1.8亿元资金来自市场和民间资本；占地150亩的安溪第一所民办全日制完全中学——恒兴中学，是由民营企业家投资6000多万元兴建的。在城市公益广告、市场、车站、医院建设、大型茶事活动，这些以往主要靠政府投入的项目中，民间资本都在扮演着主要角色。2002年一年，安溪县利用市场化运作方式就筹集民间资金近20亿元，相当于当时县本级财政6年多的总和。

"政府主导、市场运作、资源开放、多方共赢"，一种新的投融资机制已在安溪形成。

二、十里诗廊休闲怡情

安溪县城的美，美在山水的和谐相融，美在"龙凤名区"的灵气。随着大龙湖水面的形成，现代山水茶乡魅力绽现。在大县城建设中，安溪注重公园、绿地、园林、亭台楼阁和夜景工程等景观建设，丰富城市功能，扮靓龙凤名区的形象和气质，进一步提升城市建设品位。

蓝溪两岸的防洪堤建设，历经1984年始建、1990年续建和21世纪初扩建三个阶段。

2002年，城东水闸桥建成后，形成大龙湖水面。改造蓝溪两岸河堤的休闲步道，成为安溪城建的重要项目。在县财政困难的情况下，县主要领导毅然坚持上马这个民生项目。当时有个别人不理解，认为这一项目是面子工程，写信到市政府上访。但县主要领导认为，改造河滨路，不仅是提升城市建设品位的需要，也是实实在在的民生工程，让茶乡百姓闲暇之余有个休闲的好去处，身心健康了就可以少花钱治病。

县长尤猛军对河滨路的建设十分重视，三天两头就深入工地检查。县住建局局长谢秦楚回忆说，有一次周末，他陪尤猛军勘察河滨路建设，从县政府大院步行出发，沿河滨北路经新加坡花园到城东水闸桥和茶都公园，再从河滨南路折回，经南门大桥回县政府大院，走了3.5个小时。尤猛军边走边聊，提出两个建设思路：一是建设十里诗廊，二是建设十里榕树绿化带，要求城建部门在河滨路建设中植入文化内涵，至少50年不落伍。

大龙湖河滨两岸的防护堤，采用石砌挡土墙式，北岸东起圆潭湾，西至安溪大桥；南岸东起城东水闸桥，西南至同美同仔寨。堤岸竖石栏，内侧为人行道、绿化带。一到夜间，南北河滨路灯光明亮，成为休闲小憩、纳凉避暑和运动健身的好去处。

为提升防护堤的文化品位，河堤两岸的石砌挡墙，挡墙上竖有一根根石柱，石柱中间安上匾额式碑石，结合河滨路各地段的特点，镌刻历代茶诗、历代诗文辞赋，以及毛泽东等现代名人的诗作，共有8000多首（篇），形成全国独一无二的"十里诗廊"。

为增添夜景的美丽，还在河滨两岸的石砌挡墙上，安装软塑圆彩带，制作绿色茶叶形和红、黄色茶壶形的可塑灯，搭配有序，整齐耀眼。晚间漫步河滨走廊，龙湖夜景似画廊。乘船游览，湖光塔影，相映成趣。尤其是夜游，溪堤两岸的夜景，倒影映入江中，似地下水晶宫；夜间登临凤山的涵虚阁和明德楼，俯瞰远处的大龙湖，在灯光闪耀下，如盘龙蜿蜒，栩栩如生。

安溪河滨路原来绿化少,光秃秃不美观。榕树是闽南人喜欢和敬重的风景树、林荫树,它的根系非常发达,生命力很强,便于栽种生长。榕树与周边的建筑容易融为一体,营造出别样的景观。县公用事业局在安溪大龙湖河滨两岸栽种数千棵榕树,如今已高大茂密,郁郁葱葱,充满生机活力,为县城增色。

2003年7月,安溪县人民政府立《十里诗廊碑记》,记述当年这一为民办实事:"吾邑安溪,山青水洌。文风鼎盛,代有贤才。龙凤名区,蜚声鹤远。为传承千秋历史,弘扬先哲文化,兹于西溪之滨,营建十里诗廊。修堤筑闸,蓄水为湖。植榕八百,镌诗六千。壬午肇设,癸未讫工。同心协力,终成胜景。龙湖澄碧,凤山献瑞。水色山光,相映成趣。佳景悦性,诗海怡情。滋养身心,润泽后人。是勒石为记。"

三、园林景观串点成片

"背靠凤山,大龙湖穿城而过"是安溪城建的优势条件。为发挥城区山水资源优势,加强生态环境的绿化、美化,县委、县政府沿岸布绿,借势造景。新建和完善凤山森林公园、龙津公园、金钱山公园、茶叶公园、河滨十里绿道等一批城市园林项目,一年四季都在栽树,一年四季都在绿化。城镇建成区绿地面积达638.76万平方米,人均公共绿地14.09平方米。

凤山(凤冠山)是安溪县城的主山。1991年开始,安溪县就对凤山规划建设,建有亭榭、景点、步游石漫道、盘山公路和相关景点。在保护森林植被和凤山公园景观的基础上丰富公园内涵。2005年,凤山森林公园成为省级森林公园和国家3A级旅游区。

龙津公园,位于安溪文庙南侧,占地面积近2.2公顷。安溪文庙具有千年历史,是安溪文脉的象征。由于历史原因,安溪文庙四周密布各种建筑,不仅有碍观瞻,而且影响文保单位的保护。2000年10月,为了整治文庙周边环境,县委、县政府启动建设龙津公园。工程分两期进行。一期工程拆除安溪宾馆西楼及周边部分建筑物3000多平方米，平整土地，种植26株大榕树。二期工程于2004年10月启动，2006年10月竣工，拆迁县文化馆、青少年宫、游泳池、国税大楼、县人大与县政协机关办公大楼，以及周边建筑物7000多平方米。在寸土寸金的县城核心地段，安溪县不但毅然拆掉县直有关单位办公用房，还投入巨资建设龙津休闲公园。

金钱山公园位于城区河滨南路砖文村。该公园的建设是2003—2004年度县政府为民办实事项目之一。在保持原有山体植物的基础上，新建了亭台楼阁、园林小路、绿化工程、夜景工程等项目，成为大龙湖观景的最佳处。

茶都公园，又称风云园，位于中国茶都东侧，靠近城东水闸桥，占地面积3.5公顷。城东水闸桥建成后，茶都公园地处安溪县城迎宾路口，位置好，风景好，当时有一些开发商看中这块风水宝地。尤猛军特别要求住建部门："这是安溪东大门，不能规划建设高楼。设计水平要高，把公园尽快建好。"2003年12月，茶都公园建成，与城东水闸桥、大龙湖、中国茶都景观相映成趣。

阆苑岩森林公园，位于城厢镇同美村和芹内村境内，海拔755.2米，占地面积392公顷，山腰有县级文物保护单位阆苑岩寺。2002年，开辟通往岩寺的盘山混凝土公路。建成后的阆苑岩森林公园以山、水特色景观为依托，集生态旅游、健身休闲、游览观光、茶文化观赏于一体。2005年11月，该公园成为省级森林公园。

四、亭台楼阁增辉添彩

亭、台、楼、阁，是中国古建筑中的特色瑰宝。熟读历代《安溪县志》的尤猛军文化底蕴特别深厚，为重现当年"清溪八景"的旖旎风光，在他的主持下，大龙湖畔，凤山山顶，陆续建起多座亭、台、楼、阁，为茶乡山水增辉添彩。

涵虚阁，位于凤山森林公园半山腰，2005年4月竣工。建筑面积264平方米，高13.16米，单体三层，钢筋混凝土结构。登上涵虚阁，凤城景色尽收眼底。千峰萦郭立，一水抱城来，山下的大龙湖，山水抱怀，太极图中生大象。夜登涵虚阁，俯瞰安溪城，灯光亮万家。

明德楼，位于凤山山顶，2008年竣工。明德楼高5层27米，建筑面积1600平方米，钢筋混凝土仿古结构。周边设有停车场、台阶、小广场、溪石景观等。明德，语出孔子，意为光明之德。尤猛军亲笔撰写《明德楼碑记》，寄语茶乡：明德是基，守德为要，弘德为大，德存心中。

思源亭，坐落于凤山公园西侧。1989年兴建，钢筋混凝土结构。1986—1990年，省、市政府先后派出扶贫工作队、讲师团数百人，前来安溪进行扶贫工作，县脱贫致富办公室兴建此亭以纪念。

省心亭，坐落于金钱山公园，2003年3月竣工，此亭由安溪县五套班子捐资建造。省心亭旁的一块巨石上，刻有白居易《观刈麦》诗篇。此亭寓含为政者应不忘农桑之劳、民众之苦的深意。

清心阁，坐落于金钱山公园山顶。2004年建，建筑面积800平方米，单体三层，高18.72米，钢筋混凝土框架结构。清心阁与对面凤山的涵虚阁遥望相对，每当夜幕降临，整座楼阁通体光亮，在金钱山上熠熠生辉。

静心阁，坐落于大龙湖畔，凤城河滨北路与凤声路交接处，2004年3月竣工。圆形六柱重檐歇山式，亭柱镌"静观天下事，心有浩然气"等对联。

五、以城带乡植树造林

安溪是山区县，本应是青山绿水，林木郁郁葱葱。但"大跃进"时期大炼钢铁，十万大军上山砍树，造成安溪大量水土流失，童山秃岭随处可见。

建设大美安溪，植树造林事关民生，事关生态文明。关于植树造林，直接触动尤猛军的，是一位老华侨的一番话。魁斗镇旅外乡贤易峥嵘先生一直热心家乡公益事业，尤猛军担任县长时，有一次易峥嵘回乡，尤猛军去看望他，与易峥嵘促膝谈心。易峥嵘迟疑好久，问尤猛军，小时候看到的溪流都是清澈的，现在都没有水了；小时候看到漫山遍野的树林都到哪里去了？易峥嵘的疑问引发了尤猛军深深的思考。

从此时开始，县委、县政府全面植树美化，涵养水源，全民绿化，再现山青水碧。河滨路的十里榕树带绿化、龙津公园的大树绿化，县城就种了5000棵榕树。

安溪的绿化，县城带头种树，乡镇也跟上，国道、省道、县道沿线两边，以及村镇微型公园，都广泛栽种树木。虽然每年上级有林木砍伐指标，安溪也不使用。对巨尾桉等速生林的栽种，安溪也不支持。后来，县人大常委会做出决议，实施安溪的沿溪两岸一重山绿化保护，不再批准新的小水电梯级开发。通过多种措施，促进生态恢复，以保护好安溪的生态环境。

2008年，安溪启动国家生态县创建工作，大力实施"村村有公园"工程，依托乡村风水林、片林和道路及河岸林带，进行村镇绿化。全县建设了15个森林生物多样性、水源涵养林的重点保护区和2个省级森林公园，使自然保护区和省级森林公园面积达23万亩，自然保护区覆盖率5.12%；完成人工造林15.45万亩，封山育林2.6万亩，造林绿化面积25.18万亩。

2011年，安溪被福建省委、省政府评为造林绿化先进县，2012年被住建部正式命名为"国家园林县城"，2016年获得国家生态县称号。

第五节　培育城市新业态

一、打造城市商圈

在推进城市化的过程中，县委、县政府不仅注重空间格局的拓展，把城市的骨架撑大，也注重配套设施建设，同步培育发展现代城市业态，注重提升城市文化品位和档次。

2010年3月，李建辉在全县八大中心城镇规划建设汇报会上指出："我们现在搞城市建设，必须要有大手笔，站高一步、看远一步、想深一步，在理念上、思路上、方法上，敢于超越、敢于突破、敢于创新，高标准建设，打造出一批精品工程，使每一个建筑都能经得起时间的检验、历史的考验、人民的评说。"

现代城市需要有新型的商业业态来支持，新型的商业业态需要龙头企业来引领。引进的项目要有实力，又能与城市共成长，这是当时县委、县政府的理念。宝龙城市广场项目作为县政府招商引资的重点项目，于2009年12月引进，并签订项目投资协议书。

宝龙集团成立于1990年，形成地产、商业、酒店、文化艺术等多元产业协同发展的格局。其商业品牌宝龙城市广场，几乎囊括了一个城市应有的生活功能，如生活超市、商业步行街、酒店、餐饮中心、影院、酒店式公寓等，功能极其丰富。

2010年6月29日，安溪宝龙城市广场举行隆重的奠基典礼。奠基仪式上，代县长朱团能表示，安溪宝龙城市广场的开工建设，既是安溪现代服务业发展的一个新起点，也是安溪城市形象建设的一个新亮点，对于安溪县提升城市宜居水平，促进县域经济发展，将产生积极的影响。

安溪宝龙广场位于二环路和建安大道的交会处，该项目总建筑面积约为33万平方米，建设内容包括：宝龙购物中心、住宅、酒店式公寓、商业街及酒店等，是集购物、休闲、娱乐、饮食为一体的城市综合体。该项目于2012

年投入使用。安溪宝龙城市广场，是继福州宝龙城市广场之后，宝龙集团在福建投资开发的第二个大型商业地产项目。

宝龙城市广场建成后不久，万达集团在城东新区建设了万达广场。城市广场这一地标型的城市综合体，一站式、体验式的业态，培育了现代城市的休闲生活方式，满足了消费者的多种需求，也带旺了安溪现代山水城市的发展。安溪城市配套水平更优化了，人民生活质量有了显著提升。至此，安溪由城镇向城市化的转变雏形初具。

二、酒店业提升服务接待水平

高端酒店是一个城市发展的形象标志，也是一个城市投资环境的体现。随着安溪城市化的提升，商务活动和旅游接待对高端酒店等服务业提出更高要求。

由于多种原因，安溪的服务接待条件曾经比较薄弱。20世纪80年代中期，有一位省领导来安溪视察，所入住的宾馆马桶都不能使用。这位领导非常生气：你们安溪穷，穷到连一个马桶都装不起，这样的投资环境，哪有外商会来投资？即使到了2009年，安溪仍没有上档次的宾馆、酒店。有一名重要客人入住当时安溪最好的一家酒店，房间隔音效果差，午休时服务员敲门送水果，半夜有电话铃声响……客人受不了，向县里领导投诉。这件事对李建辉触动很大，"安溪树立对外形象，要有规范管理的高端酒店，服务配套要跟上"。李建辉下定决心，永隆国际迎宾酒店项目由此落户安溪。

永隆国际迎宾酒店和永隆国际城项目，是由永隆集团（香港）有限公司负责开发建设的大型综合商业项目。项目总占地面积270亩，总建筑面积45万平方米，总投资20亿元。其中，永隆国际迎宾酒店包括4万平方米的五星级酒店和7万平方米的公寓酒店，总投资7亿元，2012年建成投入运营。

永隆国际城包括5万平方米商业街和29万平方米高级住宅小区，总投资13亿元。项目的建设，对于优化城区布局，提升城市品位，打造城市商圈，促进现代商贸服务业发展，具有十分重要的意义。

县城的服务条件改善了，毗邻厦门的南翼新城也在提升投资环境。2010年，连捷温泉世界项目落户南翼新城，项目总占地7500亩，总投资35亿元，以温泉为主线，结合安溪特色茶文化，采用高端温泉酒店结合商住类产品的综合开发模式，集旅游、休闲、度假、人居、文化教育及生态农业为一体。

三、金融行政中心成为安溪 CBD

进入21世纪，随着城市现代经贸活动的活跃，中央商务区（简称CBD）成为一个城市、一个区域的经济发展的象征。

2010年的安溪，大县城骨架开始拉开，但机关单位和金融机构等都挤在老城区，交通拥挤，无处停车，百姓办事极不方便。建设中央商务区，让行政审批机关和金融等服务机构集中入驻，是安溪城市发展的主动选择。为此，县委、县政府决定建设商务综合体——金融行政服务中心，选址在中国茶都（安溪全国茶叶交易市场）的西边。

鉴于县财政投入困难，县政府与中国建筑第七工程局福建分公司中建海峡公司合作，采用BT形式建设，这也是中建海峡公司成立后的第一单BT项目。该公司的第二单是晋江的项目，该公司现在年产值300多亿元，一半业务是BT形式。从某种意义上说，中建海峡公司的发展，是从安溪的BT项目成功后起步、迅速壮大的。

金融行政服务中心占地121亩，总建筑面积30万平方米，总投资约6亿元。2011年开工建设，2014年建成投入使用，集金融机构、行政办公、企业总部、星级酒店及商业中心于一体，成为安溪城市的"新地标"和"新名片"。目前已有50多个县直部门，80多个对外服务窗口，10余家银行、证券公司，100多家企业，1家大型商场和1家星级酒店入驻。

金融行政服务中心毗邻中国茶都、二环路、建安大道、宝龙商业广场，交通便利。2013年建成投入使用后，为企业提供全方位金融及行政服务，成为吸引金融机构及企业总部落户的基地，产生吸引金融资源、行政窗口、企业及中介公司入驻的"聚集效应"。

目前，金融行政服务中心1号楼及6号楼共容纳40个行政事业单位集中办公，行政服务中心大厅有72个前台办事窗口和49个后台办事窗口，行政事业单位与服务窗口充分联动，群众办理各项审批事宜，在这里均可实现"一条龙"服务。

为更好推进重大项目前期审批服务，县行政服务中心管委会还成立了重大项目报批办公室，组建由各职能部门窗口业务骨干组成的两组服务团队，全面推行"1+N"阶段式联审和"月嫂式"服务，各个环节需要协调解决的问题，相关部门马上办、提前办，减少项目业主跑审批的时间，加快各审批环节速度，为项目快速落地建设保驾护航。

以县行政服务中心建设为载体，安溪县推动行政审批制度改革，县行政服务中心还打造线上线下互补的"安溪县金融行政服务中心"门户网和"安溪县行政服务中心微政务"平台，运用电脑、即时通信工具，实现在线查询办件进度、在线服务指南查阅、在线咨询与投诉等功能，提高办事效率，提升群众满意率。

"数据共享、资源整合、业务协同、网上审批"，一些事项只需要提供身份证号，就可办理申报事宜，安溪行政审批的"互联网+"时代正在到来。

第十三章　茶界明珠

第一节　建设20万亩生态茶园

中国是最早发现和利用茶树的国家。随着中国经济的发展，中国迅速成为世界茶叶种植大国、生产大国，茶叶产量占世界的近四成，消费量占世界的三成。但是，在利益的驱动下，各产茶地区相继出现无节制开垦茶园的做法，破坏生态环境，给中国茶业的可持续发展造成不利影响。

面对这种状况，在全国各地茶区大肆扩张产能之际，2004年初，安溪县率先提出建设生态茶园的总体思路，出台了《安溪县生态茶园建设实施方案》。2004年7月，县长尤猛军在县委十届三次全体（扩大）会议上强调："要抓好晋江西溪流域生态环境保护，加快生态茶园建设，规范林地发包，坚决制止毁林种茶和高坡地开垦茶园行为。"不久，安溪县制定了《安溪县2005—2009年生态茶园建设实施方案》，提出每年建设生态茶园4万亩，至2009年共建设20万亩的五年规划。

2005年，安溪将生态茶园建设列入"为民办实事"项目。县委书记曾荣华在当年全县三级干部会上指出："要围绕'生态'，全面落实《安溪县2005—2009年生态茶园建设实施方案》，加快生态茶园建设步伐。"县委、县政府出台《关于开展生态茶园建设情况检查的通知》《安溪县生态茶园建设检查验收及资金补助办法》等文件，生态茶园的建设得到广大茶农的积极响应。

2006年，安溪县人大作出"关于加强生态茶园建设"的决议。此后多年，安溪都将生态茶园建设作为全县的重点项目来抓。

安溪成立了生态茶园建设领导小组，进行统一协调、指导。各产茶乡镇成立了相应领导机构，把建设生态茶园作为乡镇党政"一把手"工程。为了落实目标责任，县政府分别与各乡镇签订生态茶园建设工作目标责任书，把生态茶园建设作为年终干部考核的一项重要内容。

经过多年实践，安溪形成了"树、草、肥、水、路"加上"无公害茶园管理"的"5+1"生态茶园建设模式：

——种植树木。根据茶园立地条件、茶树及周围林木的生长情况，一亩茶园种植12棵树木，山顶及道路、沟渠两旁种植的树木以常绿树种为宜，小树可以吸引小鸟，可以涵养水源。园中以豆科、高大、落叶的乔木型树木为主，不争肥料，可以固氮，可以速生。夏季可以遮阳，降低茶田的温度；秋季落叶，有阳光，适宜秋茶晾晒。

——留草种草。对于梯壁上原有的绿草，改传统的梯壁劈草、除草剂除草为割草，常年保持茶园梯壁上有绿草覆盖，易于保持水土；对于光秃裸露的茶园梯壁进行种草。草种选择平托花生、圆叶决明、红根草、爬地兰等。种植规格根据不同的草种而定，一般以种植2~3年后能覆盖梯壁为宜。

——套种绿肥。如果土地赤裸，温度高会滋生害虫。茶树下种绿，在未封行的茶园和幼龄茶园行间种植绿肥，选择印度豇豆、黄豆、花生、肥田萝卜、苕子、小白菜等品种，可以改良土壤，收获后就地作肥料。种植规格根据不同茶园而定。通过套种绿肥，还可降低茶田温度，减少害虫。

——茶园水利设施。在茶园中建设蓄水池（坑）和排水沟，蓄水池（坑）的大小根据地形、水源和灌溉的面积大小而确定，一般每3~5亩建设1个2立方米的蓄水池。在幼龄茶园内侧挖"竹节沟"，四周挖排水沟，有条件的地片，鼓励建设滴灌、喷灌和流灌等水利设施，修筑和配套机械作业道路设施，做到大雨能排、小雨能蓄、排灌自如。水利设施建设保障茶园在旱季也能正常生产。在茶园间修建可以通行摩托车的小路，保证采摘后能立刻送到车间加工，茶青即采即送即加工，提升品质。

——加强茶园无公害管理措施。茶树栽培管理过程中，推行茶园科学耕作、适时修剪、及时采制、合理施肥，尤其重视冬季茶园深翻、修剪、施基肥和喷施石硫合剂的全面清园封园工作，保证茶树安全过冬；茶树病虫害防治方面，推行"以农业防治为基础，改善和保护生态环境；以生物防治为引导，保护和利用天敌资源；以科学使用高效、低毒、低残留农药为关键，控制和降低农药残留"的无公害综合防治措施，实现茶叶产品优质、安全、无公害。

除了上述茶园管理技术，安溪还在茶园率先大力推广太阳能杀虫灯、频振式杀虫灯、信息素有色粘虫板、捕食螨等物理灭虫技术，全面提升生态茶园质量安全管理水平。

2007年4月9日，国务院原总理朱镕基到安溪参观生态茶园，并在中国茶都品尝安溪铁观音。

2008—2009年，在总结前三年建设经验的基础上，尤猛军又提出生态茶园建设"两个转变"，即由重视建设数量向重视建设质量转变，由重视面的普及向点面结合转变。2009年1月，安溪县召开生态茶园模式研讨会，总结全县生态茶园建设经验，进一步提升生态茶园建设水平。县政府下达生态茶园建设任务，并出台给予财政补贴措施，茶农十分欢迎。至2010年，生态茶园建设已连续开展5年，全县建设生态茶园20.5万亩，形成一大批效益很高的示范基地，如龙涓的华祥苑、中闽魏氏茶叶基地（庄园），芦田的天泉公司基地、郁泉茶场，金谷的华芸生态茶园，蓬莱的鹤前生态茶园，祥华的茗山茶场等。福建省后来在安溪召开生态茶园建设现场会，推广安溪的经验。

在每年持续开展生态茶园建设的同时，安溪还大力推行高坡度、生态脆弱区茶园退茶还林，以及低海拔、稻田茶园的退茶还耕等措施，推进茶山生态修复。严打违法开垦茶园，五年里共查处违法开垦林地种茶案件近千起。

经过不懈努力，安溪茶园生态效益明显提高，企业创建品牌的实力逐年提升。到2010年，全县获得无公害食品认证企业5家，获得绿色食品商标使用权企业14家，获得有机茶标识使用权企业13家；获ISO9000质量认证企业35家、HACCP（危害分析与关键控制点）认证企业2家、GAP（良好农业规范）认证企业1家，安溪铁观音证明商标准用企业150家，QS（食品生产许可）认证企业245家。安溪茶叶经国家、省、市质量技术监督部门抽检，合格率均达到99%以上，出口合格率达到100%。

第二节　全国首创茶叶质量监管模式

茶叶质量是茶产业发展的生命线。1985年，安溪考察日本时，日本茶叶的全面质量管控体系给考察团成员留下深刻印象。从日本考察回来，考察团成员陈仲和对探索安溪茶叶质量管控的方式提出思考和看法。1989年7月，安溪县标准计量所设立乌龙茶质量检测中心站，与省、市相应的检测机构对口挂钩，提供业务、技术支持，管理全县乌龙茶质量。通过长期制度化的跟踪检测，安溪初步建立起茶树病虫害预测预报系统，达到准确防治、降低农残，茶叶质量检测和安全风险控制符合外贸出口的要求，安溪乌龙茶的外销市场不断扩大，影响力不断提升。

2006年3月，安溪出台《安溪铁观音生产经营管理制度》，要求全县所有生产加工车间必须配备审评室、产品质量检测仪器和卫生保证设备，必须配备经培训鉴定合格的评茶员、生产加工技术人员等专业人才。经营安溪铁观音的个体工商户，必须配备有1~2名经培训鉴定合格的营销人员和评茶员。

近年来，茶叶进口国对茶叶要求不断提高，欧盟、日本等国家和地区对茶叶农残检测标准和指标逐步增多。2006年6月起，日本实行化学品肯定列表制度（新的《食品卫生法》），扩大农残检测种类，严格农残检测标准，这对安溪的茶叶出口提出更严格的标准。安溪积极主动应对。2007年以来，安溪投资3000多万元，建成国家茶叶质量监督检验中心（福建）和国家级茶叶检测重点实验室，开展茶叶基地农残和有害重金属污染检测。实验室每年随机抽检茶农、茶企2000多个茶品样本，同时完善县、乡镇、企业快速检测网络，倒逼茶农、合作社、茶企生产自律，出口茶叶连年全部通过输入国的官方检测。2009年1月，全国茶叶标准化技术委员会乌龙茶工作组落户安溪中国茶都，该小组负责制定和修订乌龙茶国家标准。

2009年，县委、县政府成立安溪县茶叶质量安全工作领导小组，利用政府与市场协同的手段，率先在全国探索建设从茶园到茶杯的全程监管体系——茶叶质量安全体系。

一、建立全流程农资监管模式

李建辉回忆说，他在调研时，发现安溪农资店有 100 多种各种名目的农药，让人眼花缭乱，不容易管理。如何解决这一问题呢？就是实行农资经营归口供销社管理，推行"归口、报备、准入、招标、同价、监管、举报"的农资监管新模式。

"归口"，就是农资经营归口供销社管理，组建新合作农资公司，下设五家经营公司，设立 405 个农资经营网点。"报备"，就是全国农药生产厂家和农药商品进入安溪市场，必须实行报备制度。"准入"，就是农茶局组织专家组对农药是否符合茶园使用提出准入审批意见。"招标"，就是准入农资品种，按照比质量、比服务、比资质、比价格的"四比"要求，由县政府统一委托招标公司进行公开招标。这种统一招标类似于团购，使优质农药价格降低了 40%，让普通茶农也能买得起好农药。省钱解决了，省事怎么解决呢？各农资销售点都要配备打印机、电脑，有效提升农资管理的信息化、现代化水平。"同价"，就是招标农药商品由物价局统一制定全县最高零售价。"监管"，就是县、乡、村成立茶叶生产投入品安全监管机构或小组，对农资市场进行定期和不定期检查监督。"举报"，就是实行举报重奖制度，县政府设立短信举报平台和举报电话，举报人提供的线索经调查核实并立案查处后，县政府将按案件罚没款的 50% 奖励举报人，被依法追究刑事责任的，奖励举报人 5～10 万元。

2011 年，为了提升和加强茶叶质量安全体系，安溪与福建省农科院合作，开发"安溪县农资监管与物流追踪平台"。2011 年 3 月 15 日，县供销社组织推广，全县 250 多个网点实行联网，实现对每个农药产品质量从厂家到经销商到农户的全程、双向、即时追溯管理，确保茶叶生产用药的可追溯性和可控性。

"农资监管与物流追踪平台"在全国属首创。一是首创农资商品条码准入，也就是进入安溪市场的农药产品，必须在产品标签加注商品条形码，通过条码录入监管平台，实现对农药产品从厂家到经营户到最终使用农户的全程、双向、即时追溯。二是首创农户农资购买卡制度，农户凭卡购买农资商品，索取销售凭证，凭卡追溯，并利用平台跟踪查询农户茶园农药购买使用情况。三是首创销售凭证发布病虫防治信息，利用平台零售终端，在销售凭证上打印当期茶叶病虫害情报及防治办法，指导农民科学合理用药，确保安全间隔期采摘，提高茶叶卫生质量。四是首创无线联网移动农资稽查。利用现代互联网技术和无线巡检设备获取稽查数据，实现农资监管业务的即时信息查询、现场稽查农资商品销售和农户购买使用情况，提高稽查效率。

要抓好60万亩茶园茶叶质量安全，非常不容易。农业部在安溪调研时，对安溪的做法取得的成效非常惊奇，大加赞誉。后来，"农资监管与物流追踪平台"被列入国家现代农业产业园项目建设内容，获得中央财政项目奖补资金。通过对农资监管平台升级改造，开展大数据开发运用，对接农户手机定制App、供销社慧享供销电商平台和农业银行金融服务平台等，拓展农资监管平台服务功能，创新为农服务内容。

二、构建茶叶质量全程保障体系

安溪学习借鉴葡萄酒庄园生产经营模式的核心，是构建"生产有记录、流向可跟踪、信息可查询、责任可追究、产品可召回"的茶叶质量可追溯体系，把品质管理贯穿于茶叶基地建设、生产管理、加工制作、产品流通和市场监管的每个环节，贯穿于茶叶加工场（点）建设、专业合作社建设、企业建设和茶庄园建设中。重点加强了五个方面的管理。

一是产地环境管理。对自有或自控茶叶生产原料基地，实行质量管理全程监控，并做好茶园农事记录。严格按照《安溪乌龙茶标准综合体（DB35/T103.1-2000）》《安溪乌龙茶（DB35/405-2000）》《地理标志产品安溪铁观音（GB/T19598-2006）》等标准组织生产。优化茶园生态环境，促进茶、树、草和谐共生。科学合理使用农药，严禁使用县政府明令禁止使用的农药，严禁使用叶面肥、植物生长调节剂和茶园除草剂，严禁使用含有稀土元素的肥料。

二是加工制作管理。开展良好农业规范（GAP）体系认证，推行良好作业规范（GMP）和危害分析与关键控制点（HACCP）质量管理模式。健全并落实进货、加工、销售台账制度，实施初制毛茶、收购毛茶和精制成品茶留样备查制度。

三是包装标识管理。成品茶进入市场流通，应进行规范包装，包装物要按照《预包装食品标签通则（GB7718-2004）》的有关要求，标明生产单位、商品名称、原料产地、生产时间、保质期、质量等级、商标标识等内容，并提供供货凭证及出厂检验报告；建立茶叶商品防伪体系，积极采用先进技术加强产品的防伪保护；规范印制和使用相关质量认证标志、商标标志。毛茶进入市场流通，参照以上要求进行管理。

四是产品流通管理。建立健全茶叶进货销货台账，完整记录进货来源、销售去向等相关内容，做到进货清、销售明。建立茶叶自检、送检、问题产品召回制度，并与有关部门抽检有机结合起来，进一步确保茶叶质量安全。加盟连锁体系严格实行统一采购、统一配送、统一标识、统一服务规范和统一销售价格，确保产品质量，维护企业品牌形象。

五是市场服务管理。农茶、工商、质监、茶业总公司等部门（单位）严格监督管理，充分发挥中国驰名商标、地理标志产品保护和地理标志证明商标的法律法规保障作用，加快构建涵盖茶叶生产信息、防伪标识等内容的茶叶质量追溯信息化平台，支持鼓励企业开展 QS、ISO9000、ISO14000、绿色食品、有机茶等认证工作，争创知名、著名、驰名商标和省级名牌产品（农产品）、中国名牌产品（农产品）、国际知名品牌。

此外，安溪县鼓励企业与高校、科研院所合作，开展生产加工、产品开发等环节的技术攻关，建设先进的精加工生产线，实现质量标准化控制。安溪的茶叶质量安全体系建设模式，已被全国各主要产茶区借鉴推广。

第三节　茶界首枚中国驰名商标

一、地理标志证明商标获准注册

改革开放以来，中国作为国际大市场的重要组成部分，重视保护产品原产地名称、地理标志等制度建设。

原产地名称保护在我国有三种，一种是国家质检总局"原产地域产品保护"，一种是农业部门"农产品地理标志"，第三种就是工商部门"地理标志证明商标"。

随着安溪铁观音知名度和市场占有率的不断提升，一些不法分子开始假冒安溪铁观音产品。为保证安溪铁观音产品的质量和特色，维护安溪铁观音的声誉，促进安溪茶产业的健康发展，安溪开始了"安溪铁观音"的地理标志保护。

"地理标志产品"是指产自特定地域，所具有的质量、声誉或其他特性，本质上取决于该产地的自然因素和人文因素，经审核批准以地理名称进行命名的产品。证明商标是为了彰显和证明某商品或者服务的原产地、原料、制造方法、质量或者其他特定品质的标志。

1998年8月，安溪县政府授权新成立的安溪县茶业总公司（事业单位），申请注册"安溪铁观音"地理标志证明商标，并成立安溪铁观音证明商标申报领导小组。机构成立后，马上组织有关专家和专业人员设计商标图样。经过多次修改，最终确定商标图样。安溪铁观音地理标志证明商标图样由安溪铁观音茶叶、地球、中文、英文字母组成，意为香飘四海、誉满全球，中文为"安溪铁观音"，英文为"ANXITIKUANYIN"，标示安溪铁观音茶叶产品来源于安溪县境内，且该铁观音茶叶产品的特定质量、信誉及其他特征，主要由安溪县特有的自然因素和人文因素所决定。安溪县茶业总公司制定了《"安溪铁观音"证明商标管理办法》，向国家工商总局商标局递交了商标注册申请。

2000年4月,"安溪铁观音"地理标志证明商标获准注册,"安溪铁观音"获得地理标志证明商标的护身符。安溪铁观音具有鲜明的地域性,只有在安溪当地独特的地理环境和气候条件以及独特的制作工艺下,才能生产出独具芬芳的、正宗的安溪铁观音。

这个证明商标由安溪县茶业管理委员会办公室(以下简称安溪茶业办公室)持有。2003年5月,"安溪铁观音"地理标志证明商标正式在安溪县范围内组织使用。12月,"安溪铁观音"地理标志证明商标荣获泉州市知名商标。2004年6月,荣获福建省著名商标。

"安溪铁观音"地理标志证明商标荣获福建省著名商标后,作为全国较早注册、运作实施管理较好的地理标志证明商标之一,得到国内外知识产权界的认可和推崇。国家工商总局推广安溪铁观音地理标志证明商标的管理运作经验。2004年9月,泰国知识产权厅官员在国家工商总局有关领导的陪同下,到安溪县考察证明商标的组织实施和推广使用情况,对安溪县利用地理标志证明商标促进当地特色经济发展给予充分肯定。

2005年3月,国家工商总局、福建省工商局有关领导到安溪考察地理标志证明商标使用管理情况,确定"安溪铁观音"作为中国商标唯一代表,出席6月在意大利帕尔玛举行的"全球地理标志保护研讨会"。

2004年7月,国家质检总局发布第91号公告,批准"安溪铁观音"为"地理标志保护产品"。2005年,国家质检总局核准安溪首批13家企业使用"安溪铁观音"地理标志保护产品专用标志。2007年国家工商总局规定,证明商标统一加印GI(地理标志),并更名为"地理标志证明商标"。2007年6月,作为第一个申请国家标准的茶叶品种,安溪铁观音新国标《地理标志产品安溪铁观音》(GB/T19598-2006)颁布实施。该标准对什么是安溪铁观音、铁观音的制作工艺、成品茶、标签及包装、运输、贮存和保质期等进行了严格规范。

由此,安溪县各种大型茶事活动开始使用安溪铁观音证明商标标志,证明商标准用企业不断增加。

为了用好、用活安溪铁观音这块"金字招牌",确保消费者能够喝上正宗的安溪铁观音,安溪县专门出台《强化安溪铁观音地理标志证明商标使用管理工作方案》,强化"地理标志"的使用管理。

在制度建设方面,县委、县政府及茶叶管理部门研究制定相关管理办法和规定,对安溪铁观音地理标志证明商标实施全方位的管控。2005年以来,先后出台《安溪铁观音原产地域产品专用标志使用管理办法》《安溪铁观音原产地域产品专用标志使用暂行规定》《安溪县全面加强安溪铁观音地理标志证明商标使用管理工作方案》《安溪铁观音地理标志证明商标许可使用企业茶叶质量安全监管工作方案》等系列文件,细化许可使用企业的茶叶质量安全监管工作,提升地理标志证明商标许可使用企业茶叶质量安全管控水平。

在开展培训方面,组织证明商标许可使用企业管理人员及技术人员,通过培训班、讲座等方式,系统学习安溪铁观音种植和制作相关标准和质量安全监管工作方案,明确地理标志茶叶质量安全水平要求;组织涉茶部门、市场管理部门相关人员,学习地理标志证明商标管理理论知识和相关规定及办法,提高执法人员的监督管理水平。

在出入机制方面,一是严格准入,申请使用地理标志证明商标的企业,必须符合相应的准入条件。对拟批准使用的茶叶企业,实行两个月的辅导考核准入期,考核主要内容包括企业基地建设、产品生产加工、质量安全管控、可追溯体系建设、产品包装等内容,考核通过后才准许使用。通过设置一定的准入门槛,确保许可使用企业的实力,为后续日常质量安全监管工作开展提供基础。二是"一票否决",对地理标志证明商标许可使用企业,实行质量抽检"一票否决",即一发现质量抽检不合格或者采购外来茶冒充安溪铁观音的,立即吊销地理标志证明商标许可使用资格。建立公众监督举报制度,宣传发动社会公众对许可使用企业开展全民监督,举报违规违法行为,一经查实严厉处置。

在日常监管方面,采用定期综合审查和实地突击安全检查相结合的方式,对地理标志证明商标许可使用企业生产初制环节、精制加工环节、销售流通环节等方面实行动态监管。生产初制环节，对许可使用企业初制环节原料来源、毛茶收购、加工工艺等进行把关，对各类记录、凭证等材料进行综合审查，并对茶园基地管理、茶叶生产、初制加工、毛茶质量等卫生标准工作进行检查。此外，针对各地出现的冒牌现象，安溪专门成立打假小组，深入各地打假，提升证明商标权威性，维护品牌声誉，遏制"劣币驱逐良币"怪象。

地理标志证明商标的成功注册与规范使用，成为安溪铁观音的金字招牌和打假维权的法律武器，推动了安溪茶业产业化、规模化、品牌化的进程。一方面，用标企业不断加强质量管理和市场监控力度，调整茶叶产品结构，一些以次充好、以劣充优的现象比以前大幅减少。另一方面，茶农的质量意识也得到很大提高，普遍发展无公害、绿色食品、有机茶园，生产安全优质的茶叶。

二、茶叶商标"众星拱月"集群发展

驰名商标是唯一在全球范围内受国际法律保护的品牌标志，是国际公认的一种无形资产。在市场经济体制日益完善和市场竞争日趋激烈的中国市场中，它蕴含着巨大的经济价值和市场潜力。

安溪县高度重视安溪茶叶品牌发展战略，提出了"以地理标志证明商标为依托，以龙头商标为重点，带动自主品牌创建，形成'众星拱月'式的商标集群"的培育目标。

2005年4月，县政府成立了安溪铁观音申报中国驰名商标工作领导小组，由县长尤猛军担任组长，下设四个工作小组，全面负责收集整理申报所需材料。

同年5—6月，安溪两次赴京就申报事宜向国家工商总局进行汇报，并呈报资料。"安溪铁观音"地理标志证明商标申报中国驰名商标进入实质性阶段。

2005年6月25日至27日，由世界知识产权组织举办的"全球地理标志保护研讨会"在意大利帕尔玛举行。会上，由安溪县茶业管理委员会主任陈水潮所作的"安溪铁观音"地理标志证明商标工作报告，受到与会专家和学者的称赞。

2005年11月，由世界知识产权组织和国家工商总局联合主办的"战略性利用商标促进经济暨农村发展国际研讨会"在北京隆重举行，安溪县再次作为中方的唯一代表，在会上作地理标志证明商标"安溪铁观音"的经验介绍。

国家工商总局根据《驰名商标认定和保护规定》，组织进行长达半年之久的严格考核认定。2005年12月30日，国家工商总局通过"安溪铁观音"申报中国驰名商标申请。

2006年1月5日，国家工商总局发布公告，正式认定"安溪铁观音"为中国驰名商标。由此，"安溪铁观音"成为全国第一枚涉茶驰名商标，成为国家工商总局认定为驰名商标的第二件地理标志证明商标（第一件为新疆库尔勒香梨）。

2004—2006年，安溪铁观音地理标志证明商标两年内实现知名、著名、驰名商标的"三级跳"。"安溪铁观音"拥有《安溪铁观音国家标准样》、证明商标、地理标志保护产品、中国驰名商标等多重"身份"保护。"安溪铁观音"获得中国驰名商标后，作为注册人的安溪县茶业总公司，认真完善管理制度，加大组织实施和推广使用力度，使该商标的运作更加科学规范。2006年8月，"安溪铁观音"驰名商标在日本、俄罗斯、美国、马来西亚、泰国等20个国家和地区申请延伸注册。

2007年6月，应世界知识产权组织和国家工商总局的再次邀请，安溪参加了在北京召开的世界地理标志大会，安溪铁观音的品牌魅力得以充分展示。

中国驰名商标的积极效应，迅速提升安溪铁观音的品牌知名度，推动安溪茶产业迅猛发展。安溪铁观音商标注册使用15年来，品牌价值不断攀升，"安溪铁观音"先后荣获"福建改革开放三十年最具贡献力品牌""外商最熟悉和最喜欢的中国品牌""影响世界的中国力量品牌500强""全国消费者最喜爱的绿色商标""消费者最喜爱的中国农产品区域公用品牌""中国世博十大名茶"等荣誉。2015—2020年，安溪铁观音持续成为中国区域品牌价值茶叶类第一名，品牌价值仅次于贵州茅台。

以中国驰名商标"安溪铁观音"为龙头，安溪县在打造"安溪铁观音"集体品牌的同时，制定出台鼓励企业争创品牌的优惠政策，积极扶持和培育企业个体品牌，促进骨干茶企的壮大发展。如，对获得中国驰名商标（中国名牌产品）、福建省著名商标（福建名牌产品）、泉州市知名商标的企业，分别给予一次性奖励100万元、5万元和2万元。同时，在税收、土地使用、财政贴息贷款等方面实行优惠政策，推进安溪茶叶企业不断加强商标品牌建设。

获准使用安溪铁观音地理标志证明商标的企业，主动运用地理标志产品专用标志加强企业自身品牌建设，涌现出一批在全国市场有广泛影响力的品牌茶企。其中，八马、凤山、中闽魏氏、三和、华祥苑、日春等6家龙头茶企商标，被国家工商总局认定为中国驰名商标；有39件商标被认定为福建省著名商标，有55件商标被认定为泉州市知名商标。"凤山""华祥苑"铁观音被钓鱼台国宾馆定为接待用茶，"八马"被定为"中央政府采购注册供应商"，"三和"被定为"国务院机关采购专属定制用茶"指定单位，"三和茶"成为中法建交50周年、中意建交45周年庆典大会上唯一定制茶。

以中国驰名商标"安溪铁观音"这一集体品牌为龙头，已成长起众多的茶企品牌，安溪茶界形成"众星拱月"集群发展的可喜局面。

在品牌战略的带动下，通过"地理标志+企业+商标"的新型合作模式，发挥标准化建设在茶产业发展中的支撑引领作用，促进了安溪铁观音销售市场的开拓，提升了安溪铁观音的市场占有率，帮助农民创造了一个用商标品牌带动一个产业的神话，带动安溪茶农的增收。安溪人"茶业富民""品牌拓市""标准富民"，实现由贫困摘帽到全面小康的历史巨变。

三、茶叶电商销售居全国县域前列

20世纪90年代以来，10万安溪人在全国各地开茶店、茶馆，用传统的方式开拓茶叶销售市场。随着互联网技术的迅速发展，商品经营销售模式也发生巨大变化。从开启小规模的 QQ 网销到茶商纷纷"触网",安溪的茶业电子商务也做得风生水起。

传统的线下交易方式,品牌覆盖区域和传播力都有限,成本也很高;电子商务是发展趋势,不仅传播速度快,成本也更低。县委、县政府高度重视茶叶电商的发展,针对组织化程度低,生产、加工、销售分散的状况,安溪县积极搭建平台,引导茶业人员和茶企通过"互联网+",摸索出发展新路。

2010 年 11 月,安溪中国茶都集团联合中国国际电子商务中心和中国茶叶流通协会,三方联合打造了官方的安溪铁观音电子商务平台——茶多网(www.chaduo.com)。茶多网对网上交易进行监管和规范,接受消费者投诉、建议和维权,发布权威的安溪铁观音原产地资讯,传播和推广安溪铁观音文化。茶多网旗下囊括了中国茶都的 1860 家实体店铺。

茶多网犹如茶界的官方"淘宝",采用"F2C"(Farmers to Consumers,原产地茶农直销)这一电子商务模式,搭建安溪铁观音网上交易平台,并对网上交易的茶叶产品进行质量把关与监管,深得业界和广大消费者的赞誉。

位于中国茶博汇的"茶多网孵化基地",为电子商务创业者,特别是为茶行业电子商务中小企业的生成、培育和发展,提供免费的办公场所、零费率、一站式人性化服务,建立电子商务中小企业生成发展机制。安溪县政府为茶多网孵化基地提供了三年免费的办公场所,县工商部门直接上门服务,帮助茶商办理茶多网的商铺执照,非常便利。

建设安溪铁观音电子商务总部基地、电子商务创业孵化中心、电子商务交易物流服务中心,规范网店经济户口、帮扶企业网店管理、提升网站经营能力、培训茶叶电子商务人才……在安溪茶企忙碌铺就营销格局的同时,安溪县政府及相关部门及时提供"妈妈式"服务,营造有序的网络经营环境。

近年来,安溪县政府与京东、淘宝、拼多多等国内各大网络购物商城合作,联合举办各种营销活动。如,连续多年与京东超市共同主办"安溪铁观音·京东超市秋茶节"活动;与拼多多联合举办年货节。各大知名网络超市平台不仅为安溪铁观音开辟特卖专区,还在平台 App 上同步开设了"安溪馆"。

知名网络平台联手安溪茶企，立足茶叶原产地，从种植源头向互联网延伸推广，实现线上线下同时销售铁观音，为安溪茶产业在线上渠道的发展插上一双"隐形的翅膀"。

电子商务有效结合了虚拟世界和实体世界，促进了茶农的市场意识和品牌意识，提高了生产效率，让一般的农业经济走向特色经济、品牌经济，为安溪茶叶的经营模式带来新的转机。

至2012年，由安溪茶农、茶商等开设的个人铁观音网店超过5万家，雄踞各网络购物平台销售排行榜首位。包括中闽弘泰、祺彤香、仙醇、华虹、山国饮艺、尚客茶品等网店在内，安溪县年销售额上千万元的茶叶网店不断涌现。而一些品牌茶企，如八马茶业、华祥苑等企业，更是把电子商务作为拓展年轻一代消费者的发展重点，不仅开通企业的官方网站，还纷纷入驻淘宝、天猫、京东、拼多多等知名网络购物平台，打造安溪茶企方阵。

在县委、县政府的大力引导下，一些安溪茶企开始跨境电商的运营，安溪铁观音以前主要出口区域以日本、东南亚及俄罗斯为主，近几年，在欧洲、加拿大、美国、中东地区及非洲一些国家，也逐步为消费者所接受，拓展了安溪茶叶的国外市场。

不仅茶企、茶农、茶商大举进军电子商务市场，安溪县各级领导也纷纷化身"主播"，在抖音、快手、一亩田、百度App、百家号和现场云等直播平台带货直播，为特色农产品代言，与广大网友一起线上"云"品茶，为安溪广大茶农和茶企助力。

在电子商务这个新领域中，安溪铁观音交出一份耀眼的成绩单。新崛起的电子商务，已成为助力安溪茶业发展壮大的重要力量。

第四节 制作技艺入选国家"非遗"

随着经济的全球化和社会的现代化，文化遗产生存环境和保护现状堪忧。联合国教科文组织通过了《保护世界文化和自然遗产公约》，加强对各类文化遗产的保护和传承。

2005年3月，为加强非物质文化遗产保护工作，规范国家级非物质文化遗产代表作的评定工作，根据国家相关法律、法规，文化部出台了申报国家级非物质文化遗产文件，制定了《国家级非物质文化遗产代表作申报评定暂行办法》，在全国开展非物质文化遗产申报评定工作。

安溪人在长期的茶业生产实践中，创造出一套乌龙茶独特的"半发酵"制茶工艺，并根据季节、气候、鲜叶等不同情况，采用灵活的"看青做青"和"看天做青"技术。乌龙茶（铁观音）传统制作技艺是我国六大茶类中最精湛、最独特的制作技艺，走过数百年的发展历程，凝聚了一代代安溪茶人的心血，并传播到闽北、广东、台湾等在内的全国乌龙茶产茶区。在茶产业兴盛之时，乌龙茶（铁观音）制作技艺终于迎来全面保护、传承与发展的崭新时代。

安溪十分重视乌龙茶（铁观音）传统制作技艺的保护工作。2006年4月，县政府印发了《安溪县部分非物质文化遗产保护工作实施方案》，要求县文体局尽快组织力量，将乌龙茶（铁观音）传统制作技艺逐级向上申报为国家级非物质文化遗产。

项目申报需要提供申报报告、项目申报书、录音、视频、图片等大量辅助性材料。国家级非物质文化遗产代表作申报书项目繁多，内容庞杂，共有5大项目26个子项目，涉及安溪的地理环境、产茶历史渊源、铁观音采摘工艺、初制工艺、精制工艺、相关制作工具及制品、传承谱系、铁观音基本特征、主要价值、濒危状况、采取保护计划、保护措施等，涉及面广。

项目申报组深入安溪乌龙茶制作技艺和安溪铁观音发源地西坪镇，以及各主要产茶乡镇，实地了解茶叶制作技艺工序，并采访魏月德等多位茶人，为申报文本的编写奠定了基础。

在撰写申报文本时，安溪县委对申报"非遗"名称作了专门研究，最后定为"安溪铁观音传统制作技艺"，其理由是铁观音发源于安溪，是全国名茶和世界名茶，也是中国乌龙茶的突出代表。

申报文本送到泉州市文化局，文化局负责人也十分重视，很快召集专家讨论研究，认为"安溪铁观音传统制作技艺"不够完整、全面，应该既有乌龙茶又突出铁观音，于是改为"安溪乌龙茶（铁观音）制作技艺"，并向上级呈报。

2008年4月17日，乌龙茶（铁观音）传统制作技艺经文化部、国家发改委、教育部等11个部、局部际联席会审核同意，由文化部将推荐项目名单上报国务院批准。4月30日，省文化厅组织专家投票，确定乌龙茶（铁观音）传统制作技艺代表性传承人为魏月德和王文礼。6月7日，国务院公布第二批国家级非遗名录，安溪"乌龙茶制作技艺（铁观音制作技艺）"榜上有名。

名录采用此名称，基于几个方面因素考虑：一是早在1995年3月，安溪县就被农业部命名为"中国乌龙茶（名茶）之乡"，是中国乌龙茶的杰出代表。二是乌龙茶是中国绿茶、红茶、乌龙茶、白茶、黄茶、黑茶六大茶类之一，产量多，范围广，比较有代表性。三是突出铁观音制作技艺，把它作为安溪乌龙茶制作技艺的代表。乌龙茶品种繁多，如闽南乌龙茶区，安溪有铁观音、黄金桂、本山、毛蟹、大叶乌龙、梅占等共44个品种，其他地区有永春佛手、诏安八仙茶、漳平水仙、平和白芽奇兰等几十种；闽北乌龙茶区有武夷大红袍、铁罗汉、白鸡冠、白牡丹、白瑞香等二三十种；广东乌龙茶区有凤凰单丛、宋种蜜香单丛、八仙过海单丛等二十多种；台湾乌龙茶区有青心乌龙、大叶乌龙、硬枝红心、金萱、翠玉等数十种。这些乌龙茶的制作技艺，虽都属半发酵，但各有差异，难以一一准确表达，所以历来都是以铁观音制作技艺为代表，故加括号（铁观音制作技艺）表述。

此后，在不改变"乌龙茶制作技艺（铁观音制作技艺）"的前提下，为方便起见，使用该名称时都是用"乌龙茶（铁观音）传统制作技艺"。

从"安溪铁观音传统制作技艺"到"安溪乌龙茶（铁观音）制作技艺"，再到"乌龙茶制作技艺（铁观音制作技艺）"，在申报国家级"非遗"过程中，技艺名称三易，可见各级主管部门的认真和严谨。

乌龙茶（铁观音）传统制作技艺入选国家级"非遗"后，安溪县从教育、法规、行政、文化、经济等方面出台相关配套措施，有力推动传统制茶技艺的保护传承和发展，取得突出成绩。

入选"非遗"，进一步提升了安溪铁观音的知名度。2010年5月1日，上海世博会正式开馆。魏月德作为中国乌龙茶（铁观音）传统制作技艺代表性传承人，在世博会福建馆现场演示安溪铁观音的制作技艺。在机械化制茶时代，魏月德精湛熟练的手工制茶技艺赢得了满堂喝彩。

第五节 安溪铁观音"走遍"神州

一、中国茶事样板

安溪铁观音品牌的培育和塑造，离不开持之以恒的茶文化宣传。在县委、县政府的主导推动下，从1988年开始，安溪几乎每年都举办各种茶事活动，并不断创新其内容与形式，提升安溪铁观音的品牌价值。

2005年春节前夕，在安溪县举办的新闻界新春座谈会上，《海峡都市报》闽南分社曾武华社长建议安溪组织媒体记者到省外各地开展茶业采访报道，这一建议引起安溪宣传部门的重视。会上，县委常委、宣传部部长廖皆明随即提出"安溪铁观音神州行"活动主题，得到大家的一致认同。

会后，在廖皆明的指导下，县委宣传部谢文哲、倪福生等马上形成《"安溪铁观音神州行"大型系列宣传活动策划方案》，呈报县委书记曾荣华、县长尤猛军同意，并向泉州市委常委、宣传部部长宋长青汇报，获得支持。接着，各项筹备工作迅速展开。

2005年5月，县委、县政府下文成立了"安溪铁观音神州行"系列活动领导小组，下设多个工作小组，由精兵强将组成。工作小组对方案进行充实细化后，提交讨论。经过反复讨论，确定开展南线行、中部行、北线行、西部行等系列活动。具体是通过全国茶市调查宣传采风活动，达到四个目的：一是展示安溪铁观音，宣传安溪茶文化，并将与各城市主要媒体进行互动宣传；二是了解各地茶市特别是安溪铁观音主销区的运行和走向；三是掌握各地的茶饮需求和消费者对安溪铁观音的认知、认同和消费情况；四是调研安溪铁观音消费市场持续健康发展需要面对和解决的问题。

2005年6月10日上午，安溪茶文化大型考察交流采风活动——安溪铁观音神州行启动，数辆中巴从中国茶都安溪出发，首程开始"南线行"活动，县五套班子的有关领导、县茶管办的相关成员单位，以及新华社、《人民日报》、中新社、《经济日报》、《福建日报》、东南电视台、《厦门日报》、《泉晚报》、《海峡都市报》等十多家媒体记者,共40余人参加此次活动。"南线行"活动选择在安溪茶传统主销区的汕头、广州、深圳、长沙四个城市。

2005年11月7—17日,开展安溪铁观音神州行"北线行"活动,赴北京、济南和西安三个北方城市考察交流采风。由于北方茶市形成相对较晚,"北线行"的三个城市,集中了大部分北上的安溪茶商,区域售茶量和影响力都比较大。事前,考察交流采风团精编了有关安溪铁观音基本知识的题目,分别与三个城市的主流媒体《北京晚报》、《齐鲁晚报》、《华商报》联合举办"安溪铁观音茶知识有奖征答"活动,得到热烈反响,起到很好的预热作用。北京、山东、陕西本地40多家新闻媒体参与了活动的采访报道。

2006年11月,开启安溪铁观音神州行"中部行"。此行,尤猛军代表县委、县政府提出的"安溪铁观音·和谐健康新生活"兴茶新理念,正在全面宣传贯彻中,这次"中部行"活动以传播安溪铁观音和谐健康文化内涵作为活动主题,选定成都、武汉、上海为活动城市,分别定位"成都会茶人""武汉传茶情"和"上海结茶缘"。

2007年6月,举行安溪铁观音神州行"东北行"活动,选择在沈阳、长春和哈尔滨三个城市举行,活动主题分别为"沈阳品茶香""长春说茶事""冰城论茶韵"。刚刚评选的2006年安溪铁观音十佳品牌和十佳企业,作为安溪铁观音品牌族群的主力军,成为本次活动的一个宣传点,让东北三省消费者知道安溪铁观音既是名品又是名牌。

2007年10—11月,举办安溪铁观音"西部行"活动,选择乌鲁木齐、兰州和昆明三个城市,主题确定为"天山好水品佳茗""母亲河畔话国饮"和"七彩春城叙茶合"。

2009年8月,举办安溪铁观音神州行"香江行",组织安溪品牌茶企参加首届香港国际茶展,并在香港洲际酒店举行"观音韵·中华情"品茗赏艺会,向香港各界推介安溪铁观音的品质特征和品饮艺术。

安溪铁观音神州行,其持续时间之长、行程之远、参与人数之多、影响范围之广,是前所未有的。这是安溪茶事宣传活动的一种创新,广泛传播了安溪的兴茶新理念，深入展示了安溪铁观音的精神文化内涵，丰富了安溪铁观音的品牌形象。同时，进一步了解全国茶叶市场的消费动态，充实了安溪茶叶在主销区的行业组织，逐步规范安溪铁观音的销售市场，系统锻炼了一支茶文化宣传队伍，培育了一大批安溪铁观音的爱好者、宣传者和消费者，促进安溪与各茶叶主销区的文化交流，实现了政府、媒体、企业、茶商、消费者之间的良性互动，安溪铁观音神州行活动被誉为"文化之旅""创新之旅"。

2018年，在第二届中国国际茶叶博览会"中国茶事样板"评比中，"安溪铁观音神州行"成功获评"中国茶事样板十佳"。

二、探索宣传创新品牌整合

2012年以后，安溪县采取"请进来"和"走出去"相结合的方式，主动策划茶事活动，开展安溪铁观音大型品牌推广活动，不断引领茶事宣传热点，形成良性互动。

——立足产地，举办茶事活动。在安溪，连续多年举办中国茶都安溪国际茶业博览会、茶配套产品交易会等多项活动，通过宣传造势，提升本土茶事活动的影响力；成功举办"中国茶的世界——安溪铁观音文化现象的国家意义"国际学术研讨会，海内外的30余名顶尖学者会集安溪，是我国茶行业首次从社会学、历史学、人类学的角度对茶开展全面系统的"人文研究"。举办海峡论坛·海峡茶会，来自两岸茶叶界的300名专家学者，就两岸茶产业相通相融共同发展等主题进行交流，再次提高安溪在两岸茶界的影响力。邀请著名词作家王平久、著名音乐人常石磊创作，著名歌手谭晶主唱茶文化歌曲《飘香》，并推出《飘香》MV、微电影等艺术精品。MV和同名微电影2014年春节期间在央视连续播出16天。此后，《飘香》专辑在全国发行，MV在全国KTV上线。《飘香》成为当今脍炙人口的一首茶文化经典歌曲。

——走向销区，开展宣传推广。举办"安溪铁观音·美丽中国行"品牌推广活动，有针对性地深入武汉、北京、长沙、包头、西安、深圳等全国大中小城市，开展有声势、有影响的系列茶文化宣传活动。2013年，联合《人民政协报》和中国休闲文化研究中心，在全国政协会堂主办"安溪铁观音茶聚正能量"主题沙龙活动，中央电视台国际频道做了报道。2014年，在湖南长沙举办"国学茶香"主题茶文化交流活动。2018年，在北京故宫博物院举办以"香茗共享　匠心传承"为主题的中国茶文化传承传播活动。2019年，联合吉林大学举办"弘扬传统文化　茶香礼敬祖国"茶文化主题活动和品茗文艺晚会。"安溪铁观音·美丽中国行"走遍全国近20座城市，通过在外安溪商会、经济促进会、安溪茶叶协会分会等行业组织，嫁接全国各地有影响的会议、高峰论坛、展销会、博览会等平台，举办茶文化主题活动，推介安溪铁观音。

——覆盖全国，媒体联动宣传。联合各级主流权威媒体，开展主题式集中宣传。2012年开始，安溪连续数年与全国晚报工作者协会合作，在副会长单位泉州晚报社的组织下，每年邀请全国45家晚报70多名社长、总编（记者）到安溪采访报道。每次安溪采风活动，参加的晚报都刊登报道文章，计有上百个版面，由安溪宣传部汇编成册，进行二次传播，产生了很好的宣传效应，扩大了安溪茶乡的对外影响。

大型茶事宣传，由政府"独唱"开始转变为政府牵线搭台，带领茶企业"走出去"。安溪的品牌茶企也纷纷主动出击，发挥各自的优势，举办各具特色的茶文化活动。如，中国茶连锁第一品牌八马茶业，持续举办赛珍珠铁观音全球品鉴会；安溪铁观音集团开展"观音韵·中国情·世界行——安溪铁观音茶文化推广系列活动"；华祥苑在全国多个重点城市打造儒士馆国茶文化城市会客厅，并以茶为媒，举办东方茶文化全球巡回展……这些主动跟紧贴近消费时尚活动，是安溪探索政府、企业、产品、品牌力量的整合创新举措，旨在打造有影响的区域茶企品牌，共同推动安溪茶产业走向全国、走向世界。

第六节　茶产业"接二连三"

一、茶庄园成为茶业经济新业态

2009年4月,泉州市委领导在安溪检查指导工作时,要求安溪学习借鉴法国葡萄酒庄园生产经营模式,创新安溪茶业发展。

葡萄酒庄园作为西方葡萄酒文化的灵魂,起源于法国。在法国,有句谚语说得很好:"打开一瓶葡萄酒,就像打开一本书。"法国生产葡萄酒一半以上是小规模传统酒庄模式,在国际市场上以原产地命名,打的是产地品牌(如波尔多酒)而不是企业的商标品牌。商标是共用的,只不过在下面注明是谁家生产的,是哪个酒庄的。这不仅降低了对外的宣传和推广费用,而且增强了产品的竞争力。

安溪茶叶和法国葡萄酒二者有诸多相同之处:原产地域保护产品,"精工细作"的小农作业模式,传统与现代并举的制作工艺,品牌与文化支撑的高附加值农产品,区域化布局。法国葡萄酒庄园生产经营,作为现代农业发展的一种经典模式,对处在由传统茶业向现代茶业转变之中的各类茶企来说,有诸多可学习借鉴之处。

为推动安溪茶界以国际视野、全球眼光谋划审视茶产业,2010年6月,李建辉率领安溪茶业界考察团一行20人,前往意大利、法国,进行为期12天的学习考察活动,考察了解安溪铁观音在欧洲市场的销售情况及消费者认知度,学习欧洲葡萄酒庄园在地理标志产品保护、行业自律、质量分级管理、流通管制和品牌锻造等方面的经验。考察团广泛与法国、意大利当地政府官员、葡萄酒行业协会负责人、庄园主、种植户和经销商等社会各界进行深入的交流探讨,详细了解从葡萄的种植、管护、采摘,到葡萄酒的加工、酿造、窖藏、质量分级、销售等各个环节生产经营的情况。

同时,为了更好地推介安溪铁观音,增进欧洲消费者对安溪铁观音的认知和认同,考察团还专门在巴黎举行安溪铁观音茶交流推介会,邀请巴黎大区国际事务发展局局长布利奇特·德利里（Brigitte Deliry）、法国马恩河谷省经发委国际事务发展部主任弗朗索瓦·佩伊（Francois Pays）等20多位嘉宾出席，大力宣传安溪铁观音的历史渊源、制作工艺、品质特性、保健功能等知识，现场展示安溪铁观音的独特技艺。西行欧洲取经，这是安溪首次出国开展大型茶酒对话交流活动。李建辉之后，副县长王金章又带领县农茶局、宣传部等有关部门负责人，前往法国、意大利等国的葡萄酒庄园进行考察，开展茶酒对话交流互动。

在"同"与"不同"之间思考安溪茶业发展，学习借鉴法国葡萄酒庄园对于品质、历史、文化、品牌的执着追求，并探讨如何移植到茶叶种植、制作、营销的每一个环节。

两次考察之后，县委、县政府先后制定印发了《关于学习借鉴法国葡萄酒庄园生产经营模式，提升安溪茶业发展水平的实施意见》《学习借鉴法国葡萄酒庄园生产经营模式试点工作方案》《关于进一步加快茶叶庄园建设的实施意见》等系列文件，规范茶产业各个环节从业行为，让业者更加注重标准质量的严控、品牌价值的提升、市场营销的抱团、茶庄园基地组织化合作形式的创新和历史文化的涵养，并鼓励有实力的茶企高起点建设茶庄园。

进入2010年后，随着茶产业的发展，许多茶企开始自建茶叶基地，为安溪高起点建设铁观音茶叶庄园打下坚实基础。结合中国特色和安溪实际，安溪茶叶庄园建设遵循"政府引导支持、部门业务指导、企业主动建设"的原则，重点包括四个方面的建设内容。

一、打造绿色茶业基地。坚持绿色增长，深入推进绿色、有机茶叶基地建设；优化茶园生态环境，保持茶园生态系统平衡和生物多样性；精心组织实施滴灌工程、茶产品多样化、功能化研发、标准体系建设等方面技术的示范、推广。

二、打造文化传播平台。建设茶叶初制车间、茶叶品评室、茶文化展示馆、茶艺表演厅等茶文化设施，加强茶文化教育，开展茶文化培训，开发茶文化产品，提升文化涵养产业的功能。

三、打造旅游观光亮点。依托茶叶庄园自然风貌、茶叶生产工艺、茶文化特色，突出生态游乐、茶事体验、休闲观光、知识培训，按照"吃、住、行、游、购、娱"的旅游要素要求，打造茶旅游观光亮点。

四、打造品牌展示窗口。坚持生产与营销的有机结合，依托茶叶庄园塑造个性化品牌形象，开展多元化品牌体验，推进差异化品牌营销，促进品牌文化内化于质、外化于形，使茶叶庄园成为展示企业品牌形象的重要窗口。

在县委、县政府的号召下，一些骨干茶企把铁观音茶庄园建设作为拓展现代茶业文化功能、生态功能、产品功能和观光休闲功能的重要载体，依托生态茶园示范片建设茶叶庄园，开展体验旅游。2010年8月27日，福建省省长黄小晶就安溪茶产业积极借鉴法国葡萄酒庄园经营模式，建立茶叶质量可追溯体系的做法作出重要批示：要支持并逐步推广，尤其要有龙头企业参与。

龙涓乡是安溪最早探索建设铁观音茶庄园的乡镇。华祥苑、中闽魏氏、高鼎等茶企，以生态茶园的规模化经营开始了转型探索之路，借鉴法国葡萄酒庄园生产经营模式建设茶庄园。此后，国心绿谷、八马茶业、绿色黄金、品雅有机茶业、三和茶业等安溪品牌茶企，也纷纷建成自己的茶庄园。

在实施茶叶庄园化方面，安溪无疑走在全国前列。在安溪茶庄园建设发展过程中，县政府始终扮演着重要推手的角色，成立茶庄园建设领导小组，下设办公室，统筹推进项目进展，县长陈灿辉亲任组长。2012年10月，安溪首次评选出16家魅力茶园，树立了茶庄园的初始样板。此后，全县建设面积1000亩以上的茶庄园有32家，庄园化管控茶园28万亩，占全县茶园面积的47%。

以茶叶为主题，以生态为基础，以山水为特色，以文化为灵魂，以拓展现代茶业多元产业功能为方向的安溪茶庄园，推动安溪茶产业向二、三产业延伸拓展，进一步提升安溪茶业的品牌形象和发展水平。

经过探索实践，安溪茶庄园经济已由原来以产茶为主要功能的单一经济体，演变成集旅游、观光、消费等多项功能为一体的综合体，它使安溪的茶农从"行商"变为"坐商"，逐步成为茶业转型升级、绿色崛起的新引擎，成为茶文旅结合、茶三产融合的新模式，成为安溪主推的茶业经济业态，安溪茶业实现了从第一产业到第二、第三产业的延伸拓展。

"庄园与茶园，虽仅一字之差，但内涵完全不同。在安溪茶庄园全产业链发展模式下，安溪铁观音从第一产业进入一、二、三产业并蓄的整体发展阶段，推动安溪茶产业的转型升级。"县委书记高向荣对安溪茶庄园经济的未来充满信心。

二、发展茶机械制造业

茶业生产是传统农业的一部分，机械的推广使用，是降低劳动强度和成本、提高生产率的基本条件。茶叶加工机械的发展，使传统的分散型茶产业模式，逐渐发展为专业化、规模化、产业化的新型茶产业。

新中国成立后，聪明的安溪人就开始研制使用简单的茶叶加工机械。1975年以后，安溪乌龙茶内外销逐年增加，茶叶供不应求。茶叶生产形势看好，带动了茶叶机械的发展。1977年，安溪县茶叶机械厂研制出6CWY-80型双笼摇青机；1987年研制出6CWYZ-100型做青摇青两用机，达到国内先进水平；1988年研制出6CWB-63型包揉机，比人工包揉提高工效6倍。1990年底，全县拥有手摇摇青机、电动摇青机、手推揉捻机、电动揉捻机、手摇炒青机、电动炒青机等各类乌龙茶初制机械25373台。

20世纪90年代初期，不少台商在安溪从事茶叶加工经营，带来包揉机等机械，这让安溪的茶机企业有了学习台湾茶机械先进技术的机会。90年代中期，安溪从台湾等地区陆续引进先进的制茶机械设备，如燃气式炒青机、包球机、揉捻机、整形机等。1993年，大坪茶叶有限公司从日本引进全自动蒸青绿茶生产线，进行茶叶生产加工。同年，安溪开始在全县推广使用电力摇青机、速包机、包揉机等，用半机械化的茶叶机械代替传统手工制茶。1997年后，包揉机销量不断增加，用煤做燃料的杀青机、烘干机逐步改为电力，提高了茶叶卫生质量。

在茶叶包装设计上，早期，安溪民间多采用瓷罐、陶罐和白纸、塑料袋装茶，包装简陋，好茶卖不出好价。后来，县政府组织考察团到台湾考察农业时，发现台湾小包装技术比较先进，深受启发，购回对其进行改进，做成7克装，并可以抽真空，使茶叶不易变质，还可以随身放在口袋。安溪开始引进台湾包装设备，在全县推广小包装，后来全国全行业都学习推广安溪的包装技术。

2000年以后，烘焙机、茶树修剪机、燃气杀青机、乌龙茶做青环境控制设备等制茶设备产品不断升级，新的农业机械产品不断研发出来。2005年9月，福建省科技厅主持并组织技术鉴定委员会，对省重点项目——安溪乌龙茶初制新工艺与配套设备研究进行鉴定，认为项目成果达到国内同类研究领先水平。2007年，安溪佳友茶叶机械厂生产的乌龙茶加工成套设备，获得农业部推广。

茶产业的发展，带动了茶机械的发展，而茶机业的兴盛，又进一步促进了茶产业的发展。至2021年，安溪共有上规模的茶机具企业40多家，从业人员上万人。其中有35家茶机具企业进入全省农机下乡补助目录，占全省列入补贴企业总数的70%。安溪茶机具行业经历了从无到有，从势单力薄到形成产业集群的过程。

为进一步促进安溪茶叶机械的发展，扩大安溪茶机具在业界的影响，安溪县于2010年11月12—15日举办首届海峡两岸（安溪）茶机具博览会。这是全国首个以茶机具为主题的大型专业博览会，汇聚了海峡两岸231家知名企业参展。在参展的产品中，日本富世华采茶机、修剪机，台湾永锆中耕机械，植保机械，建凯培土机，中耕机、崴棋乌龙茶、红茶制作机械，以及浙江武义万达真空干燥设备，浙江台州农乐施肥播种机，合肥数字化智能茶叶色选机和安溪县佳友茶机研发的乌龙茶成套加工设备等近百种茶机具产品，代表海峡两岸茶机具的最高制造水平。

第二届海峡两岸（安溪）茶机具博览会，于2011年11月12—14日举办，共招展企业194家，513个展位。杭州落合、浙江天浩、台湾永锆、台湾名记、台湾统一、香港大清盛世和日本川崎、日本富世华等知名茶企等行业领军企业莅会参展。

2012年，海峡两岸（安溪）茶机具博览会进一步发展为中国茶都安溪国际茶业博览会。截至2016年，年年在安溪县举办，茶机械每届都是博览会的重点展示内容。

在县委、县政府的扶持推动下，安溪茶机具产业逐步向数控化、智能化发展。小型茶叶色选机开始热销，全自动真空包装机技术不断成熟，电动喷雾器、修剪机、采茶机、割草机、微型翻土机、喷滴灌茶园耕作设备以及萎凋机、杀青机、揉捻机、速包机、平板机、松包机、烘焙机、捡梗机、包装机等得到推广运用。

佳友、韵和等茶机械生产企业，加大对智能化乌龙茶生产线、全自动真空包装机等机械技术研发投入。佳友公司研发了多组式茶叶萎凋机、新型颗料乌龙茶成型设备、乌龙茶燃油杀青机、隧道式烘干机、船型茶叶输送装置等产品；韵和公司研发了茶青自动处理设备、茶叶全自动加工成套设备。永兴公司的连续式热风杀青机、红茶发酵机获得海峡两岸职工创新成果展金奖、银奖。

三、"一叶"变"大业"带"百业"

"一片叶子富了一方百姓"，这是习近平总书记对茶叶富民的赞许。[①] 中国乌龙茶之乡安溪脱贫致富的历程，无疑是对茶叶富民的生动诠释。

安溪120万人口中，有80%从事与茶相关的产业，茶农56%的收入来自茶叶。茶产业对安溪的民生事业影响广泛。2010年以来，安溪县紧紧抓住质量、品牌、市场、人才、产业等关键环节，接连打出茶业发展的"组合拳"，使茶业发展"接二连三"，"一叶"变"大业"，一业兴带动百业旺。

"安溪发展茶产业优势突出，要跳出茶叶做强茶产业，跳出安溪铁观音做

[①] 2003年4月，时任浙江省委书记习近平在安吉县黄杜村考察白茶基地，对于黄杜村因地制宜发展茶业的做法给予充分肯定，他发出了"一片叶子富了一方百姓"的由衷赞叹。

大中国茶都。"2012年，县委书记朱团能提出，面对越来越激烈的市场竞争，安溪茶产业既要把质量安全监管、生态茶园建设等基础性工作做好，又要把"二产"的茶叶加工做深做透，把"三产"的茶文化发展起来，培育发展茶机械、茶包装、茶用品、茶食品、茶文化、茶旅游等涉茶行业，延伸产业链条，壮大规模体量。

为延伸茶产业链，推动茶产业的集群发展，安溪除了发展茶机械、建设茶庄园外，还致力于茶配套产品开发、茶业包装设计、茶叶深度加工、物流运输等关联产业发展。目前，安溪的茶配套商品生产经营企业已有500多家，从业人员数万人，成为全国茶配套商品最大、最重要的生产区和聚集区。

安溪的茶叶包装设计企业有50多家，拥有彩印、软包装（真空袋）、铁罐、圆罐、铝罐、木盒、礼盒、手提袋等自动生产线，产品体现高科技、高品质、更环保。

在很多安溪茶企的终端门店，消费者不仅可以买到茶叶，更能买到茶杯、茶盘、茶食品，甚至以茶为主题的工艺品。

经过多年的培育，安溪已形成大茶业格局，从"一叶"变"大业"，安溪也由"中国产茶第一大县"向"中国茶业第一强县"迈进。

2008年以来，安溪持续十多年创造出县级茶园总面积、茶叶总产量、涉茶总产值、茶叶平均单价、受益人口、茶农人均收入等多项指标位列全国产茶县第一的荣誉。

谈起安溪茶业富民的成效，尤猛军深有感触。他说："1997年我从惠安调来安溪时，安溪餐桌上的螃蟹都是小小的。我心里想，一定要让安溪餐桌上的螃蟹大起来。2009年我离开安溪时，已经富起来的茶农端出来的都是大螃蟹，蟹膏很饱满，茶业的贡献功不可没。"

以茶为媒，安溪茶产业链条不断延伸，实现"一叶"变"大业"，又推动茶产业升级转型和一、二、三产业融合发展。一业兴带动百业旺，持续发展壮大的茶产业，助力乡村振兴，为安溪从全国"百贫县"跃升为全国"百强县"，作出重要贡献。

第十四章　新型工业

第一节　全省率先退出石材业

一、分段分批退出石材业

2002年，党的十六大后高投入、高消耗、高污染、低水平数量扩张的传统工业化道路已不可持续，把生态文明建设融入工业化发展中，建立健全绿色低碳循环发展的经济体系，这是新型工业化的必然要求。

20世纪90年代初，安溪的石材加工业开始发展。2007年，全县已有各类石材开采加工企业700多家，完成工业总产值28.72亿元。2008年，全县规模以上石板材加工企业完成工业总产值12.23亿元，占全县工业总产值的3.39%。经过20年的发展，安溪石材加工业已达到一定规模，成为安溪县的传统支柱产业之一，从业人员有2万多人。

然而，石材业在为全县经济发展作出巨大贡献的同时，也带来严重的生态破坏。官桥、龙门作为石材矿山的主要区域，聚集了各类石材企业，晴天时粉尘满天飞，出门捂着脸，吃饭盖着碗；下雨时泥沙满街，到官桥、龙门的路，成为"牛奶路"，铁峰山下20多个村庄1000多户群众生命财产受到威胁。铁峰山千疮百孔，龙门跌死虎、狮子寨、岩格尾等矿区"青山挂白"现象也非常严重，原本清澈的依仁溪也受到污染，几乎成了"牛奶河"。虽然石材业曾为经济发展作出巨大贡献，但矿山开采造成严重污染，花岗岩矿采坑和废弃矿山面积大、荒料石碴和遗留采矿坑多，面积多达11.04平方千米……矿区环境问题成了安溪亟待解决的一个生态问题。

显然，石材业这种粗放型经营、污染环境的发展方式，越来越不适应科学发展的要求，更是与安溪建设现代山水茶乡的目标定位不相符。更为揪心的是，安溪距离泉州、厦门只有1个小时车程，本应是一方投资热土，然而因为恶劣的生态环境，许多优质企业不愿来、不敢来。整治石材行业势在必行，事关安溪经济社会的可持续发展，事关泉州母亲河晋江西溪上游的生态环境。

2009年，安溪作出一个重要决策，决定分阶段、分批关停石材企业，在全省率先实现石材业全行业退出。

石材业退出，一开始遇到的阻力很大，石材业主不断上访，有的干部也有动摇。在一次面对石材业主的上访中，李建辉当场折断办公桌上的一支笔："这个决心不能改变，石材产业和生态不可兼得！"

为了石材业全面退出，县委、县政府多次召开各种形式的协调会、座谈会，细心做好企业主的思想动员工作，引导企业转型。通过深入宣传和沟通交流，广大群众包括企业主对退出石材行业开始理解，同意分批关停辖区内的石材企业。

2009年12月，关停第一批官桥、龙门辖区内的94家石材加工企业。

2010年1月，关停第二批官桥、龙门辖区内的248家石材加工企业和29家石材矿山开采企业。

2011年1月，关停官桥、龙门所有石材矿山企业；2月14日，关停第三批官桥、龙门辖区内最后202家石材加工企业。3月31日，随着其他乡镇93家零星石材加工企业、加工点的关闭取缔，安溪在全省范围内率先实现整个石材行业的全面彻底退出。

安溪全面退出石材行业，关闭石材矿山73家、石材加工企业637家，县财政一年减少收入1.5亿元（相当于当年财政总收入的十分之一）。这种壮士断腕的阵痛，以及强力攻坚的苦心，至今许多人还记忆犹新。

正是安溪当时率先在全省实施石材业退出，为安溪发展赢得宝贵的空间，通过"腾笼换鸟"，引进了一大批高新企业。几年后，矿山治理和石材业整治才成为全省生态文明建设的督查整治重点。

在石材行业全面退出后，安溪又关闭了所有立窑水泥厂、黏土机砖厂；并淘汰钢铁落后产能83万吨，关停淘汰矿业落后生产线20条。

在石材行业退出后，安溪县鼓励引导退出企业收拢资金，留在本地发展新企业，如电子商务、茶具配套、重型机械、房地产、玻纤制造、观光旅游等产业，用好政策，蜕变重生。

铁峰山主峰下的弘桥智谷（泉州）电商产业园，曾是一片石材加工区，如今这里变成福建省规模最大、配套最齐全的电子商务产业园区。弘桥智谷电商产业园负责人林志强，原来也经营石材加工。石材业退出后，林志强看准电子商务发展的商机，投资创建了弘桥智谷电商产业园。

2018年，福建省委、省政府到南平市拉练检查，已任莆田市市长的李建辉发现，南平推荐的一个典型项目，就是南平弘桥智谷电商园。林志强的电商园项目在安溪开发成功后，作为示范项目被南平引进。

石材等高污染行业的退出，全面改善了安溪的投资环境，为优质、低碳的项目腾出发展空间，对推进安溪经济转型具有重大意义。

2020年，回忆起当年安溪作出石材业全面退出的决策时，李建辉深有感触地说："当年安溪果断舍弃了眼前的利益，却得到长远的发展红利。我来莆田任职的时候，莆田才开始实施石材业退出，安溪可以说是先人一步。"

二、从"吃石头饭"到"赚绿色钱"

石材全行业关闭退出后，矿山生态环境问题如何解决？全县的发展动力从哪来？

2012年6月，国土资源部在全国范围内开始开展"矿山复绿"行动，安溪县把握机遇，应时而动，县财政先期投入5000万元，对官桥—龙门矿山地质环境恢复治理工程进行规划设计。

在国土资源部和省市的大力支持下，官桥—龙门的矿山地质环境治理工程2012年获国土资源部、财政部批准立项，纳入国家矿山地质环境治理示范工程，项目总治理面积约11.04平方千米，投资概算总额5.6747亿元，共获得中央补助资金2.8374亿元。示范工程分三期实施，到2020年基本完成。

安溪矿山生态治理主要的做法和成效可概括为："一个原则，两轨并进，三种模式，四严管理，五大目标。"

一个原则，即治理与开发相结合原则。

两轨并进，即政府治理和社会共治并进。专门成立项目指挥部，确保示范工程有力有序推进，积极引进社会资本参与项目建设。

三种模式，即变矿山迹地为耕地（或茶园）、农业综合体和生态景观。如，引导、鼓励当地群众投工投劳，利用矿山迹地开垦茶园1450多亩，有效增加农民收入。这一做法得到省国土资源厅的充分肯定，并于2013年4月在福建省"矿山复绿"行动现场会上推广；在二期铁峰山治理项目中，引进建设休闲农庄项目，投资5000万元，建设规模300亩，种植果树8000株，开凿鱼塘30亩、泳池1个；建设狮子寨东片区休闲公园、铁峰山半天飞、风空口观景凉亭、龙门镇美顶村村民休闲广场等一批景观景点。

四严管理，即严格项目审批程序，严格招投标，严格工程管理，严格资金管理。

五大目标。一是消除隐患。通过排渣降险、挡土墙和拦渣坝砌筑等工程性措施，彻底消除山体滑坡、泥石流、水土流失等安全隐患，解除矿山下群众生命安全威胁，全面改善人居环境。龙门镇洋坑村洋坑田角落重大滑坡地质灾害点，安排61户群众整体搬迁，启动治理工程，彻底消除地质灾害威胁。二是恢复生态。官桥、龙门区域"青山挂白"得到有效治理，直接增加林地6028亩，铁峰山、狮子寨等原来满目疮痍的山体得到较好修复，山变绿，水变清，空气变清新。三是增加用地。通过项目治理，直接增加建设用地3386亩、耕地4218亩，使包袱变成财富。四是产业转型。通过石材行业退出及矿山治理，腾笼换鸟，筑巢引凤，盘活土地资源5000亩，拓展了安溪经济发展空间，加快产业向中高端迈进。五是社会效益。通过治理，矿山迹地由原来的不毛之地变为当地群众休闲的好去处,得到群众的好评。

修复山上生态只是第一步,如何盘活山脚下的石材厂废弃土地,才是更大的考验。2011年,广东一家生产传统电源电池的企业前来商谈合作,遭到安溪拒绝;一家生产煤炭节能添加剂的企业欲投资5亿元,有关部门核查发现,其产品有一定污染性,于是,安溪毫不犹豫地拒"资"门外……李建辉说,安溪过去已经吃够了污染带来的苦头,再不能走过去那种一边污染一边发展的老路子。

"石材业全面退出后,如何培育新兴产业,防止产业空心化?"县委书记高向荣道出当时的思考。

循着信息技术、现代物流、智能制造的开发定位,按照"石材退出、恢复生态,山上复绿、山下建厂"的思路,安溪相继成功引进一批大项目好项目。中国国际信息技术福建产业园、海峡两岸金融研究中心、天湖生态旅游休闲中心、连捷温泉世界等一批大项目先后落户南翼新城,极大优化安溪的产业布局,安溪实现了从"吃石头饭"到"赚绿色钱"的转变。

第二节　水泥业整合升级

一、粗放生产的切肤之痛

隆隆的机器轰鸣声，巨大的烟囱里喷出大股浓浓的"蘑菇云"，方圆几平方千米到处弥漫着灰色尘烟，一股强烈的刺鼻气味，让人感到呼吸困难……

"剑斗镇有7家水泥厂。只要是风吹得到的地方，都是水泥粉。即使是在炎热的夏天，窗户也要紧紧关闭。整张脸也都是细小的粉尘，都不用上粉底了。"这是剑斗镇村民的真实感受。

曾在剑斗水泥厂工作多年的村民谢高灿回忆，以前安溪的水泥厂多为"高能耗、高污染"企业，尤其磨机、包装岗位扬尘多、噪声大，工人们互相说话都听不清楚，每天下班的第一件事就是洗澡。

1949—1962年，水泥工业在安溪县还是个空白，1963年才创办第一家水泥厂，采用人工成球，土法烧，年产水泥0.2万吨。改革开放后，基础设施与城市建设迅猛发展，需要大量建材产品，安溪水泥制造业也随之得到较大发展，企业数量、水泥产量迅速增加，生产工艺水平、水泥质量大幅提高。

1995年，全县有水泥制造生产企业27家，生产水泥51.4万吨。1999年，三元岩水泥有限公司日产600吨水泥熟料旋窑生产线正式投产，成为全省第一家旋窑生产线水泥企业。2002年，全县有"五龙山""三元岩""建坤""星岩""新安""华剑""寇光""石凤""佳乐""荣升"等水泥品牌，产品畅销安溪及省内沿海各县市。安溪已成为闽南地区最主要的水泥生产与销售基地县。

但安溪县水泥企业规模小，小水泥厂遍地开花，行业经营粗放，技术落后，能源和资源消耗高，综合利用水平低，部分主产地水泥企业粉尘污染问题突出，产业集中度低，影响行业整体竞争力。2006年，安溪较大的水泥企业有14家，但实际产量只有250万吨，平均每家企业产能只有18万吨。

二、兼并重组激发活力

提高水泥产业集中度和行业整体竞争,迫在眉睫。2006年2月,尤猛军在全县三级干部会议上说:"省政府最近已经出台政策,到2010年底前要全部取缔20万吨以下的水泥企业。按这个规定,到2010年,我们安溪的水泥产业将不复存在。安溪水泥行业的整合刻不容缓。"

2007年5月,安溪各大水泥生产企业都收到县政府的两份红头文件,文件明确规定了对水泥企业分年度淘汰的目标任务与淘汰期限,还明确将利用"差别电价"政策,坚决淘汰落后机立窑水泥生产线。

消息传出,行业哗然。"水泥产业为安溪作出那么大的贡献,怎么说关停就关停呢?""一下子关停机立窑,这对水泥产业是多么大的损失!"一时间,各种质疑、担忧与不解在坊间飞传。

面对淘汰落后产能可能带来的暂时财政收入减少等压力,安溪迎难而上,按照"上大压小,扶优限劣"原则,大刀阔斧关停能耗高、污染重、技术老旧的机立窑生产线。一方面,加大财政支持力度,帮助解决企业实际困难,重点支持发展日产4000吨以上的新型干法生产线项目,引导企业运用先进适用技术提升装备水平。另一方面,把淘汰落后与兼并重组结合起来,支持优势企业通过兼并、收购、重组落后产能企业,盘活存量资产,激活优良资产,使企业在淘汰落后产能中健康发展,同时解决职工的就业、安置问题。

在县委、县政府的引导和推动下,安溪三元岩水泥有限公司、湖头水泥厂、集发石灰石矿等,整合为三元集发水泥有限公司。三元集发水泥有限公司在湖头投入15亿元,扩建新型干法水泥项目,规模为年产400万吨新型干法回转窑水泥及带纯低温余热发电。项目分两期实施,每期年产200万吨水泥。两期工程使湖头成为安溪乃至闽南的重要水泥生产基地。

三、从"高耗能"变为"循环经济"

艰难地完成了改造升级后,安溪水泥业也同时迎来"绿色革命"。"十一五"以来,安溪县严格控制水泥行业污染排放标准,关停不符合要求的水泥生产企业,企业数量从2006年的14家减少到4家。全县先后关停淘汰落后机立窑水泥产能生产线37条,累计生产能力327.4万吨,机立窑水泥企业绝大部分退出安溪水泥建材业发展的历史舞台。

在三元集发水泥有限公司,采用控制流型最新技术的冷却机,其热效率可达75%以上,可有效回收出窑熟料的热量,并大大提高二次风与三次风的温度,降低熟料烧成热耗。采用纯低温余热发电技术,将废气余热回收转化为电能,提高资源综合利用,并回收用于水泥生产,能够满足该生产线四分之一的用电指标,每年可节省标准煤近3万吨。

三元集发水泥有限公司总工程师胡乃宾介绍,由于企业采用新型干法水泥工艺,在生产过程中对传统的污染源(粉尘、废水和废气)实现了系统治理,粉尘排放远低于国家标准允许的排放限度,水资源得到100%循环利用,废水实现零排放,有害气体的排放得到有效控制,对环境的污染极其微小,让人们彻底颠覆了对水泥行业的认识。

三元集发还投入巨额资金,配套建设多条废弃物处置生产线,无害化处理大量的工业废渣废料。由于企业生产所需的原料50%以上是工业废渣,这些生产线除了能吞掉企业内部产生的所有工业废渣外,每年还能消耗掉周边地区的工业废渣近40万吨。

三元集发之"变",还在于土地资源、人力资源的优化。一个大水泥企业占地250亩,而同等产量的小水泥企业,则需要占用土地500亩以上;原来一条立窑生产线,一年十几万吨的产量,需要200多名工人,现在一条新型干法工艺生产线,因为自动化程度大大提高,年产量200万吨,也只需要200人左右。

新型干法水泥生产线工艺更加先进稳定,产品质量更有保障。由于国家规定大型建设项目必须采用旋窑生产水泥，使这种产品大有市场。

从"污染大户"到"节能先锋"，从"高能耗"到"循环经济"，安溪水泥业的转型升级，无疑为安溪县淘汰落后产能，推动产业优化提供了有益借鉴。

第三节 以矿救灾"三赢"

一、地灾危及村民安全

潘田村位于安溪县感德镇的西北部,距离县城 80 千米,海拔 850 米,分为洋中、寨格、角安、大格四个自然聚落,全村山地总面积 12482 亩,耕地 824 亩,有 23 个村民小组 796 户,2007 年底总人口 3100 人。

潘田是一个历史悠久的铁矿区,自宋代开始就陆续有采矿行为,新中国成立后经地质部门勘探,发现有铁、石灰石、煤、锰铁矿、铜等 10 多种矿藏,储量丰富。

1958 年,福建省组建福建潘洛铁矿,为省属国营企业。该矿以年产 30 万吨平炉富矿的产量,为全省矿业经济发展作出突出贡献。但由于该矿的注册地和生活区都在漳平市,对漳平市的经济促进作用更直接。虽然潘洛铁矿的主矿脉在安溪,安溪县却无法从铁矿的开采中获益,而且还要承担环境治理的摊子。

铁矿历经 40 多年的开采,潘田村的地质发生了严重破坏,先后出现三次大面积的滑坡。特别是 1990 年在蔗头山坡中、北段矿区山坡出现的山体裂缝影响最大,据有关部门检测估算,该滑坡体长约 800 米,宽 200 米,平均厚度 30 米,面积约 16 万平方米,潜在滑坡量约 1000 万立方米,随时都有发生严重地质灾害的可能。受山体滑坡影响,1998 年 12 月以来,潘田村陆续出现地表开裂、民宅地基下陷、墙体龟裂、地表变形等重大险情,到 2001 年底时,受灾村民户数达 546 户,总人口 2413 人。

地质灾害成为安溪县的"心腹之患"。每逢汛期,当地政府都要派出大批工作人员,指导村民开展地质灾害防范工作,动员群众及时转移。潘洛铁矿先后采取削坡减载、回填反压、打抗滑桩、浆砌块石护坡脚等防治措施,虽然一定程度缓解灾情,但未能从根本上解决地质灾害的问题。

二、筹集搬迁安置经费

1990年潘田村地质灾害发生后,各级党委、政府和潘洛铁矿高度重视,多次召开会议,协商地质灾害救治工作,并采取各种防治措施。1999年6月3日,省政府副省长朱亚衍主持召开省政府专题会议,对潘田矿区地质灾害防治工作进行部署,形成《关于研究安溪县感德镇潘田村地质灾害的会议纪要》,决定由泉州市政府、安溪县政府和国营潘洛铁矿共同出资1123.67万元(三方平均承担),对重点受灾的136户654人实施首期搬迁。省政府协调会议后,潘洛铁矿因潘田矿区已彻底停产,筹措资金迟迟未能到位,首期搬迁进展缓慢。

为彻底解决潘田地质灾害问题,2001年下半年至2002年初,县长尤猛军和副县长廖皆明(分管国土资源工作)、龚培毓(挂钩感德镇)多次深入感德镇、潘田矿区和潘田村,与干部群众探讨和磋商,一致认为,只有对潘田矿区灾民实行整体搬迁安置,才能从根本上解决问题。经过反复研究,最后达成共识,形成了"以矿救灾、整体搬迁、综合治理"的防治潘田村地质灾害工作思路。具体方案是:由省政府协调有关部门,将潘洛铁矿潘田矿区剩余近200万吨铁矿石的采矿权无偿划拨给安溪,再由安溪引入市场机制,吸纳社会资金,组建矿业有限公司,对潘田矿区铁矿及潘田村地下矿产资源进行开发;新组建的矿业有限公司在取得现有潘田矿区铁矿及潘田村地下资源采矿权的同时,负责承担2400多名潘田村民整体搬迁安置所需资金(约8000万元)的大部分,并由安溪县政府在县城周边建设移民新村。

2002年1月,安溪成立了潘田矿区灾民移民安置工作领导小组,由县委副书记、县长尤猛军任组长,县委常委、常务副县长谢保家,县委常委、县人武部政委卢宜牯,副县长廖皆明、龚培毓和感德镇党委书记张木旭任副组长,下设办公室和安置房建设工作、潘田矿区恢复生产和群众搬迁工作三个协调小组,分头就日常事务、搬迁、安置房建设、矿权转让组建新公司、筹集资金等开展工作。同时,抽调20名县直机关干部,组成专门工作小组进驻潘田灾区，着手开展五项工作：一是开展受灾情况全面调查，深入动员做好搬迁对象的思想工作；二是丈量全村各户房屋面积，分清建筑构造类别；三是制定矿区灾民的搬迁安置方案；四是落实灾害监测监控工作，编制应急预案；五是监督矿区的安全生产工作。

2002年初，安溪县政府向省、市两级政府呈报的潘田地质灾害点整体搬迁安置方案，得到省、市政府和有关领导的高度重视，省委常委、常务副省长黄小晶作了批示。2002年3月28日，福建省国土资源厅副厅长姜玉志按照黄小晶的批示要求，专门召开研究解决潘田村地质灾害问题的专题会议，同意安溪提出的工作方案，并要求安溪着手组织实施。同年4月9日，泉州市政府副市长廖小军带领市直有关部门负责人深入潘田村召开现场办公会，对潘田村整体搬迁安置作了部署。

2002年5月31日，安溪县政府批准了感德镇政府制订的《感德镇潘田矿区移民搬迁补偿安置方案》，对搬迁范围及对象、补偿办法、安置办法、搬迁安置资金筹集等作了具体规定。同年6月18日，安溪同潘洛铁矿达成并签订无偿转让矿权协议，由潘洛铁矿将潘田矿区860标高以上采矿权无偿转让给安溪。同年年底，县政府发动社会经济能人，重新组建福建省安溪潘田铁矿，新铁矿推选安溪县知名民营企业家、安溪荣德矿业有限公司董事长杨景队为董事长，总投资近1亿元，投资者多数为感德镇当地群众。

2003年1月1日，安溪与新组建的潘田铁矿签订有偿转让潘田矿区采矿权的协议，筹集采矿权出让价款5300万元，全额用于搬迁安置，并从中拨出280万元，作为潘田村灾民移民每人1000元股金入股新组建的潘田铁矿。2003年2月20日，新组建的潘田铁矿在南段采区举行开工仪式，停产四年的潘田铁矿重新恢复生产，焕发生机。

三、建成潘田安置小区

2003年后，潘田移民安置工作全面进入实施阶段。县、镇两级政府领导多次深入潘田灾区，组织召开村民代表大会，将整体搬迁方案交由群众讨论，动员广大干部群众支持、配合。

确定安置地点颇费一番周折。1999年首期搬迁安置选址毗邻潘田的大格村，但潘田村民搬到大格村后，因居住环境差，且生产生活上没有出路，群众纷纷回迁，造成大格安置区40套安置房最后无人居住。

首期移民搬迁失败的教训，使县领导意识到选择好安置地点对移民搬迁至关重要，因此要求县移民办、感德镇政府慎重选准安置点。县移民办、感德镇政府多次邀请潘田村民代表到城区周边实地考察，选择安置地点。第一次选择参内乡圆潭村为移民安置区，选址定点后，遭到了圆潭村民的抵触，加上城东水闸桥下闸蓄水，该地段水位抬升，地质条件发生变化，安置房建设成本大幅度提高，不宜作为安置地。不久又选择城区龙湖开发区，建设富华林美小区，该小区2003年初动工，年底竣工。县政府先期投入650万元在该小区安置潘田村受灾最严重的群众53户248人。由于多数潘田村民认为该小区范围较小，发展空间不大，最后绝大多数村民赞同选择城厢镇仙苑村作为安置地点。

2003年5月，县政府在仙苑村规划建设德苑商住区，并于5月9日以公开拍卖国有土地使用权的形式，出让该区652亩土地，由泉州龙凤置业有限公司取得购买权。该公司购地后，表示要支持配合政府开发建设潘田灾民安置房。2003年7月31日，由甲方泉州龙凤置业有限公司、乙方潘田村委会、丙方潘田移民安置办，三方共同签订了乙方向甲方购买安置房的《合同书》（之后又多次签订补充条款）。甲方将已取得购买权的位于德苑商住区的652亩土地中划出约100亩作为乙方安置房用地，安置房价格为725元/平方米。安置房总计17幢，面积6.6488万平方米，安置受灾群众606户2228人。

2004年2月21日，县委、县政府对潘田矿区灾民移民安置工作领导小组进行调整充实，确保潘田移民搬迁安置工作的顺利推进。2004年2月底，仙苑安置点正式开工建设，但因仙苑村部分村民的意见分歧，工程一直未能推进，施工队几进几出，给整个移民安置工作带来影响。后经政府有关部门多次协调，工程于2004年10月正式开工。2005年7月25日，经过县政府第五次县长办公会议研究通过，县政府重新修订出台《感德镇潘田矿区移民搬迁安置工作实施办法》，对搬迁对象、补偿安置办法、选房与交房办法、优惠扶持办法和组织实施办法重新修订。至2006年初，德苑商住区潘田安置小区基建工程共投入资金5700多万元，主体工程与内外装修全部完工。同年1月22日，完成分房工作，小区内的道路、供水、排污、供电、绿化等附属设施也全面完工。至2006年6月10日，潘田村的洋中、寨格、角安3个角落659户2481人全部告别地质灾害危险区，迁到县城落户，实现真正的安居乐业。

潘田灾民全部搬迁，实现安置、铁矿恢复生产、增加财税收入"三赢"的目标。改制后的潘田铁矿，企业生产红红火火，为安溪的财税增收作出贡献，投资者也得到丰厚回报，为感德镇乃至安溪的经济腾飞注入活力。近2500名潘田灾民不但告别地质灾害的威胁，迁到环境优越、条件良好的城区居住，而且还能从新铁矿经营中分取红利，生活有了一定的保障。

潘田地质灾害区实施以矿救灾的移民搬迁工程，被列入国土资源部"2003—2004年度全国矿山地质环境治理重点项目"和省国土资源厅"全省地质灾害危险点灾民搬迁工程"。2006年5月21—22日，全国地质灾害群测群防现场会在安溪县召开，国土资源部副部长贠小苏，各省区市国土资源厅（局）等110多人出席会议，与会代表专程到潘田移民安置点参观，对安溪地质灾害群测群防工作成效给予高度赞扬。

2007年2月8日，尤猛军在全县三级干部会议上，这样评价潘田矿区"以矿救灾"："这一运作，取得了'三赢'。第一，2000多人的生命财产得到保障；第二，铁矿恢复生产；第三，增加了财税收入。"

第四节　不断成长的三安钢铁

一、从小炼铁厂开始起步

"工业强县、茶业富民"是安溪持之以恒实施的发展战略。但对一个工业基础薄弱的山区县来说，工业强县不是"拍胸脯"就可以实现的，需要有大企业、大工业来带动、支撑。

20世纪80年代末，矿业专家柯德育在福建省地质资料库中发现湖头镇珍地村铁矿储量丰富，于是力促开采。在他的建议下，最终省里出资，投入150万元进行开采。该铁矿当年投入，当年建成，当年盈利，不仅带动当地经济发展，解决当地村民的部分就业问题，还帮助珍地村建公路和学校，实现了经济效益和社会效益双赢。

福建三明钢铁厂［2000年3月改制为福建省三钢（集团）有限责任公司］是福建最大的钢铁企业。改革开放后，富有经济头脑的安溪人林秀成，看到市场钢铁供不应求的强大需求，通过与三明钢铁厂的钢铁贸易赚到第一桶金，也与三明钢铁厂建立起密切的合作关系。1992年，林秀成决定涉足钢铁生产，通过县领导陈泰山、李锦裕的引荐，拜访了柯德育。柯德育认为，安溪有发展百万吨冶金工业的条件，建议林秀成在安溪建立钢铁厂。采纳柯德育的建议，1992年，林秀成成立了福建省安溪三安集团有限公司。

福建三安集团有限公司成立后，立即联合三明钢铁厂在安溪湖头创办福建省安溪县三安炼铁厂，最早的业务，就是生产五金和钢铁。三安炼铁厂的创办是安溪由农业经济向工业经济的重要转折点。

三安炼铁厂创办之时，适逢邓小平南方谈话后，全国各地经济发展迅速，市场对钢铁的需求量巨大。炼铁厂一期投资1400万元，创建两座 $17m^3$ 高炉，年产生铁12万吨；二期工程分别投资4500万元和1800万元，扩建一座 $120m^3$ 高炉和利用高炉尾气投建总装机3000千瓦、首期1500千瓦的煤气发电站，成为与三明钢铁厂相配套的生铁原料基地。一期工程于1993年2月投产，二期工程 120m³ 高炉于 1995 年 12 月投产。仅仅两三年间，炼铁厂迅速发展成为安溪县最大的工业企业和泉州市最大的钢铁冶炼企业。

1996 年 12 月，福建省安溪县三安炼铁厂改制为福建三安钢铁有限公司。1997 年 12 月，三安钢铁炼钢车间开始投产，结束泉州市"无产钢"的历史。

在三安钢铁的发展中，省、市、县党委政府高度重视，大力扶持。各级领导纷纷前来调研，了解工程进展，协调解决相关困难。1997 年 11 月 24 日，时任省委副书记习近平，到安溪视察，并到三安钢铁调研，关心三安钢铁的发展。

2001 年，三安钢铁一期工程扩建。2003 年 12 月 27 日，成功炼出第一炉钢水。2004 年 7 月，三安钢铁 100 万吨钢生产线全面建成投产，成为福建省第二大钢铁生产基地和福建省"纳税百强企业"。

2006 年，三安钢铁钢产量首次突破 100 万吨目标。2007 年，三安钢铁与三明钢铁通过股权置换的方式，成功进行资产联合重组。重组后，三安钢铁进入发展的快车道。

2018 年 6 月，经中国证监会并购重组委审核无条件通过，福建三钢闽光收购三安钢铁 100% 股权完成交割；2018 年 7 月，公司正式更名为福建泉州闽光钢铁有限责任公司。

经过近 30 年的发展，三安钢铁从年产值数千万元的炼铁小厂，发展成为 2019 年纳税超过 10 亿元的大型企业。

二、"游说"三安钢铁扎根安溪

三安钢铁一期扩建工程上马前，曾经历一番周折。2001 年的一天，县委书记曾荣华在县政府食堂吃午饭时，听到县委常委、常务副县长谢保家提起，三安钢铁的林秀成准备在厦门同安区创办 30 万吨的钢铁厂。曾荣华觉得这是大事，三安钢铁是安溪好不容易培育出来的重点工业企业，如今要在同安创办钢铁厂，就意味着安溪的钢铁产业外移，对安溪的影响极大。

曾荣华顾不上吃饭,当即与谢保家驱车到 40 千米外的湖头找林秀成了解情况。三安钢铁有限公司是三安集团与三明钢铁集团联办的企业,林秀成介绍了合作方三明钢铁集团异地办厂的意向,并说明了同安区提供的优惠条件和目前三安钢铁 100 万吨产能扩建遇到的瓶颈。曾荣华尽力劝说林秀成:"你是安溪人,对家乡一向深有感情,企业也在安溪成长壮大,安溪人要把企业办在安溪,造福安溪。"曾荣华当场表示,安溪的发展环境虽然还不是很完善,但会全力支持企业扩建,县委、县政府主要负责人将担任三安钢铁扩建领导小组组长、副组长,全力为三安钢铁的扩建解决征地拆迁等问题。并且承诺,同安区能够提供的优惠条件和服务,安溪也同样提供。

林秀成终于被打动。尽管三安钢铁前期在同安买了地,花了 1000 多万元,但县委、县政府的高度重视和大力支持,坚定了三安钢铁扎根安溪的信心。

曾荣华后来在回忆这段历史时,不无感慨:"三安钢铁是安溪的奇迹,三明钢铁几十年才达到 100 万吨,三安钢铁短短几年就有 100 万吨,三安钢铁税收占全县税收将近 1/3,没有三安钢铁,就没有安溪现在的重工业发展。"

为支持三安钢铁扩建,县委、县政府坚持每月召开会议,为三安钢铁协调解决各种困难。"不能把三安钢铁的事情看成是企业自己的事,这事关安溪从农业县到工业县的转折点。"曾荣华在各种场合都是这样告诫干部的。

为配合企业做好扩建项目的土地办证、征地拆迁安置和水、电、路、通信等各项基础设施建设,县委、县政府专门成立三安钢铁扩建工程领导小组,下设办公室和数个职能工作组,办公室主任由县委办公室主任李金玉担任,并从土地、发改和有关乡镇抽调力量充实到扩建办。县委宣传部谢文哲当年在县委办工作,也被抽调到扩建办工作了 3 个月,回忆这段"峥嵘岁月",他说,能为当时安溪史上最大的项目建设尽一份力量,感到非常自豪。

为解决三安钢铁扩建项目投产时的用电,安溪县开工建设 110 千伏三安变电站,通过 110 千伏湖头变电站和"T"接安桥线的 110 千伏安三线,专供三安钢铁用电;电业部门还从泉州直供区挤出 1 万千瓦负荷,专供三安钢铁用电。

三安钢铁扩建工程需要征地 1750 亩，这是一场硬仗。征地要拆迁湖头李氏一座祖墓，2 万多名李氏族人阻拦，县长尤猛军亲自到一线坐镇，有效化解矛盾，拆迁工作顺利完成。

三安钢铁扩建项目的建设，对于安溪乃至泉州、福建，都是一件具有重大意义的事情。安溪县全力支持，只要三安钢铁公司有反映、有要求县里帮助解决的困难和问题，县委、县政府都想方设法给予解决。对一些安溪权限范围解决不了的，部分采取灵活变通的办法给予解决。实在不行的，县主要领导同林秀成一道，到泉州、上福州，跑部门、找领导，争取上级的支持解决。县委书记尤猛军、县长陈灿辉在三安项目建设过程中，每周都到三安钢铁现场办公，现场解决问题。

三、多措并举"救助"三安钢铁

当三安钢铁扩建工程进行到一半时，突然遇到国家对钢铁业调控的大形势，三安钢铁扩建立项被省有关部门取消。没有立项许可，开发银行就会取消贷款，断粮没有资金，几千名建筑工人都要撤走。

这是三安钢铁的紧要关头，土地征起来了，征迁款也给了，失地农民却不能就业，20 多家银行的款也还不上，安溪的有色金属产业也可能到此为止。三安钢铁开始人心涣散。尤猛军专门到三安钢铁召开千人大会，对企业发展给予鼓劲。从全国来说，钢铁行业产能过剩，但福建省的钢铁需求却是供不应求，三安钢铁扩建有巨大的市场。

为了"救助"三安，县委、县政府多措并举：一是政府出资 1 亿多元，购买企业部分资产，缓解企业燃眉之急。二是利用省委书记卢展工来安溪考察的机会，把三安钢铁的项目安排为参观点。在项目现场，看到钢铁厂忙碌火热的生产场景，卢展工很满意，当即在车上指示省发改委主任落实项目立项事宜。省发改委做了变通，批了 60 万吨的指标给三安。有"户口"了，泉州发改委也顺利批准了立项。三是鼓励安溪企业抱团互相帮扶。

当时安溪房地产已开始发展起来，10多家房地产企业的项目在开工建设，对钢铁需求量大。尤猛军提议让房地产企业与三安钢铁签贸易协议，三安钢铁以优惠价格卖钢铁给房地产企业，房地产企业把预付款打给三安，这样双方受益。县领导亲自负责与房地产企业洽谈，得到热烈响应和积极支持，三安钢铁迅速回笼资金，渡过资金难关。

安溪"救助"三安的决策产生了良好效果，但当时的主政者是冒着经济和政治的双重风险：没有政策依据，都需要主政者自己去变通解决，效果则是后人评判。一旦救助失败，县财政、金融都会出问题。但安溪县的主政者在艰难抉择面前没有退缩。"当时安溪是落后的山区县，大工业大企业发展难，作为领导，该担当的要担当。"多年以后，尤猛军坦陈当年救助三安钢铁的初心。

2006年，县委、县政府把"整合提升建材冶炼产业"写入《安溪县国民经济和社会发展第十一个五年规划纲要》，启动三安钢铁尾气余热发电工程等一批产业链延伸项目，并积极争取上级的支持，重点协调三安钢铁与三明钢铁联合重组的工作。

在省委、省政府，市委、市政府的高度重视和大力支持下，2007年1月，福建三安钢铁有限公司与福建三钢集团通过股权置换的方式，成功进行资产联合重组。重组后，三安钢铁上下游一条线，产量达到300万吨，产生多赢效果：企业获得新生，增强市场竞争力；银行等金融机构实现了资本的保值增值；政府也发挥龙头工业企业的带动作用，推进工业强县，增加财税收入。特别是作为三安钢铁大股东的三安集团，也由此实现科技转型，其旗下公司三安光电上市，建成国内最大、世界一流的光电子工业化基地，发展到今天的上千亿市值。其LED芯片产能占据了全球芯片产能的19.72%，是当之无愧的LED行业龙头企业。

不断发展壮大的三安钢铁，今天已成为安溪工业经济的新增长点。2019年，三安钢铁纳税额超过12亿元，相当于一个中等县的财政收入。三安钢铁的成长壮大，见证了安溪由"农业大县"向"工业大县"的转折。

第四篇

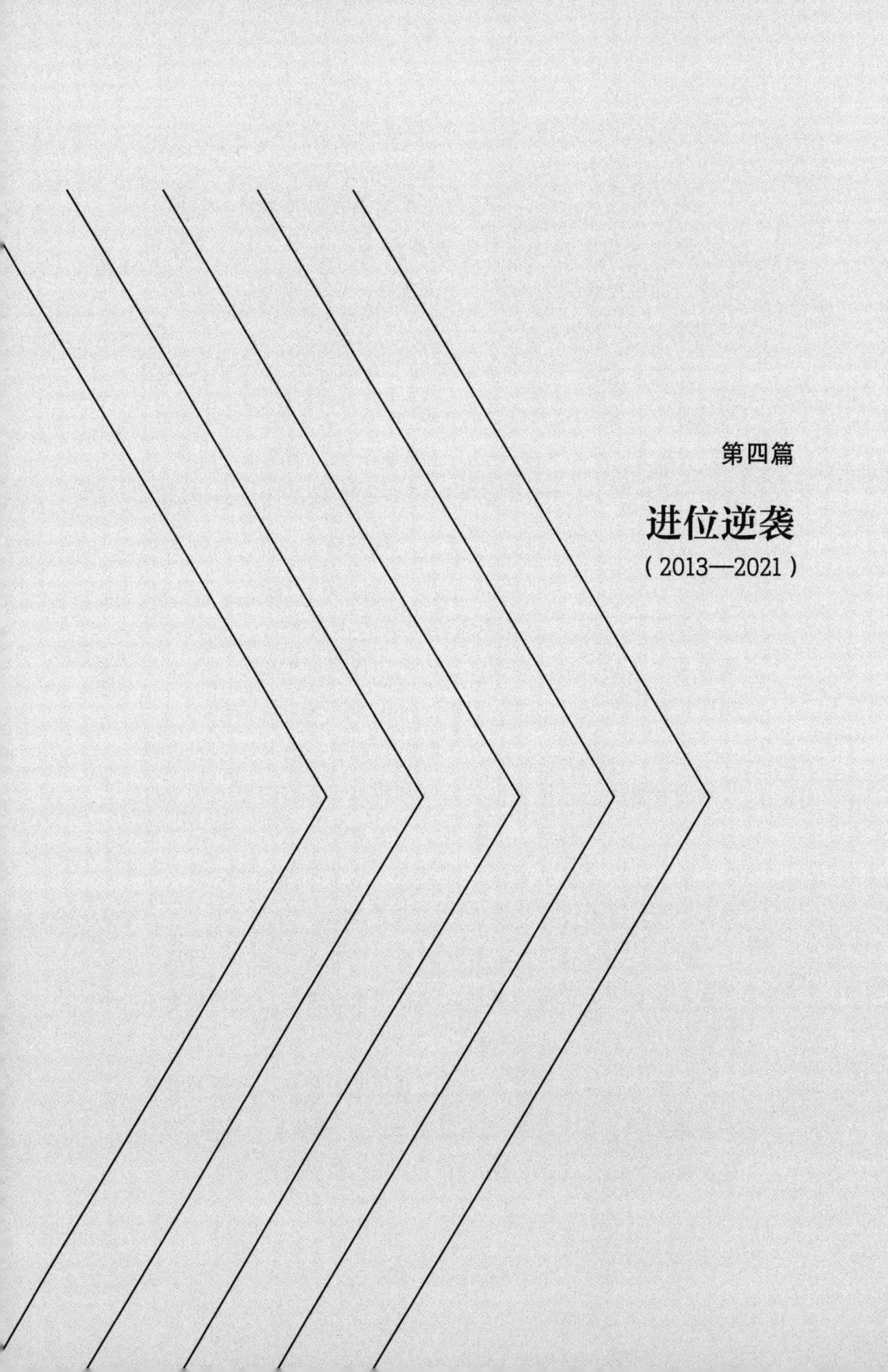

进位逆袭
（2013—2021）

党的十八大以来，安溪赶超正当其时，发展进入佳境。

面对全面建成小康社会的新形势，县委、县政府审时度势，提出建设实力安溪、小康安溪、大美安溪、活力安溪（"四个安溪"）的目标。

党的十九届五中全会召开后，安溪县科学制定全县国民经济和社会发展十四个五年规划和二〇三五年远景目标，"四个安溪"中"大美安溪""活力安溪"调整为"幸福安溪""善治安溪"。这是安溪县对县域发展新阶段的准确把握，贯穿高质量发展的鲜明主题，践行以人民为中心的发展思想。

而"实力安溪""小康安溪"直指实体经济，是安溪县域发展的立身之本，财富创造的根本源泉，依然在安溪全面建设社会主义现代化的新征程上闪耀着时代的新荣光。

在以人工智能、工业4.0为代表的新一轮技术革命风起云涌的背景下，安溪深化供给侧结构性改革，加快发展先进制造业，推动互联网、大数据、人工智能同实体经济深度融合，推动资源要素向实体经济集聚、政策措施向实体经济倾斜、工作力量向实体经济加强。

同时，加速推进产业转型和结构优化与升级，加快城乡一体化进程，在一系列大项目建设上取得突破，改革活力不断彰显，综合实力持续增强。

在走向富强的同时，安溪注意民生补短板，加强教育基础设施配套，提升公共卫生服务水平，健全社会保障体系，建设生态文明，使群众获得感、幸福感和安全感不断增强。

第十五章　壮大实体

第一节　布局园区

产业园区作为以促进某一产业发展为目标而创立的特殊区位环境，是区域经济发展、产业调整升级的重要空间聚集形式，担负着聚集创新资源、培育新兴产业、推动城市化建设等一系列重要使命。园区是产业聚集区，亦是地区经济发展的重要增长极。2013年以来，安溪县坚持方向思维，在"一城两翼"布局、建设一批高品质的产业园区，并赋予这些园区不同功能定位，开展选资招商、产业招商，实现差异化发展，走出一条质量效益型之路。

光电产业园位于老工业重镇湖头镇，重点发展新型光电显示、光生物、半导体材料等产业，总规划面积15000亩，启动区2000亩于2011年10月18日正式开工建设。如今，10年过去，园区已发展成为泉州市光电产业集生产基地、研发检测、应用展示、商贸物流为一体，具有"衬底—芯片—封装—应用"等完整产业链的高科技产业园。

2011年，安溪县成立福建泉州（湖头）光电产业园管委会。2012年，福建省政府专门召开会议研究，明确把安溪湖头光电园确立为省级高新科技园区。2018年，该园区被整合进入省级高新技术产业园——泉州半导体高新技术产业园区（简称"泉州芯谷"），成为其最重要的组成部分。2020年，泉州芯谷安溪分园区新引进合晶光电LED支架等3个项目，园区总产值达81.5亿元。

20年前，时任福建省省长习近平着眼抢占信息化战略制高点、构建福建创新发展新优势，极具前瞻性地作出建设"数字福建"的重大决策部署，并亲任"数字福建"建设领导小组组长，提出"数字福建"建设的一系列战略思路和顶层设计，由此拉开"数字福建"建设的序幕，也率先在全国开启省域统筹协调信息化建设的征程。

位于安溪龙门镇的"数字福建"（安溪）产业园是安溪落实"数字福建"建设的重要实践。10年前，这里曾是全县崩岗分布最密集、侵蚀最严重的区域之一，共有崩岗286处，沟壑面积1769亩，占土地面积的23.6%，每年的崩岗沟壑侵蚀模数为9.3万吨/平方千米。针对此问题，安溪探索水土流失综合治理模式，将崩岗侵蚀区变为工业区，整理出3600多亩工业用地，建成龙桥工业园。

随着"数字福建"（安溪）产业园的建成，昔日的崩岗区如今成为华东南地区规模最大、等级最高的大数据产业园区，已投入使用标准机柜6000个。中国国际电子商务中心、新华大数据中心等30多家单位入驻，启动政务云、渲染云等10多个云平台。

"数字福建"（安溪）产业园以大规模、多等级数据中心为核心，发展云计算、数字媒体、服务外包、电子商务、文化创意等五大产业，主要建设"三中心三基地"，即数据中心、信息技术教育实训中心、APEC电子商务工商联盟国际交流中心和信息技术服务外包产业基地、国际数字媒体产业基地、海西电子商务产业集群基地。至2020年，引进空天大数据产业园、中国电影资料馆安溪数字资源中心等7个产业链项目，总投资20.7亿元。

弘桥智谷电商产业园位于官桥镇官郁村的铁峰山下，铁峰山石材储量丰富，这里曾遍布100多家石材加工企业。2011年春节后上班第二天（农历正月初九），县委、县政府采取行动，断水断电，县四套班子领导分成八路人马，关停官桥、龙门400多家石材企业、100多处矿山开采点，在全省率先实现石材全行业退出。其后，在启动矿山污染整治的同时，又引入弘桥智谷，将这里规划发展成为电商产业园。原来从事石材开采加工业的林志强、白惠灿，从石材业成功转型电商，以弘桥智谷为支点，在全国布局7个电商园。

砍掉了生财树，倒逼出梧桐苗。如今，弘桥智谷电商产业园有入驻企业100多家，年交易额近10亿元；集电商营销推广、物流仓储、教育培训、电商SOHO、项目孵化于一体，是福建省第一家全产业链电商基地，也是福建省规模最大、配套最齐全的电子商务产业园区，于2015年7月被商务部评为"国家电子商务示范基地"，2016年4月荣获"全国优秀电商园区"称号。电商产业园依托完善的电子商务支撑体系，充分带动安溪当地茶叶、藤铁工艺等产业的发展。未来将重点发展先进制造业、加工业，以产业园获批"国家电子商务示范基地"为契机，加快构建"电子商务＋实体仓储"产业模式。

龙门、官桥毗邻厦门，为对接厦门经济特区产业转移，安溪又在这里规划建设厦门泉州（安溪）经济合作区湖里园、思明园。湖里园规划控制面积12000亩，首期建设2700亩，总投资20亿元以上。目前，已建成厂房总建筑面积30万平方米（其中标准厂房13万平方米，企业自建厂房17万平方米）、主次干道6千米、商业配套及宿舍楼3万平方米。引进企业28家，总投资额达36亿元以上，年产值可达56亿元，年税收2.6亿元以上，可提供7000个就业岗位。重点发展信息电子、服装家居、食品、轻工机械和提取类制药等产业。思明园规划控制面积7188亩，首期建设2300亩，总投资20亿元以上。目前已建成厂房总建筑面积20万平方米（其中标准厂房8万平方米，企业自建厂房12万平方米）、主次干道3千米。已引进企业15家，总投资额达15亿元以上，年产值可达35亿元，年税收2亿元以上，可提供4000个就业岗位。重点培育信息技术、电子设备、商贸物流等产业。

除了建设泉州（湖头）光电产业园（泉州半导体高新区安溪分园区）、"数字福建"（安溪）产业园、弘桥智谷电商园、厦门泉州经济合作区湖里园和思明园等"五园"之外，安溪还立足新兴产业的长远发展，谋划建成安溪2025产业园（高端装备制造产业园）、中国南方食品园（食品产业园）、安溪卫浴新城（参内）、藤云工艺园（尚卿）四大专业园区，打造建材、茶叶、服装鞋帽、轻纺、光电、信息技术、电子商务、生物科技、高端装备制造等多个新兴产业集群。安溪经济开发区（分布在城区、龙桥区域，由德苑北、德苑南、吾都、同美、圆潭半岛、砖文南、龙桥等七个地块组成，规划面积9.59平方千米）和九大专业园区（"一区九园"）是未来安溪实体经济发展的"发动机"，将源源不断为安溪经济注入强劲动力。

目前,安溪践行新发展理念,加大放权力度,提升行政效能,优化生态环境,完善人才机制,降低综合成本,实现产业融合、产城融合,龙门官桥、湖头等功能性小城市风华初显。

第二节 对接产业

园区与入驻企业共生共荣的关系，决定了产业园区必须能够有效地创造聚集力，通过共享资源、克服外部负效应，带动关联产业的发展，从而有效地推动产业集群的形成。

一、引龙头铸链条建集群

湖头光电园经历了从引进一个项目到形成一个产业的跨越过程，是安溪县利用湖头被列为福建省小城镇综合改革建设试点镇的契机，充分发挥这里的区位、人文和环境优势，抓龙头、铸链条、建集群，培育发展新兴产业的一个成功实践。

园区管委会制定完善园区各项工作制度，及时为入驻企业提供全程"妈妈式"服务，不断改善园区投资软环境。从县委书记朱团能、县长高向荣开始，到高向荣担任县委书记后，以及两任县长刘林霜、吴毓舟，每一届县委、县政府主要领导形成制度，坚持每月至少到园区召开一次现场办公会，召集县直相关部门现场解决企业在施工、生产过程中遇到的各种困难和问题，保证园区建设顺利推进。

天电光电是入驻湖头光电园的第一家企业，2013年8月注册成立，9月份马上启动生产，当年实现产值3亿元。生产效率如此之高是如何做到的呢？原来是企业所需生产车间和办公场所等配套设施，园区都精心考虑并准备好了，而且免除三年的租赁费，降低了企业初创时的成本。高向荣说，"保姆式"服务远远是不够的，因为企业是自家人，必须给予"妈妈式"服务，只有"妈妈对孩子的付出，才是全身心的"。

为推动产业集群的形成，光电园坚持全产业链招商，"非链上企业不入"，注重引进产业上中下游项目的关联配套。目前，园区上游项目有产业龙头晶安光电蓝宝石衬底，中游项目有以厦门信达、深圳天电为代表的 LED 封装项目,下游有以珈伟、来力普光电等为主的10多家光电终端企业。得益于产业链日趋完整,湖头光电园正逐步成为泉州市乃至全省光电科技行业的生力军。

2018年,晶安光电的产值突破10亿元。随着公司一系列研发创新成果的加快转化,市场订单不断,原有产能已不能满足市场需求,扩大生产规模迫在眉睫。为此,公司规划了第三期扩建项目,总投资30多亿元。但公司自有的土地储备不足,需要扩大用地面积。是异地投资,还是就地扩建?公司举棋不定。高向荣、刘林霜得知情况后,马上到园区调研,帮助企业解决了用地难题。如今,晶安光电三期已经顺利投产,月产晶棒200万毫米、平片衬底200万片。

湖头光电园非常重视人才的引进与培养,专门制定建立了人才引进的优惠措施和办法,聚集了众多高层次人才。福建省"百人双引计划",注重引进高层次创业创新人才,特别是台湾高层次人才。泉州的"百人计划"中,湖头就有700多名,其中在光电园工作的台湾人才50多人。仅晶安光电公司一家,就引进了包括5名博士后在内的28名台湾光电行业专家。

谢斌晖是台湾清华大学博士,曾经在台湾知名企业任职,后在湖南蓝思科技任职,2014年被重视人才的晶安光电引进,担任公司副总,全程参与安溪光电产业从小到大的发展之路。谢斌晖还带来了台湾的团队,参与公司的发展。2013年晶安光电月产量大约10万片,如今达到100万片。技术革新上,晶安光电原是二寸片蓝宝石衬底,2016年做成四寸片,2021年将做成六寸片,并实现月产量7万片、月产值2000万元。"来安不觉身是客,直把茶乡当故乡。"谢斌晖说,"喝一样的铁观音茶,讲一样的闽南语,拜同一尊清水祖师,甚至湖头小吃也有记忆中的阿嬷好味道。"

人才的引进,加速了安溪光电产业的发展。仅晶安光电一家生产蓝宝石衬底公司,2013年就实现产值3亿元,2020年实现产值31.5亿元,排名业界第一。晶安光电公司也因此成为全球排名第一的蓝宝石衬底制造商。

为保证用工需求,县政府成立以县人社局和教育局为主要牵头单位的企业用工保障工作小组,依托县华侨职校及陈利职校两所职业中专学校,开设光电班，建立学校与园区企业实习培训机制和人才输送机制，保障企业用工不断档。

得益于完整的产业链，在福建泉州（湖头）光电产业园里，光电产品均能实现"一条龙"完成，成本大幅降低，生产效益不断提高。如今，该园区共吸引 16 家企业入驻，2012—2018 年累计产值 275.6 亿元，累计纳税 8.56 亿元，已成为福建省发展最快、产业链最完整的光电产业园。

二、"无中生有"崛起数字城

"十四五"期间，数字经济、智能经济、生物经济、海洋经济、绿色经济等五大新经济形态将成为引领产业发展的核心力量。到 2025 年，中国五大新经济占 GDP 的比重有望超过 70%，对经济增长的贡献率有望超过 80%。

随着全球新工业革命的持续推动，传统产业改造升级，大力发展新一代信息技术和智能科技产业，成为各地抢占发展制高点和实现经济转型的主要方向。"数字福建"（安溪）产业园，一个投资数十亿元的大项目，前身为中国国际信息技术（福建）产业园，为何能落户毫无产业基础的安溪呢？

据见证产业园从无到有全过程并不断发展壮大的县委常委许锦青介绍，关键的一点是安溪县对加快发展的渴望，对未来趋势的洞察，特别是高度协调、行动迅速的政府执行力。从昔日石材业"一枝独秀"到高新产业谋篇布局，南翼新城因时因势而为、应时而动，转型之路行稳致远。

2009 年，商务部中国国际电子商务中心准备在全国建设几个灾备数据中心，其中华东地区拟选址上海的消息经小范围披露后，各省闻风而动，施展各种招商招数，意在争取项目落户。莆田、泉州、漳州等地级市也派出团队积极争取。时任福建省商务厅厅长杨彪主张将项目落户莆田仙游，莆田、仙游两级政府非常重视，迅速推进地质、水文等前期工作。商务部则建议在福建多选几个点，以供比较。

安溪县委、县政府获知信息后，觉得项目前景很好，符合南翼新城的发展定位，于是成立以县委书记李建辉为组长的工作小组，全力争取项目落户安溪。泉州市副市长陈荣洲分管经济，他安排安溪、南安两地供备选。信息产业园管委会主任许奇树介绍，有一回，杨彪带商务部考察组去漳州考察，人还没有回到福州，李建辉闻讯后，马上带领安溪一帮人上福州，在宾馆等候，当面向考察组汇报。

2009年11月至2010年4月，福建省外经贸厅厅长杨彪、副厅长孙希有及专家组，多次到安溪调研。其间，泉州市市长李建国也带队到北京向商务部汇报，争取项目落户安溪。经过多次现场踏勘考察及综合比选，中国国际电子商务中心作出决定，将华东地区综合型电子数据服务外包产业园区的"EC项目"选址在安溪。2010年4月，商务部与泉州在北京钓鱼台正式签订协议，全国政协副主席罗豪才出席签约仪式。

2010年6月18日，中国国际电子商务中心与福建省商务厅、泉州市政府的代表，在福州举行的"第八届中国·海峡项目成果对接会"上，共同签署了《关于共建EC国际信息技术服务外包产业园战略合作协议》。此举标志着EC国际信息技术服务外包产业园项目正式落户泉州市安溪县。11月14日，中国国际信息技术（福建）产业园在安溪南翼新城龙门镇隆重举行开工仪式，标志着总规划用地5000亩的项目全面进入施工建设。

信息技术（福建）产业园是福建省"十二五"期间重点项目，落户安溪后，获工商银行授信200亿元，中国国际电子商务中心派出10名曾留学海外的高管驻在安溪。后来，因中央出台政策，国家部委不能对外投资，产业园投资结构发生改变，安溪占股85%，商务部电子信息中心占股15%，成立国富瑞（福建）信息技术产业园有限公司，投资10亿元。

2012年6月27日，IBM合作共建中国国际信息技术（福建）产业园签约仪式在泉州迎宾馆隆重举行。签约仪式上，世界500强企业IBM、中国国际信息技术（福建）产业园管委会与安溪县，三方签署了中国国际信息技术（福建）产业园战略合作协议；中国国际信息技术（福建）产业园管委会与IBM签署了共建中国国际信息技术（福建）产业园数据中心合同。

2012年9月至2014年4月期间，香港招商局集团、惠普聚贤国际数字媒体、腾讯海西云计算数据中心、华侨资产交易平台、"新华大数据+"数据加工中心、中国茶叶指数、闽台经济智库等，先后与安溪县签署联合开发中国国际信息技术（福建）产业园合作意向。

2017年，中国国际信息技术（福建）产业园改名"数字福建"（安溪）信息技术产业园，规划建设2万个数字机柜，现已建成4000个机柜，已使用3000个机柜。厦门航空70个机柜、台企美信（厦门分行）的消费金融机柜等都设在安溪产业园。

安溪产业园目前建成拥有国际最高T4等级的高可用数据中心，已形成以云计算、数字媒体、服务外包、电子商务、文化创意等为主体的产业体系，成为"泉州制造2025"的技术支撑、海西最大的工业制造云服务中心。作为华东地区唯一能够提供永久性稳定可靠数据灾难备份平台、最具竞争力的服务外包基地，"数字福建"（安溪）信息技术产业园带动安溪高新技术产业和服务外包等战略性新兴产业发展，加快了安溪产业升级和发展方式转变。

三、探索中国智造"安溪样板"

改革开放以来，快速发展的中国以其庞大的工业制造体系，创造了世界上认知度最高的一个标签，那就是"中国制造"（Made in China、Made in PRC）。这个标签可以在全世界众多商品上找到。"中国制造"是一个全方位的商品，它不仅包括物质成分，也包括文化成分。"中国制造"在进行物质产品出口的同时，也将中华人文文化和国内的商业文明带出国门。

"中国制造"的商品在世界各地都有分布，为世界作出了巨大的贡献。据美国方面的测算，"中国制造"近几年里为美国的消费者减少了7000亿美元的支出。在消费大量廉价的中国产品和中国资源的同时，这些国家的企业也产生了抱怨，因为"中国制造"在一定程度上冲击了他们本国的制造。

在这种情况下，为了保证经济可持续发展，我国在政策上支持产业核心技术的研发，加快科研成果的转化，越来越多的"中国制造"正在向"中国智造"转变，进一步推动中国制造升级换代，提升中国的产业结构，最终改变高消耗、高污染、廉价出口的局面。如今，中国商品不仅在市场占有率上不断开疆扩土，整体形象也有了根本的改变。"高科技、高品质、有保障"已替代了"低端、廉价、劣质"，成为越来越多外国人对"中国制造"的新印象。

"十三五"期间，安溪紧跟国家战略，开始规划建设用地面积超过5平方千米的高端装备制造产业园（"安溪2025产业园"），重点发展高端装备制造、智能制造、智能硬件、新能源汽车配套、新材料等新兴产业。园区配置产业大厦、产业研发中心、产业测试中心、高端生产体验中心等，目标是建设融生产、研发、生活、生态于一体，具有上下游产业关联特色的现代化产业园区，致力构建福建省规模最大的数字化产业示范项目集群。

至2020年底，入驻园区企业已达到21家，已有尚品千亿、臻景新材料、弘启实业、润田无人机等6家高新技术企业投产。预计至"十四五"末，整个园区产值可达100亿元以上。

大成智能科技有限公司成立于2016年，是一家集科研、开发、生产、销售、服务为一体的综合型企业，主要生产笔记本电脑、平板电脑、家用电视、商显等产品，产品远销韩国、新加坡、俄罗斯等国家。2020年疫情期间，得益于县、镇两级"妈妈式"服务，企业生产开足马力，第一季度实现产值9959万元，同比增长55.41%。目前拥有4条模组生产线、2条整机生产线、2条笔记本生产线、1条商显生产线及5条额温枪生产线，2020年产值超过10亿元。

安溪高端装备制造产业园得到了政策、金融、人才三大有力支撑，成为投资的"洼地"：县政府出台《安溪2025产业园优惠奖励办法暂行规定》，从入驻奖励、市政配套、税收奖励、高管奖励、子女入学、"一事一议"等六个方面实施奖励措施，全力支持产业园建设。

同时，成立安溪2025产业发展基金，设立20亿元融资增信（担保）基金和2.5亿元产业投资基金，解决园区企业资金需求，扶持高新技术产业和高端制造业项目。通过产业资本与金融资本结合，促进优质产业资本、项目、技术和人才向园区聚集。园区布局有教育实训中心，招生规模可达6000人，年实训学生可达1万人以上。园区还与全国200多家高校合作，创建海峡两岸百校大学生创新创业联盟，对入驻企业实行定向培训，满足园区企业人才需求。

进入"十四五"时期，安溪高端装备制造产业园作为创新创业创造的高端平台，迎来新的重大战略机遇，将努力打造成为安溪新一轮赶超跨越的重要增长极，并探索建成中国智造的"安溪样板"。

第三节　招商选资

一、新兴产业"无中生有"

作为一个新兴产业基础几乎为零的山区县，安溪缘何能够"无中生有"，平地青云，吸引众多新兴产业落户？时任县委书记李建辉说，这正应了一个朴素"真理"，那就是安溪人的精神内核——敢闯敢试敢干，知其不可为而为之。

为吸引优质企业落户新兴产业园区，安溪县相继出台了《"项目攻坚年""大招商招大商"活动方案》《招商引资奖励实施暂行规定》等多项重量级政策措施，优化民营经济发展环境，建立形成一系列扁平化、紧凑型的运行机制，破除制约民营企业发展的各种壁垒。

"我们高度重视企业家和项目业主的感受，及时调整工作推进不力的公职人员。"县委书记高向荣说，按照"自己人"定位，当好引路人、推车手、服务员，做到"不叫不到、随叫随到、服务周到、说到做到"，"但同时，推进项目也要允许摸着石头过河，建立完善容错免责机制"。

为做好招商文章，安溪不断创新招商模式：鼓励开展异地落户招商，制定每年5∶5分成的政策，让有招商资源的乡镇和有项目落地条件的乡镇优势互补，互利共赢；建立奖惩机制，开展招商竞赛，竞赛区年度招商成绩居前三名且考评总分达80分以上的乡镇（园区），分别获50万元、30万元和20万元奖励；招商过程中表现突出的干部，经组织考核后，优先提拔重用。

高新技术产业的核心竞争力是人才。为了给新兴产业创造更优异的成长空间，安溪县制定出台人才政策，这些人才政策涵盖人才津补贴、住房保障、创业扶持、科研经费资助及户口迁入、家属就业、子女就学等方方面面，为人才引进、落地提供全方位保障。

产业园区可持续发展，资金投入是关键。安溪县在投入大量财政资金的同时，还整合、盘活县域国有资产，公司化运作向金融机构融资，通过成立

"南翼新城开发建设有限公司"（注册资金1亿元），搭建投融资平台盘活资源，用土地作为质押进行贷款融资。同时，吸引社会民间资本参与园区建设，走经营城市的道路，凡重大基础设施项目全部通过"大招商招大商"模式，引进大财团采用BT、BOT（建设—经营—转让）等方式进行代建。如南翼新城迎宾大道、环城西路等"三横五纵"路网及自来水厂的建设，采用BT方式；污水厂、污水管网采用BOT方式；龙泉国际新城、两岸特色食品交易市场、中国龙门国际动漫城、安溪大型休闲购物广场、晶都汽车博览城等项目采用PPP模式（政府与社会资本依法进行的项目合作）；等等。

县长吴毓舟介绍，我们用好用足国家有关政策，积极争取上级资金补助，将公路建设补助、林业补助、崩岗治理等政策性的扶持资金进行拼盘，"花在刀刃上，避免撒胡椒粉"。

2020年，面对新冠肺炎疫情给经济社会发展带来的不利因素，县长吴毓舟提出要积极探索不见面的"云招商""线上招商""云端互动"等形式，确保招商不断链、项目不断档。通过云端洽谈、线上签约和现场签约等方式，全年签约项目130个，总投资336.8亿元，其中超亿元项目就有103个。

2021年3月25日，安溪县举办第一季度招商项目集中签约活动，当天共签约48个项目，总投资256亿元，涵盖数字经济智能制造、新材料、新能源等前沿产业领域及茶业、家居工艺、光电、信息技术等延链补链项目，投资体量大、科技含量高、带动能力强、综合效益好。同时，当天还有17个重点项目同步开竣工，总投资31亿元。这65个项目的签约落地、建成投产，是安溪县开启"十四五"、比拼"开门红"的成果展示，将为安溪加快创新发展、绿色发展、高质量发展培育新动能，汇聚新优势。

二、首创首席审批官制度

2017年11月，安溪县在全省率先试点首席审批官委派制度，县行政服务中心在发改、民政、卫计、市场监管4个服务窗口进行试点。

安溪试点推行的首席审批官委派制度，是指在县行政服务中心设立行政审批服务窗口的部门，确定行政许可首席审批官并授予相应权限，代表所属部门"一把手"直接在服务窗口履行本部门授权范围内审批事项的审批职责。

首席审批官制度推行后，项目审批平均提速 50%。以前，窗口收件、审核之后，相关材料还要送到局负责人那里签字盖章，有时局领导下乡、开会，还得耽搁半天。现在，"走流程所费时间"省了下来，首席审批官就是"局长"。企业注册，提交材料、审验材料、录入信息、打印证照，不到 20 分钟就可以拿到"三证一照"。

通过项目整合，80% 以上的事项由以前"一审一核"转变为"一人办结"，改承诺为即办。

在国家大力推行"放管服"改革的背景下，安溪瞄准创设全省县（市区）域"程序最简、成本最低、效率最高"的营商环境，先后出台《减轻企业负担十条》《推动企业用工服务意见》等政策措施，帮助降低用地用电成本、减轻税负、解决用工需求等。在首席审批官制度设立后，安溪对审批事项和流程进行 6 轮"瘦身"，审批服务事项集结办理，1945 个事项实现"一趟不用跑""最多跑一趟"，取消没有法律依据的申报材料 289 项，下放审批权 108 项，推行政务服务代办制和行政审批"容缺预审"机制，便民服务 24 小时不打烊。

简化流程、优化环境，以"数据多跑路"换"群众少跑腿"，全面提升行政审批效率，采用"互联网＋政务服务"的创新做法，使安溪实现线上线下政务服务的融合，为促进高质量发展打下坚实基础。在良好的营商环境下，安溪的行政成本极低，120 多万人的大县，仅有 600 多名警察，社会和谐，人民安居乐业。

三、以商引商、精准招商

2011 年，光电产业在安溪还是一片空白。在治理低端污染产业、淘汰落后产能的过程中，安溪果断实行产业转型，建起湖头光电产业园。为吸引企业入驻，安溪不搞"筑巢引凤"式的坐等招商，而是采取"以商引商""以商招商"的方式，充分发挥龙头企业吸引、行业协会平台协作和企业主体招商等作用。

李建辉到任安溪后，不论大会小会，都跟安溪各级干部说，经济发展，产业招商，"不要满山追簸箕甲（闽南话，指眼镜蛇），却让家里的乌鳗溜走了"。意思是，不要茫无目标，舍近求远，到头来却丢掉自家的好东西。李建辉到湖头镇调研时，湖头镇党政班子提出要建中药材批发市场。李建辉却建议当时挂钩湖头的县领导廖皆明，带队去考察一下安溪乡贤林秀成在安徽的项目。参观完林秀成位于安徽芜湖的三安基地，廖皆明当场给李建辉打电话："太震撼了！"

三安集团成立于1992年，是一家涵盖光电高科技、光伏新能源、半导体集成电路等多元化复合型的企业集团。旗下三安光电是上市公司，也是国务院重点扶持的Ⅲ-Ⅴ族化合物半导体集成电路龙头企业和军民融合企业，被国家发改委批准为"国家高新技术产业化示范工程"企业，科技部认定为"半导体照明工程龙头企业"。公司主要从事全色系超高亮度LED外延片、芯片、化合物太阳能电池及Ⅲ-Ⅴ族化合物半导体等的研发、生产与销售，产业化基地分布在厦门、天津、芜湖、泉州等多个地区。目前，年产外延片2000万片、芯片3000亿粒，占国内总产能的58%以上，位居全国第一、全球前三，已成长为全球LED产业的领军企业。

县政府与林秀成达成初步意见后，马上聘请上海交大教授对湖头建设光电园区的可行性进行全面论证和策划。专家认为，没有产业，经济不发展，何来小城镇？安溪要抓住湖头被列为省级小城镇综合改革建设试点镇的有利时机，充分发挥湖头的区位优势、人文优势、环境优势，大力发展新兴产业；建设一个以三安光电为龙头的光电产业园区不仅可行，还有着广阔的发展前景。安徽之行考察所见和专家的论证意见，更坚定了李建辉等安溪当政者的信心。

湖头光电园策划方案出炉后，在泉州市政府，特别是市长李建国的大力支持和亲自带领下，市县两级及时到福州向省政府做了专题汇报。省政府主要领导当即指示，由省科技厅组织专家对园区策划方案进行论证。通过论证，与会专家一致认为，三安光电项目是成长性高、发展速度快、渗透性强、应用范围广、对社会经济影响大的战略性新兴产业，具有技术先进性、可行性和产业带动作用，能够产生较好的经济和社会效益，能够有效地促进园区的形成和发展。

根据专家意见，泉州市、安溪县对湖头光电产业园的策划方案又进行了修改完善，定位为光电专业高新技术园区，目标是建设全省最具影响力、最富有产业特色、产业关联度大、市场辐射大的产业示范园，成为泉州乃至全省光电产业发展的龙头。

其间，泉州市政府多次带领安溪县领导前往三安集团对接。时任泉州市委、市政府主要领导先后到安徽芜湖考察，了解三安集团在安徽的投资情况及安徽给予的投资优惠政策。经过多轮谈判磋商，并参照安徽给予的政策，市委常委会、市政府常务会多次研究后，最终确定由三安集团在安溪县投资蓝宝石衬底项目并签订投资协议（《三安光电安溪县蓝宝石衬底项目投资合作合同》，即一期合同）。该协议于2011年9月在福建省第一届民营企业产业项目洽谈会上签约。

2011年9月，经泉州市委常委会第139次会议研究同意，正式启动光电产业园建设。同年10月18日，福建三安光电蓝宝石衬底项目在湖头举行开工典礼，标志着总投资150亿元、年产值500亿元以上的福建泉州（湖头）光电产业园首期启动区工程正式启动。首期启动区主要包括光电应用产业化、蓝宝石衬底、金属有机化学气相沉积系统（MOCVD）项目三大板块。

根据权威报告分析，光电产业是当前及今后一个时期最具潜力和活力的朝阳产业、新兴产业，正步入"通用照明市场井喷、创新应用方兴未艾"的黄金发展期。三安集团蓝宝石衬底芯片项目落地和投产后，为加快吸引国内外中下游光电企业落户，湖头光电产业园创新招商模式，采取集团式招商的办法，由政府负责提供土地，完善配套服务，企业负责具体招商，即"以商招商"。根据这一思路，安溪县和湖头镇将具体的招商工作交给了三安光电。在三安光电股份有限公司的策划和组织下，从2012年起，厦门信达等一批国内光电企业相继到湖头考察、落户。

天光光电原是一家在深圳研发生产的企业，该公司的EMC（电磁兼容）技术在世界排名第二，仅次于日本企业。2012年，经三安光电牵线，时任县长高向荣两次率队到深圳拜访该企业，向企业高层介绍安溪的投资环境和投资政策。不久，天光光电落户湖头，成立福建天电光电有限公司，最先一件事是租用厂房。2015年，泉州市委书记郑新聪到天电光电参观，当他了解到企业只是租赁一栋8000平方米厂房，一个月的营收就有6000万元时，高兴地说："泉州要多引进这样亩产量高的高科技企业。"

2016年，天电光电开始在湖头光电产业园自建150亩园区，不到一年时间就完成了25000平方米洁净厂房建设，并于2017年把深圳的总部和厦门的研发中心、制造中心全部都搬到了湖头，深圳只留下销售中心。"以前在深圳，我们常讲'深圳速度'，但在安溪建设天电厂房期间，我们见识了什么是'安溪速度'。在我个人理解中，'安溪速度'比'深圳速度'还快。"公司副总经理邱政康坦言，湖头镇光电产业园的招商条件很吸引人，政府也很重视，有些项目还有补助，且周边配套也较为完善。

由于熟知行业发展和企业运行，三安光电的招商工作很快取得突破。园区引进的晶安三期、天电光电、植物工厂三个项目，都是三安集团光电产业化布局和产业链延伸项目。经过5年发展，安溪县湖头镇以光电产业园区为载体，聚集了20余家上下游配套企业，2020年产值近百亿元。

2017年4月，福建省委、省政府到泉州拉练检查，湖头光电园的中科生物和天电光电是检查参观点。这次拉练检查，省委、省政府对泉州发展半导体的举措十分赞赏，同意泉州设立"泉州半导体高新技术产业园区"，安溪湖头光电园作为分园。

县委书记高向荣说，以商引商、以商招商，就是将以前由政府大包大揽的招商，交给企业和企业社团，政府专心做公共配套和公共服务。由于企业深谙市场之道，这种市场化的手段，减少了不必要的行政干预，极大地调动了企业的积极性，从而带动了产业的加速发展。

四、"1+N"政策引才聚智

通过自主热场设计，4寸钽酸锂晶体长度达70毫米以上，对比国内同业多出16%产能；拥有硬脆材料精密加工技术，4寸钽酸锂衬底总厚度偏差小于2微米，平坦度质量符合世界一流水准，打破日本垄断滤波器衬底市场局面……晶安光电有限公司项目部总工程师杨胜裕及其团队到安溪后取得了许多新成果。

来安溪前，杨胜裕在上海一家高科技公司就职，曾成功改善钽酸锂晶体材料成品率，创造了每七台iPhone6里就有一台使用该公司钽酸锂衬底所制造的表面声波滤波器的业绩。他带领的研发团队也突破一系列技术难题，为该公司创造出每年逾50%的营收增长率。

2016年，杨胜裕放弃上海的工作来到安溪湖头，加入晶安光电。来到安溪后，杨胜裕聚集多名材料、机械工程与晶体生产等专业的人才，组建了自己的核心团队。该团队具备多年钽酸锂晶体生长、超精密晶片加工的实战能力。4年来，杨胜裕带领团队攻克了一个个技术难题，为安溪新兴产业发展添砖加瓦。

引进杨胜裕，不仅在表面声波器件用压电晶体衬底的科研质量上有所提升，同时也意味着引进一个钽酸锂衬底团队，这对吸引更多人才加入安溪通信新材料产业研发、推动安溪光电产业发展具有示范作用。

任职天电光电总经理的李昇哲，组建公司核心研发团队92人，带领他们新开发并量产高密度多晶集成COB（板上芯片封装）产品，该产品研发、制造能力居于国内第一梯队，使公司实现跨越式成长。公司还与飞利浦、科锐、三星等世界知名企业建立合作关系，销售额由2014年的5000多万元增长至

2019 年的 13 亿元，实现利税 2000 多万元，研发投入达 4400 多万元。

近年来，安溪县秉承"抓人才就是抓发展、抓创新、抓未来"的理念，大力推行"1+N"人才政策体系（1 指人才政策总纲，N 指多个配套人才政策），通过落实好各项人才激励政策、保障措施，创优环境，引才聚智，为安溪高质量发展蓄能聚力。统计数据显示，2017 年以来，安溪县各类人才创造经济效益约 547 亿元。

开设人才服务专窗，开发"智汇安溪"App，整合全县人才工作的服务功能和服务资源，达到"一口对外，一站办结"的目标，使高层次人才办事"一趟不用跑"，或"只需跑一趟"，以贴心、用心的服务帮助人才解决后顾之忧；高层次人才，每年可报销不超过 2000 元的往返交通费用，每年可按照不超过 1000 元的标准安排本人或一名直系亲属免费体检一次，子女可选择在全县范围内的公办幼儿园、义务教育阶段学校就读……

为招揽人才，安溪还提出"5 个 H"的引才策略，用最大的诚意、最优的政策、最好的环境，吸引更多高层次人才来安溪发展。"5 个 H"即：Harvest（收获），保障待遇的同时，让人才有施展才能的空间和平台，梦想可实现；House（房子），让人才住得舒心、睡得安心；Home（家庭），解决人才子女入学、配偶就业等问题，让人才有归属感；Health（健康），保障人才身心健康；Honor（荣誉），在政治待遇、评先评优等方面纳入统筹，让人才有面子、有荣光。

2017 年以来，随着人才环境不断优化，安溪共引进省级高层次人才 49 人、市级高层次人才 48 人，引进省级人才团队 7 个、市级人才团队 4 个，带动了光电、光生物等新兴产业迅猛发展。

五、"飞地经济"的安溪实践

飞地的概念产生于中世纪，该术语第一次出现于 1526 年签订的《马德里条约》的文件上。飞地作为一种特殊的人文地理现象，即土地隶属于某一行政区管辖但不与本区毗连。通俗地讲，如果某一行政主体拥有一块飞地，那么它无法取道自己的行政区域到达该地，只能"飞"过其他行政主体的属地，才能到达自己的飞地。

而在经济领域，飞地经济则指发达地区与后发展地区双方政府打破行政区划限制，把"飞出地"的资金和项目放到行政上互不隶属的"飞入地"的工业基地，通过规划、建设、管理和税收分配等合作机制，从而实现互利共赢的持续或跨越发展的经济模式。

安溪毗邻厦门特区，与厦门市同安区接壤。为承接厦门产业和企业转移，安溪县主动关停矿山开采点（企业）后，又将昔日的矿山、崩岗进行植被修复，投入10多亿元财政资金收储土地，并找农行贷款7亿元，用于征地拆迁，建成"飞地经济"区。

2013年11月13日，厦门市思明区游文昌、黄乔生、许跃生、陈炳良等领导带队到安溪参观考察，洽谈"飞地经济"合作事项。

2014年8月12日，安溪厦门经济合作区思明工业园规划建设联席会召开。同年12月思明园开工，次年1月一期通用厂房封顶。4月，首批入驻企业举行签约仪式。11月，省政府正式批复厦门泉州共建经济合作区，规划控制面积13平方千米，打造厦门产业转移承接的载体，建设符合国家产业政策和安溪南翼新城发展特色的龙头企业海西基地。

如今，走进官桥镇湖里园、思明园，只见一座座标准化厂房拔地而起，一条条规整的园区道路纵横交错，发展的火热气息扑面而来，让人眼前一亮。

对湖里园、思明园这种新型"飞地经济"模式，县委书记高向荣说："厦门企业和资本'遇见'安溪的土地和劳力，可谓天作之合。两地虽然地理条件和城市层级不同，但是彼此要素禀赋却可以取长补短，实现了1+1＞2的效用最大化。"

园区采取财税"五五分成"的合作模式，厦门方面留住了税源，安溪拓展了税源，企业破解了用地、用工成本高等问题，实现了企业和厦门、安溪三方共赢。2017年，八部委出台的《关于支持飞地经济发展的指导意见》，明确支持不同地区发挥比较优势，优化资源配置，促进要素自由有序流动。

时光回溯到1986年。当年5月2—4日，时任厦门市委常委、副市长习近平曾带领厦门市政府18个部门21位同志从厦门出发，翻山越岭到安溪，开展对口扶贫。在4日召开的座谈会上，习近平对今后两地合作谈了四点认识，核心是双方之间要增进了解，开展协作，以厦门当时的财力而言，支援还是杯水车薪，起不到造血作用，因此今后要通过外建基地来帮助安溪。安溪与厦门共建湖里园、思明园，发展"飞地经济"的实践，不仅深刻落实习总书记当年的讲话精神，而且成为福建省区域经济合作的一个成功典范。

第四节　产业聚集

一、"引力场"效应

2020年9月28日，全球商业遥感卫星福建站正式签约落户安溪。

福建站位于"数字福建"（安溪）产业园内，计划总投资5亿元，建设场站科研楼、4部卫星固定接收设备、1部卫星移动接收设备、卫星运控中心、空天数据中心、空天科技馆以及辅助设施设备。全部建成后，具备年接收40～80颗遥感卫星和处理、分发PB（拍字节）级高分辨率空天数据的能力，接收数据覆盖半径1000千米的范围，将成为面向海峡两岸以及西太平洋地区进行商业遥感卫星数据获取、处理和应用分发的海西唯一商业遥感卫星站。福建站同时配套建设福建省空天大数据库，用于数字资产落地，可为城市管理、应急救援等提供公益服务。

2020年12月20日，全球商业遥感卫星福建站在"数字福建"（安溪）产业园正式揭牌，当天还有13家空天大数据产业上下游企业签约入驻该产业园。引进福建站并亲自挂帅的安溪县县长吴毓舟对记者说，全球商业遥感卫星福建站落户安溪，但安溪瞄准的却不仅仅是卫星站一个项目，而是整个数字经济产业链条的布局以及未来发展，希望借此进一步优化完善"数字福建"（安溪）产业园的产业形态，推动安溪在空天大数据领域集聚发展、做大做强，构建产业集群，延伸产业链。

随着大数据时代的到来，空间大数据与云计算、物联网的结合，将会使很多以前难以实现的事情变为可能，这将会是未来新的经济增长点。正是看中这一点，安溪以福建站数据源头为"引力场"，以聚集空天地一体化产业链为目标，配套建设国际空天大数据产业园。

国际空天大数据产业园计划占地300亩，总投资20亿元。项目建成后，将引入遥感数据处理和应用机构及企业20～30家、产业链相关企业10～20家，建设空天大数据交易中心、院士工作站、国家重点实验室、国际联合研发中心、产业企业总部基地、空天科技人才培训中心、数据加工基地、产业孵化基地、空天科技旅游基地及青少年科普教育基地等。

作为福建省首个空天大数据全产业链条园区,国际空天大数据产业园将极大提升安溪数字经济影响力,助力安溪参与重大科技工程建设。目前,福建站的卫星运控中心、空天数据中心、空天科技馆等设施已经建成,国际空天大数据产业园 1 万平方米先期启动区已完成装修,中科星云、南方电网、武汉怡图、中星乾景、洪联科技等首批 10 多家企业即将入驻。

"这批遥感和数字地球领域的企事业单位和学术机构共同入驻,将使安溪成为海峡两岸空间大数据的核心节点,助推当地产业转型升级,并积极为'数字福建'的后续建设与发展提供实时的空天大数据支撑,打造服务于海峡两岸和'一带一路'的空天大数据产业链条。"在福建站揭牌仪式上,中国科学院院士刘嘉麒如是评价。

依托空天大数据,安溪还将延伸打造产业链,助力智慧城市建设。此次入驻国际空天大数据产业园的 10 多家企业中,就有多家瞄准智慧城市:武汉怡图信息技术有限公司建设智慧城市项目,着力打造北斗应用智慧城市研发中心;西安中科星云空间信息研究院投资打造拥有自主知识产权的"星云-3D"时空信息云平台和时空大数据研究中心,以平台为支撑引入物联网、大数据、云计算、北斗定位等先进技术,汇聚成智慧城市的时空大数据……未来,企业通过平台提供的时空信息服务、大数据挖掘和地理智能分析应用等,能够为福建省的智慧城市建设、管理与运行提供重要的数据与服务支撑。

党的十九届五中全会通过的《中共中央关于制定国民经济和社会发展第十四个五年规划和二〇三五年远景目标的建议》强调指出,发展数字经济,推进数字产业化和产业数字化,推动数字经济和实体经济深度融合,打造具有国际竞争力的数字产业集群。福建省委、省政府提出要深入推进"数字福建"建设,大力发展数字经济,加快建设国家数字经济创新发展实验区,打造"数字应用第一省",打造数字中国样板区和数字经济发展高地。源于数年前的超前谋划与布局,安溪已经抓住数字经济发展机遇,建成"数字福建"

（安溪）产业园。未来，随着产业园配套进一步完善，数字产业集群将进一步形成，数字产业链将进一步延伸。"我们的目标是发挥'数字福建'（安溪）产业园'引力场'效应，加快数字技术应用，推进数字经济与实体经济深度融合，做大做强安溪数字经济，打造数字应用示范样板。"吴毓舟说。

二、"方向性"原则

迈克尔·波特在《国家竞争优势》一书中首先提出了产业集群的概念。产业集群是指在一个区域内产业的高集中度。这种产业集中，有利于降低企业成本，提高产业和企业的市场竞争力。波特通过对10个工业化国家的考察发现，产业集群是工业化过程中的普遍现象，在所有发达的经济体中，都可以明显看到各种产业集群。

工业集中发展既是落实国家宏观调控政策，也是中国特色新型工业化自身发展的需要。工业集中发展不仅可以结合增长方式的转变，把服务、土地、劳动力等优势聚集在一起，形成规模效益，产生集聚效应和辐射效应，成为加速工业化和城镇化进程的有效途径，而且可以成为经济发展的带动平台、体制和科技创新的试验平台。

对县域经济发展而言，无论传统产业还是新兴产业，产业聚集同样重要。"十三五"时期以来，安溪县坚持不懈，久久为功，以建设现代产业园区为依托，通过引龙头、铸链条、建集群，推动形成产业聚集，做强实体经济，目前已构建起"5+5"现代产业体系，即茶业、家居工艺、建材冶炼、电源电器、纺织服装五大传统产业，以及光电、高端装备制造、新材料新技术、信息技术、生物医药科技五大新兴产业。

对产业园建设，安溪县秉承的理念是"产业园为未来而建"，即在坚持科学规划的同时，留足充分的空间以满足未来生态型工业集中发展需求，明确项目分布的功能区，为不同规模、不同类型的项目提供相对集中的适宜场所。对群山围拥的安溪而言，如何使有限的土地资源产生最大的效益？答案是，坚持走精品集中、深度集中之路，实现土地的高效利用。

为了实现土地资源的最大化，安溪在选资招商中，把目光牢牢锁住产业链的龙头企业，本着"同业集聚、资源共享"的原则，使集中入驻项目向集群化产业转变。以2025产业园为例，所入驻企业，均是准确把握科技革命和产业革命方向，未来能够引领制造业高质量发展，具有较强集成创新能力的科技小巨人、单项冠军及专精特新企业。

2017年3月，位于龙门镇的安溪2025产业园正式开园建设。经过3年多的发展，园区规模日益发展壮大，一批重点项目陆续入驻、投产。2020年，园区又有2个项目正式投产。

2017年10月，尚品千艺模型有限公司响应安溪县委、县政府"鲑鱼返乡"的投资号召，一边提前在龙桥工业园租用厂房开工生产，一边在2025产业园投资建厂，并于2020年5月正式搬入。该公司是一家以数控精密加工为主的模型公司，专门从事各种数码产品模型、3D打印、汽车模型的加工。项目占地83亩，全面建成投产后，预计年产值可达1亿元左右。

"搬厂之前，主要的生产设备有五六十台（套），搬到产业园后，翻了一番，目前一期厂房有1.3万平方米，配套宿舍有7000平方米，人员和首期的设备基本入驻完毕。我们是一个比较冷门的行业，不做量产，只做小批量的订单，但以我们目前的产能来说，做到上亿的产值完全没有问题。"尚品千艺模型有限公司总经理助理孙英源这样说道。

尚品千艺模型公司的另一侧是福建弘启实业有限公司，这是一家集产品研发、生产、销售、技术服务为一体的气动元件制造企业，项目占地面积60亩，已建成6栋厂房，基础配套正在抓紧施工中。

据公司总工程师沈维平介绍，该项目2018年开始进场，2020年3月开始投产，投产设备已经达到50多台，今后还将购买100多台，后期还要建40亩，2021年产值将达到1个亿左右。

截至目前，安溪2025产业园已有臻璟新材料、大成智能、润田无人机等21家具有较强集成创新能力的企业入驻，占地769亩。其中，大成（海尔）

智能科技、正丰数控、尚品千艺、弘启实业等企业已正式投产。

三、"服务性"导向

按照产业集群发展规律，进一步确立企业在发展产业集群中的主体地位，同时转变政府职能，强化公共服务，规范市场秩序，营造良好环境，是安溪县在建设几大现代产业园区，推动形成产业集聚中所致力探索的，并已走出的一条可资借鉴的路子。

弘桥智谷（泉州）电商产业园于2014年10月开园。兴办伊始，最大的问题就是如何快速汇集人气。为吸引企业入驻，在县政府的支持下，园区开出"办公仓储3年免租"的优惠条件。为便利创业，园区又提供35类产品分销，支持大学生零成本入门电商行业，参与园区分销合作。

政策之外，"妈妈式"贴心服务升级。"进一个窗口、交一份材料、一个工作日内办成一家企业"不再是异想天开。2020年5月，安溪再次向企业开办涉及环节"开刀"，将企业注册、公章刻制、税务登记、银行开户、企业社保登记、医保登记等六大内容全部纳入企业开办流程进行闭环管理，企业开办时限由原先承诺的4个工作日一下子压缩到了1个工作日内，成为全省首个企业开办全链条服务"一个工作日内"办结的县（市、区）。

在政府的示范引领下，各大园区纷纷发挥企业招商的主体作用，通过强化服务，在整合产业链上下功夫。为解决电商人才问题，弘桥智谷（泉州）电商园区专门成立网商学院，引入"基础—提高—团队—孵化—创业"五级电商人才专业培训体系。

网商学院院长雷荣介绍："我们根据学员的不同类型，开设不同的课程，分为前期的基础性课程和后期的专项课程，涉及创业、物流、运营、客户沟通等。课程结束后，园区直接给学员提供就业岗位，200多家的园区入驻企业，可以让他们在家门口找到工作。如果有学员更有热情的话，我们还会给他们提供创业的渠道，包括场地、设备、产品、导师以及全系列的服务。"

利用弘桥智谷这一成长平台，很多怀抱创业梦想的年轻人投入电商创业"蓝海"。在网商学院，创业者在导师们的指导下，通过网络光缆，连接网络经济。产业园设立青年电子商务创业基金，培养大学生网上创业团队。在免费装修、三年免租金等一系列优惠政策的扶持下，许多创业青年实现了创业零投资。

多效并举之下，弘桥智谷（泉州）电商产业园发展迅速。目前，不仅有恒安、特步、匡威、安踏等知名企业纷纷入驻，更吸引300多名创业者开设分销店铺1000多家。

藤云工艺园结合水土流失治理，把尚卿乡新楼村月山片区崩岗群及周边部分山地综合治理成工业用地，建设集材料供应、生产加工（铁艺、除锈、喷漆、木作等）、包装运输、仓储物流为一体的多功能、全产业链的现代园区。

尚卿作为安溪藤铁工艺产业的发源地，很长一个时期，"村村点火"，各家各户都开办小加工点，以作坊形式进行生产和销售，彼此之间又经常互相模仿，互相压价，恶性竞争。为推动藤铁加工产业形成集群，藤云工艺园强化行业正向竞争和合作，提升整体竞争能力。

在县乡政府的引导下，藤云工艺园致力于打造三个创新基地：一是设立产品创新实验区，在内部实现设计、生产、加工、销售集约化创新发展；二是依托藤云双创空间，设立大学生创业基地和青年设计联盟，对外培育藤铁工艺电商能手，不断注入创新创造新鲜血液；三是建设972源工坊（前身为尚卿竹编厂），使之成为人才孵化中心。

园区投建后，政府配套建设污水处理厂、喷漆集中区环保设施、消防水池及消火栓，大大减少环保及安全生产方面的隐患。同时，企业的集聚也便于安全生产、市场监督等产业规范化运作的监督管理，从而以产业的规范化推动正规化、规模化。

产业集聚有多种模式。区别于"数字福建"（安溪）产业园的"市场主导型"、弘桥智谷（泉州）电商产业园的"企业主导型"，藤云工艺园显然属于

"政府主导型"。这也是安溪藤铁工艺产业生存和发展的必然选择。这种产业集聚模式,促进了产业资源的优化配置,保证了产业的长效健康发展,对加快安溪藤铁工艺产业优化升级具有重要意义。

第十六章　民生幸福

第一节　办好人民满意的教育

连续跻身全国百强县后,安溪凭着坚实的财力,带动包括教育在内的各项社会事业快速发展——继2010年实现"双高普九"后,2014年安溪顺利通过国家验收认定,成为泉州市第八个"全国义务教育发展基本均衡县(市、区)",并启动"教育强县"创建工作。

2017年秋,县委、县政府出台《关于加快教育事业发展的实施意见》,全面实施"扩大普惠学前教育、促进义务教育优质均衡、提高普通高中办学质量、推动产教深度融合、加强教育人才队伍建设"五大工程,茶乡教育事业进入发展快车道。

一、聚焦"就近有学上",补齐办学条件短板

随着城镇化进程加快和经济快速发展,农村人口大量流入城镇,而城镇教育资源有限,义务教育适龄人口入学难成为不少地方的一大问题,有的城区孩子不能就近上学,要到十多千米远的学校就读。

"再难不能难学校,再苦不能苦孩子"。"十二五"以来,安溪发力"教育短板",紧跟大趋势,在城区扩容、农村改薄、学前教育、信息化建设等方面,均创出特色亮点。

在"大县城"新一轮拓展中,每个新区发展,安溪都会"留有余地",即留足民生发展空间,超前规划城区学校布局,同时一步到位进行高标准、大气魄配建,让城区义务教育孩子不仅"有学上",而且是"就近有学上"。县

教育局原局长王佳敏介绍，陈灿辉担任县长时，许多新区尚在规划论证中，如永隆新区、城东新区，他都要求新区里必须配套规划幼儿园、小学，乃至中学。县里聘请福建省教育设计院，对中心城区的教育资源进行前瞻规划，合理布局，留足土地。为推动校舍建设，县委、县政府实行每位县领导挂钩一所学校建设的包干制度，涉及学校建设的方方面面，事无巨细，只要找到这位县领导，他都会一抓到底，全面服务。这种做法作为县委、县政府一项制度固定下来，保留至今。

大学毕业后当过一阵子教师的高向荣，从担任县长开始，对教育始终一往情深。无论新区发展还是老城改造，他都要求城建部门，即使是黄金宝地也不算经济账，一律优先用于教育等民生事业。县教育局局长高志强介绍，在城市规划建设中，安溪优先保障教育用地需求，按规划标准预留足够的学校用地，落实城镇新建居住区配套标准化学校建设制度，实行教育用地联审联批制度，教育部门参与审核小区配套学校用地及建设方案。

金火中学占地只有25.5亩，没有运动场所。为适应不断扩大的办学规模，县委、县政府经过调研，对学校周边进行综合改造，拆除民房48幢，并投入近1亿元资金用于拆迁征地与百姓安置，此番工作下来，校园面积扩展到78亩，有了300米环形塑胶跑道的运动场。"若将这块土地拍卖，政府至少可收入2亿元，但政府将这块地无偿用于教育，反而再斥资1亿元，这一进一出，政府少了好几亿元。"金火中学周边的群众算了一笔账。

新区老城"两手硬"，形成了矢志不移的安溪教育定力，也加快了安溪"教育强县"的蓝图落地。针对城区学校大班额、大校额的拥挤现象，安溪积极实施中小学扩容工程，2017年以来，完成44个城区教育扩容项目，累计建成校舍30.45万平方米、增加学位3.2万个。19个在建扩容项目加速推进，建筑面积超过15万平方米，可新增学位近2万个，有效解决就近入学难问题。2020年，全县义务教育阶段的学生，城区承载的体量已超过50%。

在着眼于教育城镇化的同时，安溪还立足教育均衡发展，纵深推进乡村薄弱校改造。

距离县城 80 多千米的龙涓乡石塔教学点，崭新整洁的教室每天都会传出琅琅书声。原来的石塔小学是一座石结构的危房，十年前就停办了，村里的孩子上学十分不便。2019 年，县教育部门投入资金，新建教学楼，开设教学点，让村里的孩子在家门口就能上学。而龙涓中心小学的校园建设也是大手笔的，单该校的综合楼建设，县里就投入 500 万元。

龙涓乡教育的发展变化，投射出安溪县改善农村薄弱学校办学条件，促进城乡教育均衡发展的担当和作为。安溪是山区教育大县，地广人多，教育点多线长，体量较大，在推进城乡教育均衡发展中面临着城区挤、乡村弱的难题。面对这双重挑战，县委、县政府高度重视，落实教育优先发展原则，多点发力，精准施策，不断缩小城乡教育资源差距，促进教育公平。2015 年以来，全县有 270 多所中小学校统一实施"校安工程"，项目主要包括校舍修缮、食堂改造、塑胶运动场建设等，一大批老旧校舍完成改造、整修或新建，是安溪教育史上最大规模的一次改造或新建，项目全部竣工后，验收组光验收就花了一个多月。仅 2019 年，全县农村累计规划建设校舍 13.94 万平方米，开工校舍 15.92 万平方米、竣工 14.75 万平方米；规划采购设备 2.3 亿元，实际采购设备 2.77 亿元。这些建于 20 世纪五六十年代、七八十年代的老旧校舍经改造或新建后，面貌焕然一新，安全等级全面提升。由于安溪改造到位，成就显著，全省校舍安全工程现场会在安溪召开。

"十三五"期间，安溪教育仅薄弱校改造、城区扩容和校安工程三项工程，共争取省政府资金 10 亿元，是全省实施最多的县份，一方面说明省委、省政府对安溪教育的关心支持，另一方面说明安溪改变教育落后面貌的信心和决心。2010—2020 年十年间，安溪新建校舍超过 100 万平方米。

县委、县政府主要领导亲自指导教育工作，分管领导跟进督查，县财政优先保证教育项目经费投入。原安溪县教育局局长王佳敏做过统计，2014 年一年，县委书记朱团能共深入全县 15 所中小学调研；时任县长高向荣 21 次带领相关部门领导深入龙涓、祥华、蓝田、福田等 17 个边远乡镇 48 所中小学校现场办公，协调解决教育最迫切的问题。县教育局局长高志强说，位于县城二环路的金火中学扩建期间，高向荣下乡时，每每车子经过，必问金火中学的征迁进度，亲自盯着整个项目的建设进展，使得金火中学所在乡镇的党委书记和镇长脑袋绷得紧紧的。

在城区学校扩容中，每一所新建学校，县委书记高向荣都到现场办公过，协调解决实际困难。县长刘林霜主持县政府常务会议，审议研究安溪教育发展"十三五"规划，这也是以往没有过的。王佳敏介绍，有一次，临近下班的时候，他与分管教育的副县长丁建铭到高向荣书记办公室汇报学校添置设备的事。面对1亿多元的项目资金，高向荣很快就在呈阅件上批示："同意！请金树（县财政局局长李金树）及早安排。"加上标点，这个批示共11个字，可谓字字千万元。

有了县委、县政府的支持，安溪县中小学的总体实验设备全面达到二类校工程建设标准，达到一类标准的学校达50%以上。同时，全面加快学校运动场改造建设步伐，新建一中城东校区、沼涛中学、梧桐中学、东方中学、崇文中学、举溪中学、龙涓中学、金榜中学、十九中、新华都阳光中学、蓝田中学、十四中、官桥中学13所学校的足球场和塑胶跑道。为进一步改善学校办学条件，提升学生学习环境，县财政在2021年还预算1700万元专项经费，为全县中小学教室安装空调。

中小学信息化建设，安溪也走在前茅，投入资金3000万元，支持全县12所完中完成达标复检设备更新换代。与阿里巴巴钉钉公司合作开展智慧校园建设项目，打造智慧教育管理平台，推进全县教育教学信息化、一体化、高效化。2017年以来，累计投入1.28亿元，实施信息化"三通两平台"建设，全县所有学校班班配置多媒体教学一体机、校校配备录播教室，所有班级均实现多媒体教学。

学前教育曾是安溪教育欠账中的"最短板"。安溪县加快公办幼儿园建设，多渠道扩大学前教育供给。历经十年努力，至2019年，全县公办园学位总数提升至2.8万个，学前教育公办率从2014年秋季的33%提升到2020年秋季的52%，提前完成省下达公办率50%的指标要求。学前普惠率从2019

年春季的71%，直线提升到当年秋季的94.65%，超出福建省下达"普惠率85%"的目标。安溪学前教育的公办率、普惠率这两项重要衡量指标，均超额完成省定要求。

为提升普惠优质学前教育覆盖率，安溪县委、县政府在出让每一桩土地时都明确——新建楼盘小区必须配建幼儿园，待校舍由开发商建成后，再将其用地和产权移交给教育部门，直接招生。这项工作，得到开发商的支持配合。在政府的积极引导下，部分小区尽管此前土地出让时未明确配建幼儿园和产权归属问题，但有建成的开发商也都以主动捐赠的方式移交，为安溪教育事业发展汇聚了涓滴之力。如，2019年建成投用的安溪县第八幼儿园由铁观音山庄开发商捐赠移交；2020年秋季开始招生的第二十八幼儿园，是由开发商主动捐建的；第十五幼儿园由企业家柯希平捐赠移交；三安大桥西侧的第十七幼儿园，同样也是周边开发商捐资投建，有效满足片区居民子女的入园就学需求。2017年以来，全县新改扩建29所公办幼儿园，新增学位1.4万个。

2017—2020年，全县累计投入教育资金65.95亿元。2020年，在疫情冲击、财税减收的背景下，安溪大力压减一般性、非刚性支出，将更多的资金投入教育事业，全年公共财政预算教育支出18.31亿元，同比增长17%。

二、聚焦"教好书"，补齐师资队伍短板

教育要发展，教师是关键，高素质的师资队伍是教育高质量的重要保证。安溪县在城区扩容、农村改薄等硬件更新的同时，对师资素质、内涵建设等方面，同样高标准、严要求。

针对全县教师队伍缺编、老化、断层等结构性矛盾，以及一些教师存在的职业倦怠、本领恐慌、有偿家教等师德师风问题，安溪县综合施策，强化管理，积极激发教师队伍活力。

2019年，在林秀成家族"三安教育慈善基金会"的大力支持下，安溪实施了全县教育史上规模最大、受奖面最广的奖教活动：一是在全县三级干部会

上，隆重表彰安溪一中生物组等3个"杰出教师团队"，各重奖30万元，评选第二届教书育人模范10名，每人奖励1万元；二是依据"分段评价、聚焦升学、优劳优酬"原则，制定出台全县基础教育奖教方案，安排500多万元奖励各学段的优秀学校、优秀教师，激发一线教师积极性。"对优秀教师的激励，要树立一个导向，产生引领作用，只要你认真教书，安心教书，你就会得到回报。"高向荣这样说。

职称评聘是影响教师工作积极性的一个问题。安溪县在全省率先创新设置职称浮动岗位，保障教师调动不影响职称待遇，推动全县学校教师无障碍流动，促进教育资源合理配置。2020年秋季，安溪整体提高全县中小学、幼儿园高、中级岗位结构比例，省示范性高中、一级达标高中、二级达标高中高级岗位比例，分别核准40%、35%、30%；县教师进修学校高级岗位从40%调整提高到50%。

县委、县政府积极动员社会力量办学，倡导校校成立教育发展促进会。2017年，实施《关于加快教育事业发展的实施意见》三年多来，已有90多所学校发动并成立教育发展促进会，共筹集资金3亿多元，社会各界支持教育蔚然成风。安溪县还出台《安溪县教育系统优秀人才奖励暂行办法》，定期组织对全县各级各类名师、学科带头人、骨干教师进行考核，相应发放2000元至5000元的奖励津贴。改进评优评先机制，在各级各类优秀教师、先进教育工作者及学科带头人、教学名师、骨干教师等评选、推荐中，强化"一线教学、业务实绩"导向，向教学成效突出的教师倾斜。针对群众关切的在职教师有偿补课问题，开展"树师德、正师风"治理活动，调查有偿家教信访，查实有偿家教，处理涉嫌有偿家教的教师。加强退任行政人员管理，专门出台管理办法，明确全县学校退任行政人员岗位工作职责，健全管理、考勤制度，提升队伍士气。

同时，加大对教师继续教育的支持力度，预算经费从2017年的800万元增长至2018年和2019年各1200万元。实施"教育领航"人才培养计划，委托第三方遴选，确定一批优秀青年教师列入后备干部人才库，进行跟踪培养，同时遴选16名优秀骨干教师、中层干部、校级领导参加泉州市教育领航团队3批培养工程，发挥示范引领和辐射带动作用。在开展国家"万人计划"教学名师推荐工作中，安溪一中赵艺阳成功入选（全省仅5名）；推荐16名校长参评省"十三五"第一批、第二批名校长后备人选。每年用于教师继续教育培训的经费实际达到1500万元，350名学校领导干部、110名挂牌责任督学、350名新上岗教师，接受清华大学、华中师大、南京师大等高端师资培训；开展"农信大讲堂·周周有讲座"活动，邀请全国名师、专家、教授前来安溪开讲，面对面交流，促进教师专业成长；重奖培育名师，各级各类骨干教师、学科带头、名师考核合格者，可相应获2000至5000元奖励津贴，全县"杰出教师团队"的奖金高达30万元。统计显示，目前全县用于基础教育各学段优秀学校、优秀教师的奖金每年超过500万元。

针对区域性的缺编问题，一是调整支教、跟岗政策，将乡下学校老师到城区跟岗时限由一年调整为三年，并明确三年后定向招录30%的优秀教师留城任教；二是选派到龙涓、祥华等偏远区域支教的特岗教师，支教年限由五年调整为三年，支教期间只要达到职称条件就予以直接评聘。两项举措既有效破解区域师资缺编问题，同时大大增强了学校教学的稳定性。

针对全县性的缺编问题，通过全省统考、高校专场招聘、公费师范生等途径多渠道招聘新教师。同时，安溪加大教育系统高层次人才引进力度，对高水平高校毕业生来安溪任教的，分别给予博士、硕士、本科毕业生50万、30万、10万元的安家补贴，目前已吸引来自清华大学、北京大学等名校毕业生6人来安溪任教。

安溪是山区大县，乡村老师生活条件与城关有较大差距。安溪县以人为本，多方关爱乡村教师。2016年以来，乡村教师补助由每月300元提升到每月500元，经学校二次分配，最边远学校的老师最高补助每月1200元。全面发放乡镇教师工作补贴，并纳入工资基金管理，根据离城路程，分别发放200元至400元补贴，乡镇工作累计满20年的从次年1月起每月可增发100元。增加农村教师职称岗位比例，中级岗位结构比例从40%提高到45%，任教累计满25年仍在农村学校任教的,并已取得中、高级专业技术职务任职资格的,一律予以直接聘任,不占核准岗位数。

为解决乡村教师的实际困难,安溪县出台人性化人事调动政策。个人或配偶、未成年子女患有重特大疾病等困难的教职工,以及在内安溪工作满28年或夫妻双方均在内安溪工作满18年的,均可申请参加派位,选调到城区学校或外安溪学校任教。从2020年秋季起,按照"定期服务,期满流动;综合评价,差异选岗"原则,在桃舟等5个边远乡镇小学段先行试点,进一步调动教师工作积极性,使之"招得来、下得去、教得好"。对在乡镇工作满6年的年轻老师,可以通过参加公开考试方式,按分数高低,选择在城区周边的6个乡镇任教,帮助年轻老师解决婚姻问题。

三、聚焦"办好学",补齐教育质量短板

教育与每个家庭息息相关,是最大的民生问题。安溪县大力营造尊师重教的社会氛围,在泉州市首创每年秋季开学前"单独遴选重大教育项目举行集中开竣工仪式"的做法,2017—2020年三年间集中开竣工教育项目26个,县四套班子主要领导均参加开竣工仪式。县政府加大教育督导力度,全面落实责任督学挂牌督导,并将乡镇履行教育职责绩效考评分值由原来的2分提至4分,倒逼责任落实。2018年,安溪在全省率先被国务院教育督导委员会认定为"全国中小学校责任督学挂牌督导创新县(市、区)"。

提高乡村教师队伍素质,是提升乡村教育质量的重点。近年来,安溪县多措并举,通过加强整合全县优质教育资源,加强对农村教师的培养。比如,建立名师工作室,实现农村学校和城区学校的对口帮扶;构建教育科研共同体、成立学科联盟和校际联盟等多种渠道,发挥优质(教育)资源的辐射带动作用,以此推动农村学校教师专业化水平提升,为促进城乡教育均衡发展奠定坚实的师资基础。

办好人民满意教育,需要社会各界形成合力。县委、县政府积极引导鼓

励乡贤、企业等社会力量参与办学，全县各界襄教助学、奖教奖学蔚然成风。"一城两翼"房地产企业积极捐款，设立全县教育大基金，房地产企业捐资累计到位 6.2 亿元（含捐建项目、实物）；全县乡镇、中小学成立校董会、基金会 129 个。建设安溪六中新校区时，时任县长高向荣亲自发动安溪和晋江的乡贤，为学校捐建养正体育馆和学生宿舍楼天伦楼、永隆楼。

针对生源外流厦门、泉州的现实问题，县教育局联合县进修学校与各中小学，确立"以质量为核心"的办学理念，围绕"办好学"这个目标，上下齐心，多管齐下。

一是改变以往小升初考试由县直学校和乡镇中心学校自行组织的方式，按片区全面组织生源到对口升学的初中校集中统一考试，并按照中、高考阅卷方式进行阅卷，再分类别考核奖惩；二是在初中、高中阶段全面建立"以进口看出口"的教学质量评价机制；三是全面强化教科研工作，大力推行"磨课、磨卷、磨学情"制度；四是针对初中"豆腐腰"问题，由教育局领导分头挂钩组建 9 个学科联盟，全面加强初中学科建设，积极探索因材施教、分层指导的教学模式；五是组建高中学科校际联盟，支持高中嫁接名校，走出去与全国各地名校建立联动合作机制；六是成立专门股室，全面强化学校的体育美育工作；七是顺应家长需求，在泉州市率先推行课后服务，教师课后工作量劳务费以县财政为主负责（每年 2500 万元），积极探索开展"以学校为基地、跨学校招募学员"的课后学生特长培养活动及假期夏令营，启动义务教育阶段学生午晚餐统一配餐服务；八是强化职业学校内涵建设，提升职业教育质量水平。

2020 年教师节前夕，县委、县政府召开全县尊师重教座谈会。座谈会上，针对安溪教育还存在优质生源外流、城乡校际教育不均衡、高考生被名牌高校录取率不高等问题，高向荣指出，教育的发展有其固有规律，是一个长期、渐进、艰辛的过程。解决这些突出短板，需要全县广大教育工作者保持足够"历史耐心"，传承"工匠精神"，精耕细作，孜孜以求。他同时勉励全县教育工作者要以"奋进之笔"，推动安溪教育"笔直奋进"，从优化生源培育、师资梯队建设、教育布局优化入手，打造教育强县，"这样的梦想，应当成为全县上下的共识，共同的追求，也需要绵绵用力、久久为功，让'学在茶乡'成为一张响当当的名片"。

至 2020 年秋季，全县共有各级各类学校 467 所（不含高等院校），在校生 233182 人（不含高校）。幼儿园 196 所（其中独立核编 77 所），在园幼儿 45057 人；小学 214 所（不含教学点 21 个），小学在校生 108818 人；初级中学 33 所，九年一贯制学校 5 所，初中在校生 56871 人；完全中学 14 所（含民办中学 1 所），普通高中在校生 16046 人；职校 3 所，中职在校生 6166 人（其中全日制 5068 人，非全日制 1098 人）；特教学校 1 所，在校生 224 人；教师进修学校 1 所。另有中小学综合社会实践基地 1 个；全县在职教职工 14934 人，专任教师 12957 人。

同时，全县的教育教学质量稳步提升：近四年高考，本一上线率稳定在 20% 以上，近 1000 人；录取到 985 高校的学生稳定在 100 人左右。其中，安溪一中本一上线率分别为：2017 年 48.04%、2018 年 60%、2019 年 60.3%、2020 年 63%；高中学科竞赛屡获佳绩，2021 年已有 4 个学科共 13 人获省一等奖（生物 8 人、化学 3 人、数学 1 人、信息技术 1 人），位居全省前茅。生物、化学各有 1 人入选省队，1 人获得国家级金牌并直接保送清华大学。

安溪教育以均衡的发展态势和强大的发展后劲，在嬗变中突破，在提升中跨越。

第二节　构筑大卫生格局

2016年6月，魏中南被任命为安溪县卫计局局长，依照党政干部选拔任用工作条例，到任之前，县委、县政府主要领导必须对其进行任前谈话。对此，他记忆犹新：谈话时，高向荣书记说，我们安溪医疗卫生的短板比较明显，你任职后要一身正气，大胆抓，需要县委、县政府支持的，一定会大力支持。刘林霜县长也说，医疗卫生短板很多，这几年要大干，"十三五"时期会有大量投入，把短板补上来。

听到书记、县长这么一说，魏中南感到责任重大，但因为有县委、县政府的"撑腰"，又觉得工作信心十足。魏中南说，那时感受到县委、县政府已经胸有成竹，对安溪医疗卫生事业怎么发展，怎么投入，都已经规划好了。比如县医院的建设蓝图，早在2013年，朱团能担任书记、高向荣担任县长时，就已经通盘谋划好了。高县长第一次去县医院（铭选医院）调研后，在大会上说，看到医院老旧、破陋、拥挤，冬天寒风呼啸，很多病人因为没有病床，只好住在走廊上，心里觉得特别不好受。作为安溪当政者，他深感自责，安溪老百姓看病难，政府有责任，要下决心把县医院改造好。改造具体分两步走，第一步就是把新的住院大楼建起来，第二步把旧的门诊大楼拆掉，建设新的门诊医技大楼。

6月7日，魏中南到县卫计局报到，此时县医院住院大楼刚刚落成启用。到任后，他马上着手启动门诊医技大楼项目建设，用了整整三年时间，至2019年竣工落成。住院大楼投入资金2.3亿元，门诊医技大楼投入2.5亿元，加上设备添置，总投入超过5亿元。魏中南说，两栋大楼加起来有13万至14万平方米，这等于从2013年到2019年，七年时间就把县医院面积翻了一倍，而且，达到完全"拎包入驻"。县里还特别成立一个项目建设领导小组，资金由县小城投公司负责筹措，没有让医院承担一分钱。

县医院重建完成之后，县中医院、妇幼保健院、第三医院等也陆续得到改造或扩建、搬迁。为解决县中医院在老城区的用地瓶颈问题，县委、县政府研究决定，将妇幼保健院迁址重建，把原来的整体资产全部划拨给中医院，这样中医院的建筑面积就达到 3 万多平方米，同时实施改造提升项目，总投入 8000 多万元。而妇幼保健院新址占地 50 亩，第一期工程就建了 3.3 万平方米，包括设备在内，县财政共投入 1.5 亿多元。县第三医院原来与城厢医院合在一起，老旧拥挤，2016 年 5 月腾挪新建后，城厢医院也因此获得更多的成长空间。

城区四家县级医院得到全部改造后，安溪县的医技水平、综合实力一跃进入全省前十。年均门诊诊疗量达 60 多万人次，位列全省县级前茅。

一、建立"一归口三下放"管理体制

早在 2012 年，安溪县就针对当时县级医院的发展困境，前瞻性擘画了县医院重建、妇幼保健院和第三医院整体搬迁、县中医院整合提升的发展布局，并开始后发赶超的"绝地反击"。

2016 年，县委、县政府提出"争当全省山区第一县、挺进全国五十强"的奋斗目标后，卫健系统全力创先争优，勇当全省山区县排头兵，通过强化规划引领，注重整体布局，先后出台《安溪县"十三五"卫生计生事业发展规划》《健康安溪 2030 规划》《关于加快医疗卫生事业发展的实施意见》等规划文件，明确了政府投入、体制改革、医疗布局等任务，推动医疗、医保、医药"三医联动"，通过科学规划，有力构建"大卫生大健康"发展新格局，为"十三五"期间卫生健康补短板工作明确方向，夯实基础。

安溪县建立了县委领导、县政府主抓的医疗卫生工作领导体系，县委书记、县长分别担任县医改领导小组组长、县公立医院管理委员会主任，亲自领导、统筹部署，协调、督察医改、医管工作。2016 年 10 月，县医管委成立后，破除了医疗卫生工作"九龙治水"的格局，建立了"一归口、三下放"管理体制，制定涵盖工作规程、例会制度、权责清单等一整套比较完善的制度体系，实现对公立医院发展规划、财政投入、绩效考核、人事薪酬等重大事项的统筹管理和监督工作。

安溪还鼓励社会资本进入医疗领域，将支持社会资本办医写入医改文件，规定民营医院在办医等方面享受与公立医院同等待遇。2010年前，安溪只有一家民营医院合兴医院，2010年以后，民营医院增加到9家。

面对基层医疗机构"门可罗雀、人才外流"等问题，2017年开始，县财政每年增加3000多万元，用以提升基层医务人员的工资待遇；投入6000多万元，用三年时间化解基层医疗机构历史遗留债务；每年足额保障基层医疗单位的设施建设和设备投入。

人才引进方面，在县领导的直接推动下，医疗单位大胆解放思想，实施备案制，同工同酬，县编办、人社、财政、卫健几个部门联合发文，统一协调，破解事业编制只减不增的问题。以往因为没有经验丰富的心内科医生，安溪无法开展大型手术，实施人才政策后，引进大量人才，县医院建起了胸痛中心、卒中中心，在抢救危重病人方面发挥了特别的作用。全脊椎手术也是因为引进专业人才，目前医技水平排名全省前五。

安溪通过实施备案制突破事业编制瓶颈后，产生良好效果。闽东、泉州、晋江等地的医生，"投奔"安溪的很多，有些专科甚至是整个团队都搬来。有些专家、高端人才，如杨淑禹教授，县中医院则采用财政补助的方式"柔性引进"，每个月确保坐诊三天以上，还开展课题研究、培训和带徒弟。魏中南介绍：有一次泉州市委书记康涛来安溪视察县妇幼保健院，医院还没竣工，听汇报时，他问人才怎么来。我们说实行备案制这种好办法，人才就会来，还举了一些例子。康涛肯定了安溪的做法，还对随行的泉州市有关单位领导说，安溪能做，我们泉州为什么不能做？

至2020年，全县医疗机构床位总数5311张，千人均床位数5.16张，比2015年分别增加2032张、1.91张；大型医疗设备台数位列全市县级医院前列；建成"智慧安溪·县域医疗卫生信息一体化"项目，全县医疗卫生信息互联互通共享，硬件水平明显提升。2020年，全省189家二级以上公立医院满意度测评中，县医院位列第59名（比2016年提升101名），县中医院位列第

36名（比2016年提升96名），县妇幼保健院位列第54名。县中医院、县妇幼保健院先后荣获"全国基层中医药工作先进单位""国家级妇幼健康优质服务示范县"等称号。

随着安溪城镇化水平的提高，城区人口急剧增加，如何适应未来发展需要，超前谋划布局，解决老百姓医疗卫生问题，一直是安溪县委、县政府关心的焦点。"十三五"时期，县政府就在城市东西南北四个方向规划建设四个社区医院，开展常见病、慢性病诊疗等基本公共卫生服务，北边的老城关医院，南边的城厢医院，都已经整合完成。"十四五"时期，东边要重新选址建设参内医院，西边龙凤都城社区现有人口11万多人，要投入3000多万元新建城西卫生服务中心。县妇幼保健院也开始在规划二期工程，准备建设一流安溪儿童医院。

医疗配套建设是城市发展不可缺少的一个环节。安溪现有的康复医疗水平与群众需求不相匹配，已成为制约民生幸福感的一大短板。根据城市建设发展需要和茶乡群众对健康生活的追求，卫健部门拟在参内镇东二环地段谋划建设安溪县中医院城东院区，并与福建中医药大学合作建设闽南康复医院。卫健部门将这些想法向县委、县政府汇报后，县长吴毓舟十分赞赏。吴毓舟认为，发展康复医疗能够进一步促进医疗资源的合理配置，提升安溪整体医疗水平，是发展之需、民生之盼。在深入调研后，吴毓舟提出要充分发挥安溪县中医院中医康复特色优势，定位高端、一步到位。由此，安溪引进福建中医药大学资源，与县中医院强强合作，建设"闽南康复医院"。恰好大白濑水利枢纽移民安置地在参内有7个地块，吴毓舟经过调研后，将这些安置地进行整合，腾出一块123亩的土地，拟用于建设安溪县中医院城东院区和福建中医药大学闽南康复医院。

新冠肺炎疫情发生后，公共卫生应急处置摆上各级政府的议事日程。安溪县财政投入3000多万元，建设县医院、妇幼保健院、中医院、疾控中心、官桥医院等5个医院的发热门诊和核酸检测实验室。这些投入下来，安溪现在拥有13套核酸检测设备，一个扩增仪，一个提取仪，一天的检测能力达到

7200人，如果是低风险核酸筛查，安溪的检测能力一天达到7.2万人。泉州市卫健委评价，安溪县医院发热门诊是全省最规范、最标准的。能做到这一点，源于县领导对医疗卫生的感情，对事关安溪老百姓健康生活的医疗卫生事业肯花钱，舍得投入。

2020年，县委、县政府决定搬迁安溪卫校，腾出旧址用来开办公立幼儿园，吴毓舟主张整合县医院边上的土地资源，建设安溪县公共卫生应急大楼。也就是说"平战结合"，平时作为安溪卫校的教学楼、宿舍楼，万一发生疫情，就可以将其与县医院的传染病大楼进行整合，作为负压病房，届时警戒线拉起，又是一个独立的大医院，可以用来收治患者，相当于传染病医院。

如今，4家城区公立医院、9家民营医院（体检中心），加上24个乡镇卫生院、中心医院，还有密布全县城乡人口集中区、街巷的596个村卫生所、社区卫生服务站，53个个体诊所，7个医院门诊部，"织密"安溪百万茶乡群众的卫生健康"大网络"。

二、建设医共体和医联体

安溪对内组建医共体，对外组建医联体，最大限度地实现医疗资源共享。

长时间以来，中药材短缺、药事服务运行成本高，成为阻碍基层中医药服务发展的老大难问题。在这样的背景下，2017年，县中医院积极发挥资源优势，投入超过80万元专项经费建设煎药中心，依托中药代煎平台，搭建起覆盖全县的"共享药房"，推出送药上门服务。这项"共享药房"服务，让远离县城的患者也能受益。

2019年，世界银行中国医疗卫生改革促进项目培训班暨国内医改经验交流会在安溪县召开，中央电视台《焦点访谈》栏目对安溪县"共享药房"的做法进行采访报道。

安溪县中医院还积极探索城乡医共体建设模式，于2018年4月与全县33家医疗机构组建覆盖全县的"中医联盟"，通过信息的及时联通，推动联盟单位更加紧密高效地协作。比如，疑难杂症会诊。目前，联盟单位之间已建立大病、难病会商会诊机制。

此外，"掌上中医联盟"也同步上线，为双向转诊夯实基础；县中医院还将医院先进的医疗设备资源向联盟单位开放，基层单位只需将来县中医院检查患者的转诊单拍照上传至"中医医疗联盟微信群"，微信群专职管理员将马上联系患者，并协调开通绿色通道，保证患者及时享受优质服务。

做好联盟内部信息共享的同时，县中医院还上线健康安溪服务平台，病患只需动动手指便可实现预约挂号、门诊缴费、报告查询等一系列高效便民医疗服务。

"中医联盟"还组织联盟单位专家团队，定期下乡到基层医疗单位，通过坐诊、查房、指导手术等方式开展帮扶。

2020年，安溪出台《安溪县紧密型县域医疗卫生共同体建设实施方案》，由安溪县医院、安溪县中医院分别牵头，各联合12家乡镇卫生院（卫生服务中心）及其行政辖区内的公益性村卫生所进一步组成县医院总院、县中医院总院两个县域医疗卫生共同体。通过组建总院（医共体）健全公共卫生服务体系，促进分级诊疗，建立完善疾病预防控制体系，稳步提高全民健康素养水平，提升县域内就诊率和基层首诊率。

在安溪成立两个县级总院之前，其他地区也有成立总院的，采取的是设立一个总院的模式。安溪要怎么做？吴毓舟认为，安溪的总院建设要基于安溪实际、符合安溪特色，不能照搬照抄别人的模样。他组织相关人员进行深入调研分析，认为安溪县医院与县中医院各有所长、各具优势，呈现特色化、差异化发展的共赢局面。县医院积淀深厚、综合实力强，而县中医院勇于变革创新，探索推行的"共享药房""中医联盟"等模式，在促进中医优质资源下沉共享等方面成效显著。安溪建设总院，完全可以采用网格化管理模式，有效整合、统筹县域医疗卫生资源，分别由县医院、县中医院组建"总院"，这样做既能进一步实现医疗卫生事业同城化，为群众提供普惠均等、高效便捷的医疗卫生服务，又能强化"总院"间的良性互动，在交流中竞争，在竞争中进步，为茶乡百姓带来更多福祉。

同时，安溪积极推动医联体建设，让茶乡百姓在家门口就能享受到三甲医院专家的检查、诊断和治疗。何谓医联体？医联体就是将同一个区域内的医疗资源整合在一起，通常由一所三级医院，联合若干所二级医院和社区卫生服务中心组成，旨在形成上下联动、以大带小、以强扶弱的格局，推进分级诊疗，使优质医疗资源纵向流动到基层，真正做到"让技术跑，而不是让病人跑"。

县医院建设完善远程会诊系统，旨在实现患者、县医院医生和另一端的多学科专家实时会诊，更好为病人提供优质便捷的诊疗服务。如果一位患者选择到县医院看病，刚好是疑难复杂病例，医生就可以把他的影像资料通过互联网传送到市里大医院的影像诊断中心，由专家出诊断结果，并将报告发回县医院。患者手上拿到的，其实是与到大医院看病同样的一份报告。类似的还有心电图、检验、病理等，都可以通过互联网远程诊断出报告。

除检查、检验资源共享外，医联体还开辟诊疗绿色通道。县医院与市三甲医院实行无缝双向转诊诊疗，安溪县居民在县医院门诊部完成首诊后，根据病情可享受医联体内绿色通道，直接转到市三甲医院本部专科专家诊疗，同步挂号就诊，门诊、转诊、接诊一步到位。

医联体让病人在本县享受市级大医院的治疗与服务，费用却是县级医院标准，极大减轻了病人负担。

医联体的成立，大大方便了茶乡百姓就医。现在，安溪人不用提前到市医院排队挂号，在县医院开个预约就诊单，按时到市区就能看上专家；急重病症去不了市区，专家下乡全程指导完成救命手术……

安溪县中医院"组建中医联盟，实现协作共享"的做法，作为地方经验与案例被写入中国医学科学院及社会科学文献出版社共同发布的《医改蓝皮书：中国医改发展报告（2020）》，成为全国典型。"联盟＋共享"新医改模式，真正发挥分级诊疗制度实效的做法，得到国家卫健委、国家中医药管理局等有关部门的充分肯定，并作为提升基层中医药服务的典型经验亮相央视《焦点访谈》专题节目。2021年3月，国家中医药管理局办公室发文通报表扬全国中医药系统2018—2020年改善医疗服务先进典型，安溪县中医院获得"以医联体为载体，提供连续医疗服务"先进典型医院；安溪县中医院共享药房获得"以改善中药药事服务为核心，开展放心用中药行动"先进典型科室。

三、打造云端总医院

安溪县破除体制障碍、打通信息孤岛，整合全县39家医院资源，创建了全国首家"云总院"。2019年12月，在中国医疗卫生改革促进项目培训班暨国内医改经验交流会现场，"智慧安溪·云总院"的医改模式，受到与会者高度好评。

2018年7月，安溪开始建设"云总院"第一期工程，在人员身份、法人代表、机构性质"三不变"的前提下，以县域医疗卫生信息一体化为支撑，构建县域整合型医疗卫生服务体系，实现全县医疗卫生单位"总院式"管理，为群众提供全方位、全周期的健康服务。

参照《全国信息化建设标准与规范》，"云总院"构建"115"管理框架，即在全县共建共用1个数据中心平台、1张数据专网、5大应用系统。1个数据中心平台是以结构化电子病历为核心，归集县域医疗卫生数据；1张数据专网联通县域各医疗机构，对接HIS系统（医院信息系统）、区域公众服务系统、区域卫生协同共享系统、行政监控系统和基础支撑平台5个应用。依托互联网云计算技术，打通县、乡、村三级医疗机构壁垒，建立涵盖医疗服务、健康管理和行政监管的区域业务协同平台。

"云总院"搭建的一体化平台汇集健康大数据，统一人、财、物管理，真实录入基本公共卫生数据，为医疗机构绩效考核、运营决策等提供数据支撑。全县电子就诊卡统一申领使用，预约平台统一挂号，门诊住院记录统一归集查询，县域内健康档案共享，"120"急救报警统一接警。对手术分级、抗菌药物、临床路径、单病种、病案管理、收费合规等15项内容做到自动监管和上报。"云总院"实现了县域内各医疗单位间"统一检查结果互认",避免重复检查检验。影像、心电、临床检验、合理用药、临床路径等信息,可做到实时互联互通。到2019年,全县已接入设备267台,各种检查、检验报告共享数量已超过200万份。安溪县医院"智慧医院"因其改善百姓就医体验,为"健康安溪"保驾护航,获评2020年度泉州十佳智慧化民生项目。

"云总院"智能化管理模式,对行政监管部门、医院、医务人员、医疗设备和患者而言都有益处,有利于构建真诚、友好、和谐的医患关系。安溪县群众就医获得感、满意度,医务人员积极性均大幅度提升。安溪用3年时间(2017—2019年)化解了基层医疗卫生机构债务及历年亏损6252万元。2018—2019年,全县节省药品成本2550万元,每年还可预增医务性收入900多万元。县域内的双向转诊下转率变化显著,从2018年上半年的10.5%变为2019年上半年的32.3%。通过第三方满意度调查,患者总体满意率达到了96.8%。近3年来,县级公立医院医务人员年均收入平均增幅25.47%,乡镇医院医务人员年均收入平均增幅15.58%。

未来,安溪县还将引入人脸识别系统等人工智能介入医疗工作,进一步降低就医成本、拓展临床能力、提升医疗效率。

四、先诊疗后付费

2018年11月中旬的一天,高向荣率领有关部门到一些医疗卫生单位调研,到泉州市医保局安溪分局(刚设立不久)时,突然问魏中南:我们全县能不能实行先诊疗后付费?让老百姓有病的时候,能第一时间得到暖心的服务,也就是能及时看病。魏中南稍微停顿几秒钟后说,应该可以。高向荣说,你马上去做准备,元旦之前这个事情要落实下来。当时,国务院要求各地对建档立卡贫困户实行先诊疗后付费,高向荣提出这项政策要覆盖到全县群众,并非心血来潮,而是经过深思熟虑的。

通过紧锣密鼓的准备,12月13日,安溪县卫计局下发《安溪县卫生与计划生育局关于推行"先诊疗、后付费"服务模式的通知》。12月28日起，县域内所有公立医疗单位正式实施"先诊疗、后付费"服务模式，患者仅需提供本人身份证、社保卡（医保卡）等有效证件，经审核后，不需缴纳住院押金即可入院治疗。

魏中南说，目前，其他地方只有个别医院实行先诊疗后付费，整个县全部实行的，全国唯独安溪。只要是安溪县的群众，只要你缴纳医社保，可以不带一分钱去看病，随时住院，然后在住院的过程中报销费用。

"先诊疗、后付费"改革收费管理制度及服务流程，为病人开通了"生命绿色通道"，能够省去排队挂号、缴费等环节，极大减轻患者的经济负担，缩短就医排队等候时间。凡是参加安溪县城镇职工医疗保险和城乡居民基本医疗保险，当年度足额缴纳医保费用的患者，均可享受"先诊疗、后付费"服务。

以前，有很多患病的贫困老百姓，常常因一时凑不够治疗费用，错过了最佳治疗时间甚至直接放弃治疗。"先诊疗、后付费"确保了患者能够在第一时间得到有效治疗。

"先诊疗、后付费"碰到老赖怎么办？高向荣说，从制度层面把机制建立起来，老百姓就会支持，赖账者想赖也跑不了。安溪对就医患者实行诚信管理。逃费患者经催缴后，一个月内仍不支付相应医疗费用的，计入恶意逃费。恶意逃费患者，今后在任何定点医疗单位就诊，一律不予享受"先诊疗、后付费"服务，同时暂停其医保报销，并按有关程序列入诚信"黑名单"。有了制度保障，"先诊疗、后付费"实行两年多来，没有出现一例恶意逃费，而且群众口碑很好，感到很温暖。高向荣说："老百姓很朴实，都有感激之情，我们帮助了他，他会感恩，不会拖欠医疗费。有个别的还要拖欠，没事呀，我们先通知他，他如果老赖的话，我们依法找他。如果是实在很贫穷的，确实穷得拿不出钱的，我们在贫困户建档立卡那边解决，实在解决不了的，由政府来兜底，一年100多万元，我们县财政来买单，该帮忙要帮忙。"

"先诊疗、后付费"推行后，部分城乡低保对象、农村五保对象、建档立卡农村贫困人口以及其他家庭特别困难的患者，出院结算时面临难以一次性结清费用的问题。对此，安溪设置了相关程序：经县民政部门确认，该部分患者可选择与医疗单位签订延期还款合同，还款期限不超过一年。

除了住院及门诊简化流程，安溪还不断完善收费机制，实行出院"一站式"结算服务。"一站式"结算服务可以在一个窗口就实现基本医疗保险、大病保险、民政救助的全覆盖，让患者"只需跑一趟"即可完成出院结账报销手续，为患者节约了大量的时间。

第三节　新县城新生活

2014年5月28日和29日，安溪县在中国茶都三楼多功能厅，现场拍卖老城区解放路东侧石结构危房改造工程安置后的剩余套房和店面。其中，13间店面和39套套房共拍得资金14843.2469万元。通过拍卖会与旧城改造相结合，维持收支平衡，达到全力化解老房危险、再造市民活动广场、提升城市品位的多赢效果。为保证整个拍卖会操作合法、公正、公平，司法、公证等相关部门全程参与。

此次改造的老房子，大多建于20世纪六七十年代，多数是6层及以下低矮楼房，大量为石结构建筑，存在包括抗震能力差等在内的诸多安全隐患；而且供电、排水等配套设施落后，也给商家营业、群众生活带来很多不便。安溪县于2011年底正式启动该片区的改造。改造过程中，设计方案明确，腾出的土地全部用来建设市民广场，广场配套两层地下车库，缓解周边停车难问题；征迁方案则明确规定，凡涉及的单位、商户和群众全部就地就近返迁安置，好位置、好朝向让安置户选完，余下的再拍卖。这个改造项目致力于民生和公共设施，加上公开公平安置，得到群众广泛支持。

类似这样一举多赢的旧城改造，不仅仅出现在解放路东侧片区。位于新安路的安溪一中片区，石结构房屋改造与学校南校门改造，沼涛实小片区改造，均按照安置与商住捆绑开发的模式，既着眼多功能现代化社区建设，也突出公共文化设施，如建设县影剧院、三馆（科技馆、青少年活动中心、妇女儿童中心），同时考虑破解改造资金难以平衡的瓶颈问题，取得良好效果。

值得一提的是，位于安溪高速出口的万城壹号房地产项目，自2015年起因债务危机陷入停工状态。县长吴毓舟到任后，高度重视，加快推进万城壹号项目的重整处置步伐，在多次调研论证基础上，决定将万城置业有限公司原来规划的一处医疗机构用地，重新调整规划为创办九年一贯制学校——清溪学校，引进优质教育资源，为盘活万城壹号项目打下基础。之后，引进国企接盘，使万城壹号项目涅槃重生，有效化解民生问题，该项目成为泉州市首个房地产开发企业破产重整的成功案例。

随着大县城"东拓、西进、南扩、北提"步伐加快,三安大桥、人民广场、宝龙、万达等城市地标和现代商圈先后建成投用,安溪城区早已实现亮丽蜕变,整个城区20层以上高楼足有305栋。当下,解放路西侧、沼涛实小、祥云路等片区改造建设如火如荼,一批老旧小区、市政道路、背街小巷改造加速提升推进,既有"面子"更有"里子"的"大美安溪"呼之欲出。

一、人民广场为人民

安溪县人民广场位于安溪县城区核心位置,交通便利,由解放路、中山街、民主路及联谊路形成"回"字形交通网络。城区解放路与中山路历来是老城区最繁华的街区,未改造之前,这里商场林立,人气旺盛。改造后1.5万平方米的人民广场,东临民主路,西挨解放路,北通政府办公楼,正南面不再建设沿街店铺,成为一个开放式的市民广场,面积比原来的县政府后操场大三倍。

人民广场景观设计融入周边大环境,开发、利用、保护相结合,多选用环保型材料,建造一个优美、舒适、怡人的公共活动空间,最大限度地兼顾了不同年龄层市民的需求。设置广场、游步道、平台等休闲游憩场所及设施,充分体现人本主义精神。因地设景,合理进行整体布局,改善、提高区域小环境的品质,创造绿化充足的自然生态空间。以安溪县悠久的文化积淀为底蕴,承接传统文脉,营造出浓厚的地方特色。

广场以"文化、生态、休闲、活动"为景观设计主题,力求用抽象的线条传承安溪厚重的文化积淀,用文化串联营造生态、休闲的广场活动空间,根据功能将广场分为以下景观分区。

办公区。县公务大楼周边片区,景观以绿化造景为主,两侧设有停车位,以满足刚性功能需求,用自然式的绿化组景方式柔化建筑边缘,在办公区入口处放置两只威严的石狮子,提升气势,展示政府的公信力。

中心广场区。位于上广场核心位置，设计采用简洁大方的对称手法，动态的跌水池为整个中心广场的视觉中心。中轴线上铺设不同色彩的不规则方格，延伸至下广场，使上下广场紧密相连，成为一个整体。中心景区为下广场与政府办公大楼过渡空间，整个上广场标高适当抬高，并且出于人性化的考虑，在上下广场衔接处设计坡道，以考虑特殊人群需求。

林荫休闲区。以休闲、文化为串联主线，通过对现有资源的利用及独具安溪特色的景观的运用，实现休闲与文化传播的完美结合。在林荫休闲区里布置极具艺术感的"铁观音"雕塑、"茶圣"陆羽的石雕以及关于安溪茶文化的景墙，同时在休闲区内设宣传栏、休息座椅，以满足广场功能的需求。

市民广场区。作为市民进行大型活动、集会的公共空间，以硬质铺装为主，沿用了中心广场不规则拼接的彩色铺装，与周围的素色铺装形成对比，强化景观轴线。简洁大方的汉白玉国旗台处于景观中心轴线上，国旗台两翼点缀特色景观灯柱，增强广场气势，在夜景效果中更能体现出它的作用。

文化休闲区。为景观内容最丰富的区域，凸显安溪茶文化这一主题。树阵半围合着文化休闲区，分为里外三个层次：里层以树阵为主，栽植银杏，丰富景观上层空间的色彩；树阵边上的长廊结合主题文化铺装，引导游客领略安溪文化的魅力。广场上的车库出入口、地下室出入口、通风井用木格栅栏进行装饰，与广场的线性风格相一致，把广场的线条元素引用到构筑物上，使构筑物更自然地融入广场景观，也成为文化休闲广场一个重要的景点。

在区块功能上，处处体现场所意识，在达到景观视觉效果的同时，做到使用便捷、通畅，形成一个良性运作的综合体。在细节设计上体现人性化，减少不安全因素，包括铺地、休闲设施、花坛等公共设施，同时考虑方便特殊人群的使用，如残障人士、老人、儿童等。

2015年9月，人民广场投入使用，成为城区市民全天候休闲的"黄金空间"。

二、编织茶乡绿道"慢生活"

幸福感是指在生活满意度基础上产生的一种心理体验，它既是对生活的客观条件和所处状态的一种事实判断，又是对生活的主观意义和满足程度的一种价值判断。

"十三五"以来，安溪县以提高民众幸福感指数为目标，大力改善教育、医疗、居住、社会保障等民众关心的热难点问题，使百姓生存状况满意度、生活质量满意度不断提高，幸福感指数不断攀升。而幸福感指数，就是衡量这种感受具体程度的客观指标数值。

为进一步展示安溪茶乡山、水、茶、城风貌，为广大市民提供更多游憩活动场所，引领茶乡休闲慢生活，2018年2月2日，安溪县成立绿道山线工程建设指挥部，规划在凤冠山、圆潭山、东山、笔架山、五峰山等面城山麓，建设一条全长约20千米的绿道环线，工程分南、北两线建设。

凤山绿道俗称绿道北线，起于凤山公园，经茶叶大观园、安溪一中、詹敦仁纪念馆、铁观音山庄、妈祖文化公园、刘锜墓、普陀寺等地，止于城东万达，全长约8.1千米，占地面积约893亩。凤山绿道于2018年9月18日开工建设，被列入市、县重点项目，项目总投资2.89亿元，算上征迁及林地等费用，投入达4亿元以上。2019年12月建成一期4.5千米。沿线配套有弥勒佛景点、栈道桥、观景平台、小游园以及停车场和多个接驳口等，充分挖掘场地空间，串联整合沿线自然人文景观资源，打造了一条融合"景观、文化、康养、休闲"为一体的"凤冠翡翠项链"。

凤山绿道犹如一条生态廊道，将城市各区域、城乡各区块密织成一张绿色生态网，使茶乡安溪变成一个大花园、大景区。

"过去散步一般只在小区里转转。绿道北线建起来后，出门就像进了公园。"家住安溪城东万达广场附近的市民开心地说。

2019年4月29日，随着绿道北线景观一期工程项目的开放，茶乡安溪城市"绿肺"更加强健，市民休闲健身有了好去处，目前，凤山绿道每日人流量近 7000 人次。城市绿道一头连着生态环境，一头连着民生福祉，沿途串起安溪历史文化明珠，进一步展示了安溪"山、水、茶、城"的城市风貌，引领广大市民绿色、健康、休闲"慢生活"，完善了城区绿道系统、刷新了城市颜值、提升了生活品质。

如果说经济发展是幸福路径的"血、肉、骨"，那么民生幸福则无疑是幸福路径的"精、气、神"。围绕"慢生活"理念，安溪依托晋江西溪生态自然山水风光，以慢道为主题，以水为特色，串起两岸旖旎风光，打造集休闲养生、健身娱乐、浏览观光等为一体的城市慢生活圈。广场公园多了，人们的生活方式也悄然发生改变。安溪的人居环境不断优化，城市特色日益凸显。

三、为城市造"绿肺"

三安大桥建成通车后，周边的土地全部增值。但县里并没有把这些"黄金宝地"用来开发房地产，而是留出空间建成第十七小学、第十七幼儿园，同时将安溪卫校迁建于此，并以更大的气魄建设龙湖山体育公园。

2020 年 10 月 30 日，安溪龙湖山体育公园一期主题园区正式开工，标志着安溪县政府这一为民办实事项目的落地。

龙湖山体育公园位于县城"三廊四片"的中心片区，北靠龙湖路，西邻二环南路，规划总面积 16.49 万平方米，其中一期主题园区工程面积 5.38 万平方米。项目建成后，将与凤山森林公园、金钱山公园呈三角对望之势，形成"小三山"格局，成为安溪对外展示形象的重要节点。

由于项目处于安溪县城黄金地段，县里对于这片土地的用途一直存在争议，如果规划为商业住宅用地，可以为县里带来几个亿的财政收入。县住建局局长谢秦楚介绍，"第十七幼儿园 15 亩，第十七小学 45 亩，加上龙湖山公园总共 160 亩，160 亩的黄金宝地，一亩最少值 800 万元"。

县委书记高向荣力排众议，强调要站在老百姓的立场上，让安溪县的入口处有一处"绿肺"，不能让进出安溪县城的游客、朋友只看到密密麻麻林立的商品住宅。龙湖山公园边当初布局建设县第十七幼儿园、第十七小学,也正出于这种考虑。"没有只顾着眼前的经济利益,而是着眼于老百姓的美好生活,着眼于城市的品质提升。"谢秦楚说。

经过县委、县政府多次讨论,最终确定在这里修建大型公园。

龙湖山体育公园一期主题园区,主要建有入口广场、稚趣园、凤鸣廊、玲珑园等。工程建筑安装费用6530万元,工期12个月。项目建成后,将进一步展示安溪山、水、茶、城生态之美,倡导绿色、健康生活方式,引领休闲精致慢生活,对于完善县城绿地系统、提升城市景观,改善居民生活质量、提高全民健康素质,也具有十分重要的意义。

第四节　新时代新生态

党的十七大作出建设生态文明的决策，是国家治国理念的一个新发展，体现了党和政府对人与自然和谐发展的深刻洞察，是实现我国全面建设小康社会宏伟目标的基本要求。党的十八大进一步明确生态文明建设定位，指出生态文明建设是中国特色社会主义理论体系和中国特色社会主义事业"五位一体"总体布局的重要组成部分，并写入党章。生态文明建设的意义，在于其是"关系人民福祉、关乎民族未来的长远大计"。生态文明建设的方针，是"节约优先、保护优先、自然恢复优先"。

正是遵循这一方针，安溪着力开展生态治理与建设，积极探索茶乡生态文明建设新模式，实现经济、社会、自然环境的可持续发展。

一、修复铁峰山生态

安溪县省道206线官桥镇铁峰山矿区，满山翠色，绿意盎然，一改过去的满目疮痍，呈现出一派生机勃勃的景象。"治理非常成功，恢复矿区生态环境，提高了土地利用价值，可谓生态、经济和社会效益三赢。"国土资源部、财政部核查组对安溪官桥—龙门矿山地质环境治理工程评估核查时如此评价。自2012年获国土资源部、财政部批准立项为国家矿山地质环境治理示范工程5年来，铁峰山一期工程治理总面积2.288平方千米，投入1.26亿元；二期工程治理总面积5.78平方千米，投入3.158亿元；三期工程治理面积2.77平方千米，投入1.55亿元。2018年，三期工程全部竣工。

铁峰山横跨安溪官桥镇和龙门镇，曾经山峰幽美，景物天成，蕴含丰富的635#安溪红花岗岩矿藏。从20世纪70年代开始，山下及周边乡镇的人们开始上山开采石头，用于建设房屋；10年前，官桥、龙门地面一时间冒出700多家石材厂、加工点，年产值超20亿元，石材一跃成为当地的支柱产业之一。对普通群众而言，干上一天活能挣几百元钱；对头脑灵活、门路广的，筹资开办一个石材厂相当于坐拥一台印钞机。

2011年,安溪关停全部石材企业。2012年6月,国土资源部在全国范围内开始开展"矿山复绿"行动,安溪县应时而动,财政先期投入5000万元,对官桥—龙门矿山地质环境恢复治理工程进行规划设计。

为修复长期被破坏的矿山生态,安溪多方筹集资金,积极向上对接,在省、市支持下,该工程被列为国家级示范工程,投资概算总额近6亿元,其中中央财政共补助金额28374万元,分三期实施。6亿元,这是安溪有史以来最大的一笔环境整治投入。

矿山环境治理恢复,谈何容易?尤其是对高陡岩质边坡的治理恢复,更是难上加难。但安溪已下定决心。围绕"复绿"主题,安溪县大胆探索、因地制宜,根据矿山不同特点,按"宜耕则耕、宜建则建、宜林则林、宜景则景"原则,科学施工。

狮子寨溪坂治理片区是一期治理工程,该片区山势陡峭,距离铁峰山山顶不过百米,治理前,废弃石材边角料堆积如山。施工人员通过降低废弃石碴坡度、坡脚砌筑挡土墙和排水沟的办法,将雨水引入连着排洪道的采石坑,最后进入拦碴坝区,最大程度减少水土流失。

在二期治理工程江水片区,小草在覆盖泥土的石缝间顽强地探头。然而陡峭的石壁上,覆盖的土层常被雨水冲走。为确保植被成活率,施工人员选择在雨水较少的季节覆盖土层,及时种植苗木,每块地重复混播5遍和5种草籽。

采石坑最深达200多米,回填的工程量非常大。为不破坏矿区周围植被,覆盖石碴的泥土从遥远的内安溪乡镇运上山。通过改善矿区地表条件,种植爬山虎、山毛豆、银合欢等生命力强的植物,固土保水。

矿山治理好之后,经营管理权全部返还于民,确保治理一处,恢复一处,巩固一处。治理项目,不仅改善了矿山生态环境,消除了地质灾害隐患,而且实现了矿山废弃地再利用,增加近3000亩工业建设用地、5634亩耕(茶)地和6746亩林地,化包袱为财富。弘桥智谷电商产业园就崛起于曾经的矿山废弃地,而林志强、白惠灿等原石材业老板则成功转型电子商务等行业。

二、治理崩岗崩塌地

盛夏7月,绿树、繁花、果园、游戏场……走进安溪县官桥镇仙都村的花千谷景区,只见山林连绵青翠,花果香扑鼻而来。尽管酷暑炎热,花千谷里却清爽宜人。很难想象,这里曾是安溪崩岗侵蚀的重灾区之一,共有崩岗点66处,崩岗侵蚀区面积400亩。以前每逢雨季,雨水一冲刷,这里就变得沟壑纵横、千疮百孔,还危及民房,百姓苦不堪言。

由于历史、自然和人为因素的影响,安溪一度水土流失较为严重,是福建省五个一类水土流失重点治理县之一。安溪全县崩岗点多达12828处,占全省的一半。据2011年遥感调查,全县水土流失面积690.33万平方千米,占县域面积22.58%。当地流传着一个顺口溜:"安溪遍地是崩岗,山下良田变河滩,河床高田三尺三,要想高产难上难。"形象地道出崩岗的严重程度。

近年来,安溪县针对崩塌程度、地理区位不同的特点,探索出四种有效的治理模式,治理崩岗9856处。一是变崩岗侵蚀区为工业开发区。其中,在国家级小城镇综合改革建设试点龙门镇,利用治理崩岗整理出工业用地3600多亩,有效缓解建设用地与保护耕地的矛盾。二是变崩岗侵蚀区为生态旅游区,引进一批生态旅游项目。三是变崩岗侵蚀区为水保生态区。采取"上截、下堵、中绿化"的办法,对官桥镇塘垵等崩岗区进行综合治理,植被覆盖率由15%提高到93%以上。四是变崩岗侵蚀区为经济作物区。采取强度削坡等办法,把整片崩岗群整理成水平梯田,种植茶、果等经济作物。

龙桥工业园所在的地区,曾经是安溪崩岗分布最密集、侵蚀最严重的区域之一。区域内共有崩岗点286处,沟壑面积1769亩,占土地面积23.6%,每年的崩岗沟壑侵蚀模数为9.3万吨/平方千米。治理后,整理出数千亩工业用地,建成龙桥工业园,成功引进旺旺集团、泰兴特纸、海佳彩亮等企业。2000年,旺旺集团要增加生产线,来福建选点。当时龙桥园刚开发,基础设施不完善。旺旺要求政府半年时间建成标准厂房,由企业租赁。安溪很快兑现招商承诺。2007年,旺旺看到安溪发展前景,正式买地200亩扩建分厂,并把福建总部设在安溪，销售放在福州。

把仙都崩岗区整治成为花千谷景区，是安溪崩岗治理的另一种方式。这种方式采取削坡减载等办法，将仙都崩岗区平整为水平梯田。考虑到单靠植树造绿，后续管护成本会过高，县里又将平整过的仙都崩岗治理地承包给安溪甲龙园艺有限公司，种植苗木花卉，并引入游乐场项目，开发生态旅游。

目前，占地430亩的花千谷景区，已种满花果林木和中草药，配套建设游乐园、湖心公园等，还推出真人CS（模拟射击游戏）、高空滑索、彩虹滑道等10多个游乐项目。把崩岗治理地承包给大户，就是将治理与开发巧妙地融合在一起，真正做到生态效益、经济效益、社会效益的有机统一。

三、治理改造茶园生态

步入中国铁观音第一镇——感德镇怡芳茶叶专业合作社茶园基地，只见满山青翠，移步皆景。但五六年前，这里除了低矮的茶树，就是黄土，远远望去，整座山像剃光的头，丑陋无比。

2012年以后，因为安溪铁观音茶叶热销全国市场，受利益驱使，包括感德镇在内的安溪不少产茶乡镇茶农毁林种茶，屡禁不止，有些茶农为图开茶园省事，甚至放火烧山，并因此被判了刑。那些年，茶山生态遭受严重破坏，每逢县里开茶叶工作会，高向荣都会痛心疾首："一端起茶杯，心里都是负罪感，我们对不起这片给予茶农幸福生活的土地。"他严厉要求感德镇深刻反思，自撤"中国铁观音第一镇"荣誉匾牌。

县委、县政府随即启动全县茶园生态治理。与2005年左右的生态茶园建设不同的是，这一轮以茶园水土流失治理为主。在县委、县政府的号召下，县直每一个单位都挂钩感德镇的一个村，出资在茶园中建生态林、公益林，并派出专人管护，要求树苗没有成活，人员不准撤离。

为了鼓励茶农参与治理，安溪创新机制，对一批经筛选并验收合格的茶园治理、生态清洁型小流域治理等项目，采取以奖代补的方式，鼓励引导社会力量参与水土保持工程建设。列入奖补的项目,审批少了工程预算、财政审核和招投标等程序,不仅建设提速,还可节省3%~4%的费用。经验收合格后,怡芳茶园生态治理项目获得县政府奖补资金90万元。

按照"头戴帽、腰缠带、脚穿鞋"的要求,全县在建有茶园的山顶和空缺地、道路、沟渠两旁种植树木,在光秃的梯壁留草或种草,在幼龄茶园和未封行茶园行间种植绿肥,全面强化茶山生态建设。"种树留草病害少,路宽劳作更方便。"这是安溪茶农对生态茶园建设给他们带来实惠的概括。

通过实施茶园生态治理改造,怡芳茶园周边有林,路边沟边有树,梯岸梯壁有草;还建设了林网、路网、水网……生态治理成效明显。茶园生态变好,茶叶的品质和价格都上去了。

除了茶园,小流域治理也因以奖代补政策收到了明显的治理效果。桃舟乡达新村筹资近180万元投入小流域治理,让晋江源头水清、岸绿、景更美。

以奖代补试点两年多来,安溪奖补项目共获得上级奖补资金3000万元,吸引建设主体投入配套资金及安置征迁资金2670万元,变"要我治"为"我要治",水土流失治理提速换挡,成效明显。

2018年以来,安溪全县累计治理水土流失25万亩,完成造林绿化4.8万亩,茶山生态修复5万亩。水土流失率由2015年底的21.61%下降至如今的16.45%,降幅居全省首位。

四、首创"山长制",推行"河长制"

由于历史上的大炼钢铁,滥砍滥伐,安溪的许多山都成了秃山。加之贫困,农民用不起煤和燃气,只好上山割山芒用来做燃料。1990年,安溪是全省造林绿化的"荒山大户",荒山面积超过100万亩。在党的扶贫政策指引下,安溪积极利用山地资源,种植茶园,以茶脱贫。但是随着茶价上涨,一些茶园无序开发又导致茶山水土流失严重。为此,县里提出退茶还林。为打造绿水青山,安溪创新森林培育保护和生态治理修复机制。

2018年，借鉴"河长制"，安溪县在福建省首创"山长制"，形成政府主导、分级负责、全民共管的生态环境保护管理体系，全面提升安溪县生态环境建设水平。

安溪选择感德镇作为试点乡镇，机制完善成熟后迅速在全县推开。自此，岐阳村村委会主任王树林又有了一个新身份——岐阳村山长。在感德镇岐阳村，满山的茶园青翠欲滴。在该村板仔内山的山脚下，一块"山长制"公示牌映入眼帘。公示牌上，县、镇、村三级山长及林地管护员的姓名、职责、监督电话等一目了然。"一有空，我们就会去巡山，查查火患、看看新种树苗。"王树林说。

刚开始推动"退茶还林"有些困难，"山长制"设立后，这项工作实施顺利，既保护了生态，也提升了茶叶的品质。

目前，全县设有各级山长近500名，每到年中、年末时，县里都会对山长进行考核。山长负责的责任片区退耕还林成活率需达到95%以上，考核才算合格。"山长制"全面实施以来，安溪植树造林73965亩，实现三年内森林覆盖率提升至66%以上的目标。

安溪，是个山水兼备的县域，因山水而兴，以山水求变。在首创"山长制"的同时，安溪还全面推行双"河长制"，与"山长制"互为补充，实现山水一体化协调治理。对重点流域进行综合整治，做到常态巡查、常态治理、常态执法、常态宣传；建立"六位一体"的农村生活污水处理设施运行维护管理体系，共同保障河"长治"。

2017—2019年，全县累计投入资金约2.5亿元，开展饮用水源保护、生活污水和垃圾治理等多项整治项目，让"水清、河畅、岸绿、景美"的画面永留茶乡。全年地表水、饮用水水质达标率均为100%，水质总体状况保持优级，120多万安溪人喝的都是"放心水"。

绿水青山就是金山银山。为营造更好的生态环境，县委、县政府巧做"加减乘除法"：勤做"加法"，构建"山长＋河长、人防＋技防、联办＋督办"的工作机制，织密管护网络，环境管护能力和水平不断提升；勇做"减法",坚持以退为进,通过退石材、减茶园、去化肥农药等,从源头上堵住污染,夯实生态本底;善做"乘法",通过产业革新、技术更新、破立相促、绿色赋能,激发生态高效治理与经济高质发展互融互通、互促互进的乘数效应;巧做"除法",以"打好污染防治攻坚战"为主线,坚持精准开方、对症下药、高效除污,打造污染防治的"安溪样板"。

如今,安溪的青山绿水变得更加秀美了。2017—2019年,全县累计造林绿化8.8万亩,86个村实施乡村绿化,创建省级森林城镇2个、森林村庄11个,建设市级绿色乡村三年行动项目40个,实施数量和建设力度居泉州市首位。

2019年,安溪县位列全国绿色发展百强县第54位,党政领导生态环境保护目标责任书考核取得"九连优"的好成绩(其中2019年泉州市排名第一)。2020年10月,安溪被生态环境部授予第四批国家生态文明建设示范县称号。

第十七章　乡村振兴

第一节　精准扶贫的安溪样板

2013年11月，习近平总书记在湖南湘西花垣县十八洞村考察时，提出了"精准扶贫"的重要思想，要求各级各部门、社会各界要针对不同贫困区域环境、不同贫困农户状况，运用科学有效的程序对扶贫对象实施精确识别、精确帮扶、精确管理的治贫方式，让贫困地区人民坚定地走上脱贫致富的道路，早日建成全面小康社会，实现中华民族的伟大复兴。

改革开放和扶贫开发使数亿中国人甩掉了贫困的帽子，但中国的扶贫仍然面临艰巨的任务。按照2013年中国扶贫标准，到当年底中国还有8249万农村贫困人口，贫困地区发展滞后问题没有根本改变。对于民生问题，困难群体往往有更多更强烈的诉求，因此需要给予更多的关注和帮扶。扶贫工作的内涵越来越丰富，操作性要求越来越强，"对象要精准、项目安排要精准、资金使用要精准、措施到位要精准、因村派人要精准、脱贫成效要精准"。

"经过多年的减贫工作，现在剩下的都是'硬骨头'。"习近平指出，扶贫开发工作已进入"啃硬骨头、攻坚拔寨"的冲刺期。各级党委和政府必须增强紧迫感和主动性，在扶贫攻坚上进一步理清思路、强化责任，采取力度更大、针对性更强、作用更直接、效果更可持续的措施，特别要在精准扶贫、精准脱贫上下更大功夫。

习近平关于扶贫工作的重要讲话发表后，精准扶贫成为"十三五"时期党和国家扶贫工作的精髓和亮点。安溪县按照党中央的要求，坚定地走精准扶贫之路，坚持因人因地施策、因贫困原因施策、因贫困类型施策，"对症下药"，在茶乡扶贫的路上，不落下一个贫困家庭，不丢下一个贫困群众。至

2019年底，全县贫困户、贫困村全部脱贫，打造出小康路上的"安溪样板"，实现了扶贫开发工作的四个根本性转变：贫困户的内生动力发生根本性转变，贫困村向美丽乡村根本性转变，贫困户住房条件发生根本性转变，扶贫力量实现由政府主导向大扶贫格局的根本性转变。同时，探索脱贫攻坚与乡村振兴有效衔接，拉开乡村全面振兴的大幕。

一、奏响社会"大合唱"

2014年，安溪开始对贫困户、贫困村建档立卡，有10个市级扶贫开发重点乡镇、108个市级扶贫重点村，国定省定市定贫困户7.53万人，其中国定和省定是6.47万人。

2016年初，安溪根据国家要求，对建档立卡贫困户进行"回头看"，按照"两公示一公告"来逐户核实，全县符合标准的国定和省定建档立卡贫困户剩下1.8万人，可以享受"十三五"的扶贫政策。当时的1.8万人，占泉州市贫困人口的三分之一；建档立卡贫困村71个，也是占泉州市的三分之一多，脱贫攻坚的任务艰巨。

精准扶贫的战役全面开展后，省委书记于伟国便在全省大会上要求，哪个县的扶贫工作没做好，县委书记就地免职。安溪县委、县政府强力推进精准扶贫，整个脱贫攻坚期间，全县按照五级书记（省市县乡村）抓扶贫的要求，县委书记高向荣是安溪县扶贫工作的第一责任人。高向荣同样在全县大会上强调，哪个乡镇扶贫工作出问题，乡镇党委书记、乡镇长、分管副书记副镇长就地免职。压力传递非常到位。

2016年，安溪在全省率先探索实施"百企联百村帮千户"行动，充分发挥商会和企业的优势，因地制宜，通过产业扶贫、电商扶贫、项目扶贫等多种形式，出实招、办好事，帮助贫困村群众加快脱贫致富步伐。146家安溪在地企业、异地安溪商会、海外安溪会馆，结对帮扶101个村1152户，落实帮扶资金2100多万元。首批22个异地安溪商会，与安溪县乡村振兴战略实施试点村结对共建,助力乡村振兴。

县财政对企业就地新增吸纳贫困边缘户并签订1年以上劳动合同的,每人补助2000元;增设公益性岗位,并签订1年以上劳动合同的,每人每月补贴1570元。

安溪县在全市率先实施扶贫小额信贷,信贷资金优先安排给贫困农户,解决他们的贷款难、担保难问题。扶贫小额贷款不仅给贫困户的产业发展"输血",更重要的是赋予源源不断的"造血"功能。

政府主导、社会参与、共建共享,激活脱贫发展内生力。全县经济发展先进村、富裕村分别与108个市级扶贫开发重点村、71个建档立卡贫困村结对共建;各级示范合作社与1210家合作社结对共建;发动100多家企业与贫困村共建,扶持发展当地特色产业。

安溪铁观音大师、制茶能手与1万户贫困茶农结对帮扶;国有企业中化公司与安溪共建10个"造血式"扶贫新载体,营收利润全部反哺扶贫,发展壮大村集体经济;晋江市与安溪县继续开展山海合作,沿海10个发达乡镇与安溪10个扶贫开发重点乡镇结对,提供帮扶资金1500万元。

安溪县还把发展农产品电子商务作为有力抓手,从电商培训、龙头培育、招商引资、政策优惠等多方发力。2014年起,出台《安溪县加快电子商务发展实施意见》,每年由财政安排300万元专项扶持资金,每年每人补贴2000元支持200人次上淘宝大学。电商企业可享受到包括财税、绿色通道、金融等方面的优惠和服务。安溪茶叶、香菇、冬蜜、笋干、白酒、红酒、咸菜等农产品,通过农村淘宝远销省外。一根网线改变了安溪农民的思维方式,也让"放下锄头,拿起鼠标,做做生意"的生活方式在乡村流行。

海内外安溪乡亲也积极参与家乡精准扶贫。6个海外安溪会馆、136家异地安溪商会和民营企业,热情参与到"百企联百村帮千户"精准扶贫中来。

安溪在全国率先实现乡镇扶贫开发协会全覆盖,筹集和管理社会的帮扶资金。2016年5月,安溪成立县扶贫开发协会,成立当天就募集1800万元捐款。2017年8月,全县24个乡镇均成立扶贫开发协会,共募集捐款1.3亿元。县扶贫办公室主任陈永春介绍，乡镇扶贫开发协会源于县委书记高向荣的倡议，在县委、县政府的号召下，扶贫开发协会覆盖全县所有乡镇，政府的行政手段逐步退出来，扶贫工作交给了这支"永不走的扶贫工作队"。

举全县之力，攻扶贫之坚，下足绣花功夫，用心用力用情，推动脱贫攻坚取得决定性胜利，打造了小康路上的"安溪样板"。2021年2月25日，全国脱贫攻坚总结表彰大会在北京人民大会堂隆重举行，大会对全国脱贫攻坚先进个人、先进集体进行表彰。其中，安溪县扶贫办主任陈永春获评全国先进个人。陈永春的这一殊荣，也属于茶乡所有扶贫干部，这是对安溪县脱贫攻坚工作的充分肯定。

二、"因地施策"创特色

安溪立足当地资源禀赋、产业基础和比较优势，依托新型农业经营主体，通过道路硬化、饮水工程、村庄美化等基础设施建设，实施产业扶贫项目，千方百计增强长坑乡山格村、金谷镇河美村、城厢镇上营村等一大批建档立卡贫困村和贫困户的自我发展能力，走出一条具有安溪特色的精准扶贫之路。

长坑乡位于县域西北部，是安溪的交通咽喉和商贸集散地，也是人口大镇，有建档立卡贫困户50户210人。长坑乡围绕"生态立乡、特色强乡、和谐稳乡"的发展思路，巩固提升传统茶产业，扶持壮大淮山特色产业，精准脱贫效果显著。

山格村在长坑乡政府驻地北3千米处，过去是远近闻名的"鞭炮村"，制作烟花爆竹是全村农民世世代代的主要产业。由于是手工作坊，安全难以保证，时常发生鞭炮爆炸事故。最严重的一次炸死了6个人，但为了谋生，群众又不得不从事这种危险的营生。

山格种植淮山历史悠久，但规模较小，尚未形成产业。2008年1月，山格淮山专业合作社成立后，合作社社员达到636户，淮山种植面积扩大到2000多亩，年产值4000多万元。"鞭炮村"华丽转身成为"淮山村"，全村没人再从事鞭炮加工。

2011年，村里成立山格农业综合开发公司，在原来纸箱包装鲜淮山、真空包装净淮山的基础上，成功开发出淮山养生茶、淮山营养露、淮山面条、淮山手工面线、淮山营养米粉等淮山系列食品，市场反响良好。此后，在长坑乡政府的牵头下，每年还举办一次淮山节，评选"淮山王"；组织淮山美食大赛；开展淮山采摘体验；弘扬淮山养生文化等。

合作社为贫困户提供淮山种苗，为贫困户传授种植技术。考虑到淮山PVC（聚氯已烯）管横式种植法先期投入较大，合作社既提供钻孔灌沙种植法作为贫困户的选择，又为贫困户小额信用贷款提供信用担保。此外，为消除贫困户对于销售的顾虑，企业与贫困户签订保价收购协议，以高于市场价实行包销制度，增加贫困户收入。

村社共建，合作社助推精准扶贫。2016年，长坑乡淮山种植面积6000多亩，产量1万多吨，产值近2亿元。全乡农民人均纯收入达到14288元。

2017年6月，深圳茂雄集团（安溪人创办的企业）与山格淮山专业合作社签订合作协议，投资8000多万元在长坑、祥华等地建立标准化生产加工厂房、扩大无公害淮山种植基地等。

地处安（溪）、南（安）、永（春）交界处的金谷镇河美村是一个革命老区基点村。2017年，该村被定为市级扶贫村，经过两年的发展，河美村通过"一村一品"，大力发展特色旅游，成功入选省级乡村振兴试点村名单。那么，它又是如何实现从扶贫村到试点村的跨越的？

来到河美村，跃入眼帘的是一条独具特色的党建文化长廊。长廊边上，是一条长500米、宽5米的步行道，2020年底刚刚建成。建设步行道是河美村改善人居环境、建设美丽宜居乡村的一项重要举措。近年来，河美村在改善村容村貌上下了不少功夫，一方面响应县委、县政府关于在全县农村开展"炸碉堡"，即整治旱厕和猪鸡鸭圈的号召，一方面实施一批休闲栈道、党建文化长廊、休闲微景观等项目建设，不断刷新乡村颜值。

基础建设完善起来了，生活环境美起来了，如何让村民的口袋鼓起来？

河美村通过土地流转、鼓励乡贤返乡投资，引进了鲜切花示范基地、金荣现代农业示范园、玉观音综合开发园等一批特色农业项目，既改变传统农林生产模式，也解决了部分村民的就业问题。鲜切花示范基地建设项目负责人表示，公司最主要的劳动力是一些贫困户和留守老人，在基地务工的贫困户每天有100多元的收入。

除了发展特色农业外，河美村还拥有发展旅游业得天独厚的文化条件。地处河美村的太王陵、威镇庙，以中华孝道文化享誉闽台两岸，加上豪春宫、檀林岩等当地乡村民俗资源，每年到此游览的游客数十万人次，蕴藏着巨大的旅游业发展潜力。在县文旅部门和金谷镇的协助下，河美村发挥厦沙高速东溪高速出口毗邻村庄的优势，通过发展特色旅游，目前形成稳定的客源市场，也带动了河美村第三产业发展。

经过近几年的发展，昔日贫困村河美村，正朝着集"生态、休闲"为一体的乡村旅游方向发展，一张具有河美特色的乡村旅游名片正在形成。

城厢镇上营村距离镇区17千米，由于地处高山，山路崎岖，交通不便，村民大部分外出务工，留守在家的多为老弱妇幼，是该镇唯一建档立卡贫困村。

泉州市派驻上营村第一书记颜珉到来后，立即争取市县有关部门的资金支持，全面启动村角落道路建设，对内观公路、车岩角落道路进行硬化，修建狐狸舌山围塘游步道，安装村居及村主干道路灯。乡村道路的完善及提升，大大方便了村民出行。

上营村海拔较高，缺水是常事。为了解决生产生活用水，村民们费尽心思寻找水源。村里争取县里的支持，筹措资金，投入80多万元建设两个蓄水池和净化池，有效改善全村村民特别是车岩、上地两个角落的饮水安全问题。

同时，除险加固上智、狐狸舌两个山围塘，实施上营村高标准农田节水灌溉工程，大大改善全村农田水利灌溉问题；完成旱厕填埋改造65座，完成新建公厕的选址与项目招投标，2021年将实现上营村公厕"零"的突破；推进村庄"绿色三年行动"项目，对村主干道进行绿化提升。

通过多项举措，上营村逐步改变原来交通不便、村庄环境脏乱差的面貌，以全新面貌跻身泉州市乡村振兴试点村行列。

道路畅通了，生态环境好了，不仅村里的年轻人，城里的市民也追着绿水青山来了。村里通过盘活固定资产，打造上营民宿"芳鑫雅苑"品牌，开展美丽乡村游、农家休闲游，走进上营村芳鑫雅苑民宿，小院里用石径分为休闲区、游乐区、烧烤区，还有小池、假山、石雕，可谓是"步步皆景，处处入画"。此举既增加村集体收入，又带动人气，提升上营村知名度。

为壮大村集体经济，上营村通过入股镇小水电站、大型广告牌招租、光伏发电并网、县小城投项目投资等多渠道增收，2020年实现村集体收入20多万元。

为发挥1200亩山地优势，上营村扶持发展茶叶种植和加工。2020年，村里与福建省科技特派员陈加友等9位专家共同设立"上营村科技特派员服务站"，通过科技扶贫，为农户发展经济提供技术帮助。村民王建成是村里的"科技特派员示范户"，在特派员上门技术指导下，种茶技术越来越好，成功摘掉贫困户"帽子"。茶季之余，王建成还种淮山、养蜂等，年收入达十几万元。

此外，村里还与安溪虎邱镇禾康好农专业合作社开展合作，借助该合作社的网络销售平台帮助村民卖淮山。2021年春节前夕，66岁的村民王玉友忙着挖淮山，他笑着说："今年淮山收成有3000多斤，有合作社的网络销售渠道，不愁卖！"

三、贫困户"加盟"农民合作社

农民合作社是广大农民群众在家庭承包经营基础上自愿联合、民主管理的互助性经济组织，是实现小农户和现代农业发展有机衔接的有效组织形式。

精准扶贫工作开展以来，安溪的700多家农民合作社已成为服务农民群众、激活乡村资源要素、引领乡村产业发展的重要组织载体，在助力脱贫攻坚、推动乡村振兴、引领小农户步入现代农业发展轨道等方面，发挥了重要作用。

2016年，芦田镇积极响应县里"脱贫攻坚"的号召，发挥"梅占原乡"优势，指导当地老党员杨福丁、杨兴枝发挥余热，成立梅山岩茶叶专业合作社。

梅山岩茶叶专业合作社拥有茶园350亩，入社社员100户，其中有27户建档立卡贫困户。成立以来，合作社首先通过兜底销售、技术指导，提高社员的茶叶收入，还优先安排贫困户打短工，多措并举，帮助贫困社员增收。

杨明水有5亩梅占茶园，合作社成立时，他以5亩的梅占茶园入股，交由合作社统一管理、采收、制作和销售。从此，杨明水就再也不用为茶叶销路发愁了。"每亩分红800元，一年可以分红4000元；我们夫妻在合作社打工，两个人合在一起大概工作100天，每天工资平均150元。2017年领到的分红和务工费共1.8万元，当年就实现脱贫。"

在合作社里，茶园面积大的贫困社员靠茶园入股，增加收益。对于茶园不多的贫困社员来说，学习、提高制茶技术，是他们脱贫致富的途径之一。茶农杨四福每到茶季，就跟着合作社里的制茶能手学习梅占茶的制作技术。"晒青怎么晒？摇青要摇几遍？揉捻要怎么揉？向老制茶师傅学习，他手把手教，很快掌握了技术，合作社也给我们提供平台，边学习边实践，做出来的茶叶质量越来越好，茶叶好卖了，价格也卖得更高。"社员杨四福有感而发。

合作社还与福建农林大学安溪茶学院、安溪县（芦田茶场）老茶师专家服务团深入合作，着手开展梅占茶标准研究，借以打造梅占茶品牌。

在感德镇，制茶大师陈两固成立"制茶大师工作室"，义务开展铁观音制作技艺传习活动。除了热心传授培训制茶技术外，陈两固还成立茶叶专业合作社，感德镇有100多户茶农、1000多亩茶园加盟合作社。合作社直接带动当地数千名茶农兴茶致富。通过聚茶农、建基地、塑品牌等方式，建立茶叶生产、销售一条龙，形成良好的茶叶产销格局，增加合作社茶农收入，促进了当地茶产业发展。

四、安溪担当作答"三保障"

精准扶贫的重点在哪里？国家提出重点是解决贫困户的"两不愁三保障"，"两不愁"是不愁吃、不愁穿，"三保障"起初指教育、医疗、住房，后来又加上了"饮水"。

面对这道"必答题"，安溪县敢于担当，精准作答，力促"稳定脱贫、长效脱贫"，实现前文所说的"四个根本性转变"。

"教育，现在义务教育阶段都是免费的，国家制定建档立卡贫困户的补助政策都执行到位，所以教育问题不大，不会出事。"陈永春介绍。医疗全省统一，实行叠加医疗保险。2017年开始，针对两大类群体——一类是2016年以来的建档立卡贫困户中"因病、因灾"返贫的贫困户；另一类则是非建档立卡对象中"因病、因灾"致贫对象，县财政还加码了1000万元，解决"两个100%""一个50%"。第一个100%，是建档立卡贫困户，在安溪范围内的医院住院目录内的药品报销百分百。第二个100%，是建档立卡贫困户患三十四大病种，报销100%。一个50%，是建档立卡贫困户到县以外的医院住院，住院目录内的药品不能报销的部分，负责报销50%。在省市各种保障政策的基础上进行补充保障，安溪建档立卡贫困户基本上没有医疗负担，杜绝了因病、因灾返贫的问题。

"三保障"最难的是住房。贫困户穷，盼星星盼月亮，就盼自己有一个住的地方。有的人没有土地，有土地也盖不起房子。为了解决这一问题，高向荣在全县异地搬迁推进会（2016年）上明确要求：所有建档立卡贫困户的异地搬迁工作，所需要的建房土地，乡镇书记、乡镇长要亲自协调。最终，安溪用四年时间，全面完成全市90%的异地搬迁任务（涉及2800多人）。为贫困户建房子，安溪在全省、全市做得最好。

为了确保全县4554户建档立卡贫困户的饮水安全，安溪专门委托第三方检测，每户600元钱由县财政掏。检测结果出来，有问题的整改，该换水源地的换水源地，该换净水器的换净水器，全部整改到位。净水器由水利局统一购置，县里出钱，确保检测出问题的全部183户的用水安全。

残障人士是贫困户中的最短板，安溪对135名建档贫困边缘户残障人士就学创业，每户补助5000元；对45户的安居工程，每户补助6万元；对0~14周岁残障儿童少年康复训练补助全覆盖。同时，还为300名贫困家庭青少年、妇女儿童购买助学救助保险或安康保险。

第二节　建设美丽茶乡

"美丽乡村"建设是我国社会主义新农村建设的升级阶段，其核心在于创新乡村发展理念，寻找乡村经济发展、乡村空间布局、乡村人居环境、乡村生态环境以及乡村文化传承的实施路径。

2013年以来，安溪以多种形式推进农村环境整治，集中于违章建筑、生活垃圾、污水处理等突出问题，着重治理水土流失、旱厕和畜禽养殖污染，改善农村人居环境，完善公共服务配套，改变农村资源利用模式，推动农村产业发展。通过"产业提升、环境提升、素质提升、服务提升"，把全县建制村建成"村村优美、家家创业、处处和谐、人人幸福"的大美乡村。

一、村村建起"聚心楼"

"你们村委会连个'窝'都没有，还在小学跟孩子们争'地盘'，怎么带领老百姓奔小康？"每当听到这样的嘲讽，长坑乡文坪村党支部书记王思远总是无言以对。前些年，文坪村因为没有村部，一直在村小学里的旧祠堂办公，祠堂只有两间小房间和一个只能排下十几张椅子的小会议室。过道里遇上个人都要侧着身子才能过，更不用说开党员大会和村民大会了。

这样的尴尬，以往安溪县很多村的村干部都深有体会：村里没有活动场所，不是一件小事，直接影响村子的形象，影响村级组织的威信和凝聚力，更影响村务开展和村民议事。

2013年以来，安溪县把村级组织活动场所建设作为抓基层、打基础的重点工程，纳入为民办实事项目。针对部分村级组织活动场所年久失修、狭窄破旧、不适应发展需要的现状，实施"阵地建设"工程，让村级办公场所旧貌换新颜。对全县472个村级组织活动场所建设现状进行调查摸底，通过采集信息、拍摄照片和微视频，建立实时更新的"村址信息库"。按照"村级申请—乡镇党委初审—安溪县委组织部审定"的程序，经过实地察看、反复比选,对拟新建活动场所的村进行严格筛选,确保"应建尽建、能建先建"。

在推进村级组织办公场所建设中,强化制度保障,推进活动场所标准化、规范化建设。在功能设置上,合理安排活动场所的各功能单元,留足空间(不少于120平方米)统一设置"五个中心",即办公议事中心、党员活动中心、教育培训中心、便民服务中心和文体娱乐中心,"去机关化",使其真正受惠于民、服务于民。

在经费保障上,安溪实行县、乡、村三级联动,共同筹集建设资金,县里按每个办公场所25万元的标准进行补助。截至2019年底,像文坪村一样搬进"新家"的有140多个,全县所有村级组织全部消除"无址办公",实现规范建设,村级组织活动场所成为聚民心、议民事、促民生的主阵地。同时,进一步拓展服务功能,使其成为党员群众的议事堂、农村科技的培训处、农民致富的信息库、先进文化的传播台,以及留守儿童、老人的幸福院。

龙涓乡鹤林村原先也是借用小学旧址办公,2016年10月投建新办公场所,2017年12月投入使用,村两委办公场所得以改善。2018年,在该村第一书记黄永辉的牵线搭桥下,海峡出版发行集团在新村部建设海峡书屋,共有综合类图书2500多册,为山区群众送来了"精神食粮"。

在龙涓乡龙房村,新建的村部不但有标准的办公场所,还有集中民政、低保、计生等多项便民服务的服务窗口,方便群众来村里办事;尚卿乡灶美村延伸便民服务中心功能,开设电商服务点,为村民提供电商培训、产品推介、网络代购等服务,带动村民"触网"发展。

村级办公场所不仅承担着办公服务功能,更是基层党组织的重要阵地。没有活动阵地,党员很难聚到一起。有的村子甚至连党员会议都不能正常召开,党组织活动搞不起来,直接导致战斗堡垒作用难以发挥,甚至连新党员发展都处于半停滞状态。

尚卿后福村原先是组织软弱涣散村,2016年新村部投建后,不但有党员活动室,还修建了廉政文化广场,党员的向心力一下子就凝聚起来了。"新村部既有新场所,又有新制度;既有新环境,又有新气象。"后福村党支部书记朱两枝介绍，2018年以来，后福村先后建设村级饮用水工程、村公厕等，通过美丽乡村建设、扫黑除恶、移风易俗，村子变美、变文明、变和谐了。该村被评为省级"千村整治百村示范"美丽乡村建设示范村。

二、乡村振兴十大类型

"两山"转化型。龙门镇洋坑村曾饱受崩岗地质灾害、石材开采与加工带来的生态破坏之苦。在推进实施乡村振兴战略中，洋坑村践行"绿水青山就是金山银山"的理念，大力推进生态文明建设，开展治崩岗、治矿山、治污水、治旱厕、治垃圾、治农房等，建设崩岗地质公园、矿山公园、生态小院、乡村振兴馆等，发展乡村旅游、教育研学等绿色生态产业。实现从"穷山恶水"向"绿水青山"再到"金山银山"的蜕变。

产业融合型。虎邱镇湖垵村在推进乡村振兴试点建设中，做到统筹考虑产业培育、生态保护、文化旅游等发展需要，建设集产业、生态、防洪、观光等功能为一体的长潭现代农业生态园，配套实施水上展演、民间戏曲、酒瓶盆景等文化运营，实现经济、社会与生态效益同步发展，成为周末亲子游的最佳选择和"网红打卡地"。2021年"两节"期间吸引游客近20万人次。

土地整治型。龙门镇大生村组建村集体农业经济合作社，创建"大生优品"农产品品牌，引导农户以土地承包经营权入股，流转200多亩已被抛荒的耕地，建设现代农业生态园，发展村域生态农业。同时，与厦门专业机构合作发展乡村研学，引导乡贤建设民宿，打造乡村旅游新业态。短短两年多，大生村迅速由"空壳村"向"旅游村"蜕变。

乡贤驱动型。城厢镇经兜村在实施乡村振兴战略中，注重发挥乡贤作用，成立乡贤议事会，构建乡贤参与乡村治理平台；成立狮渊慈善基金会，吸引乡贤捐款3000多万元，用于经兜村"渊兜水乡"、爱耕观光农场、仙鹤园等项目的建设；集聚乡贤力量，推进经兜空气动力大厦及总部村落项目建设等。得益于乡贤助力，经兜村在乡村建设、乡村治理等方面工作进入"快车道"，

2020年获评全国乡村治理示范村。

众筹创业型。虎邱镇湖西村依托区位交通、旅游文化、森林资源、日春茶庄园、古茶树园等资源优势，采取众筹的模式募集3000多万元资金，相继建成玻璃栈道、天炉峰、仙公殿、卡丁车场、喊泉、迷宫、樱桃园、梨树园、古茶树观赏园等项目，打造禅茶旅游"山水朝圣——白石岩"文化品牌，年吸引游客超100万人次，直接收入超1500万元，每年为村集体增收100多万元，带动餐饮、民宿、便民超市、纪念品行业蓬勃发展。

村企共建型。尚卿乡黄岭村原本是个落后的偏远小山村，依托村集体旧茶园，引进誉丰国心茶业有限公司，建设集观光休闲旅游、康养保健、度假酒店经营与管理、有机生态茶园开发、茶树种植、茶叶加工销售、茶文化体验与传播为一体的现代综合性生态茶庄园，通过村企共建，实现"村民增收、村貌整洁、村风文明、村企共赢"的乡村振兴新格局。

文化挖掘型。西坪镇松岩村深入挖掘铁观音母树、制作工艺等独特传统文化内涵，集聚力量建设铁观音母树公园、茶叶种植园、茶叶制作工艺发源文化古道、茶禅寺等，全力打造铁观音茶文化系统，实现铁观音茶文化的物化与固化，促进安溪铁观音茶文化传承、优质茶叶种质保护，力争打造成为闽南地区乃至世界闻名的茶文化探源地和旅游胜地。

农房整治型。祥华乡东坑村以农房整治为切入点，分类推进。对在用农房强化"穿衣戴帽"，采取"政府补贴+农民自筹"的形式，分区连片进行外立面整治。对废旧农房以激活闲置资源为核心，分别采取拆旧建新、拆除复耕、整成文体房、改成产业用房等措施进行整治。

产业集聚型。尚卿乡灶美村以藤铁家居工艺产业集聚发展为主轴，加快优化软硬环境，建设国家级星创天地和"972"源工坊，创建人才之家，组建灶美电商产业发展联盟，建设藤铁工艺一条街，打造囊括产品设计、研发、生产、销售、物流等完整的产业链条。2020年电商产业年产值突破3亿元。

文创开发型。湖上乡盛富村依托独特的少数民族传统竹编工艺，结合村域丰富的山地、竹林资源，推进"畲竹文创园"建设，大力发展竹艺文创产业，并搭尚卿乡规模电商企业（唐信家居）的淘宝平台"便车"，实现上网销售。2020年首年就实现销售额80多万元，为村集体增加收入达10万元。

三、为"裸房""穿衣戴帽"

"2020年，我们村给50多栋'裸房''穿衣戴帽'，'裸房'整治带来的改变不只是'面子'，还有'里子'。从'面子'上说，持续提升村庄人居环境和村容村貌，从'里子'上说，项目的实施不仅在村两委中形成共识，更得到村民的理解和支持，带动了文明乡风的养成。"城厢镇经兜村党支部书记孙开明说。

经兜村的实践探索是安溪推进美丽乡村工作的一个缩影。2020年以来，安溪县以改善农村人居环境为目标，全力规范农村建房管理，有效整治农村"裸房"。全县2445栋"裸房"完成整治，实施完成全部24个乡镇农房整治，实现"镇镇有示范工程"，以优异成绩通过福建省农村人居环境整治三年行动考核验收。

安溪县"裸房"整治既有统一规划，又因村制宜，从风貌管控、图集编制等工作入手，确保农房整治工作做细做实。编制《安溪县农村建房立面图集》，鼓励采用闽南传统民居特色的坡屋顶，充分考虑茶乡元素，引导在建农房按照图集进行建设，打造具有安溪特色的建筑风貌。同时，落实建筑质量管控，推广《农民自建房质量安全常识"一张图"》，普及到村到户，对既有农房整治涉及的质量安全风险点进行提醒，提升村民和农村建筑工匠质量安全常识和风险防范意识，落实质量安全监管责任。

安溪在抓好"裸房"整治的同时，县长吴毓舟还提出通过拆除复垦、拆除翻建和修缮利用、拆除利用等方式，着力推进危废旧空心房整治。本来存在安全隐患的危废旧空心房，通过整治，变成了菜果园、小公园、停车场等，不仅消除了安全隐患，提升了土地利用率，也提升了乡村颜值，群众的生活环境也更加舒适。

下一步，将重点对"一路三道"（高速公路、国道、省道、县道）沿线两侧 200~300 米可视范围村庄、乡村振兴村、乡镇政府驻地村等村庄，实施"裸房"外墙装修装饰，并对具备条件的平屋顶进行"平改坡"，推动农房建筑风貌的改善提升，打造具有茶乡特色的乡村建筑风貌。同时，增加财政资金预算，通过制定奖补措施，调动群众参与的主动性和积极性。

第三节 特色小城镇

2018年，国家发改委印发《关于建立特色小镇和特色小城镇高质量发展机制的通知》，将特色小镇视为聚焦特色产业和新兴产业，是聚集了各种发展要素的创新创业平台。湖头镇和龙门镇是安溪建设特色小镇的主要试点。

一、湖头镇：从工业重镇到科技新城

湖头镇位于安溪县西北隅，处于厦漳泉一小时高速经济圈，历史文化底蕴深厚，自古就是繁荣通达的交通枢纽和商贸重镇，素有"小泉州"的美称；脱胎于"传统工业重镇"，以"现代科技新城"换骨，现代产业体系发达。镇域面积101.2平方千米，常住人口近11万人，是闽南金三角重点城镇，也是安溪县北部中心城镇、经济强镇和人口大镇。

2007年9月，安溪县决定按照城市标准规划建设湖头新城，把湖头镇建设成中等规模的城市。2011年，湖头镇被列为福建省综合改革建设试点小城镇，进而确立"地域传统文化特征鲜明、环境友好型新市镇"的总体发展目标和"产城融合、以产兴城"的发展路径。2019年名列全国综合实力千强镇第211名。

打造现代科技新城

湖头历来是安溪的传统工业重镇。过去，以三安钢铁公司为引领的钢铁产业一枝独秀，以三元集发水泥有限公司为主导的水泥产业风生水起。

经济新常态下，湖头巧做产业"加减法"，敢于"壮士断腕"，有效整合调优传统产业。不惜减少5000万元税收，坚决关停近20家高耗能、高污染、低效益企业，引导三安钢铁投入20多亿元发展技改扩建项目，实现资源循环利用。

斥资上百亿元，建成全省产业链最完整的安溪湖头光电产业园，吸引三

安光电、深圳天电光电、厦门信达光电、中科生物等 20 多家国内行业龙头企业入驻。其中，晶安光电（三安光电子公司）为亚洲最大的蓝宝石衬底生产商；信达光电拥有目前国际最先进的半导体发光二极管及其应用产品的全自动生产设备、检测设备；天电光电在 EMC（环氧塑封料）封装领域企业竞争力排名全球第二；中科生物为全球最大的光生物产业基地。在龙头引领下，"磁吸"效应强大，勤为光电、晶彩光电、稻川新能源等中下游环节企业也先后落户。

2017 年 11 月，福建省政府同意泉州市整合晋江集成电路产业园区、南安高新技术产业园区、安溪湖头光电产业园区三个园区设立省级高新技术产业园区，定名为"泉州半导体高新技术产业园区"。安溪湖头光电产业园如今是福建省最大最专业的 LED 高科技产业基地。

湖头的发展离不开体制机制的创新。县委、县政府实行准一级财政体制，实行土地出让金、税费和有关规费收入全部返还的政策；每年的泉州市财政新型城镇化建设专项资金，重点向湖头镇倾斜，并在土地、人才等方面给予政策扶持。

现代城镇 + 美丽乡村

湖头新城正逐步呈现花园式景观：路网建设全面铺开，环城路高速路口至光电园段建成通车；LED 路灯扮靓镇区范围道路、景观地段，使湖头成为名副其实的不夜城；投入 1.5 亿元建成的河滨路景观带，投入 2 亿元建成的李光地文化园、尚大公园、河滨公园等主题公园，成为市民休闲的场所；实施新华都商业广场、弘桥城市广场、湖景新城等项目，天地珑城、国金置业·美湖佳苑等高品位商住楼盘入驻，湖头的城市味愈来愈浓。

湖头建设新城的同时，不忘贫困群众。围绕"大众创业、万众创新"，积极启动湖头群众创业就业增收新模式。推动三安钢铁等企业与周边村委会共建，增加村集体收入；建设弘桥智谷电商创业园、山都美丽乡村文创基地，鼓励农民"洗脚上网"；建设湖头米粉生产基地，引导贫困户加入湖头米粉合作社就业增收；利用湖头光电产业园孵化基地和光电行业配套厂商资源，培育光电行业产业工人；成立镇扶贫开发协会，筹集资金950万元，与3个贫困村建立结对帮扶，促进贫困户增收。

乡村面貌今非昔比。以山都村"三安幸福小镇"为范本，湖头所到之处，绿树成荫，生机盎然，步移景异，令人流连忘返。

山都村古称山兜，三面环山，位于湖头镇西南部。因山地较多，故名山都。山都村区域面积8平方千米，辖10个自然村落，24个村民小组。

"三安幸福小镇"建设项目，以山都村为核心，以泰山岩森林公园为界，东南接埔美村，北接高山村，辖3个村落，涉及1700多户7000多人。项目以山、林、溪为环境，以茶园和传统村落为载体，以农业为支撑，以休闲业为补充，以科技与教育为生命力，是环境优美、设施完善、生活富足，生态、生产、生活和谐发展的中国现代化乡村小镇。

山都村注重传统与现代的结合。在统一修缮改造民居古厝的同时，配套完善交通、学校、老年活动中心、养老院、农贸市场等公共设施及环境保护设施，山、水、田、林、茶、宅相互衬托，营造出"小桥、流水、人家"的现代田园意境。

"三安幸福小镇"是安溪乡贤、三安集团有限公司董事长林秀成慷慨捐赠数千万元，配合安溪县打造的新型美丽乡村样板。三安幸福小镇配建茶产业示范基地，建设生态茶庄、茶园及茶叶加工点，实现村民收入的可持续增长。2013年年底，山都村被农业部列入"美丽乡村"建设示范村，成为新型现代化农村的全国样板。

二、龙门镇：生态新城的"强镇扩权"

鱼跃龙门

龙门镇位于安溪县南部，东邻泉州南安市翔云乡，南连厦门市同安区汀溪镇，西与虎邱镇、大坪乡交界，北和官桥镇接壤。行政辖域面积156.33平方千米，辖 31 个行政村和 1 个居委会，总人口 10 万人。龙门有丰富的温泉资源和美丽的生态环境，厦沙、沈海复线两条高速在本区域交会，到厦门、泉州仅需半小时左右车程，资源环境独特，区位优势突出。

2010 年 2 月 25 日，在福建省小城镇综合改革建设试点工作会议上，龙门镇被列为全省 21 个综合改革建设试点之一。县委、县政府根据泉州市的要求和安溪县的发展需要，决定将龙门镇、官桥镇捆绑成南翼新城进行综合改革建设。

龙门镇根据区域资源特点、区位优势，以建设一座新兴生态城市的理念来指导规划，突出温泉生态旅游功能，目标是成为承载运动休闲、养生康体、旅游地产、高新技术等产业的宜居城市综合体、闽南休闲商务区、"海西"生态健康旅游新城。

按照南北延伸、跨溪西拓的思路，整个新城规划分为北部商贸服务中心、中部行政服务中心、温泉度假中心、南部旅游商业中心、高新技术园区和东部产业园区六大功能区。

根据已有的产业基础和未来的发展取向，新城重点发展高端装备制造、食品加工、电子电器、信息服务、物流配送以及休闲度假旅游产业。

"鱼跃龙门"这一成语寄托着人们对美好生活的向往与憧憬。龙门镇正全力推进小城市建设，争当茶乡经济发展排头兵。2009 年，龙门镇工农业总产值 38.8 亿元，国地税总收入 7081 万元，农民人均纯收入 7882 元。2019 年，全年财政总收入 4.87 亿元，税收收入 4.25 亿元，完成固定资产投资 48.50 亿元，规模以上工业总产值 100.13 亿元。实施小城镇建设，给龙门带来了前所未有的发展机遇，龙门镇正逐步实现从农村到城市的转变。

强镇扩权

在工业化和城镇化的推动下，中国一些乡镇的经济发展水平迅速提升，并且吸纳了大量的外来人口，导致乡镇政府所面临的管理与服务需求急剧扩张。但是相对滞后的乡镇管理体制，却没有能力提供与之相适应的公共服务，这种现象被形象地称为"小马拉大车"。

为改变这一困境，强镇扩权改革应运而生。2015年，福建省人民政府办公厅印发《关于开展小城市培育试点的指导意见》，明确将加快推进小城市培育试点工作，在15个试点镇实施强镇扩权改革，龙门镇名列其中。

强镇扩权是以一个城市的标准来发展乡镇，实质是纵向权力结构的扁平化和权力中心的下移。龙门镇被列为省级小城市培育试点镇以来，在开发建设中全面实行扁平化、紧凑型的行政管理模式。县直相关部门的行政管理权限随人员全部下放至龙门镇开发建设一线，缩短管理链条，提高行政效率，问题在一线解决，审批在一线完成，效能在一线体现。

龙门镇成立项目报批组、规划建设组、征地拆迁组、资金运作组、招商引资组，为企业提供全方位的服务。每个月还召开一次现场协调会，协调林业报批、土地规划等工作。

从改革试点工作取得的成效来看，强镇扩权在一定程度上缓解了试点镇"小马拉大车"的困境。改革中所凸显的政府层级扁平化趋势，对于推进政府决策的科学化、提升行政效能成效明显。

作为全国发展改革试点城镇，经过几年建设，龙门镇在基础设施建设、城镇建设、产业引入等方面积蓄强劲发展力量，2019年名列全国千强镇第299名。一座新兴的精品小城市崛起于茶乡大地。

第四节　电商发展百强县

安溪人总是善于把握时代脉搏，紧跟时代潮流。"十三五"时期，电子商务已深入安溪经济各领域，主要涉及茶叶、工艺品、食品包装、广告传媒、物流、仓储、网络营销、第三方服务等行业，成为全国县域电商发展的典型之一。

在农业农村部信息中心联合中国国际电子商务中心研究院发布的《2020全国县域数字农业农村电子商务发展报告》中，安溪位列2019年县域网络零售TOP100排行榜第23位和2019年县域农产品网络零售TOP100排行榜第2位。

安溪县作为全国有名的电商发展县，2020年，电商产业持续发展，淘宝镇10个、淘宝村36个、电商企业3000多家、电商个体者超3.5万个、电商从业人员超7万人，全县电商年交易额108亿元，获评电子商务促进乡村振兴十佳县域。据阿里巴巴后台数据统计，在商业家具领域，以铁艺为主打产品的安溪，已超广东省佛山市，排名全国第一。

在全国2700多个县域行政单位排行中，安溪县荣获2021中国县域电商竞争力百强榜第60位。

一、大山里的电商示范县

一根网线将大山里的安溪与外面的世界紧紧连接。

安溪县高度重视电商发展。2013年，成立以县政府主要领导为组长的"安溪县电子商务工作领导小组"，进一步加强组织领导，统筹协调解决全县电商发展过程中遇到的困难问题。在设立专项资金、强化服务和监管、实施财税优惠、加大培育电商专业人才等方面，出台多项优惠措施，促进电商更好更快发展。

2019年，安溪建成集人才服务、技术服务、创业服务、财税金融服务、其他服务等多个功能板块，总面积1500平方米的县级电子商务公共服务中心，为电商企业代开发票，协助电商企业办理注册服务。

在物流与供应链方面，通过建立农村共同配送运营模式，提高配货装载率、不断降低物流成本。2019年实现快递每件均价3.476元，同比下降6.01%。建设完成覆盖县、乡（镇）、村的三级物流配送网络，有效缓解农产品的"最初一千米"和"最后一千米"难题。创新采取"轻小件集包大件串点直发"作业模式，有效缩短邮件出口时限。新增2条固定县乡物流运输线路，设置108条乡村物流投递线路，打通邮件县、乡、村48小时内（偏远行政村72小时内）配送通道。建立共同配送平台，与社会快递公司及67家具备物流资质的个体工商户签订农村共同配送项目合作协议，月均快递业务量超16万件。创立"农村电商＋寄递＋金融"模式，以优惠寄递活动为载体，推行线上下单线下寄递。

疫情防控期间，三级物流配送体系实现服务四个"不中断"，即网点普遍服务不中断、机要通信不中断、揽投服务不中断、在线服务不中断。

在助力扶贫方面，通过发展"一村一品"电商模式，让贫困村将资源优势转化为产业优势、产业优势转化为经济优势。疫情防控期间，驻村书记直播带货，销售"石山花蜜""石盘笋干"等农特产品，解决农产品滞销问题。

在数据统计分析方面，实现电子商务网络零售数据统计多平台耙取，覆盖含天猫、拼多多、京东、淘宝等超70个电商平台。实现全县电商企业一户式查询，包含月度及年度网络零售交易额、交易量、交易模式、行业分布情况、经营主体数、重点渠道分布情况、直接从业人员数量、各区网络零售情况及增速分布情况等信息。

如今，安溪从事电子商务行业的人员涉及茶叶、工艺品、食品包装、广告传媒、物流、仓储、网络营销、第三方服务等行业。2017年以来，先后建设1个部级数字农业示范基地（安溪县桃源有机茶场园艺作物数字农业项目），2个省级现代农业智慧园（福建省誉丰国心茶业现代农业智慧园、安溪华祥苑茶基地现代农业智慧园），13个市级农业物联网应用企业（分布全县9

个乡镇，茶叶有城厢镇的安溪县大宝峰有机茶厂和安溪县英华茶业发展有限公司、湖上乡的安溪历山茶仙茶业有限公司、龙涓乡的安溪县龙涓内灶茶叶专业合作社联合社、虎邱镇的福建省华虹茶业有限公司共5个；果园有福田乡的安溪县日当午农业庄园、城厢镇的安溪御果源种植专业合作社、尚卿乡的安溪县国公山种植有限公司、虎邱镇的福建玖玖天诚生态农业有限公司、龙门镇的泉州市宏森林牧农庄发展有限公司共5个；蔬菜有大坪乡的安溪县丰村蔬菜专业合作社1个；食用菌有桃舟乡的全香蔬菜有限公司1个；生猪有龙门镇安溪县珍山农业综合有限公司1个）。

二、产业基地、茶多网、云平台

弘桥智谷（泉州）电商产业基地，由福建省弘桥智谷投资有限公司于2013年投建，2014年10月正式运营，构建集人才培训、文创设计电商运营、仓储物流、产品分销为一体的电商生态系统，为电商企业及大众创业者提供各方面服务，以集群优势整合各方资源，助力电商企业做大做强。截至2019年底，基地入驻率高达94%。

基地设立泉州弘桥智谷电商职业培训学校，常年开展公益性电子商务相关培训，开设包括淘宝、微商、直播等相关课程；与全国多所高校合作，建立大学生实训基地，既满足基地入驻企业的人才需求，也帮助基地周边人员解决就业、创业问题。结对帮扶、培训贫困户，优先考虑贫困户就业，促进贫困户增收。不少贫困户经过培训后，在基地保安、保洁、电商产品发货端普工等岗位上岗，增加收入。

茶多网，由商务部中国国际电子商务中心、中国茶都集团、中国茶叶流通协会联合建设，于2010年11月开通。主要从事平台公共服务，助推企业信息化水平和现代运营管理。深入农村，促进产业链协同发展，助推农村电商发展。创立了全国"茶业价格指数"，成为全国农产品电子商务标杆企业。截至2020年，入驻茶多网的实体店铺超过1800家，通过原产地认证的茶商

60多家，共有注册会员170多万人。

2017年以来，茶多网从电商交易平台转变为安溪信息展示平台，着重开展电商培训业务，服务安溪电商发展。2018年8月，通过公开招标被确认为安溪县电子商务培训实施体系的项目承建单位，至2020年6月，完成整体项目任务，并通过验收。

"数字茶业"云平台项目，由县茶业管理委员会办公室与中国移动泉州分公司于2019年合作建设。"数字茶业"云平台将建成安溪茶叶单品种全产业链大数据中心，依托大数据中心共同构建"数字茶园""数字茶市""数字茶政"。

"数字茶园"，为广大茶农提供适宜性评价、茶园地块管理、茶园环境监测、茶园农事管理等服务；"数字茶市"，为广大茶商对安溪茶叶在交易环节的品类、流向、渠道、价格等进行监测，更好地服务茶产业主体；"数字茶政"，为茶业管理职能部门提供产业全景、生产加工、价格监测预警等服务。

三、四种电商扶贫模式

安溪首创"零元"创业，"造血"扶贫。

打造销售、营销、物流、服务四位一体的新零售模式。2018年，安溪县引进阿里巴巴"农村淘宝"项目，结合电商进农村示范创建工作，通过搭建县—乡镇—农村三级服务网络，突破物流、信息流的瓶颈，成功实现"网货下乡"和"农产品进城"双向流通。

积极探索"党建+电商"模式。采用"支部引领、党员带头、电商助推"新模式，通过电商技能培训、签约包销、"一村一品"等形式，大力培育县域特色扶贫品牌。

构建"基地+电商+农户"模式。以国家电子商务进农村综合示范县建设为契机，结合建档立卡贫困村发展实际，成立"石盘村电商扶贫稻蔬基地""云溪村电商扶贫特色果蔬基地"，引导建档立卡贫困户、农户种植板栗南瓜、太妃南瓜、大米、水果玉米等农特产品。依托"邮乐购""微商城"等平台及三级物流配送体系、电子商务服务站点体系，带动云溪村特色南瓜、石盘村特色大米、美亭村水果玉米"走出去"，助力贫困户增收。该模式被省商务厅在全省推广。

推出电商"三保"战疫助农模式。疫情防控期间，探索"菜篮子"基地保供应、线上平台保销售、物流体系保配送的"三保"战疫模式，全力保障市场农产品供应。依托邮乐购、微商城、小程序等线上电商平台，开展"抗疫助农·爱心驰援"农产品线上促销活动。同时，发挥三级物流配送体系优势，推出零接触配送直达快递末端。

电子商务作为信息革命背景下的时代产物，通过影响农村、农业和农民的要素配置方式、资源组织方式，为乡村振兴插上了翅膀。它使农民从封闭走向了开放，赢得了更多创业机遇；它改变了生产要素的组合方式，使信息成为新的生产要素，提升了农民的劳动力水平，加快了农村资金的使用效率，带来了农村经济的全面发展。

第十八章 "三铁"扬名

第一节 铁观音成为中国文化符号

安溪产茶千年,是中国乌龙茶之乡,世界名茶铁观音的发源地。安溪乌龙茶(铁观音)制作工艺被列为国家级非物质文化遗产,安溪铁观音茶文化系统入选第二批20个中国重要农业文化遗产,入选全球重要农业文化遗产预备名单。

安溪具有千年的冶炼(冶铁、冶银)历史,宋元时期的尚卿、湖头等古冶铁遗址,见证古代安溪先进发达的冶炼产业,并对千年安溪的产业发展产生绵延不绝的影响。2021年7月25日,第44届世界遗产大会审议通过将"泉州:宋元中国的世界海洋商贸中心"项目列入世界文化遗产名录,成为中国第56项文化遗产。安溪的青阳冶铁遗址,是"泉州:宋元中国的世界海洋商贸中心"的22个代表遗址之一。

安溪藤铁工艺产业拾级发展,被誉为"指尖上的魔幻艺术",国家级非物质文化遗产。安溪藤铁工艺产业从尚卿乡起源,迅速燎原全县,走出国门,享誉全球,安溪因此获评"世界手工艺理事会手工艺城市——世界藤铁工艺之都"。

巧合的是,安溪这三个享誉世界的荣耀,都与"铁"有关。"三铁"是安溪递给世界的三张"金字名片"。

一、茶学本科院校落户安溪

随着安溪茶产业的快速发展,业界对专业人才需求日益迫切。2009年6月,到任安溪不久的县委书记李建辉提出在安溪创建一所茶专业院校,以适应和进一步推动茶产业的快速发展，县委、县政府及有关部门进行充分论证。同年12月，成立安溪铁观音茶学院（暂名）筹备工作领导小组。

2010年5月，县委、县政府在城区参洋片区划出1200亩土地作为茶学院建设用地，县财政先期拨付3000万元作为项目启动资金。

2011年3月，"全省进一步完善中小学布局暨中小学校舍安全工作现场会"在安溪召开，省委常委、副省长、教育工委书记陈桦出席会议，县委书记李建辉、县长朱团能借机向她汇报了在安溪创办茶学院的想法。陈桦明确表示支持，并当场指示，安溪创办茶学院应与福建农林大学合作，省教育厅要做好相关协调工作。

会后，省政府和省教育厅马上召开协调会进行研究，并启动相关筹备工作。陈桦在会议纪要件上批示："将安溪茶学院作为创新校企合作机制、改革高校办学模式和推动高校与产业良性互动的试点"，"作为职教改革试点和社会资金捐赠助学的典范"。

2011年6月18日，在第九届"中国·海峡项目成果交易会"上，福建农林大学和安溪县人民政府签订了《关于合作创办安溪茶学院的框架协议》。协议明确：茶学院作为福建省高等教育办学模式改革试点，以本科教育为主，兼顾高职、研究生等各个层次的教育，逐步形成多层次办学格局，培养为茶产业服务的应用型、复合型人才，力争把安溪茶学院打造成特色鲜明、全国一流、海内外知名、有影响力的茶学院。协议同时明确：茶学院作为福建农林大学的二级学院由福建农林大学负责管理，探索校校、校企、学校与科研院所等合作办学机制。本科教育试点推行一年专业大类与三年专业方向分流培养的"1+3"专业设置模式，第一年在福建农林大学本部（福州）学习基础课，后三年在安溪校区学习。根据校地双方协定，安溪茶学院建设按照近期3000人、远期5000人的办学规模标准进行规划，分两期建设。

协议签订后，2011年11月12日，福建农林大学安溪茶学院举行奠基仪式。

钱从哪里来？由并不宽裕的安溪县财政出资，显然不现实。在继任县委书记朱团能、县长高向荣的倡议下，县委、县政府向全县人民发出"举全县之力，办好安溪茶学院"的号召，动员各界安溪乡贤慷慨解囊，捐资助建安溪茶学院。陈发树、林秀成、柯希平、杨景队等一大批心系家乡发展的乡贤，纷纷捐出巨资。

像当年捐资建设龙门隧道一样，海内外安溪人的热情再一次被空前激发起来。至2013年8月，共有15家安溪同业公会、44家安溪茶叶协会企业及个人、85家安溪异地商会企业及个人、50家建筑企业、24个乡镇、数百名安溪籍企业家参与捐款，认捐资金高达5亿多元。在安溪茶学院的募捐和建设过程中，朱团能、高向荣等县主要领导可谓呕心沥血。

为办好全国唯一一所涉茶公办本科院校，福建农林大学和安溪县委、县政府把创建茶学院作为"德政工程"和安溪县的"一号工程"，协同协作、密切配合，按照"高起点、有特色、国际化"的办学定位，高效有序推进茶学院创建各项工作。

2012年8月，安溪县用短短的一年时间，基本完成一期主体工程建设，福建农林大学安溪茶学院内部设施投入与建设也基本告竣，体育馆、食堂、实验楼、学生宿舍楼、教师公寓、学生活动中心、教学楼、教职工俱乐部、茶文明史馆等17幢主体工程和配套设施建设即将投入使用。在工程全部完工后，安溪县将学校完全交由校方管理，尊重学校的自主办学方针。

2012年秋季，安溪茶学院开始招收首届学生，并圆满完成本科200名、专科200名招生计划，实现招生工作"开门红"。首届本科一批共开设茶学、旅游管理、工商管理（茶企业管理方向）、工商管理（茶营销管理方向）四个专业和高职一批茶叶生产加工技术、市场开发与营销、工商企业管理三个专业。

2013年，根据福建茶产业发展形势和市场需求，招收新生750人，全额完成招生计划（其中，本科550人、专科200人）。本科一批增设会计学、机械设计制造及其自动化（茶机械电子工程方向）两个专业，共6个专业。同时，茶学院还开始招收硕士研究生、博士研究生、海外留学生等各种高层次生源，形成"本科—硕士—博士"完整的茶产业学科教育培养体系。

安溪茶学院的创办，有力推动了安溪茶产业的发展。作为创新校企合作机制、改革高校办学模式的典范，2017年11月，安溪茶学院被确定为福建省"示范性产业学院"。

二、举办四届安溪铁观音大师赛

2020年12月18日，一场关于福建与广东两省工夫茶的深刻对话在福建安溪展开。

中国工程院院士刘仲华及安溪铁观音和潮州工夫茶两大国家级非遗代表性传承人魏月德、叶汉钟共话工夫茶，以前瞻的眼光、开放的视野，共同探讨中国乌龙茶的文化与市场，传承与发展。在这场盛会中，长达半年之久的第四届安溪铁观音大师赛也落下帷幕。

茶产业永续发展离不开人才支撑。自2017年4月高向荣提出由安溪县政府和福建农林大学安溪茶学院主办首届安溪铁观音大师赛以来，迄今安溪铁观音大师赛已经成功举办过四届，每届报名参赛的选手均超过2000人。获胜选手不单能获得"安溪铁观音大师"荣誉称号以及100万元的奖金，还能直接被认定为泉州市第四层次人才。安溪县铁观音大师赛已经成为全国茶叶赛事的"升级版"。

福建省茶产业标准化技术委员会主任委员刘绍文认为，大师赛是一种专业、科学、公正的表现形式，形成了标准，"这种表现形式可复制、可推广"。

在以往斗茶的基础上，重新确立新的比赛机制，对参赛选手进行全方位考评，让大师赛成为安溪以往任何茶叶赛事无法比拟的最大亮点。大师赛选拔出来的大师与名匠，不仅要有过硬的制茶技能，还要具备辨别、讲述等能力，不仅要做出一泡好茶，还要对与茶相关的知识与文化加以描述，并传播出去。为此，大师赛要求考核选手的茶叶种植、茶园管理、制茶、评茶、讲茶等综合能力。2018年，主办方新增了茶园管理评比。2019年，第三届安溪铁观音大师赛再度调整赛制，增加了烘焙环节。2020年，增设十佳茶园评选活动，对进入决赛的30名选手的参赛茶园进行现场考评。举办大师赛旨在以严苛的标准、激励的政策促进现代化茶园建设。

安溪铁观音大师赛是中国茶界历时最长、考核最全面、赛制最严格的茶事比赛，其数百万元巨额奖金，如何做到公正、公平、公开地奖励？除有严格赛事规定、全过程记录监控、公证人员等多方监督、媒体全程跟踪报道外，组委会还采取设置专家评委库、争议仲裁等方式，让公证人员根据阶段、环节，随机抽取专家评委进行评判；对审评过程中有争议的茶样，由3位专家评委组成的仲裁小组仲裁决定。

大师赛期间，安溪还邀请新华社、人民日报、中央电视台等多家媒体深入现场报道。"说茶""抖音"等新媒体开设"说茶大讲堂""抖音挑战赛"，线上线下互动传播，向全国"铁粉"全方位展示安溪生态、茶乡文化、精彩赛事，赢得了超千万的关注热度。

通过四届安溪铁观音大师赛，所选拔、培养出来的8位大师、27位名匠、数百名优秀制茶能手，构成了安溪独有的高素质、高水平制茶人才体系。其中，大师被直接认定为泉州市第四层次人才，名匠被直接认定为泉州市第五层次人才。纳入泉州市人才"港湾计划"后，李金登、王清海、刘协宗、刘金龙等"土专家""田秀才"，变成官方认可的专家。

在大师赛的引导下，安溪茶叶从业人员的热情空前高涨，带动整体制茶水平的提高，不断推动茶产业转型升级。在县茶管委的组织下，大师、名匠们带着使命和责任，深入全县各产茶乡镇，带徒传艺、联系基地、服务茶企，在脱贫攻坚、产业发展、乡村振兴中一展身手，大有作为。

铁观音大师刘协宗长期结对帮扶湖上乡的茶农贫困户，经乡政府牵线搭桥，他将镇区闲置的车站改造成"大师驿"（茶香人家），又承包了数百亩茶园，将其建设为铁观音茶叶基地五阆山生态庄园，并发挥示范作用，带动茶农增收。除刘协宗外，王清海、陈宁石、陈清龙、陈志鹏等铁观音大师、名匠，也来到湖上乡，联合成立双旅茶业发展有限公司，探索大师、名匠与茶商、茶农三方融合发展的路子，致力合作共赢。

在大师、名匠的引领和帮扶下，原本养在深闺的湖上茶叶，开始初露锋芒。这几年，不少乡镇举办的茶王赛参赛茶品就来自湖上乡，并取得不俗成绩。目前，湖上乡共有茶园1万多亩，茶叶专业合作社31个，金牌茶庄园1个，上规模的茶园基地5个。以茶兴乡的湖上，是递给世界一张"云香湖上"的清新名片。

三、海丝茶源、茶旅胜地

近年来，安溪在全国最早探索茶庄园业态，学习法国葡萄酒庄园经营模式，发展集生产、加工、休闲、旅游和文化展示等于一体的茶业综合体新业态，推动一二三产业融合发展。山、水、茶、林、园一体化，绿线、水面、园貌、慢道、天际线……人之所至，移步皆景，处处是人与自然和谐相处的美妙手笔。

走进位于尚卿乡的国心绿谷茶庄园，放眼望去，只见群山环抱，云蒸霞蔚，层层茶园，青翠欲滴。这里有种茶、采茶、制茶体验区、品茗室、茶文化馆、茶艺表演区、农产品交易区、观光木屋、特色农家菜餐饮区等，还有高空玻璃观景台、悬崖秋千、花岗岩滑道……国心绿谷茶庄园负责人黄清平介绍，庄园已经成为网红打卡点，年接待游客20多万人次。

茶庄园也成为带动农民发展茶叶生产的引领者。位于桃舟乡的添寿福地茶文化庄园就是一个集生产、加工、深加工、客商定制、休闲旅游等于一体的庄园。这个庄园带动周边2100多户农民建设绿色食品标准茶园万亩，从业农民每人平均年收入达3万元。

在安溪国家现代农业产业园云岭茶庄园，数万亩茶园还套种着樱花、桃树、梨树、桂花树等观光树种。每到花开时节，一树一树繁花似锦，映照着绿油油的茶园，为庄园平添几分诗意，吸引各地游客前来观赏。云岭茶业有限公司董事长陈加勇说，庄园里还有茶文化博物馆、制茶技艺体验中心、"茶香人家"农家乐以及开茶节、铁观音大师赛等活动……如今，云游大美茶乡，可听茶人说茶、看非遗技艺、寻名山佳茗、品茶香茶韵，尽享茶趣。

以"茶庄园+"为开发模式，安溪目前已建成华祥苑、高建发、国心绿谷、添寿福地、中闽魏氏等22家茶庄园、茶业综合体，各类茶事体验载体、体验活动广受追捧，蓬勃发展。

如何进一步推进茶旅融合，提升安溪茶旅品牌影响力？2015年11月，安溪开始开展"茶香人家"实体创建工作，县委、县政府要求各乡镇都要引导在地茶商、外出乡贤创建"茶香人家"。高向荣还亲自挥毫"茶香人家"书法，作为全县"茶香人家"的标志。

一开始，"茶香人家"都以闽南古大厝为核心打造茶文化体验点，后来各乡镇开发出各具特色的"茶香人家"，避免市场同质化。"茶香人家"逐渐成为安溪特有的民宿品牌，形成富有茶乡风情的民宿组团效应。全县按照三星级民宿标准打造的"茶香人家"已有33家，还有30家正在升级推进中。

为支持"茶香人家"创建，县里不仅成立由旅游、财政、农茶等部门组成的创建工作组，还由县财政出资设立专项支持资金。被确定为"茶香人家"的实体，经县民宿业专家组验收达到三星级及以上标准者，并投入正式运营，按每个房间予以1万元奖励。经营一年后，经认定为四星级、五星级标准，按每个房间再分别予以1万元、2万元奖励。对经营民宿达8家及以上、形成民宿群的行政村（社区），给予奖励50万元，用于配套设施建设，并优先推荐参评省和市旅游特色村、传统古村落、乡村振兴示范村等。

以茶文化为主要元素的"茶香人家"各具特点。双师驿"茶香人家"，位于虎邱镇中国乌龙茶科研文旅智慧产业园——"三馆一圃"，其以科研高度和文化传承定位；西坪镇松林头"茶香人家"由国家级非遗代表性传承人魏月德亲自领衔，依托铁观音非遗研究所，开展种苗繁育科研及初制工艺全过程体验。

"茶香人家"民宿主题和选址更具多样化。尚卿居茶香人家，是安溪首家以工艺文化为主题的特色民宿。民宿巧妙地融入安溪藤铁工艺文化元素，集休闲度假、藤铁工艺文化体验、家居工艺品展示为一体。感德民宿,是福建省高速公路旁第一家类四星级酒店品质试点民宿。该民宿集茶文化休闲、观光体验等为一体,是高速公路多元化经营的全新探索,也是感德镇茶旅融合的一次成功实践。

随着茶旅的不断发展,安溪茶庄园、茶香人家已成为海内外游客的主题游目的地。据统计,"茶庄园+"每年吸引消费者120万余人次,年旅游收入12亿元。

"安溪'海丝茶源、茶旅胜地'刚被农业农村部评为中国美丽乡村休闲旅游行精品线路,我们将进一步打造茶旅胜地,让'茶庄园+'茶旅新模式辐射更广,让更多茶农共享一二三产业融合发展的红利,推动乡村振兴和全域旅游。"县长吴毓舟说。

四、"茶叙外交"闪耀国际舞台

从古代丝绸之路、茶马古道,到丝绸之路经济带、21世纪海上丝绸之路,中国茶深受世界各国人民的喜爱。而今,以安溪铁观音为代表的中国茶频频亮相国际舞台,在"茶叙外交"中担当重任,架起互鉴交流、和平与友好的桥梁,展示着中国人友善而独特的待客之道。

2017年9月,厦门举办了金砖国家领导人第九次会晤。此次国际盛会上,安溪茶企华祥苑抓住机遇,以优秀品质服务于厦门会晤。

金砖国家领导人厦门会晤之后,华祥苑继续服务于中朝茶叙、上合峰会、中非合作论坛北京峰会等重要国际会议。

安溪另一家茶企八马茶业,表现同样出彩,先后亮相于上海世博会、米兰世博会、金砖国家领导人厦门会晤、海丝国际艺术节、博鳌亚洲论坛等,并多次为国际高端会议提供服务。

2018年4月28日,中印元首在武汉东湖之滨举行非正式会晤,八马茶叶再次代表国茶款待主宾,八马"茶仙子"姜雨桐、廖雪花还全程以茶艺服务两国元首，见证大国外交。

作为近年来安溪茶行业纳税第一的企业，八马茶业希望以国茶标准、百年技艺、百年传承、百年匠心，营造"为中国喝好、为世界喝好"的国茶"喝好"体验，不仅谱写安溪茶产业发展的新篇章，还化身为中国茶文化传播使者，频频走出国门，弘扬中国茶文化的足迹已遍布悉尼、东京、纽约、巴拿马城、柏林、布拉格、伦敦、巴黎、莫斯科等全世界36个城市。

中国茶叶流通协会会长王庆表示，茶叶成为国礼，不仅有助于中外文化交往，更给全国广大茶企提振了信心。海峡两岸茶业交流协会会长陈绍军认为，华祥苑入选国礼用茶的背后，反映了安溪茶企坚持品质标准、抓好生产品控体系、做好做优茶品质量的努力，为福建茶叶质量品质建设作出了表率。

五、申报全球重要农业文化遗产

2002年，联合国粮农组织（FAO）发起了"全球重要农业文化遗产"大型项目，旨在建立全球重要农业文化遗产（GIAHS）及其有关的景观、生物多样性、知识和文化保护体系，在满足当地社会经济与文化发展需要的同时，促进区域可持续发展。

2014年5月，农业部公布了第二批20个中国重要农业文化遗产，"安溪铁观音茶文化系统"入选。2019年1月，安溪县正式启动申报"全球重要农业文化遗产"工作。县委、县政府成立申遗工作领导小组，县长刘林霜任组长，县委副书记庄稼祥、副县长肖印章任副组长，相关单位的主要领导任成员。

2019年2—4月，经公开招投标，中国农业科学院农业经济与发展研究所中标《福建安溪铁观音茶文化系统申报全球重要农业文化遗产技术支持服务项目》。服务内容包括：《福建安溪铁观音茶文化系统申报全球重要农业文化遗产基础研究服务》《福建安溪铁观音茶文化系统申报全球重要农业文化遗产申报文本（中英文版）编撰》，国内陈述报告书，国际展示方案及材料。

2019年4月，庄稼祥、肖印章带领县农业农村局、区划办主要负责人前往农业农村部汇报有关工作，得到农业农村部对外经济合作中心领导的认可。2019年6月，"福建安溪铁观音茶文化系统"入选第二批中国全球重要农业文化遗产预备名单（全国有36个项目）。

2019年7月，刘林霜带队前往北京参加农业农村部举办的第二批全球重要农业文化遗产候选项目陈述报告会，获得有关领导和专家的好评。

2019年7月，第六届全球重要农业文化遗产（中国）工作交流会在安溪举办。农业农村部副司长马洪涛、省农业农村厅副厅长李岱一和我国15个全球重要农业文化遗产所在地的代表，以及农业农村部GIAHS专家委员会部分专家共150多人参加会议。会议期间，与会者实地考察了安溪铁观音茶文化系统。

2019年9月，安溪县承办农业农村部与联合国粮农组织举办的第六届"南南合作"框架下全球重要农业文化遗产高级别培训班。联合国粮农组织全球重要农业遗产科学咨询小组专家、全球重要农业遗产秘书处顾问、水土资源司项目官员和国内专家、学者以及来自塔吉克斯坦、津巴布韦、赞比亚、坦桑尼亚、白俄罗斯、格鲁吉亚等16个国家的16名学员和2名遗产地代表参加了会议。此次会议由安溪承办，为安溪县提供了一个对外展示的机会，对安溪申遗工作有着积极的促进作用。

2019年10月，"福建安溪铁观音茶文化系统"正式被农业农村部推荐进入申报"全球重要农业文化遗产"正式名单，相关申报文本资料（中、英文版）提交到联合国粮农组织。

2020年1月，正式提交"福建安溪铁观音茶文化系统"申报"全球重要农业文化遗产"修改文本，"福建安溪铁观音茶文化系统"通过联合国粮农组织农业遗产专家初步评审。四个进入正式名单的项目包括内蒙古阿鲁科尔沁旗草原游牧系统、福建安溪铁观音茶文化系统、河北涉县旱作梯田系统、浙江庆元香菇传统栽培系统。

六、全国区域品牌价值第一

习近平在《必须高度重视县域经济发展》一文中谈道："只有精品，才有可能成为名牌，才能被市场所接受，为广大消费者所认同。同时，要重视争创具有区域优势的品牌。"① 安溪铁观音的成功秘诀就是持续提升品牌价值。

地理标志产品品牌价值评价工作是中国品牌促进会开展的系列活动之一。2014 年进行试评价，2015 年正式举行第一次评价工作，全国 28 个省（区市）共有 161 个地理标志产品参与评价。该评价采用 ISO 10668《品牌评价—品牌货币价值评估要求》国际标准，采用溢价法品牌价值测算模型，结合无形资产、质量、服务和保护创新等要素进行评价。

2016 年 12 月 12 日，由国家质检总局、中国品牌建设促进会、中国国际贸促会、中国资产评估协会等单位联合举办的"2016 年中国品牌价值评价信息发布会"在北京举行，会上发布地理标志产品区域品牌价值评价结果，继前一年位列中国茶叶类品牌价值第一后，安溪铁观音再度夺冠，区域品牌价值达 1424.38 亿元。

2019 年 5 月 9 日，2019 中国品牌价值评价信息发布暨中国品牌建设高峰论坛在上海举办，会上发布了"地理标志产品区域品牌"价值评价结果。安溪铁观音以区域品牌价值 1425.43 亿元名列"贵州茅台酒"之后，在榜单中高居第二，在茶叶类区域品牌中，排名第一。这是安溪铁观音连续四年位列全国茶叶类区域品牌价值第一。

2020 年 5 月 10 日，在北京举行的 2020 中国品牌价值评价信息发布会上，安溪铁观音以 1426.86 亿元位列区域品牌（地理标志产品）价值第一。这是安溪铁观音首次位列区域品牌（地理标志产品）价值第一，也是连续五年名列全国茶叶类区域品牌价值第一。

2020 年 7 月 20 日，《中欧地理标志协定》正式签署，在中国境内的 100

---

① 国务院发展研究中心主办刊物《管理世界》增刊——《中国县域经济发展之路——福建安溪模式的研究与启示》。

个欧洲地理标志产品和在欧盟境内的100个中国地理标志产品将受到保护。据协定条款，中国28个茶叶地理标志保护产品入选首批保护清单，安溪铁观音名列其中。

安溪铁观音上榜保护清单，意味着安溪铁观音已成为中国与欧盟互认的地理标志产品，在欧盟市场上享受原产地的法律保护，有效阻止假冒地理标志的产品。

2021年1月，中欧双方完成内部法律程序并相互通知。3月1日，中欧地理标志保护与合作协定正式生效，这是中国对外商签的第一个全面的、高水平的地理标志双边条约，也是近年来中欧首个重大贸易协定。根据协定，安溪铁观音有权使用欧盟的官方认证标志，这有利于获得欧盟消费者的认可，为安溪铁观音进入欧盟市场提供有力的保障。

2016年以来，安溪进一步完善安溪铁观音地理标志证明商标使用管理体系，依托"闽茶海丝行""中法茶酒对话"等活动，组织八马茶业、三和茶业等茶企走进德国、波兰、法国、希腊、意大利、捷克、英国等欧洲国家，宣传推介安溪铁观音，拓展海外销售市场，提升安溪铁观音国际知名度、美誉度和市场占有率。目前，茶叶外销市场已形成以日本、东南亚为主，俄罗斯、欧美为辅的市场网络，产品销往60多个国家和地区。

七、创建国家现代农业产业园

2017年，福建省安溪县现代农业产业园成为农业部、财政部批准创建的41个国家现代农业产业园之一，是福建唯一一个。安溪争取到国家资金1亿元，投向涉茶领域。

安溪现代农业产业园创建面积1154.52平方千米，覆盖1个工业园、7个乡镇、168个村和福建农林大学安溪茶学院，农户10.8万户、人口42.83万人。产业园主导产业为茶叶，规模种植面积23.6万亩，占全县茶园面积的40%，囊括茶叶种植、加工、销售、物流、研发、人才、配套等全产业链。

目前，有各类新型生产经营主体721家入园，吸收就业人数约6万人，已基本打造成"龙头企业＋合作社＋基地＋茶农、家庭农场"的产地利益共同体。

在创建国家现代农业产业园过程中，县长刘林霜研究成立了"安溪县现代农业投资发展有限公司"，由县农投公司通过投融资体制创新和安溪铁观音价值创新，拓展金融资本进入茶山茶园的通道。

县农投公司围绕建设茶山茶园价值评估、收储和交易平台，拓展金融资本、社会资本进入茶山茶园通道；建设并有效运营安溪铁观音数字地标监管平台，拓展消费者购买正宗安溪铁观音的通道，发展供应链金融；在安溪铁观音数字地标监管平台有序运营的基础上，探索建立安溪茶叶拍卖交易平台；探索建立安溪铁观音陈茶认定、收储和交易平台，拓展新茶向老茶转化并实现价值提升的通道等。

为充分发挥财政支农资金使用效益，安溪探索建立财政支农资金形成资产股权量化模式，着力构建农民分享二、三产业增值收益机制，进行新型农民利益联结机制试点。

按照资产入股、委托经营、保底分红、二次返利、增值服务的思路，探索试点项目建设和资产管护使用机制。鼓励试点项目实施主体组织带动持股成员从事多种形式的农业合作生产经营，形成按股分红、利益共享、风险共担的利益共同体。推广"合作社＋农户＋龙头企业""市场（含超市）＋合作社＋农户""园区＋合作社＋农户"等经营模式和"利益兜底""收益分成""大园区＋小业主"等利益联结模式，盘活资产股权。

参与试点项目取得的财政补助资金，须以不低于财政补助资金的30%（含）用于农民合作社或农民或村集体（村级经济组织）等持股，并能够通过固定分红、利润分红或股权保底分红等方式，让农民更多分享二、三产业增值收益。试点项目一般须明确3年以上的股权分红，分红比例不低于本年度银行存款基准利率（同期一年定期，以中国人民银行公布为准）。

此外，安溪致力于打通金融资本进入茶产业的各种通道。一是设立全省首家茶业专业支行。二是全省首创推出"闽茶大师贷"金融产品，发放贷款

8000万元。三是推行整村批量授信，评定信用镇5个、信用村86个、信用户21万户。四是创新"互联网+金融"信贷产品，累计发放贷款2.81亿元。

八、世界茶贸指数研究中心落户安溪

2021年4月2日，在北京举行的"第二届世界数贸大会暨首届中国-阿拉伯国家数贸大会"启动仪式上，在世界各国嘉宾和商务部有关部门领导、专家、学者的见证下，世界茶贸指数研究中心正式落户安溪，并举行授牌仪式。

世界茶贸指数作为商务部牵头研究的国家级商贸指数体系的重要组成部分，是面向全球发布的商品贸易指数之一，具有较强茶业商品贸易引领和指向作用，是茶贸平台建设不可或缺的核心要素。世界茶贸指数将从茶文化、茶产业、茶科技三个方面，从满足基本需求、引导消费升级、扩大消费需求以及创造新需求四个维度，从茶叶的产业链、价值链、服务链、数据链和资金链五大链条着手，通过科学可行的指标体系和模型架构，基于科学的统计方法，采集收录各项数据，进行系统筛选、建模、比较、分析，并运用相应的指数化评价方法进行量化测评，对掌握世界茶叶贸易趋势，推进茶产业发展，具有极大的作用。

研究中心落户安溪，有一定的偶然性。2020年，安溪县副县长肖印章、县农业农村局局长陈志明在与北京一家高科技企业董事长洽谈项目时，获悉商务部下属的数字贸易委员会将在茶叶产区设置世界茶叶贸易指数研究中心。肖印章随即把这一信息向高向荣、吴毓舟汇报，得到县委、县政府两位主要领导的重视，并指派肖印章抓紧与商务部和数字贸易委员会汇报沟通，争取茶贸指数研究中心落户安溪。

作为全国第一产茶大县，安溪的产业基础、茶叶贸易和大数据中心，都是县域最好的，具有强大的优势。县委、县政府对研究中心的高度重视和大力支持，获得商务部和数字贸易委员会的认可。数贸会专家委副主任委员刘千桂教授表示，研究中心落户安溪后，将通过构建评价指标体系和测算茶叶商贸发展指数，直观、全面、准确反映世界茶产业发展的情况、方向和趋势，为产业发展提供风向标。全世界的茶农、茶企、茶区都可以通过茶贸指数了解市场环境和需求变化，制定更加科学合理的产销计划，助力构建更加高效、健康的世界茶叶贸易系统，助力打造产业平衡链。

茶贸指数的研究发布，也将为世界茶叶在更大范围、更高水平、更深层次进行经贸互动提供机会和渠道，促进产业畅通大循环。它将助力中国茶叶插上数字经济的翅膀，加速走出去，融入世界数字经济大潮，打造世界茶业强国，推动安溪构建中国乃至世界茶贸之都。

安溪是中国最大、产业链条最完善的产茶县，拥有多个专业市场，实现了全茶类交易；茶产业数字化、信息化水平处于中国产茶区前列，农产品电商销售位居中国县域第二位；全县已建设3个国家级涉茶技术研发平台，全国茶叶标准化技术委员会13个工作组中有2个落户安溪，还有全国唯一的茶业本科院校，为世界茶贸指数研究中心建设提供保障。县域内的"数字福建"（安溪）产业园，是商务部在华东地区布局的国家信息技术产业战略节点，可为茶贸指数开展数据采集、跟踪、处理、分析和研究等提供功能支撑。

安溪是中国著名茶都，安溪铁观音茶文化系统成功入选全球重要农业文化遗产预选名录，安溪铁观音是"海上丝绸之路"的重要文化符号、世界级文化名片，世界茶贸指数研究中心将进一步放大指数建设的协同效应。吴毓舟表示，依托茶贸指数研究中心带来的信息流、资金流等各类资源，安溪将重点打造茶叶交易、茶叶加工、茶机械、茶配套生产、数字茶业、茶业金融以及茶文化旅游等"六大中心"，进一步做大做强茶产业链，为中国乃至世界提供茶业现代化、数字化发展示范。

第二节　获评世界藤铁工艺之都

安溪竹藤编，被誉为"指尖上的魔幻艺术"，是国家级非物质文化遗产。从20世纪70年代开始，在全国劳动模范、工艺大师陈清河的带领下，安溪竹编藤编技艺从尚卿乡起步，不断发展，逐步形成产业规模。

20世纪90年代初，安溪工艺界再次创新，把坚硬的钢铁和细软的藤丝巧妙结合，首创"藤铁工艺"新艺种。产品一经问世，即在福建全省乃至广东、广西和浙江等地热销，并很快成为欧美国际市场潮流时尚，成为国家出口创汇的重要产品，广交会因此特设"藤铁工艺"展区。

"技艺创新"奠定了安溪藤铁产业发展的基础。英发、聚丰、恒星等企业迅速发展为龙头企业，并带动其他企业发展，逐渐形成安溪县域经济特色的"藤铁工艺"产业集群。

2002年，农业部授予安溪县"中国藤铁工艺之乡"称号。

2014年，安溪竹藤编技艺入选第四批国家级非物质文化遗产代表性项目名录。

2019年，安溪获评"世界手工艺理事会手工艺城市——藤铁工艺之都"。

一、中国"淘宝镇""淘宝村"

2015年9月，英国伦敦大学亚非学院社会学专业博士研究生刘秋婉，将课题方向锁定在祖国大陆近几年兴起的"淘宝村"。刘秋婉是台湾人，因为语言的关系，她选择在安溪县尚卿乡灶美村开展田野调查。安溪与台湾说的都是闽南语，有时遇到不会说普通话的老人，沟通起来也完全没有障碍。另外，闽南人的家族、宗族观念都很强，有非常多的家庭作坊式、家族式企业，与她的研究课题契合度颇高。综合多方因素后，她最终选择灶美村。作为全国首批淘宝村，尚卿乡灶美村全村308户中，有250多户家庭开淘宝店，共有1150家网店。

2011年3月，乡长汪礼才到北京接受中国工商企业管理协会授予尚卿乡"中国藤铁工艺第一乡"称号的牌匾，通过拜访商业部门主管领导，深刻感受到国内消费升级及农村电商崛起的大趋势。回乡后，汪礼才便与乡领导班子一起研究策划如何借势发展，可以让在偏僻山村的尚卿藤铁产业插上"电商"的翅膀，积极开拓国内市场，化劣势为优势，这一年也被称为尚卿乡的"电商元年"。

在乡里的规划推动下，以网络带宽基础设施投入为切入口，全面扶持电商建设，迅速接入互联网经济，开辟了工艺品销售的"新航路"。消费者在网店下单或定制后，他们只需要让师傅打好样，就可在产业链上的各村民店中按程序"组装"发货，非常高效。

以灶美村为代表，2003年前还是县级重点帮扶贫困县。村里的90后青年李联顺，早年曾在外打工，回村后开了村里第一家淘宝店，但销售一直未见起色，但他一直在坚持。2011年后，伴着新的发展趋势，他果断把淘宝店升级为天猫店，加大电商投入的力度，大获成功。在他的成功示范带动下，更多人投入到整个淘宝天猫的销售上来。短短几年，灶美村这个只有1600多人的小村庄就拥有了上千家网店。

灶美村在淘宝的成功，迅速风靡尚卿全乡，一条颇具规模的网络产业带慢慢在这样一个波澜不惊的深山乡镇悄然兴起，尚卿藤铁工艺产业迎来了新的飞跃。在灶美村的带动下，尚卿越来越多的"淘宝村"涌现出来。

2013年，阿里巴巴公布首批20个"中国淘宝村"，福建2个村庄入围，灶美村正是其中之一。在灶美村，几乎人人"淘宝"，年销售额超过3亿元。2014年，尚卿入选首批"中国淘宝镇"，该乡灶美、翰卿、翰苑、新楼、灶坑5个村庄被授予"中国淘宝村"称号。至2015年，尚卿乡更是有灶美村、灶坑村、翰卿村、翰苑村、新楼村、福林村、尤俊村7个村入选中国"淘宝村"，实现乡政府所在地"淘宝村"全覆盖。2016年以来，尚卿乡连续蝉联"中国淘宝镇"。

尚卿乡现有户籍人口4.7万人，7个"淘宝村"，还吸纳贵州、江西、湖南等外来就业人员1.2万人，2019年藤铁产品产值达到30多亿元，并带动周边乡镇10多万人发展这一产业。

为促进产业持续发展壮大，2019 年尚卿乡建设"藤云工艺园"，引导家庭作坊式企业向规模化发展。乡里还着力打造青年创业创新基地，提高本地藤铁产品创意创新研发水平和电商销售水平。经过长期的发展，灶美村的藤铁产品供应链越发成熟、细化。当地村民介绍，生产藤铁工艺品需木材、钢铁、岩片等原材料，包括打样、喷漆、组装、打磨、包装等环节，都可以配套解决，目前已形成较为完善的产、供、销为一体的藤铁工艺产业链。巧手能编天下物，山间草木变奇珍。尚卿无愧"中国藤铁工艺第一乡"的称号。

二、从民生到艺术的飞跃

自 20 世纪 70 年代藤编织与工艺美术融合后，竹藤编便作为安溪最为典型的"草根经济"产业走出大山，撬开外销之门，实现了藤铁产业从无到有的第一次飞跃。而后在市场的风云变幻下，更是随需而变，形成了较为完整的产业链条，迎来产品外销"盛世"，实现了藤铁工艺产业的第二次飞跃。

经过几十年的发展，安溪藤铁工艺业面临着产品同质化竞争的问题。随着 2008 年国际金融风暴来袭、人民币大幅升值、进出口关税调整等突如其来的变化，安溪藤铁工艺产业也陷入发展的低谷。

2010 年以后，国内电子商务蓬勃发展。以出口为主导的安溪藤铁工艺业迅速调整战略，实行国际国内市场、线上线下渠道"两条腿走路"，并以市场为导向，推动藤铁工艺产业向家居工艺转型，实现了第三次飞跃。

在县家居工艺协会的引导下，安溪家居工艺企业运用成熟的代工模式和国内的家具企业、装饰企业建立合作，为他们加工贴牌，有的企业还开始创建自己的品牌。

经过前几年的竞争，产业链金字塔结构基本形成：有些企业侧重家具生产，有些侧重软装工艺，有些重设计轻生产，有些则只专注于接订单生产。随着整个产业对于研发设计的日益重视，一些企业拥有了话语权，可以跳过中间采购商，直接与欧洲的特色礼品店建立联系，为对方减少成本的同时，也保证了自己的高利润。

2013年4月，安溪县委、县政府根据藤铁工艺产品范围的延伸和产业发展规模的壮大，审时度势对产业发展重新定位，将"藤铁工艺产业"提升为"家居工艺文化产业"，并提出到2018年实现行业产值超过150亿元的目标。

2016年10月，安溪县与清华大学深圳研究生院共建教学实验基地，建设家居工艺人才"硅谷"。牵手高校后，一批艺术精品也如期而至。

至2020年，全县拥有工艺企业2200多家、加工点3000多个，行业总产值200亿元，产业规模居全国同行业首位。安溪120万人口中有15万人直接从事家居工艺业，40多万人受益于这个行业。

三、举办家居工艺文化博览会

2015年，安溪获悉泉州将举办第十四届亚洲艺术文化节的消息后，县委、县政府提出了举办首届"中国（安溪）家居工艺文化博览会"的设想，旨在借助亚艺节东风，展示安溪家居工艺的精湛技艺与雄厚实力，打造安溪家居工艺品牌，扩大产业交流与合作。

2015年5月15日，县长高向荣主持会议，研究展会活动方案，确定展会于当年11月9—12日在家居工艺城举办，主题为"艺术家居·品位生活"。参展范围主要包括：藤铁工艺品、现代家居工艺品、户外园林家具及工艺品、茶文化艺术品、雕刻艺术品、陶瓷艺术品六大类；系列活动包括工艺展销会、设计创作大赛、艺术展、文化沙龙、旅游活动等。

为切实加强对首届中国（安溪）家居工艺文化博览会的组织领导，加快推进各项筹备工作，县委、县政府成立首届中国（安溪）家居工艺文化博览会筹备工作领导小组，由高向荣任组长，陈文聪任常务副组长。筹备领导小组下设办公室、宣传组、展务组、活动实施组、招商组、旅游文艺组和后勤保障组7个工作小组。

经过积极争取、多方沟通，筹备办确定展会的主办单位：中华人民共和国文化部、福建省人民政府；协办单位：中国轻工工艺品进出口商会、中国工艺美术协会、中国风景园林学会；承办单位：福建省文化厅、泉州市人民政府、安溪县人民政府；支持单位：福建省工艺美术协会、福建省风景园林学会、福建省轻工工艺品进出口商会、福建省家具协会、福建省建筑装饰行业协会、广东省建筑装饰协会。

11月8日上午，首届中国（安溪）家居工艺文化博览会开幕式在安溪工艺城隆重举行。参会客商2万人（含境外客商200多人），其中专业客商2000多人，活动现场成交额超2200万元，国内意向订单近9500万元，国际客商意向订单总额达350万美元。3天时间，有10万人次参观展会。

由从安溪走出来的著名当代艺术家陈文令担任执行策展人，组织策划的"气韵生动"——中国当代艺术邀请展，成为首届家具工艺文化博览会及泉州海丝艺术节的重头戏。这场代表中国当代最高水准的艺术邀请展，在素有"名冠八闽"之誉的安溪文庙举办，古今交融，典雅大方，更加凸显出特殊的时代意义。

展览邀请到王文贤、陈文令、方力钧、苏新平、刘庆和、展望、焦兴涛等重量级当代艺术家参与其中，展出《万物之牛》等极具代表性的50件精品。特别值得一提的是，在11月8日的展览开幕仪式上陈文令向家乡安溪捐赠了他自己的作品《闻香》以作纪念。本次展览有着极高的文化意义、展览规格和艺术含量，是截至当时，泉州乃至整个福建省最大规模的中国当代艺术展。

首届中国（安溪）家居工艺文化博览会通过展览展示、创新大赛、沙龙论坛和文艺演出等方式，聚焦产业发展热点和趋势，全面展示了安溪家居工艺的精湛技艺和精美艺术，为家居工艺文化产业搭建了一个高端、前沿的交流合作发展平台。

县委、县政府决定，家居工艺文化博览会将与泉州海丝艺术节一起，每两年举办一次。2017年、2019年分别举办了第二届、第三届中国（安溪）家居工艺文化博览会，对进一步加快安溪家居工艺产业转型升级，推动促进与"海丝"沿线国家的互联互通、融合发展具有重要意义。

四、从"中都"到"世都"

2019年11月5日,在安溪举办的第三届中国(安溪)家居藤铁工艺文化博览会开幕式上,联合国世界手工艺理事会主席罗茜·格林丽丝(Rosy Greenlees)向安溪县委书记高向荣授予"世界手工艺理事会手工艺城市——藤铁工艺之都"牌匾,世界手工艺理事会亚太地区主席嘎达·席佳薇(Ghada Hijjawi-Qaddumi)向安溪县政府县长刘林霜授予"世界手工艺理事会手工艺城市——藤铁工艺之都"证书,全场掌声雷动。

时针拨回至2015年。是时,安溪家居工艺文化产业正逆势增长,首届中国(安溪)家居工艺文化博览会在中国(安溪)家居工艺城成功举办,国内外工艺美术界反响强烈,各级领导嘉宾高度赞誉。2015年12月,泉州市市长康涛在全市工艺美术行业座谈会上指出:"安溪要借鉴德化、惠安成功申都经验,申报世界藤铁工艺之都。"按照这一要求,安溪县立即成立了以县委主要领导为组长的领导小组,着手开展申报工作。基于安溪当时还只是"中国藤铁工艺之乡"的现状,确立了"两步走"的目标:第一步先向中国工艺美术协会申报"中国藤铁工艺之都";第二步通过中国工艺美术协会向世界手工艺理事会申报参评"世界藤铁工艺之都"。

2015年12月,安溪县申报世界藤铁工艺之都工作领导小组及其申都办,充分分析产业结构、产业特色、产业优劣点,从藤铁工艺的发展历史、技术流程、技艺传承、艺术革新、经济建设五方面入手,搜集整理相关资料,形成申报材料。

2016年3月,在参加南京中国第53届全国工艺品博览会期间,申都办正式向中国工艺美术协会提交申报材料。2016年7月24日,以中国工艺美术协会副理事长马达为组长的专家组一行4人到安溪,对"中国藤铁工艺之都"工作进行初评,充分肯定安溪县丰富的藤铁工艺文化和超百亿的集群发展优势。

2016年8月27—28日,以中国工艺美术协会会长周郑生为组长的专家组一行10人,对安溪县藤铁工艺品生产企业、产业聚集区及创意研发中心等进行实地考评后，认为安溪县已经具备获评中国工艺美术行业特色区域的条件，一致同意向中国工艺美术协会推荐授予安溪"中国藤铁工艺之都"荣誉称号。2016年9月20日，中国工艺美术协会正式发函告知安溪获评"中国藤铁工艺之都"并授牌。第一步目标的实现，为申报"世界手工艺理事会手工艺城市——藤铁工艺之都"走出了坚实的一步。

2017年起，安溪县申报世界藤铁工艺之都工作领导小组及其申都办，紧锣密鼓地推进"世界藤铁工艺之都"申报工作。由于安溪是在2016年9月才获得"中国藤铁工艺之都"特色区域荣誉称号，年限不够。但通过多次与省、市协会沟通，安溪决定以2017年12月邀请中国工艺美术协会作为第二届中国（安溪）家居工艺文化博览会的主办单位为契机，向中国工艺美术协会正式提出申请。2017年9月15日，作为第二届中国（安溪）家居工艺文化博览会的前期重要子项目，中国工艺美术协会会长周郑生莅临安溪参加第二届"匠心杯"中国（安溪）藤铁工艺现场创作大赛开幕式。其间，高向荣、刘林霜与周郑生会长就申报"世界藤铁工艺之都"工作进行了深入交流，周会长同意安排中国工艺美术协会国际部将申报工作纳入申报议程。

2018年2月，根据中国工艺美术协会初步指导意见，申都办对标找差，精心研谋，形成申报材料，正式向中国工艺美术协会提出申报"世界手工艺理事会城市——藤铁工艺之都"意向。2018年3月，中国工艺美术协会函复明确表示愿意提供指导协助，支持安溪县申报"世界手工艺理事会城市——藤铁工艺之都"。

2018年5月，刘林霜召开县长办公会研究通过，支持与中国工艺美术协会签订《关于安溪县申报世界手工艺理事会城市合作协议》。2018年6月29日，县政府分管领导带队赴青岛参加亚太地区手工艺文化周高峰论坛，其间，拜会了世界手工艺理事会主席罗茜·格林丽丝、手工艺理事会亚太地区主席嘎达·席佳薇、中国工艺美术协会会长周郑生，就申都工作进行了交谈。

2018年8月19—22日，由中国工艺美术协会牵头，由世界手工艺理事会及其亚太地区手工艺理事会组成的联合专家组到安溪县开展为期3天的申报

"世界手工艺理事会手工艺城市——藤铁工艺之都"论证工作。以理查德·恩格尔哈特（Richard Englehardt）为组长的专家组一致认为安溪藤铁工艺产业集群发展、特色鲜明，基本具备申报"世界手工艺理事会手工艺城市——藤铁工艺之都"的基础和实力，初步同意安溪县申报"世界手工艺理事会手工艺城市——藤铁工艺之都"，同时也提出产业存在的一些问题。

2018年10月29日，经县委、县政府同意，申都办将相关申报文本（中英文版）正式提交中国工艺美术协会，中国工艺美术协会按照申报程序随即报送世界手工艺理事会。

接世界手工艺理事会复函，2019年5月14—18日由世界手工艺理事会及其亚太地区理事会、中国工艺美术协会组成的以嘎达·席佳薇博士为组长的考评专家组一行4人到安溪县开展申报"世界手工艺理事会手工艺城市——藤铁工艺之都"考评工作。考评期间，市委、市政府分管领导，高向荣、刘林霜亲自陈述汇报。

经过3天的实地考察，在专家考评论证会上，考评组表示"所到之处、所见一切都令人震撼"，一致同意向世界手工艺理事会推荐安溪成为"世界藤铁工艺之都"。县委书记高向荣在反馈会上表示将全面履行各项承诺，向世界呈现更加惊艳、更具内涵、更富有特色的藤铁工艺文化和传统技艺。县长刘林霜为嘎达·席佳薇、满佳丽·尼茹拉（Manjari Nirula）、凯文·穆雷（Kevin Murray）颁发"安溪县荣誉市民"称号。

2019年6月14日，世界手工艺理事会主席罗茜·格林丽丝发函同意授予安溪县申请的"世界手工艺理事会手工艺城市"称号。2019年8月20日，安溪县召开"世界手工艺理事会手工艺城市——藤铁工艺之都新闻发布会"，中国工艺美术协会受世界手工艺理事会、亚太地区理事会委托，正式向全球宣布安溪获评"世界藤铁工艺之都"。

千年古邑，世都梦圆。作为全球唯一的"世界藤铁工艺之都"，安溪展现了藤铁工艺的深厚底蕴和独特魅力。

第三节　青阳冶铁遗址列入世界文化遗产

2020年4月18日是国际古迹遗址日，在当日中国古迹遗址保护协会（ICOMOS-CHINA）于北京举行的线上分享活动"共同守护，共享未来：中国世界文化遗产的培育与传播"上，国家文物局副局长宋新潮介绍，今年（因为疫情原因，推迟至2021年）我国的申遗项目"古泉州（刺桐）史迹"，正式更改为"泉州：宋元中国的世界海洋商贸中心"，并新增安平桥遗址、顺济桥遗址、市舶司遗址、南外宗正司遗址、青阳下草埔冶铁遗址、德化窑遗址6个遗产点等内容。新增的安溪青阳冶铁遗址证实了安溪具有千年的冶炼历史。

一、古代安溪以冶金业著称

安溪资源丰富，自然条件得天独厚。矿藏种类多，储量大，品位高，有铁、煤、铅、锌、石墨、稀土、石灰石、高岭土、花岗岩等20多种。其中，铁矿、煤矿、花岗岩、高岭土等储量居福建省前列。

由于矿产资源丰富，晚唐以降，安溪开始出现较大规模的官、私冶铁作坊。豪强大家尽收移民，远去乡里，设冶场于深山老林之中，采铁石鼓铸，形成自给自足的社会体系，产品则经水陆远销海外。在此时代背景下，形成今之青阳冶铁遗址群，下草埔冶铁遗址便是青阳铁场的一个典型代表。

北宋时期，安溪已有官方设置的铁场，设于青阳。《宋史》明确记载了安溪县有"青阳铁场"。成书于北宋中叶的地理总志《元丰九域志》卷九中还详细记录了青阳铁场的地理位置："下清溪州西一百五里四乡青阳一铁场。"至于青阳铁场具体设置时间，《宋会要辑稿》卷三三记载："泉州清溪县青阳场，咸平二年（999）置。"虽然《宋会要辑稿》对宋代泉州下属其他铁场设置年代也有描述："永春县荷洋场，庆历六年置，熙宁七年罢；德化县五华场，八年置；赤水场，嘉祐八年置。"但从《元丰九域志》的记载来看，宋代泉州最主要的铁场为安溪的青阳铁场、永春的倚洋铁场和德化的赤水铁场。

泉州、安溪历代地方志均有青阳铁场的记载。万历《泉州府志》载："铁，晋江石菌、庐澳至牛头屿、以接于长箕头多有铁砂，安溪亦有。"乾隆《泉州府志》载："铁课，宋开宝中设，诸州坑冶场二百有一，泉州铁场在永春倚洋，安溪青阳，德化赤水。"嘉靖《安溪县志》中记有："清洋铁场，在龙兴里（在县西北五十里），宋熙宁开，今废"，"宋，产铁之场，在永春曰'倚洋'，安溪曰'青阳'，德化曰'赤水'"。

成书于南宋时期的《续资治通鉴长编》载，庆历五年（1045）福建路转运使按察使高易简未经朝廷批准，将铁务设于泉州，因而获罪被贬知衢州，该事件直接背景是"泉州青阳等场铁大发"。《宋史·食货志》中同样记载了这一历史事件，细节处略有出入。《宋史》载"泉州青阳铁冶大发"，略去"等场"二字，《长编》载"易简遂置铁务于泉州，欲移铜钱于内地"，《宋史》则记"转运使高易简不俟诏，置铁钱务于泉，欲移铜钱于内地"。这两则材料均可证明青阳铁场曾是宋代泉州地区重要的铁产地之一，于庆历年间青阳铁场冶铁规模及铁产量达到一个高峰，一度促成泉州设置铁（钱）务。此现象亦可与《宋会要辑稿》关于泉州铁场（务）课税情况相对应，宋代青阳场（务）商税（二十五贯七百八十八文，熙宁十年）、盐税（二百六十一贯九百六十五文）的上缴情况，远高于毗邻的永春倚洋场（商税五贯七十一文，熙宁十年；盐税一百五贯六百文）与德化五华场（商税一十一贯三百五文，熙宁十年）。

1961年，安溪博物馆馆长叶清琳调查发现，宋代安溪不止青阳一处铁场，湖头都贤炉内村虎仔仑、尚卿乡科名圩、科阳村等，都有大型铁场，今属尚卿乡的青阳几乎整个村庄都是冶铁遗址，整个青阳冶铁遗址群面积约100万平方米。

值得一提的是，古代安溪除了以冶铁著称外，还有冶银、冶铜。安溪冶银、冶铜遗址遍及湖头五阆山周围七个乡镇，从经营方式看，这些冶场则有"公冶""私冶"之分。尚卿乡福林银场系宋代冶银残存，其地有"上官厅""下官厅"的地名专称，可见是一处官办的银场。

根据明代《安溪县志》卷四"风土"的记载，冶铁业同样发达的安溪感德、潘田乡也有"公冶""私冶"之分,"公冶官收其税,私冶无收焉",公私并存,放任"私冶"发展。这应该是安溪冶金业传统的延续。尚卿青阳冶场是官方设置的铁场,下草埔冶铁遗址则是宋元时期余氏私作坊。

二、千年青阳冶铸神工

青阳冶铁遗址群于1966年被首次发现,1977年印制的《晋江地区文物考古普查资料·安溪部分》中已收录"安溪古代冶炼工业的分布"条目,记录尚卿公社科名大队、青洋(阳)大队和科洋(阳)大队分布有冶炼遗址,目前该地区也是冶铁遗址相对集中分布的区域。1985年,公布青洋(阳)冶铁遗址群为安溪县第一批文物保护单位。

2019年8月以来,在国家文物局统筹下,北京大学考古文博学院组织专业考古团队到安溪,开展尚卿青阳下草埔冶铁遗址的考古发掘。目前,已经发现下草埔、墩仔矿尾等8处冶铁遗址。其中青阳下草埔冶铁遗址发现系列重要遗迹,包括石堆、池塘、护坡、炉、房址、地面、小丘及众多板结层。

通过金相分析发现,这里有着较为完整的生产体系,可生产块炼铁、生铁和钢,同时出现了独特的板结层的冶炼处理技术,就地掩埋处理冶炼垃圾。遗址出土的遗物,按照材质可分为钱币、金属器、陶瓷瓶、冶炼遗物、石块五大类。金属器大致分为铁制品和铜制品两类,铁钉的发现证明了该遗址有可能有锻造活动的存在。出土的陶瓷器包括建筑构件、陶器和瓷器。从遗址出土的瓦当、建盏、景德镇窑青瓷、德化窑白瓷等判断,该遗址的等级较高。

根据已经发掘出的遗迹和遗物判断,下草埔冶铁遗址使用石块垒砌小高炉进行冶炼,炉容量远大于地炉冶炼。冶炼遗物包括炉渣、矿石、烧土、炉衬四大类。根据相关分析结果,考古工作人员把下草埔冶铁遗址所见炉渣分成三种,包括块炼铁(熟铁)、生铁和钢。下草埔冶铁遗址成为我国首个考古发掘的块炼铁冶炼遗址。

考古研究显示,安溪冶铁制品除了一部分县内自销,其余的销往邻近地区，大部分开始"兴贩入海""远泛蕃国"，通过泉州源源不断运往东南亚等国家和地区，成为海上丝绸之路贸易的重要商品之一。这些产品都可见于南海一号沉船。

青阳冶铁曾经在泉州对外贸易中扮演着重要的角色，丰富了"宋元中国的世界海洋商贸中心"内容，是安溪早期工业文明的见证，是泉州作为"海上丝绸之路"起点的"铁"证！而蓬勃发展的安溪藤铁工艺业，又是古代安溪冶炼业在今日的延续，将创造更加辉煌灿烂的明天。

第十九章　布局未来

第一节　大交通通山达海

经过"十三五"的发展，安溪经济总量已超过 750 亿元，规模以上工业产值突破千亿大关，县域综合实力大幅提升，跃居全国百强县第 60 位。脱贫攻坚任务如期完成，全面小康胜利实现。

审视当下，安溪已进入厚积薄发、跨越赶超的历史期。眺望前路，安溪面临的困难、问题依旧不少：城乡发展不均衡，产业结构不优化，实体经济不强壮，文化、教育、医疗、养老等社会事业的短板掣肘发展超越……

县委、县政府全面把握安溪发展阶段性特征，既"放大优势"看安溪，又"压力面前"看安溪，更"打开视野"看安溪，以全方位超越的坚定自信，融入省市全方位超越大局、"海丝"核心区先行区、闽西南协同发展建设，重塑安溪竞争新优势，谱写安溪发展新篇章。

县委十三届十次全会以后，安溪将县域发展新格局由"一圈多带"调整为"一核一辅多带"。这是优化完善县域布局、破解城乡二元结构的必然选择，也是盘活空间优势、发挥比较优势、推动协同协作的科学之举。

"一核"重在引领，即推动（县）城龙（门）（官）桥同城化，打造领航安溪发展的"大三环核心经济圈"；"一辅"重在辐射，即做强优势产业链条，推动"单中心"向一主（城龙桥）一副（湖头新城）"双中心"转变；"多带"重在协同，即因地制宜培育环大白濑生态、现代茶业等城镇绵延发展带。

2020 年 12 月 25 日召开的县委十三届十一次全体会议，研究审议《中共安溪县委关于制定安溪县国民经济和社会发展第十四个五年规划和二〇三五年远景目标的建议》。县委书记高向荣代表县委常委会做报告，他号召全县上下要乘势而上、起而行之，奋力推进实力安溪、大美安溪、幸福安溪、善治安溪（新"四个安溪"）建设，加快建设具有茶乡特色的高品质现代化中等城市，在全面建设社会主义现代化的新征程上创造新的历史荣光。

前瞻十五年，干好头五年。站在新的历史起点上，千年安溪义无反顾地出发了。

一、动车入安

2021 年 2 月 24 日，厦门市铁路建设指挥部组织厦门市轨道集团、中铁二院召开兴泉铁路厦门支线等铁路前期项目工作推进会。会上指出，兴泉铁路计划于 2021 年 9 月 28 日开通。消息传来，安溪茶乡百万群众无不欢欣鼓舞。这条铁路最初设计线路并没有经过安溪，更没有在安溪境内设站点的方案，后来为什么能够改变计划？2021 年 2 月 22 日召开的安溪三级干部会议上，高向荣的一番回忆和讲述，才揭开当年的谜底。

2008 年，为实施国家加快推进海峡西岸经济区的政策，福建省与铁道部签订纪要，提出了修建长泉铁路（福建长汀—永安—泉州），并将其纳入《中长期铁路网规划》。2012 年，国家规划建设蒙西（内蒙古浩勒报吉）至华中地区煤运通道，将江西省吉安市作为煤运通道的终点。于是，福建省委、省政府与铁道部进行会谈，提出增强国家煤运通道的机动灵活性，将长泉铁路通过线路微调连接江西吉安，把蒙西煤运大通道延伸引入至福建永安到达泉州，即吉永泉铁路。

2014 年 5 月，双方会谈后，中国铁路总公司下达设计任务书，由中铁二院（原长泉铁路设计单位）负责开展预可行性研究设计编制。这标志着吉永泉铁路项目正式启动。

2014 年 12 月，县委书记朱团能、县长高向荣带领安溪有关部门负责人，到福建省发改委、省铁办等部门，就吉永泉铁路安溪站点设置问题进行沟通汇报，获得支持，两部门同意将安溪站点设在参内乡洋乌内村（安溪东站），并积极向中国铁路总公司、省政府反映。

2015年6月，兴泉铁路（即吉永泉铁路）预可行性研究报告评审会在泉州大酒店召开，高向荣在会上代表百万安溪茶乡人民表明了希望在安溪设站的愿望。其间，他要求县分管领导和县发改局要全程跟踪，分别与各位专家单独见面沟通。经过评审，与会专家初步形成意见，原则同意中铁二院推荐的线路走向及站点布设方案，即线路经过德化、永春、安溪、南安，安溪境内站点设在安溪东（参内乡洋乌内村）。

不料，2015年8月，中国铁路总公司在审查预可行性研究报告时提出，为节省投资，兴泉铁路线路不采纳经过安溪的方案，要求设计单位中铁二院补充从德化站取直到南安玉湖站线路方案。获悉消息后，朱团能、高向荣第一时间作出紧急部署，一方面迅速向市委、市政府汇报，取得市委、市政府大力支持，由市政府行文提交省政府、中国铁路总公司，极力陈述兴泉铁路泉州段线路经过安溪的方案；一方面致函侨亲李川羽先生（李尚大之子），希望他出面为家乡建言、呼吁。李川羽立即向到访的省政府主要领导转达了百万安溪人民和海外乡亲对兴泉铁路途经安溪县并在安溪设站的强烈愿望，得到省政府主要领导的支持。

其间，县委、县政府多次指派县分管领导和县发改局分赴北京、成都，主动与中国铁路总公司、中铁二院汇报对接沟通，争取支持。

2015年9月，时任泉州市政府市长康涛带队到中国铁路总公司，与副总经理黄民进行会谈，初步达成共识：兴泉铁路线路经过德化、永春、安溪，然后接入既有的漳泉肖铁路安溪站，通过对既有漳泉肖铁路利用改造并增设二线抵达泉州。

根据泉州市政府与中国铁路总公司达成的共识，安溪县又进行了认真深入的分析，认为虽然争取到了铁路途经安溪的关键"路条"，但如果实施对既有漳泉肖铁路改造并增设二线抵达泉州的方案，必将涉及安溪县中心城区的高强度拆迁，势必对安溪城市建设发展造成影响。鉴于此，2015年10月11日，高向荣率领县发改局、住建局等部门于10月11日再赴成都市，与设计单位中铁二院进行汇报交流，就线路走向和站点设置问题，陈述了安溪方面的理由和要求，取得了中铁二院朱颖院长的大力支持。朱颖当即指示中铁二院设计人员，在考虑接入既有的漳泉肖铁路安溪站方案的基础上，绕开中心城区，同时新增在安溪东设站的方案，共同向中国铁路总公司争取新线路的走向。

成都对接会后，高向荣又指派县分管领导和县发改局于10月12日赶赴北京，力争参加10月13日中国铁路总公司在北京召开的兴泉铁路线路方案论证协调会。此次会上，安溪县再次提出了兴泉铁路途经安溪的强烈要求。经过论证，会议基本同意设计单位中铁二院提出的在安溪东设站绕开中心城区的新线路方案。

2016年3月，中国铁路总公司在泉州召开兴泉铁路宁化至泉州段可行性研究报告审查会。会上，专家组同意采用经德化、永春，再经安溪，并于西溪北侧设安溪东站的方案。同时，新建既有漳泉肖铁路至安溪东连接线，在漳泉肖铁路新增坑头会让站。

29日，兴泉铁路可研审查组一行，到安溪对兴泉铁路安溪段进行现场踏勘。

6月12日，国家发改委批复同意建设兴国至泉州铁路宁化至泉州段。兴泉铁路从京九铁路江西兴国站引出，经宁都、宁化、清流、明溪、三明、永安、大田，再经泉州市德化、永春、安溪、南安等区市县，终至福厦铁路泉州动车站，全长约461千米。总投资约350亿元，铁路等级为国铁Ⅰ级，单线（安溪东至玉湖双线）电气化铁路。设计行车速度160千米/小时。

兴泉铁路泉州境内正线长112千米，另有泉州地区货车外绕线和安溪东至漳泉肖铁路联络线约41千米，泉州段投资132亿元，境内设德化、永春、安溪东、南安北、泉州（福厦铁路泉州动车站）五个客运站。

至此，兴泉铁路在安溪的线路走向和站点布局最终得以确定。

2021年春节期间，采访组在兴泉铁路安溪东站项目工地看到，塔吊、水泥罐车、运输车等正在施工作业，200多名"留安过大年"的工人分布在站房、站台雨棚、附属房屋等各个工作面上有条不紊地忙碌着。安溪东站为县级客货两用的兴泉铁路中间站，车站面积7000平方米，以"一叶一世界"为设计理念，采用钢筋混凝土框架＋螺栓球网架结构体系，站台规模为2台5线，预计2021年8月底完成站房主体结构建设。

东站广场应该怎么建？县长吴毓舟主张，要以文化建设为引导，加强艺术策划，建设配套文化景观，充分展现安溪的历史人文、风景名胜以及日新月异的发展态势。在吴毓舟的主持下，项目小组多次讨论，最终决定，站房广场的设计采用沿广场中轴向两侧延伸，建设左右各六共十二套文化柱雕塑，以此提升广场的景观系统，丰富城市的文化内涵。文化柱以6米的花岗岩圆形柱体为基础，通过高低浮雕手法的艺术创作，表现出相应的文化内容。

可以想见，待兴泉铁路正式通车之日，安溪沿途的风景，"一叶一世界"站房的优雅与气势，站台广场十二套文化柱雕塑，将带给广大旅客美妙的享受。安溪东站站房建筑以中国铁观音之乡"一叶一世界"的山水意境形态，向世界展示了安溪深厚的文化底蕴和独特的县域风采。

动车入安，安溪主政者、各部门在其间的努力不可计数！为勉励安溪各级干部敢于担当，奋勇争先，为地方发展尽心尽责，在2021年全县三级干部会议上，高向荣还讲了一个颇有意味的细节："当初去争取兴泉铁路途经安溪的方案时，随行的一位工作人员对我说，高县长您此行也是'了却心愿'，说动'铁总'，这根本是不可能的事。"高向荣说，努力不一定有结果，不努力一定没有结果。安溪的干部有胆略，安溪的群众善团结，安溪的乡贤爱家乡，只要大家为着一个共同目标，那就没有高山翻越不了，没有沟坎无法迈过。

二、打通动脉覆盖城市公共交通

2019年以来，安溪加快国省干线建设，打通县域交通动脉。

为进一步完善南翼新城基础配套，建设"纵四线"南翼新城过境段工程，于 2019 年底建成通车。

为打通安溪西北边缘福田与闽西南的通道，实施省道祥华至福田公路一期工程，即福田高速互通口至漳平界建设。

启动"横九线"安溪虎邱至龙涓燕美公路改建工程，为今后公路提升预留空间。实施省道金谷元口至尚卿段"白改黑"工程，使尚卿乡的藤铁工艺产品外运更加通畅。

为缓解蓝溪大桥交通压力，需建设同德大桥。同德大桥是安溪第一座半立交桥，建成通车后，将完善城西交通路网，助推城西建设发展。

在完成东二环路石狮岩隧道左洞工程建设后，又投资 1100 万元，对右洞的机电、消防、监控、绿化等工程进行提升改造，2019 年 7 月完工通车，进一步提升隧道的综合通行能力。

为完善县域公共交通结构，提升公交服务质量，2014 年，泉厦首条城际公交——厦门市同安区至安溪县大坪乡公交正式开通。

2017 年 4 月，安溪开通至龙门公交车线路，投入 300 万元购置 12 部环保新车，代替原有农村客运班车，全程票价 5 元，沿途每 300 米至 500 米设置一个站点，极大方便南翼新城群众和工业园区企业职工出行。2021 年 5 月，安溪又开通城区至蓬莱、城区至金谷的 2 条城乡公交线路。城区至蓬莱线路终点设在清水岩，全程 28.3 千米，全程票价 8 元，分段收费；城区至金谷终点设在陈利职校，主线全程 30.9 千米，全程票价 5 元，分段收费。延伸线全程 13 千米，全程票价 3 元，分段收费。多条乡村公交线路的开通，加快推进安溪城乡公交一体化进程，方便群众出行。

同时，安溪县不断增加投入，更新新能源公交车；实行 60 周岁以上老人免费乘车；城区公交路线优化延伸增加至 10 条，辐射城厢、参内、安溪茶学院等片区，实现大城区公交车全覆盖。

近年来，公共自行车、共享单车以其低碳环保、智能便捷、有益健康的发展理念，成为一种新型时尚的代步工具，为人们出行带来极大便利。2016 年 6 月，安溪县紧跟"共享"潮流，县长刘林霜把共享单车列入安溪的民生工程，要求县城市管理局考察泉州试行共享单车的经验，选取优秀的合作对象，在国庆节前推出一批共享单车。

当时，泉州的共享单车已有多家公司进驻。县城市管理局经过认真筛选，确定泉州市 YouBike 微笑自行车有限公司作为合作对象。泉州市 YouBike 微笑自行车有限公司成立于 2016 年 3 月，是著名台资企业捷安特（昆山）有限公司投资组建的全资子公司。捷安特是全球自行车生产及行销最具规模的公司之一，早在 2012 年，捷安特就在台北运营 YouBike 微笑自行车，有较成熟的软硬件系统和运营经验。因微笑自行车车身都是黄色，俗称"小黄人"。

小黄人也需要大投入。小黄人系统除了自行车外，还要布设服务器等平台系统，一辆自行车含服务器系统，需费 8838 元。安溪拟投放 4200 辆，需投入 3700 多万元，按建设进度分 5 年付款。此外，县财政还另外支付小黄人运行费用每年 600 多万元。安溪"小黄人"的租车费用为：第 1 小时免费；1 小时～2 小时，收费 1 元；2 小时～3 小时，收费 2 元；3 小时以上，每小时收费 3 元；未满 1 小时按照 1 小时计算，每日封顶 60 元。由此，安溪市民骑行"小黄人"，基本上是免费的。

安溪"小黄人"项目从 2016 年 6 月开始规划到建成，只用短短 3 个月时间，当年国庆节就推出 1000 辆"小黄人"试运营，这种建设速度是少有的。县城市管理局副局长谢景清介绍，安溪"小黄人"项目运行近 5 年，现已拥有 130 个站点，站点遍布城区，形成"一城两副"的结构——以县政府为核心中心片区，并延伸至参洋、德苑、同美、美法（北石）、吾都等片区，产生极好的经济效益和社会效益。根据捷安特公司的大数据分析，全国微笑自行车骑行率最高的是安溪和杭州。2016 年运营至今，安溪"小黄人"只丢失 10 辆，损耗率也是全国最低的。2020 年，捷安特公司的母公司台湾巨大集团副总裁来安溪调研，认为安溪有这样高的骑行率和运营效益，比国内大城市还好，是一个成功模式。

作为城市公共交通的延伸和补充，安溪的"小黄人"自行车实现公共自行车与其他公共交通系统无缝对接，有效地解决了市民公共出行"最后一公里"的难题，推动了安溪绿色交通的发展。2021年3月，泉州微笑自行车入选"泉州十佳智慧化民生项目"。

三、乡村公路提级改造

安溪是山区大县，公路总里程是全省县（市、区）最长的，有5000多千米，其中农村公路4600多千米，也是全省最长的。

以前农村公路整体标准比较低，随着经济社会的发展，安溪原有的大部分单车道农村公路，已无法满足人流、物流、车流快速增长的需要，同时，因为修建时间久，有些农村公路损毁严重，弯道多、坡度大、视线差等问题日益凸显，加上路网不发达、不完善，不能满足安溪群众安全出行需求。

交通对现代社会的发展尤为重要。安溪要达到可持续脱贫攻坚，就要先解决路的问题。高速公路如同人的骨架，国道如同动脉，省道如同静脉，农村公路则是毛细血管，毛细血管畅通，血液才会循环，生命才会生机勃勃。全县乡村公路还要跟国、省干线实现闭环，激活农村公路末梢循环，才能四通八达；乡镇与乡镇、村居与村居之间要串通成线，经济才能繁荣发展。

秉持"大交通"引领"大扶贫"的理念，安溪县着力打通脱贫攻坚"最后一公里"，为乡村振兴铺就"快车道"。"农村道路交通事关百姓出行，事关百姓致富，这是最基础的小康，要让广大农村共享改革开放的成果。"高向荣在调研安溪道路交通建设时，常常这样告诫职能部门。

大坪乡是安溪最后一个没有通乡镇干线的乡镇。安溪通往大坪乡的道路难走，别人山路十八弯，到大坪是山路二十几弯，而且高陡坡，地理环境比较复杂。县交通运输局局长黄建锋回忆，高向荣到大坪下乡时提出一个问题：大坪乡是茶区，现在茶商小车都不敢开进来，茶叶怎么出去？

与大坪乡毗邻的厦门同安区小坪乡，道路是5米宽的沥青路面。不少大坪人很羡慕小坪乡有这种乡路。大坪是安溪平均海拔最高的乡镇，高差很大，而且是大山，道路难修。为了改善大坪的交通，2019年，高向荣决定拓改虎邱镇通往大坪乡18.6千米的通乡农村公路,而且基本是新建路,建设标准适度超前,道路延伸到与同安小坪乡的交界处。这个工程总投入1亿多元,平均每千米造价近600万元。2020年,这条道路通车,路面宽6.5米,加上路肩7.5米,路况超过了小坪。后来,同安区还到大坪学习"四好农村公路"的建设经验。

大坪是安溪"四好农村路"建设的一个缩影。2016年下半年开始,安溪坚持政府主导、部门协同、行业主抓、社会参与的工作思路,创新用活融资、审批、建设、管理、养护五个"工程包",率先在全省实施农村公路改造提升工程,全力推进700千米主要通村公路"单改双"提级改造,成为"同步完善水沟、安保、防护坡等相应配套工程"的全国"四好农村路"省级示范县。

700千米主要通村公路提级改造工程,涉及200多个项目。安溪县大胆创新,采取"打包立项、统贷统还"及申请地方政府债券等融资方式,成立"安溪县交通工程建设有限公司",作为农村公路建设贷款的承贷主体,以福建省农村公路数据库管理平台为基础,筛选审核农村公路项目入库,把全县700千米主要通村公路捆绑打包成一个大项目"工程包",融资6亿元。同时,通过财政配套、上级补助、社会筹资等方式,全县共筹到资金20多亿元,有效破解建设资金问题。

针对项目前期手续多、周期长等特点,安溪县建立了"一口受理、同步审批、限时办结、信息共享"的并联审批机制,制作了一整套报批、报建、报验模板化审批文本,让项目业主"填空式"填写审批申报表,最大程度精简审批环节,大幅度缩短报批时间和节省报批费用。2019年7月30日,福建省机关效能建设简报对安溪"集中编审、集中报批"的"工程包"模式进行宣传推广。

为把生态优先、质量耐久、工程耐用、安全可靠等建设理念贯穿于农村公路提级改造全过程,安溪以乡镇为单位,将项目规划、图纸设计、工程建设、聘请监理等,分别组成"工程包"进行招投标,实行全县统一建设标准、统一准入机制、统一管理制度,从人员到位、机械配备、原材料进场到具体的施工环节进行无缝隙监管。工程项目严格按照"一套标准""四个随机""五个严控"的要求进行验收，以机制管控质量，严把质量关口，打造精品工程。全县"单改双"的农村公路一次性"交（竣）工验收合格率"达到99%以上。

通村公路提级改造项目得到社会各界的积极支持，广大群众出钱、出力、出地、出主意，纷纷投入公路改造提升建设热潮，全县公路建设实现"零纠纷""零上访"。据不完全统计，有80%以上的涉及拆迁问题的群众主动放弃或捐赠征地拆迁补偿款，总额约达1.1亿元。

路改造好了，如何养护？按照"县道县管、乡道乡管、村道村管"的要求，配备县路长办公室工作人员12名和乡村道专管员103名，建立县、乡、村三级路长组织管理体系。依托乡村邮政点多、面广、线长、时效性强等资源优势，把乡村道专管员的职责打包委托县邮政局履行，推行乡村邮递员兼任乡村道路专管员制度。

为有效补齐农村公路养护短板，安溪县创新养护模式，对全县农村公路实行分层次养护，即重点路段重点养、干线路段精心养、水毁路段突击养、病害路段及时养，县交通运输局把554千米县道打包委托县公路分局进行专业化养护，乡、村道则实行"一镇一包"模式，推行市场化、规范化、专业化养护。全县农村公路列养率达到100%。

自启动通村公路改造提升工程以来，安溪共实施农村公路改造提升建设项目237个，共计703千米，总投资约22亿元。项目使包括60个建档立卡贫困村在内的158个行政村53.8万人受益，全县90%以上的行政村通村公路实现双车道。

交通运输部"十四五"规划要求农村公路达到双车道标准，安溪县在"十三五"时期就已提前完成，这是很了不起的。而安溪全县的71个建档立卡贫困村中，有60个村达到双车道，这也是全国少有的。

"四好农村路"已名副其实成为茶乡人民的平安路、致富路和幸福路。结合2020年全国县域数字农业农村发展先进县和全国"互联网+"农产品出村进城工程试点县创建工作，安溪整合交通、农业、供销、邮政等部门资源，实施农村物流网络一体化工程，打造"一点多能、一网多用、多站合一"的村级物流服务站，有效降低农村寄递物流运营成本，打通农产品出村进城和商品进村入户的"最后一百米"。

2018年4月，福建省"四好农村路"现场推进会在安溪召开，安溪建设经验获得全省推广。2020年11月，交通运输部交通局副局长周荣峰带队到安溪，开展"四好农村路"工作调研。调研之后，交通运输部研究决定，2021年10月，全国"四好农村路"现场会将在安溪召开，推广安溪"四好农村路"建、管、养、运一体化机制及助力乡村振兴发展的经验做法。

第二节　大产业蓄积动能

实干不负春光，防疫不误招商。2020年，安溪坚持一手抓疫情防控，一手抓经济发展，全年共招商签约128个项目，总投资328.95亿元。其中，工业项目72个，文旅项目10个，信息技术项目11个，农业项目18个，仓储物流项目4个，其他类别项目13个。128个签约项目中，超亿元的项目101个，总投资315.88亿元。

走进位于"数字福建"（安溪）产业园的中国电影资料馆安溪数字资源中心，只见墙上的电子显示屏正在播放老电影《上甘岭》。这部经修复过的老电影，质感清晰，经典永不褪色。

"这部影片去年由中国电影资料馆组织电影修复团队，采用国际先进的4K修复技术，历时两个多月完成修复，并举办了专场放映。""数字福建"（安溪）产业园管委会副主任李灿荣告诉采访组。

不仅仅是《上甘岭》，还有大量的中外影片即将进行修复。2020年底，由县长吴毓舟亲自招商引进的中国电影资料馆安溪数字资源中心落地"数字福建"（安溪）产业园后，像《上甘岭》这样的各个年代的30多万部中外影片、18000余套影片素材以及上百万件中外电影图书期刊和剧照等文图资料，都将在这里完成数字化修复。

一个项目的引进，带动安溪形成又一个全新的产业链。以中国电影资料馆安溪数字资源中心为核心，未来安溪将发力影视大数据产业：重点打造中国电影资料馆安溪数字资源中心、中影星光小镇，建设集影视拍摄、渲染、修复、存储、分发、旅游以及影视人才培养、剧本孵化等功能为一体的影视产业聚合中心。而且，中国电影资料馆安溪数字资源中心落地后，将与"数字福建"（安溪）产业园的大数据中心相互配套，形成一个影视大数据产业链，吸引影视上下游企业和学术机构入驻，五年内可望进入中国影视基地前三强。

在数字化、智能化浪潮下，目前，"数字福建"（安溪）产业园区基本建成"三中心三基地"，即数据中心、信息技术教育实训中心、国际交流中心和信息技术服务外包基地、国际数字媒体产业基地、弘桥智谷电商产业集群基地，逐步形成一条囊括大数据、物联网、云计算、人工智能、区块链、5G等一系列信息技术产业的独立经济脉络。

吴毓舟介绍，"十四五"时期，安溪将依托"数字福建"（安溪）产业园，深入打造数据中心、空天大数据产业链、影视大数据产业链、电子商务产业链"一中心、三链条"，加快形成产业特色明显、产业链条完整、产业技术领先、产业人才集聚的数字产业集群。

中国电影资料馆安溪数字资源中心、全球商业遥感卫星福建站落地之快，得益于安溪在招商引资中创新机制：组建招商引资专家顾问组，依托安溪异地商会，建立招商联络处，充分挖掘资源优势，以商招商、以情招商。为构建大招商格局，出台《2020年安溪县产业链招商季实施方案》，设立县招商选资工作领导小组办公室，依托24个乡镇、"一区九园"组建27支由分管县领导、招商专员组成的招商小分队，织密全县招商网络。

高向荣、吴毓舟先后7次带领县招商考察团赴上海、浙江、江西、北京、山东等地开展招商，谋划打造数字经济、高端装备制造、光电、生物科技等全产业链。

2020年12月，继中国电影资料馆安溪数字资源中心、全球商业遥感卫星福建站落户"数字福建"（安溪）产业园后，在两个国家级项目吸引下，华龄和平南京智能科技有限公司、西安中科星云空间信息研究院等13家企业（高校）也紧跟签约入驻。

规模以上工业总产值从2015年的560.56亿元，提高至2019年的938.94亿元，2020年突破千亿大关，安溪位列全国工业百强县第83位，跻身泉州市第一方阵。随着2020年落幕定格，安溪工业经济交出一份漂亮的"成绩单"。

抓龙头、铸链条、建集群，强化"一区九园"联动，强链补链，方能收获满园春色。未来，安溪工业发展的路子更加清晰：

——坚持把做实做强做优实体经济作为主攻方向，从"筑巢引凤"到"为凤筑巢"，再到"育好林、凤成群"；

——推动茶业、家居工艺、建材冶炼、包装印刷、纺织鞋服、食品加工等传统产业"嫁新枝",夯基固本、跨链融合,促进产业链、价值链向中高端跃升;

——推动光电、信息技术、装备制造等新兴产业"深扎根",深耕细分,谋求裂变发展,在新型显示、特种照明上纵深突破,打造闽西南大数据中心,在数控机床、环保机械等领域形成核心优势;

——推动现代服务业"广开花",打造万达、宝龙等城市综合体升级版,推进清水岩、大白濑、湖头古镇等旅游圈建设,依托兴泉铁路等,发展大宗物资集散、冷链仓储物流、公路集装箱分拨等业态;

——推动市场主体"结硕果",加力惠企扶企,引导企业专注主业,以恒心办企业,推动"个转企、小升规、规改股、股上市"梯级升级,壮大单项冠军、隐形冠军、"专精特新"企业方阵;

——推进产业基础高级化、产业链现代化,加快构建更具竞争力的现代产业体系,力争到2025年形成7个百亿产业集群,4家纳税超亿元、30家纳税超千万元工业企业,综合实力百强县晋升至第50位左右。

第三节　大白濑"渴望"成真

白濑水利枢纽工程（"大白濑"）坝址位于晋江西溪上游的白濑乡，控制流域面积 968 平方千米，年均径流总量 9.65 亿立方米，正常蓄水位为 288 米，最大坝高 106 米，水库总库容 5.44 亿立方米，电站装机容量 5.7 万千瓦，多年平均发电量 1.8 亿千瓦时，工程总投资概算 138.64 亿元。

白濑水利枢纽工程建成后，供水是第一功能，防洪、灌溉等也非常重要。西溪流域水量充沛，项目建成后，将填补晋江西溪流域无控制性大型水利枢纽工程的空白。今后，晋江水资源的利用率可达 40% 以上。白濑水利枢纽工程建成后，还可调蓄西溪径流，参与金鸡拦河闸、山美水库等工程联合调度，有利于晋江流域来水"蓄丰补枯""以蓄补引"，从根本上解决泉州中长期缺水问题。

此外，结合安溪、南安的堤防，可将两地防洪标准分别从 20 年、30 年一遇提高到 50 年一遇。同时兼具提升下游防洪能力、发电等作用，综合利用效益十分显著，对促进泉州区域经济社会可持续发展具有重要意义。

一、在安溪建一口泉州"大水缸"

为何半个多世纪来，泉州迫切想建大白濑水库？"根本问题还是缺水。"泉州水利部门的工作人员一语道破，泉州以全省 8% 的水资源养育了全省 20% 的人口，支撑着全省 23% 的地区生产总值。骄人的成绩背后，隐藏着水资源短缺的巨大隐忧。

泉州人均水资源量不足 300 立方米，属"绝对贫水区"。如何解决泉州中长期缺水问题？主要有三个途径，一是从外地调水，二是开发本地资源，三是利用非常规水源。省水利专家曾到白濑乡、剑斗镇实地考察勘测指出，作为整个晋江流域重要水资源之一，面积达 3101 平方千米的西溪，尚无大中型蓄水工程，造成了泉州市水资源的严重浪费。

经过水利专家们的权衡比较，最终认为开发本地资源建设大白濑水库具有天时地利的条件，并且可持续。

就先天条件而言，白濑水利枢纽工程区两岸山体雄厚、地质状况良好，具有良好的建坝条件；西溪流域水资源丰富，可满足来水量要求；工程不存在跨区域、跨流域问题，协调管理难度不高；经初步规划设计，工程建设施工难度不高。

从经济社会角度来看，水利建设作为国家基础设施建设的优先领域，顺应时势；作为经济强市，泉州完全具备推进完成工程建设的综合实力。

白濑水利枢纽工程，还将成为向金门供水工程的一大根本性水源保障。

二、8年长跑终圆半个世纪的梦想

早在20世纪，安溪县就把开发建设大白濑水库列入议事日程，曾分别于50年代、80年代、90年代三次就大白濑水库建设进行初步规划设计。但受当时的条件所限，白濑水利枢纽工程只能是一个美丽的梦想。

2010年，时任泉州市市长的李建国在安溪调研时，针对泉州未来用水需求巨大的趋势，提出建设大白濑水利工程的设想，要求安溪做好项目建设的前期论证。

2011年，中央一号文件《中共中央国务院关于加快水利改革发展的决定》的出台，为泉州白濑水利枢纽工程的进一步规划建设带来了历史性机遇。安溪县委、县政府向泉州市委、市政府提出建设白濑水利枢纽工程的设想，省、市、县各级各部门高度重视，多次召开专题会议研究、部署白濑水利枢纽工程项目前期工作。1月18日，市发改委、市水利局及部分专家召开大白濑水库建设初定方案会议。1月28日，省发改委、省水利厅把"大白濑水库"前期工作列入2011年重大大中型蓄水工程项目……

从2012年泉州市十五届人大一次会议将11位人大代表提出的《关于加快规划建设泉州白濑水利枢纽工程的议案》列为"一号议案"开始，到2016

年3月，泉州白濑水利枢纽工程可研报告终于编制完成；2019年10月，初步设计报告获水利部审查批复；2019年12月31日，主体工程开工建设。8年来，从中央到省、市、县、乡（镇），各级工作人员都付出不为人知的艰辛的工作。曾任泉州大白濑水利枢纽筹建办副主任的肖印章回忆说，2017年是大白濑水利枢纽争取国家有关部委报批的重要一年，当年他就陪同市、县有关领导到北京沟通汇报20多次。

一个上百亿元的工程，前后跨越了半个世纪，西溪上游"高峡出平湖"的梦想不久将变成现实。

三、库区移民期待水库带动经济

在白濑水利枢纽工程筹建工作启动后，移民安置工作一直是当地村民关注的焦点。2020年7月10日，白濑水利枢纽工程建设征地移民工作全面启动，前期各项工作紧张有序地铺展开来。白濑水利枢纽工程建设征地涉及安溪、永春2县5个乡镇22个行政村以及2个集镇，其中，安溪部分涉及剑斗、白濑、感德、湖上等4个乡镇19个行政村1个集镇，需永久征收土地31823亩，搬迁安置41041人。

安溪县把民生幸福摆在首位，移民安置资金占到了整个项目资金的90%。也正是因为移民成本过高，当年项目审批一直受阻。为推进移民安置工作，安溪县全面统筹县、乡、村力量，从18个乡镇抽调一线干部，编组18个方阵全脱产、成建制进驻剑斗镇。每个方阵采取"1+1+10"的方式，即由1名县处级领导挂钩指导、1名乡镇主官任组长、配备10名农村工作经验丰富的乡镇干部。

18个现场工作组和6个专项工作组，按镇包村（片），进村入户，广泛宣传移民安置政策。现场工作人员严格依据《安溪县泉州白濑水利枢纽工程建设征地补偿和移民安置实施方案》，坚持"以人为本、依法依规、同库同策、公平公正"原则，严格执行国家和地方相关政策规定，依法保障移民合法权益，满足移民生产生活和发展的需求。

为及时为群众解疑释惑，维护库区稳定，县司法局在库区设立法律咨询服务室，并派出工作专班，送法上门。县移安办设立法务部，强化个案处理，由专人负责政策解答。由于整个工作过程做到政策化、法制化、规范化，因而，大白濑移民安置工作没有遇到太大阻力，90天完成库区实物调查，60天完成移民意愿调查和库区实物复核，75天完成移民安置协议签订任务数的99%以上，刷新福建省水库移民安置最快纪录。

都说移民安置是天下第一难事。但在安溪，在三个多月的日日夜夜里，这里的上万名干部群众共聚智慧力量，打出一场酣畅淋漓的库区移民大胜仗，奋力书写一份凸显"安溪速度"的骄人答卷。

白濑水利枢纽工程作为县委、县政府"一号工程"，高向荣、吴毓舟坚持每周都到现场，鼓励各组工作人员提振信心，并在一线帮助协调解决移民安置中的"疑难杂症"。2020年7月28日，移民集中签约，高向荣、吴毓舟还亲自为签约移民户颁发移民安置房（地）选取确认书。

一边是移民安置"静悄悄"，一边是新镇区建设"火热热"。剑斗中心小学、剑斗卫生院、剑斗派出所等七个先行工程、数十栋楼宇抢住进度、拔地而起，一座座安置房顺利封顶、装修完成。不久，一座集合闽南元素的国家移民安置集镇中心样板，将崛起在白濑水库288米的高程线上。

"将人民利益举过头顶。"除了库区安置地，安溪还充分考虑移民群众的意愿，在大县城新区参内镇、湖头新城、南翼新城等地，拿出850亩黄金地块，规划建设移民安置小区。同时，本着"移得出、稳得住、能发展、可致富"的原则，从群众的角度出发，制定出台叠加式的补偿方案，实行增值式的资金管理和分批次选房的办法，最大限度满足移民安置意愿。

"高峡出平湖"之日，泉州人"渴望"了半个多世纪的梦想即将变成现实。而水库建成后，现有的剑斗镇区和部分茶园将被淹没，剑斗镇将出现一个碧波万顷的大湖泊。

在大白濑水库投入建设前，安溪已开始规划水下"狮城"，待大白濑水库建成后，辅以配套设施建设，水下旅游将不再是梦！届时，水面距离镇区现所在地还有十几米的水域空间。这部分空间如能充分利用，作为水下旅游资源，定能吸引不少游客。此外，镇里还有天然温泉等资源，将综合利用这些资源，大力发展水上旅游业。

可以说，大白濑工程不仅是一项水利工程，还是安溪推进城镇化、实现产业转型升级的重要一环。

第四节　大三环逐梦新时代

改革开放40年，我国城市化发展进入快车道，城市化率从1979年的18.96%剧增到2019年的60.60%。城市化成为引领中国发展的主引擎。

安溪从20世纪90年代起步，先后经历了城区拓展、城乡一体化、快速城市化和城市升级引领转型发展等阶段，打造了一座兼容大城市产业效率和小城镇生态环境的现代山水城市。2014年，安溪城市化率首次突破40%，达到40.9%。2019年，安溪城市化率达到49%，60%以上的适龄儿童在县城就读。

随着城市的发展，安溪城区发展空间已日趋饱和，需要"挣脱"二环路，进一步拓展城市发展空间。2020年3月，经过深入调研，正式启动"大三环"工程规划建设。

为汇聚各设计单位的理念和智慧，选择路线方案更加优化、性价比更高、社会经济效益更好的方案，3月31日，安溪县举行"大三环"工程规划建设方案比选评审会。

4月7日，县委书记高向荣主持召开十三届县委常委会第103次会议。作为议程之一，会议研究并原则同意成立安溪县综合立体大交通（大三环）规划建设领导机构事宜。4月15日，县综合立体大交通（大三环）规划建设领导小组召开第一次全体成员会议，标志着这项重大民生工程进入实质性阶段。

4月17日，安溪县邀请来自省交通规划设计院，市交通局、公路局等单位的5名业内专家，对"大三环"工程方案进行进一步深化论证。5月27日，通过"大三环"及铁观音隧道规划建设方案。

县人大常委会主任廖皆明全程参与安溪"大三环"前期策划和项目论证。2020年7月30日，县人大常委会专门召开会议，听取和审议县政府《关于提请审议规划建设安溪县综合立体大交通（大三环）及铁观音隧道工程的议案》，研究同意规划建设事宜，并要求县政府在规划建设时，要合理布局，注重沿线资源的整合利用，为安溪"十四五"的发展谋篇布局；完善出台"大三环"两侧及相关园区用地管理办法和相关执行机制，推动产业优化、促进持续发展、高质量发展；坚持与生态环境保护融合共存，打造路境结合融合的美丽"大三环"。廖皆明还提议，要创新"大三环"建设管理和运作等工作机制，创新投融资机制，积极探索公司、园区、片区开发建设运作模式。

按照规划方案，安溪"大三环"及铁观音隧道工程，包括省道217线（联四线）雅兴至东坑段公路，规划建设总里程49.233千米，总投资44.809亿元，其中新建里程44.903千米，总投资43.709亿元。项目分东三环、西三环、南三环、铁观音隧道及连接线、联四线五个路段推进。对这些路段和隧道工程，廖皆明还建议赋予文化内涵，进行命名，并向社会各界广泛征求意见建议。

东三环（安山路）。路线起于浦口大桥，经卫浴新城、罗内村、安溪东站（站前路）、参岭隧道接东二环，与东二环共线，路线全长5.8千米。

西三环（韶苑路、岱屏路）。路线起于石狮岩隧道与国道G355线交叉口，向西跨越蓝溪接联四线，利用与联四线共线（3.1千米）向南与国道G355交叉，路线向南下穿福诏高速，终点勤内与南三环相接，路线全长10.4千米。

南三环（文峰路）。路线起于浦口大桥与国道G358交叉口，途经涝港、建安南片区、南坪村、古山村，终点勤内设互通立交与联四线（西三环）、铁观音（铁峰岩）隧道衔接，路线全长14.908千米。

铁观音（铁峰岩）隧道及连接线。隧道勤内接线与南三环成互通立交，向南设铁观音隧道穿越铁峰山，途经湖里园，终点接南翼新城环城东路，路线全长5.399千米，其中隧道长2.8千米。

联四线（广惠路、广泽路）。路线起于城厢雅兴村，与西三环交叉，路线向北设彭格隧道至蓬莱镇，路线沿镇区北侧布线，向北至金谷火车站，终点接省道S312线，路线全长16.1千米，采用二级公路标准建设。

"大三环"项目总体采用一级公路兼城市主干道标准设计，双向六车道，线形按一级公路80千米时速的标准控制（预留提升空间），全线按60千米时速的标准设计建设；联四线按二级公路60千米时速的标准建设。

9月28日上午，安溪县举行2020年第三季度重点项目集中开（竣）工活动。随着S217（联四线）雅兴至东坑段公路工程和东三环罗内段工程开工仪式的举行，安溪县综合立体大交通（大三环）正式进入施工阶段。

"大三环"建设标志着安溪新一轮发展的启动，吹响了安溪未来发展的号角。"大三环"力争在"十四五"末闭环，将有效纾解安溪县城区交通压力，同时，撑大城市发展框架，直接盘活沿线2.3万亩土地资源，并推动南翼新城与县城实现"同城化"，县城周边10个乡镇也将实现一刻钟内进城目标。

按照规划方案测算，"大三环"可把安溪县城区面积从现有的35平方千米扩大至65平方千米，为安溪未来15～20年发展拓展空间，相当于再造一个县城。

2021年2月22日，安溪县召开全县三级干部会议。县委、县政府再次向全县干部群众发出号召，规划建设"大三环"。"大三环"包含着安溪诸多展望和安溪人诸多念想，是一条"民生之路、发展之路、未来之路"，能解交通拥堵之忧、引后发赶超之进、蓄未来发展之势。高向荣说："工作之时、有生之年，我们能够参与其中，成为亲历者、推动者、建设者、见证者，感到豪情满怀、与有荣焉，都应该做到坚定不移、一往无前。只要大家立下愚公志、横下一条心，就一定能把这条通衢大道建好。"

县委、县政府要求全县各级各部门，要以参与"大三环"建设为荣，以"功成不必在我"的精神境界和"功成必定有我"的历史担当，凝心聚力，加压奋进，成建制进驻、兵团式作战，竭智聚力，无缝衔接，积极为"大三环"建设作贡献，力促"大三环"早日通车、造福茶乡。

"'大三环'是跨'届'项目，绝非一朝一夕之功，这一届县委、县政府尽力开好头，为后来者打好底子、打牢基础。一班人马念一本经并不难，难的是历任班子都念同一本经，所谓'铁打的营盘流水的兵'。接下来，我们有些要退居二线、退休离岗，有的要调整岗位、提拔升迁，但开弓没有回头箭，既然场子拉开了、工作起头了，不管今后困难有多大，都要一以贯之、一干到底，决不能半途而废、朝令夕改。"高向荣动情地说。

星光不问赶路人，时光不负追梦者。"大三环"以外，更多擘画安溪长远的交通先导项目在 2021 年三级干部会议上提上议程：建设拉近三明大田与安溪距离的大安高速、直抵厦门翔安机场的安翔高速等多条高速，争取昌厦高铁落地设站，打通泉州中心市区到龙门快速路等进出大通道，提速国道 G358、G355 横向大通道建设，推动省道 S217 纵向大通道提级扩能，积极争取省道 S215、S517 南延，实现通村公路全部双车道、标准化目标，延长"美丽联结线"……这些项目建成后，安溪将形成四通八达、外通内畅、覆盖城乡的立体综合交通网络。

早春三月，茶山苍翠；安溪大地，气势如虹。这片千年飘香的土地，处处跳动着上项目、抓产业、惠民生、谋发展的强劲"脉搏"，呈现出拼信心、拼实体、拼担当的火热场面。

千年安溪从历史而来，历经时代的淬炼，正朝着"争当全省山区第一县、挺进全国五十强"的目标迈进。

结语　安溪气韵生动

"欲知大道，必先为史。"2021年是中国共产党成立100周年。百年征程，波澜壮阔。在隆重庆祝建党百年华诞之际，党中央决定在全党开展党史学习教育，深入学习中共党史、新中国史、改革开放史、社会主义发展史，引导干部群众把党的历史学习好、总结好、传承好、发扬好。

1978年，中国共产党用改革开放的伟大宣示，把中国带入一个崭新的时代，以改革开放书写国家和民族发展的壮丽史诗。改革开放是现代中国社会主义建设发展过程中的伟大历史变革。改革开放的伟大实践，让中华民族实现了从站起来、富起来到强起来的伟大飞跃。

中国有2800多个县级行政区划单位，其中县级行政区1312个。县是中国行政区划之一，行政地位与市辖区、县级市、自治县、旗、自治旗相同。安溪县无疑是中国改革开放史的一个县域成功典范。其由福建省最大的国定贫困县，一跃而为全国综合实力百强县，安溪改革开放40多年走过的奋进之路，可谓中国崛起腾飞的生动写照。

中国的改革是一个自下而上和自上而下相结合的过程，鼓励地方发挥自己的能动性是中国改革取得重大成就的经验之一。古语曰："郡县治，天下安。"县域既上接"天线"又下接"地气"，县域治理，是推进国家治理体系和治理能力现代化的重要一环。关注和研究县域治理的成功样板，具有重要的时代意义。

安溪的发展巨变，一直引起各级媒体和专家学者的关注。早在2000年，国务院发展研究中心主办的刊物《管理世界》就出版了一期增刊——《中国县域经济发展之路——福建安溪的模式研究与启示》。时任福建省人民政府省长习近平,特地为该增刊撰写了《必须高度重视县域经济发展》一文,高度赞誉安溪成功走出一条特色县域经济之路。文章开宗明义:"安溪县位于福建省闽东南地区,处于沿海与山区结合部。人口100多万,曾是我省的国家级贫困县。几年来,全县人民自强不息,团结奋斗,艰苦创业,立足实际,发挥优势,挖掘各种特色资源,培育扶持支柱产业,走出了一条具有安溪特色的脱贫致富之路。"

2000年以后的安溪,更是进入发展的快车道;

2002年,安溪进入"中国县域经济基本竞争力百强县"的行列;

2007年,安溪成为"全省双优县";

2008年,安溪首次进入"中国县域经济综合实力百强县"行列。此后,安溪在中国综合实力百强县的位次不断晋位靠前。

2019年10月,中小城市发展战略研究院、国信中小城市指数研究院发布《2019年中国中小城市科学发展指数研究成果》,安溪县位居:

2019年度综合实力百强县市第60位;

2019年度全国绿色发展百强县市第54位;

2019年度全国投资潜力百强县市第21位;

2019年度全国科技创新百强县市第77位;

2019年度全国新型城镇化质量百强县市第56位。

2021年9月28日,中国中小城市高质量发展指数研究课题组、国信中小城市指数研究院联合发布了《2021年中国中小城市高质量发展指数研究成果》,安溪县位居:

2021年度全国经济综合实力百强县市第57位;

2021年度全国绿色发展百强县市第52位;

2021年度全国投资潜力百强县市第18名;

2021年度全国科技创新百强县市第75名。

安溪从1978年到2019年,生产总值由0.85亿元增长到731.49亿元,增长859.58倍;财政总收入由732.82万元增长到51.28亿元,增长698.8倍;居民人均可支配收入、城镇居民人均可支配收入和农村人均可支配收入，由不足百元分别增长达到 24091 元、34579 元、18028 元；家庭由基本没有余钱增长到金融机构本外币存款余额 503.9 亿元；民企由寥若晨星增长到 3 万多家，注册资本 965 亿元……

40 多年来，安溪实现了三个跨越，即从计划到市场，从农业到工业，从农村到城市。安溪的"差生"逆袭，得益于党和国家改革开放的时代机遇，得益于从中央到地方各级党委政府的关心指导。但安溪的巨大成功，又有其独特之处：与其说安溪脱贫致富是中国改革开放的重要组成，不如说它不是被中国改革开放的大潮推着走，而是自下而上地发挥了安溪人敢想敢干的自我突破精神，甚至在有些方面走在了改革攻坚的前列，既破除了旧有体制的束缚，又因地制宜地成功创造了具有安溪特色的发展模式和产业结构。安溪从曾经的贫困县发展到现在的百强县，走出了独特的发展道路并形成了独特的经验模式，为中国的改革开放实践提供县域的生动样本。千年古县安溪，沐浴着改革开放的春风，气韵生动，生机蓬勃，展现出安溪的内涵和精神。

永不停步的思想解放

1978 年，以中国共产党十一届三中全会为标志，中国开启了改革开放的历史征程。改革开放大幅度降低了制度运行的成本，激发了人们劳动和工作的热情，提升了生产要素的质量，也为安溪的发展提供了新机遇。借助改革春风，农村家庭联产承包责任制、企业主体多元化、沿海开放等制度使安溪走上了发展的快车道。

改革开放 40 多年来，解放思想是贯穿始终的一条主线，持续不断地解放思想，才有改革开放的累累硕果。在改革开放发展中，安溪县委、县政府始终坚持以解放思想、更新观念为先导，针对不同时期的发展特点，开展不同形式的思想解放大讨论，不断赋予解放思想以新内涵。

在改革开放初期，面对人口多、基础差、底子薄的现实和发展过程中徘徊不前的教训，让安溪人深深认识到，思想观念的落伍是贫困落后的主要原因，扶贫更要立志，"等靠要"是摆脱不了贫困的，只有实现思想上的"破冰"，才能有脱贫行动上的"突围"。为此，安溪坚决摒弃不思进取的思想和悲观失望、妄自菲薄的情绪，大力弘扬自强不息、坚韧不拔、艰苦创业，"靠自己的骨头长肉"的安溪精神，树立攻坚克难的必胜信念，终于改变了极度贫困落后的面貌，让安溪人挺直脊梁，成为一个大写的"人"。

1992年后，安溪县委、县政府以学习邓小平南方谈话为契机，开展解放思想大讨论，消除当时部分干部群众普遍存在的姓"资"姓"社"等思想障碍，坚定了以"三个有利于"为标准，大胆开拓创新的勇气和决心，不断发展完善安溪县较早开始探索的农业产业化、初期工业化等路子。脱贫摘帽后，安溪人并没有盲目乐观、沾沾自喜，而是"百尺竿头更进一步"，以贯彻党的十五大精神为契机，再次开展解放思想大讨论，进一步加大了改革开放力度，制定出台了一系列政策措施，取得了可喜的成效。

进入新世纪，告别贫困的安溪人，大力推进"三破三立"。即破求稳怕变、小富则安的小农意识，立敢闯敢拼、锐意进取的开拓精神；破闭关自守、担心肥水外流的狭隘心理，立放眼未来、公平竞争、让利求发展的思想；破贫懒相生、"等靠要"的依赖心理，立自强不息、"靠自己的骨头长肉"的艰苦创业精神，增创新优势，谋求新发展。安溪人摒弃山区县的思维，以沿海县的站位，主动树立世界眼光，对接港口经济，站在更广的开放层面看发展，站在更高的层次看未来，在更大范围和更广领域融入世界发展潮流。现代山水茶乡的建设、高速公路的山海对接、由城镇向城市的转变……昔日山区大县、农业大县，崛起为海峡西岸的沿海明星县。当安溪跻身全国百强县后，安溪人戒骄戒躁，以"争当全省山区第一县、挺进全国五十强"的新目标，不断增创新优势，谋求新发展，由传统产业转型升级为现代高新产业、由农业县转变为工业强县，推动安溪在全国百强县的位次不断靠前。

思想的一路解放使安溪化危机为转机，变困难为跳板，紧跟时代发展步伐，勇为人先敢闯敢拼，率先在县级试验自建高速公路、率先在全省实现石材业退出、建成全国唯一茶业本科院校安溪茶学院……实践发展永无止境，解放思想永无止境，安溪人解放思想永远在路上，推动了安溪变守摊为开拓、变求稳为创新、变保守为争先，不断取得发展新成效。而大批安溪人走出山门，闯荡世界，用担当、实干、业绩为世人确立安溪人爱拼敢赢的崭新形象。

以民为本的执政初心

中国特色社会主义市场经济的发展，必须坚持以人民为中心。关注民生、重视民生、保障民生、改善民生，这种以人为本的民生情怀和人民至上的发展思想，是改革开放的初心。

发展为了人民，"利民之事，丝发必兴"，贯穿于安溪改革开放的丰富实践。安溪县历届领导班子把民本情怀融入党性原则，敢于担当，积极为安溪的发展摸索出路。作为福建省最大国定贫困县，安溪的贫困人口多、贫困程度深、贫困面广，脱贫攻坚是安溪最大的政治、最大的民生，在中央、省、市各级的关心帮助下，安溪县一直把脱贫攻坚作为全县的首要任务，举全县之力，攻贫困之坚，通过扶贫、"扶智"和"扶志"等多种形式，有效消除贫困和返贫现象，于1996年全县消除绝对贫困，脱掉贫困县帽子。党的十八大以来，在巩固脱贫成果的基础上，安溪县又按照中央的部署，深入实施精准扶贫，探索出多个全国率先的帮扶举措，着力打造出精准扶贫的安溪样板。

在大力发展经济的基础上，安溪县把改善和提升人民群众的生活质量作为工作的着眼点，让改革发展成果更多更公平惠及人民群众。历届安溪县委、县政府切实为百姓办好事、办实事。交通、教育、医疗、养老等是与群众密切相关的民生，政府在财政依然不富裕的情况下，都优先保障民生。安溪县自筹资金23亿，实施700公里"四好农村公路"工程建设，无论是资金投入或者公路里程、公路等级，都居国内县级首位。

幼有所育、学有所教、病有所医、弱有所扶，这是百姓的普遍愿望。安溪县发挥政府作用，保基本，注重普惠性、基础性、兜底性，努力满足人民日益增长的美好生活需要，不断实现好、维护好、发展好最广大人民根本利益，让改革开放成果更好惠及广大人民群众。单"十三五"时期，县财政在相关民生支出方面累计达 265.95 亿元。如，投入 18 亿元，改造薄弱学校新建校舍近 100 万平方米，新增学位 6 万多个；投入近 20 亿元，实施一大批医疗卫生建设项目，改善群众就医条件，推进医疗卫生设备更新；投入 19.95 亿元，完成 116 个为民办实事项目。县委、县政府在民生公共投入总量稳步增长的基础上，把新增财力更多地向农村、偏远山区倾斜，通过提高教育、医疗、交通等领域的"底部"，让发展成果更多更公平惠及群众。

让利于民，不与民争利。在个人政治前途、短期经济风险与安溪的长期利益发生冲突时，历届安溪县委、县政府都是选择站在人民的一边。在城市建设上，一个个公园、一条条游步道、一座座休闲亭，在寸土寸金的安溪县城，安溪主政者思考的都是布局长远。

一个团结一心的班子，带出一支奋发有为的队伍，他们把干部的潜能挖掘出来，把群众的创造力激发出来，汇成合力，从而实现安溪的跨越式发展。他们工作于基层，了解基层，作为县域组织的带头人，在很大程度上保证了改革开放的大政方针和政策能够迅速得到贯彻落实，把中央的想法变成生动的实践，丰富了改革开放的理论体系，从实践中来，到实践中去。

特色经济的发展之路

习近平在《必须高度重视县域经济发展》一文中指出，县域比较优势是发展县域经济的依托。县域比较优势主要是指发展经济的比较优势，也就是一个地区发展商品生产的有利条件，包括人文、地理、资源、技术、观念等方面。有比较优势才有竞争力，才可能转化为经济优势。而比较优势要靠特色来体现。就县域而言，发挥比较优势的重点就是发展特色产业、特色经济。

安溪是山区大县，工业基础薄弱。改革开放以来，安溪善于因地制宜，认真审视自身的优势，选择最优的发展途径，培育出"双铁"（铁观音、藤铁）特色主导产业和"三材"（石材、钢材、建材）特色工业，走出一条特色的县域经济发展之路。

安溪是千年茶乡，茶叶是安溪广大茶农的"命根子""钱袋子"，茶业对安溪而言，是民生，是特色，是支柱，是引擎，对县财政贡献虽小，却是可持续、长久性的富民工程。1986年，安溪提出"以茶脱贫"的思路，历届县委、县政府持续推动，不断做大做强安溪茶产业。习近平在《必须高度重视县域经济发展》一文中，盛赞"安溪县的乌龙茶从最初的当地特产逐步发展成为全国性的名茶，走的就是这样的一条路子"。2021年5月9日，在上海举行的2021中国品牌价值评价信息发布会上，安溪铁观音以1428.46亿元位列区域品牌（地理标志产品）价值第一，这也是安溪连续第六年名列全国茶叶类区域品牌价值第一。

安溪是藤铁工艺的首创地，从竹编、竹藤编、藤铁工艺到家居工艺，安溪的工艺业历经多个发展阶段，成长为安溪的特色支柱产业。全县现有工艺企业2200多家、加工点3000多个，2020年行业产值180亿元，产业规模居全国同行业首位。安溪也因此成为世界藤铁工艺之都。

安溪有较丰富的矿产资源，在改革开放初期的发展中，安溪发挥矿产资源优势，着力发展资源型的"三材"，奠定了安溪由山区农业大县转型为工业大县的基础。面对新型工业化的趋势，安溪又及时谋划传统工业的转型升级，布局低碳、生态、高新技术产业。

此外，安溪把握国家建设海峡西岸经济区的战略机遇，主动对接厦门、泉州等沿海经济圈，以县城建设为龙头，构筑多条对外通道，形成内外安溪两大区域经济，促进各地优势互补、联动发展，使安溪成为闽东南沿海地区具有鲜明特色的产业基地。安溪一方面接受来自沿海发达地区的辐射和产业转移；另一方面，利用近海优势，把厦门、泉州作为安溪的对外开放窗口和桥梁，向外输出安溪产品，开拓国内外市场。在山海协作中，安溪以优势互补、互惠互利、长期协作、共同发展为原则，发挥市场机制的导向作用，拓展山区与沿海的协作领域，诸如构建山海科教协作体系，推进山海劳务协作和技术人才交流，引进一些劳动密集型产业和加工业。通过山海协作，引进资金、项目、技术和人才，安溪成为沿海地区经济发展的重要腹地和产品生产基地，提高了协作的整体效益。

一以贯之的接力奋斗

改革开放40多年来，安溪不断在前进中发展进步，取得翻天覆地的成就，在于历届县委、县政府以"功成不必在我"的境界和"功成必定有我"的担当，发扬"钉钉子"精神，一抓到底，决不半途而废、朝令夕改，一棒接着一棒传，一届接着一届干，将各项蓝图、规划，一以贯之、持之以恒地延续，不断接力传承，丰富提升。

基础设施特别是道路交通是安溪发展的薄弱点，道路建设投资大、政绩见效慢，但历届领导班子都坚定不移地把道路交通作为民生重点，在不同时期先后实施了"公路先行""乡村公路村村通""乡村公路硬化""四好农村公路"等工程，对农村公路进行提级改造，破解安溪道路交通瓶颈，使安溪发展进入快车道。

"工业强县、茶业富民"是安溪发展的一项基本策略，也是安溪县历届县委、县政府持之以恒坚持的指导思想，并在不同阶段加以丰富充实。如，茶产业发展策略上，在20世纪90年代是"茶叶富民"，提出"建基地、提品质、拓市场"思路；市场打开后，又及时引导茶农走"基地建设规模化、产品加工专业化、质量监督标准化、市场管理规范化、服务保障社会化"之路。进入新世纪，茶产业发展思路变为"茶业富民"，一字之改，面貌全新，小"叶"变大"业"。为此，安溪县提出"以生态化思维抓生产，以工业化思维抓产业链延伸，以品牌化思维抓市场"的发展思路；当安溪茶叶走向品牌化时，提出"安溪铁观音和谐健康新生活"的发展理念。党的十八大以后，根据全国茶产业发展的趋势，安溪又深化"坚持四心四化，推动茶产业二次腾飞"的目标，推动安溪茶业迈向现代化，持续10多年保持全国产茶第一大县的荣誉。

在改革开放发展中，安溪县善于抓住事关全局和未来发展的问题，发挥大项目的带动作用，集中力量办大事，一届办不成，下一届接着做。如，工程总投资概算138.64亿元的大白濑水利枢纽工程项目，安溪县从2011年1月开始提出设想，其间历经艰难曲折，经过8年的争取，一任任主政领导坚持不懈，终于获得国家的审核批复。大白濑工程不仅是一项重大水利工程，也是安溪推进城镇化、实现产业转型升级的重要推动力。2020年启动的安溪"大三环"工程项目，撑大城市发展框架，可把安溪县城区面积从现有的35平方千米，扩大至65平方千米，为安溪未来15~20年发展拓展空间，相当于再造一个县城。这个重大项目的实施，也绝非一朝一夕之功，需要多届县委县政府持续接力推动。

幸福都是奋斗出来的。有了"久久为功，利在长远"的政绩导向，历届县委、县政府"为官一任，造福一方"，通过持之以恒的接力，将前届领导班子尽力开创的局面交给继任者，使之继续打好底子、打牢基础，推动安溪在全国百强县的位次不断晋位靠前。

勇于突围的改革精神

思想是冲破束缚的先导，行动是打破坚冰的力量，改革开放的基因就是勇于突破，在安溪改革开放发展中，这一点也体现得非常明显。

在贫困面这么大的山区大县，如何建设美丽富饶的现代新安溪，是一个重大课题，没有任何模式可以模仿。思路决定出路。安溪县从旧框框的"山区县"中解脱出来，寻找自身优势，不断进行突围。

一是突破地理局限。安溪不等不靠，爱拼敢赢，弘扬"靠自己的骨头长肉"精神，在财力有限的情况下，先后打通龙门隧道、率先探索建设县级快速通道，实现了村村通公路，多条高速相继开通，打通了安溪发展主动脉。安溪道路的通畅使安溪通山达海，区位优势得以充分发挥。

二是突破客观条件的局限。闽南人具有某种海洋文化的特征，他们不满足现状，倾向向外开拓。安溪人不仅要征服山，还要征服海，很早就漂洋过海外出打拼，这也是安溪台胞侨胞较多的原因。市场经济因素早就蛰伏在安溪这片土地上，改革开放解放了安溪人被压抑的商品经济意识和聪明才智。安溪人敢于梦想，敢于探索，知其不可为而为之。作为一个新兴产业基础几乎为零的山区县，能够"无中生有"，平地青云，吸引光电、大数据等众多新兴产业落户。

三是突破机制局限。安溪人富有冒险精神，头脑灵活，拥有变通能力，善于捕捉机遇，能不断绕过障碍，把不可能变成可能。同时，政府全面深化"放管服"改革，在全省率先实现企业开办、不动产登记"一窗通办、一日办结"和企业用地"三证合办"等改革，营造亲商安商的发展环境。

四是突破发展瓶颈。安溪顺应时代发展要求，从最初的粗放型发展走向高质量发展，在新技术剧变的时代，领先实现产业的转型升级。"未到山穷水尽，先寻柳暗花明"，在发展中，安溪未雨绸缪、主动求变，克服发展与转型的双重压力，确定以简政放权释放市场活力、以"腾笼换鸟"促产业结构调整的发展路径，围绕传统产业升级、资源高效整合、高新技术引进等方面聚焦发力，体现了安溪对自身发展路径的科学把握与坚持。

山区大县的突围，使安溪的劣势变为潜在优势，再到生态优势，绿水青山就是金山银山，安溪终于成为全国生态文明建设示范县。

爱国爱乡的文化传承

村庙、祖祠是闽南人重要的"课堂"和"戏台"，闽南人从小就在这里接受传统文化教育，以后即使人行千里，也不会忘记故土。这种能够引起海内外安溪乡亲共鸣和认同的文化，即使经过20世纪50年代后的各种政治运动，也没有销声匿迹，也没有为各种新的生活方式所取代，反而以其文化再生能力，把传统中各种"旧"移植到"新"上，并加以创造和发挥。这种传统文化，对海内外安溪乡亲形成了一种向心力。

改革开放激发了以家庭和个人为基础的生产方式，也使得传统的家族关系得以再生。20世纪80年代，安溪乡村出现了传统仪式复兴的局面，这些传统仪式创造了社区认同，对当今安溪乡村的社会生活与文化具有至关重要的影响，安溪的茶业和藤铁工艺业都是以家庭为单位发展起来的。

安溪是中国著名侨乡和台胞重要祖籍地，海外侨胞有100多万人，台胞有250万人左右，这是推动安溪发展的重要力量。侨乡文化与闽南传统宗族文化密切相关，是安溪发展过程中不可忽视的一个文化力量。受寻根意识和亲情意识的影响，改革开放40多年来，安溪的海外乡亲们以各种方式关心支持家乡故土的经济社会建设和发展，捐资助学、助医助困、投资创业。据不完全统计，安溪县海外乡亲捐资兴办270多所中小学和幼儿园，捐资设立80多个教育基金，捐建桥梁160多座，捐建公路和水泥路220多条。如果没有这些海外乡亲的热心参与，安溪的发展恐怕就要逊色不少。

安溪自古以来人才辈出，涌现出一代名相李光地等一大批乡贤，也孕育出清水祖师等高僧大德。他们的共同特点，就是有浓厚的爱乡爱国情怀和慈善大爱的精神。新时代的安溪人，传承茶乡千年的美好品德，对社会公益事业热心参与，慷慨乐施。最有代表性的，就是在打通龙门隧道中，海内外安溪乡亲5.5万多人踊跃捐款，助力工程顺利完成；在建设福建农林大学安溪茶学院中，安溪人兴学助教的热情再次集中体现，共有15家安溪同业公会、44家安溪茶业协会企业及个人、85家安溪异地商会企业及个人、50家建筑企业、数百名安溪籍企业家参与捐款，认捐资金高达5亿多元，安溪也因此成为唯一拥有全国招生的本科院校的县份。

历史是活着的过去，而当代是活着的历史。安溪的成功逆袭，是安溪文化和精神的直接体现，并在现代社会加以创造和发挥。

地处山区的安溪并非改革开放的前沿，安溪也并没有什么世界五百强企业，然而安溪凭借一股创新创业的精神，跻身县域经济"百强县"前列，实现了"差生"逆袭。安溪的发展贡献了中国可贵的基层治理经验和商业智慧，安溪人通过持续不断的努力，成为中国经济发展的一个缩影，成为中国改革开放的一个样板。

南朝画家谢赫在《古画品录》中提出绘画"六法"，"六法"中首为"气韵生动"。气，指自然宇宙生生不息的生命力；韵，指事物所具有的某种情态。回望安溪大地，回望安溪发展历程，我们深深感受到这片飘香热土的神采和风度。改革开放是一场伟大的自我革命，只有进行时，没有完成时。在这个生长梦想、大有可为的激情时代，安溪定会踏准"新长征"的鼓点，激扬"再出发"的干劲，蕴思含毫，鲜生灵动，谱写千年茶乡更加美好的明天。

后 记

安溪山川秀丽，历史悠久，人文荟萃，过去以原产名茶铁观音而闻名于世，现如今又作为中国茶都、世界藤铁工艺之都而播扬四海。但是，40多年前，安溪却是中国一名地地道道的"差生"——1985年，安溪是福建省贫困人口最多的国定贫困县，各项经济指标在全省68个县中均为倒数第一；全县人均收入不足300元，尚未解决温饱问题的贫困人口达31.4万，占总人口的39.6%。安溪这名"差生"能否"立志奋起"，能否"破冰贫困"，能否"解决温饱"，是中央、福建省、泉州市等各级领导十分关心关注的问题，更是海内外500万安溪人尤其是历届安溪县当政者百般焦灼、痛苦反思、心系一处的问题。《中国"差生"逆袭——一个山区县的发展求索》讲述的，正是安溪在改革开放政策的指引下，铁心拼搏，摆脱贫困，走向富裕，晋位全国百强县，"逆袭"成为中国"好学生"的动人故事。

讲述安溪"差生逆袭"故事的动议，缘起于去年（2020年）初安溪县杨景队、谢艺彬等几位市县人大代表的联名建议。他们提出，40多年过去，有必要编纂出版一本反映安溪改革开放发展变化的纪实性专著，梳理脉络，记载事件，反映人文，以更好地铭记历史，更重要的是感恩曾为这片土地殚精竭虑、贡献才智、奉献年华、永不言悔的一代代安溪人。这个联名建议得到安溪县人大常委会主任廖皆明的高度重视，他通过安溪县人大常委会与安溪县委、县政府沟通，得到主要领导的大力支持。时任县委书记高向荣、继任县委书记吴毓舟、代县长刘永强十分关心项目的进展，要求在图书编纂过程中尊重历史，注重史实性、权威性、生动性的有机统一，客观公正地为安溪40多年发展进步撰写一部鲜活生动的"教材"，为开展安溪"改革开放史"思想教育提供一部

"身边"读本，用安溪辉煌巨变的历史启迪人、引领人、激励人。

4月份项目立项后，廖皆明先生多次主持召开专题会议，研究成立编纂小组，讨论确定全书的写作体例和思路框架，协调推进前期准备工作。因本书涉及的内容多、时间跨度长、编纂时间紧，为确保高质量如期完成这一项目，经安溪县有关方面提议，决定邀请后浪出版公司加入到这一工作中来。在安溪县的支持下，后浪出版公司出面邀请知名学者毕竞悦博士，知名作家、编辑李晋西等，多次到安溪实地走访调查，其间采访了数十位曾在安溪工作过的老领导、老同志，以及安溪各行各业的相关人士，查阅安溪档案馆、安溪史志研究室等相关部门的原始档案，掌握了大量一手资料，在此基础上，毕竞悦博士高效拿出了本书的初稿；安溪县委宣传部谢文哲、安溪史志研究室倪伏笙加入编纂小组后，对书稿进行调整充实完善，几方共同努力，最终交出了这份总结安溪40年改革开放实践的"答卷"。

在本书的编纂过程中，廖皆明先生给予全力的支持和精心的指导，编纂小组全体人员感铭于心。身为安溪人，廖皆明先生担任过安溪县多个乡镇的"主官"，到县里工作后，又亲历安溪发展进步的几乎所有重要事件、重要节点，对茶乡这片土地的山山水水十分熟悉，怀有难以割舍的深厚感情。他多次强调，系统地梳理安溪改革开放的发展历程，意义十分重大，既体现出安溪人朴素的感恩之心，又可为"存史资政育人"提供重要的史料。安溪的发展，离不开从中央到地方、各级各部门的关心支持，倾注了历届安溪县委、县政府持之以恒的接力拼搏，更凝聚着海内外安溪人团结协力、苦心拼搏的心血。这正是安溪这名中国"差生"成功逆袭的奥秘所在。但安溪的成功，又有其独特之处。安溪从曾经的贫困县发展到现在的百强县，走出了独特的发展道路，创造了可贵的经验模式，为中国改革开放提供县域的生动样本——这正是本书"笔力所在"，诚如习近平总书记当年（2000年）在《必须高度重视县域经济发展》一文中所赞赏的，"安溪县发展县域经济所走的特色道路有一定典型意义"，"从理论上总结县域经济发展问题，这是一件很有意义的事情"。时隔多年，编纂小组有幸参与其中，聆听当事人的讲述，忠实记录整理，尽管能力水平有限，但依然倍感荣光。

本书的编纂与出版，得到了各方面的大力支持。十多名在安溪县委、县政府担任过"主官"的领导，拨冗接受了编纂小组的采访，他们有的已经离开工作岗位，退休在家颐养天年；有的在更重要的领导岗位，承担更重要的工作，但说起在安溪与干部群众打拼奋斗的日日夜夜，无一不激情满怀。他们对安溪发展变化如数家珍，对安溪这片土地深情眷恋并寄予厚望，令编纂小组全体人员如沐春风，感怀至今。安溪县领导梁金良、庄稼祥、陈剑宾、肖印章、王礼藕、黄汉阳、许锦青、苏志雄等，关心过问本书的编纂，帮助协调相关采访工作。安溪县人大常委会办公室、安溪县委宣传部、安溪县委史志研究室派出相关人员，配合编纂小组做好资料搜集和采写整理工作。安溪县委办、县政府办、县政协办、县档案馆等单位，慷慨提供档案资料。安溪报、安溪县电视台为本书编纂提供大量素材。本书的采写编纂，还得到一些老同志的鼎力支持，中国商业对外贸易总公司原总经理兼党委书记陈联真、安溪县政协原主席苏宇霖等，为本书提供首次披露的大量珍贵史料。

在本书采访编纂中，安溪县人大常委会办公室郑植阳全程参与，安排采访工作，协调相关事宜，提供后勤保障，并就本书的修改提出很多宝贵建议。安溪县委史志研究室郭月欣、谢柏坚积极与后浪出版公司对接，并组织史志室全体人员协助资料的搜集整理；安溪县有关单位领导白世杰、李金树、张文深、林清贵、林清杰、傅伟明、李革秋、许充分、肖列水、沈秋菊、章丽香、林凌霜、陈建省等，对本书编纂给予各种形式的支持。薛德芳、叶森森、李杰林、谢来法、李锦棍、林爱娥、黄如莹、苏伟篇、杨伟艺、陈耿贤、廖小宏、许文婕、苏锦生、李妙玲、许杭棋、黄淦楠、陈喜娟、刘冬梅、黄昭文、肖铭煌、汪秋惠、邱煜塬等，一并参与本书编纂资料的搜集、录音整理或其他工作。本书编纂出版，还得到许多热心人的支持帮助，谨此致以谢忱，恕不一一署名。

福建教育出版社非常重视本书的出版，把本书作为社内重大出版选题，社长江金辉到安溪关心指导，编辑黄珊珊、陈潇航等为本书的出版付出了辛勤的劳动。后浪出版公司吴兴元先生为本书的编纂出版积极奔走，在繁忙工作中，亲自带队采访，安排力量投入，责任编辑孟凡礼、邹景岚认真编校，全力以赴确保本书的顺利出版发行。

中央党校教授、安溪乡贤陈建奇为本书写作提出建设性意见。中国社科院研究员雷颐、北京大学王铭铭教授，在百忙中拨冗为本书作序，为本书画龙点睛。

本书编纂小组在安溪调研和采访期间，充分感受到安溪各项事业蓬勃发展的生机、安溪人干事创业的激情，感受到安溪人热情诚恳、感恩包容的性格，感受到海内外安溪人爱乡爱国、爱拼敢赢的情怀。安溪巨变，来之不易，难能可贵；安溪未来，气韵生动，更为可期。

历史这个词，中文拆解是"经历"之"记录"，而在英文 history 拆解是"他的故事"，其间并无差异。东西方对历史的认知，都离不开人和他（他们）的故事。记得廖皆明先生如是说，历史是由思想、事件、人物书写的，对历史的考察要回归人性、人道、人本。因而本书在写作形式上，选取近 100 个事关安溪发展的历史"大事件"，以此展现安溪改革开放的艰难历程，力求以事见史、以事见人、以事见精神。我们希冀通过这些"大事件"的讲述，尽量还原安溪历史的真实性，增强安溪发展故事的可读性，多角度、多层次反映安溪人在发展求索过程中迸发出来的智慧和力量，体现安溪人的智慧、胸怀、气魄。

只是由于时间紧迫，任务急促，以及相关一手资料的缺乏，书中对一些人物和事件的记述可能还存在某些不甚准确的地方，恳请广大读者谅解并不吝指出以期有机会再版修正。

历史不单是"经历"之"记录"，而首先是人的故事。安溪这名中国"差生"逆袭成功的故事，值得细细讲述，同时安溪的经验也值得更好总结——一方面通过安溪这个窗口展示改革开放给中国社会带来的巨大变化，另一方面展现安溪人爱拼敢赢、自强不息的精神骨气，从安溪看中国，从中国看安溪，为当下全国正在开展的"四史"学习教育提供一部具体而丰富的地方教材。

本书编纂组
2021 年 7 月

图书在版编目（CIP）数据

中国"差生"逆袭：一个山区县的发展求索/毕竞悦等著．－－福州：福建教育出版社，2021.10
ISBN 978-7-5334-9099-7

Ⅰ.①中… Ⅱ.①毕… Ⅲ.①不发达地区—经济发展—研究—安溪县 Ⅳ.①F127.574

中国版本图书馆CIP数据核字(2021)第138595号

中国"差生"逆袭：一个山区县的发展求索
Zhongguo "Chasheng" Nixi：Yige Shanquxian De Fazhan Qiusuo

著　　者：毕竞悦　谢文哲　李晋西　倪伏笙	出 版 人：江金辉
责任编辑：黄珊珊　黄旭凌　　美术编辑：邓伦香	筹划出版：后浪出版公司
出版统筹：吴兴元　　编辑统筹：孟凡礼	特约编辑：邹景岚
营销推广：ONEBOOK　装帧制造：墨白空间·李国圣	经　　销：新华书店

出版发行：福建教育出版社
　　　　　（福州市梦山路27号　邮编：350025　http://www.fep.com.cn
　　　　　编辑部电话：0591-83726290　发行部电话：0591-83721876/87115073，010-62027445）

印　　刷：嘉业印刷（天津）有限公司
开　　本：720毫米×1000毫米　1/16
印　　张：29
字　　数：385千字
版　　次：2021年10月第1版
印　　次：2021年10月第1次印刷
书　　号：ISBN 978-7-5334-9099-7
定　　价：76.00元

读者服务：reader@hinabook.com 188-1142-1266
购书服务：buy@hinabook.com 133-6657-3072
投稿服务：onebook@hinabook.com 133-6631-2326
网上订购：https://hinabook.tmall.com/（天猫官方直营店）

后浪出版咨询(北京)有限责任公司 常年法律顾问：北京大成律师事务所　周天晖 copyright@hinabook.com
未经许可，不得以任何方式复制或抄袭本书部分或全部内容
版权所有，侵权必究
本书若有质量问题，请与本公司图书销售中心联系调换。电话：010-64010019